I0333548

www.ingramcontent.com/pod-product-compliance
Lightning Source LLC
Chambersburg PA
CBHW060457010526
44118CB00018B/2447
9781088237298

בסייעתא דשמיא

דברי יעקב

פרקי מחשבה

כולל עשרה חיבורים באמונה במוסר בתוספת מקורות מכל תחומי ומקצועות התורה. הספר דברי יעקב מדבר על הדרך להגיע לדבקות עליונה על טבעית ולהיות בעל כוחות על טבעיים. עותק מספר זה נשלח לאפיפיור, אשר קרא בספר וזה מה שגרם לאפיפיור ככל הנראה להתפטר מתפקידו.

יעקב עדס

באאמו"ר מרן הגאון מוהר"ר יהודה עדס
שליט"א

SimchatChaim.com

Copyright © All Rights reserved to simchatchaim.com

מהדורה שניה תשפ"ד 2024

התקרבות להשם

מפתחות לחוברת התקרבות להשם

פרק א.	בענין הרצון החזק שיש בפנימיות כל יהודי לעבוד את השם יתברך	ה
פרק ב.	בביאור המאמר שהקב"ה והתורה ועם ישראל הם דבר אחד ובביאור המהות של נשמת יהודי	ז
פרק ג.	בענין שהקב"ה מהווה כל רגע את הבריאה כולה והסיוע שיש להביא מידיעה זו לעבודת השם	יב
פרק ד.	בענין התיקונים שנעשים בעולמות העליונים על ידי לימוד התורה וקיום המצוות והתועלת שיש מזה לכל עם ישראל ושצריך אדם לעורר עצמו לעבודת השם גם מטעם עזרה לכל עם ישראל	יז
פרק ה.	בענין מעמד מתן תורה בהר סיני ובחלקים מזה הנפעלים בכל שעה שיהודי לומד בתורה הקדושה ובהרגשת דביקות בהשם יתברך על ידי לימוד התורה [ונתבאר בפרק זה גם מעט בעניני אמונה]	יט
פרק ו.	בענין שכל קיום העולם כולו הוא מכח התורה	כב
פרק ז.	בענין השכר בגן עדן והעונש בגיהנם	כט
פרק ח.	בענין מה שרבים מייאשים עצמם מלהתמסר ללימוד התורה משום שנראה להם שאפילו אם ינסו להתמסר לא יצליחו מחמת חסרון כשרון ללימוד התורה או מחמת חסרון יכולת להמשיך זמן רב בהתמסרות יבאר כמה סיבות שיאוש זה כולו טעות וביכולתם להצליח מאוד בלימוד התורה	לא
		לג

מפתחות לחוברת התקרבות להשם

פרק ט.	בדברי הב"ח באו"ח סימן מ"ז בביאור מצוות תלמוד תורה	לו
פרק י.	בענין מש"כ בכמה מקומות שכל לימוד בתורה וכל קיום מצווה גורם חיבור לנשמה עם הבורא יתברך ומביא שפע קדוש רוחני על האדם מאתו יתברך במה שיש טוענים שאינם מרגישים זה התשובה לטענה זו	לט
פרק יא.	במצוות שבין אדם לחברו	מא
פרק יב.	בענין המעלות הגדולות שזוכה האדם על ידי לימוד התורה	מט
פרק יג.	בענין המסירות ללימוד התורה ולוותר על דברים אחרים המונעים את השקידה בלימוד התורה	נו
פרק יד.	בעניני תפילה	נט
פרק טו.	בגודל החיוב לעסוק כמה שיותר בתורה הקדושה	סז
פרק טז.	דברי המסילת ישרים בפרק כ"ה	סט
פרק יז.	בעניני קדושה וצניעות ובתועלת העצומה שיש לכל עם ישראל מהזהירות של כל יחיד בעניינים אלו	עב
פרק יח.	באיסור הגאוה	פ
פרק יט.	באיסור הכעס	פא
פרק כ.	בענין המעלה בלימוד תורה ועבודת השם מתוך שמחה והתלהבות	פג

פרק א. בענין הרצון החזק שיש בפנימיות כל יהודי לעבוד את השם יתברך והיכולת שיש לכל יהודי להתרומם ממצבו ולהגיע למדרגות גבוהות מאוד

ענף א.

א. בכל יהודי קיים רצון פנימי עמוק מאוד להתקרב להשם יתברך יש בני אדם שמרגישים את זה בזמנים רבים ויש בני אדם שמרגישים את זה בזמנים מעטים אבל השורש הפנימי קיים אצל כל יהודי

ב. במדרש רבה בסוף פרשת תולדות מספרים חז״ל שבשעה שנחרב בית המקדש רצו הגויים שהראשון שיכנס לגנוב מבית המקדש יהיה יהודי [כנראה כדי להשפיל יותר את היהודים] ויהודי בשם יוסף משיתא לקח על עצמו תפקיד זה ונכנס לבית המקדש והוציא משם מנורה בקשו ממנו הגוים להיכנס פעם נוספת ולהוציא חפץ אחר ולא הסכים וכך אמר לא די שהכעסתי את בוראי פעם אחת שאכעיסנו פעם נוספת ניסו הגויים לפתותו בכסף רב ובתפקיד חשוב ובאיומים ליסורים ולמיתה ובשום אופן לא הסכים וסופו של דבר היה שהרגוהו במיתה קשה שניסרוהו במסור שמנסר קרשים ומת ובשעה שנסרוהו היה צועק אבל לא על היסורים צעק אלא צעק אוי לי שהכעסתי את בוראי אוי לי שהכעסתי את בוראי

ג. נשאלת השאלה מהיכן לקח אותו יהודי כח למהפכה כזו ברגע שהרי ברגע הקודם הסכים להיכנס לבית המקדש ולגנוב הגם שהיה זה מעשה גרוע מאוד בשעה כזו קשה לעם ישראל שעת החורבן שביהמ״ק נחרב ורבים נהרגו ורבים נשבו רבים נפצעו רבים רעבו ורבים סבלו ובשעה כזו לבגוד ולהיכנס למקום המקודש לעם ישראל ולגנוב וברגע אחר כך נתהפך והגיע למדריגה הגבוהה ביותר של ליהרג על קידוש השם ועוד שבשעה של מיתה לא צעק על הריגתו אלא על שהכעיס את בוראו

ד. והתשובה לזה היא שבכל יהודי קיימת נשמה קדושה שרצונה הבלעדי הוא לעשות רצון השם יתברך בכל הכוחות אלא שיש הרבה שכבות לנשמה ולפעמים יש שכבות שרצונם אחר ולפעמים השכבות האחרות הם שמפעילים את מעשי האדם ובפרט אם הושפעו שכבות אלו מסביבה שנוהגת שלא בדרך עבודת השם יתברך ולכן אף יהודי זה שנכשל בכניסה לגנוב מבית המקדש מכל מקום יכל ברגע אחד לעשות מהפכה כזו מפני שבאמיתות נשמתו היה נשמה קדושה מאוד שרצונה לעבוד את השם יתברך בכל מחיר

ה. ועבודתו של כל יהודי הוא לפעול בעצמו שהחלק הקדוש הזה שבתוכו הוא זה שיפעיל את מעשיו וכל הנהגותיו כדי שילך תמיד בדרך עבודת השם

ו. והנה כמה דרכים יש לאדם איך לפעול דבר זה ומהדרכים העיקריים לזה הוא על ידי שני דברים האחד על ידי שידע האדם את גודל הטוב אשר גנוז בתוכו והכח הגדול שיש בתוכו להגיע למדריגות גבוהות בעבודת השם יתברך והשני על ידי שידע האדם את הפעולות הגדולות שנפעלות מכח כל מעשה או דיבור או כוונה או מחשבה או רצון שלו לצד הטוב

ז. וצריך כל יהודי לידע שהדבר ברור שאם היה מודע לשני כוחות הגדולים הנזכרים עד סופם אין ספק שעל ידי ידיעה זו בלבד כבר היה מקבל כח אדיר לעמוד בכל הנסיונות ולעבוד את בוראו בכל כוחו יומם ולילה ויתכן שלא היה שייך בכלל ענין של מכשול בעולם אלא שבדרך כלל אין ביכלתנו לידע כוחות הנ"ל עד סופם ומכל מקום כמה שידע האדם יותר מכוחות אלו וחוזקם ממילא יתווסף לו רצון וכח לעבודת בוראו ולקמן בפרקים הבאים בעזהשי"ת יבואר מענין שני כוחות הנזכרים

ענף ב.

א. נתבאר לעיל בענף קודם שאצל כל יהודי ללא יוצא מן הכלל אפילו הגרוע ביותר בשכבה היותר עמוקה של נשמתו זה נשמה קדושה

וטהורה שכל שאיפת נשמה זו הוא לעבוד את השם יתברך בכל נפש
והרצונות הלא טובים הם משכבות יותר חיצוניות

ב. ובאמת שהענין הוא יותר עמוק מזה והוא שהנשמה עצמה של יהודי כולה הוא אור רוחני שבא מהשם יתברך כמבואר לקמן בפרק ב׳ ואור זה הוא כולו טוב ויש לאור זה קדושה עצומה שאי אפשר כלל לתארה וכמה שיחשוב אדם את עצמו קרוב להשם יתברך ובעל מעלות עליונות של חיבור להשם יתברך עדיין זה כאין וכאפס מהקירבה העצומה שיש לנשמה להשם יתברך והקדושה הנוראה שיש לנשמה וזה קיים בכל יהודי ללא יוצא מן הכלל וכל הרצונות הלא טובים הם לא מכח הנשמה עצמה אלא שהקדוש ברוך הוא נותן לנשמה שני מלוים שהם היצר הטוב והיצר הרע ולא כמו שיש טועים לחשוב שהיצר הטוב והיצר הרע הם שני חצאים של הנשמה שזה אינו כך אלא שניהם מחוץ לנשמה והנשמה עצמה היא הרבה יותר קדושה לא רק מהיצר הרע אלא אפילו יותר קדושה בהרבה מהיצר הטוב

ג. והסיבה שהיצר הרע מפתה את האדם כתב המהרח״ו ז״ל בשם האר״י ז״ל שהוא מפני שלכל יהודי שמור בשמים שפע רוחני שבו תלוי הרבה מהצלחת האדם בעולם הזה ובעולם הבא וכוחות הרע רוצים לגנוב משפע זה והצורה שבא יכולים לקבל כח לגנוב הוא שאם מכשילים את האדם בעשיית עבירות או עוצרים אותו מעשיית מצוות עלולים לקבל כח לגנוב מהשפע של האדם ואם הם מצליחים לגנוב לאדם מהשפע הוא הפסד גדול ועצום לאדם גם בעולם הזה וגם בעולם הבא

ד. ומפרש האר״י ז״ל שלכן אותיות המילה שפע ואותיות המילה פשע הם אותם אותיות רק בשינוי הסדר מפני שכל מטרתו של היצר הרע להכשיל את האדם הוא כדי לשנות את הסדר של השפע שבמקום להגיע לאדם יגיע לכוחות הרע

ה. אלא שאם יבוא היצר הרע לאדם ויאמר לו שרוצה להכשילו בדברים לא טובים וינמק היצר הרע שרוצה כך כדי לגנוב לאדם מהשפע אין בעולם מי שישמע לו ולכן משקר היצר הרע את האדם כאילו מטרתו

היא להביא לו הנאות אבל באמת אין זה מטרת היצר הרע אלא רק כדי ליקח את השפע לאדם וזה נזק עצום לאדם גם בעולם הזה וגם בעולם הבא

ו. ונמצא שהאדם שהולך אחרי יצרו הרע נשמתו עדיין נשארת קדושה וטהורה ורק שהיא שבויה בידי כוחות הרע ועובדת עבור האויב וכשמבין האדם את זה בעומק שכלו מקבל כח עצום לעשות מהפכה עצומה לצד הטוב ברגע אחד וזהו מה שהיה אצל יוסף משיתא הנ״ל בענף א׳ וכיון שהנשמה עצמה קדושתה עצומה כמבואר לעיל לכן אפילו אם שקע האדם כבר ברע בצורה נוראה ואיומה עדיין יכול להתהפך ולהגיע במהירות למדריגות עצומות של קירבת השם והתמכרות עצומה ללימוד התורה ולעבודת השם יתברך וזה נכון בכל יהודי אפילו הגרוע ביותר

ז. ומשל למה הדבר דומה למלחמה שהיתה בין שני ארצות ארץ א׳ וארץ ב׳ וארץ א׳ מנצחים מפני שיש להם מדען שעושה פצצות מוצלחות כל שבוע מסוג חדש יותר טוב מהקודם ואין לארץ ב׳ איך להתגונן מזה מה עשו הלכו בלילה כשמדען יושן במחבוא ששם מכין הפצצות וגנבוהו לארצם ושמו אותו במחבוא דומה ומשקרים אותו שהוא עדיין בארצו והוא מאמין להם וממשיך לעשות פצצות אבל במקום שיהרגו בזה את השונאים שלו הורגים בזה את בני ארצו הידידים שלו ואם ידע לאותו מדען סוד הענין מיד יפסיק לעשות פצצות וישתדל בכל כוחו לחזור לארצו ולעזור להם וזהו ממש הענין אצל האדם שאם הרשיע הרי הוא שבוי בידי יצרו הרע וצריך מהר לברוח מן השבי ולחזור לפעול לכיוון הנכון

ח. והנה אף שנתבאר שהנשמה עצמה לעולם נשארת קדושה וכל הרצונות הרעים באים מהיצר הרע שאינו חלק מהנשמה אלא שונא של הנשמה מכל מקום אם מצליח היצר הרע לקחת את הנשמה בשבי דהיינו להכשיל את האדם בעבירות או לעצור אותו מלעשות מצוות יש

מזה לנשמה עצמה נזקים עצומים מאוד מאוד ואי אפשר כלל לתאר את הנזק העצום שנעשה מזה לנשמה אך מכל מקום היא נשארת בטהרתה

ט. ובמש"כ שהיצר הרע ואפילו היצר הטוב אינם ח"ו הנשמה עצמה שהנשמה עצמה היא נקיה מכל רע וגם יותר קדושה בהרבה אפילו מהיצר הטוב יבואר מש"כ בחז"ל שהיצר הרע בא לאדם בזמן מוקדם ואילו היצר הטוב מגיע לאדם רק בזמן כניסתו למצוות בגיל י"ג ולכאורה צ"ע דאטו ילד לפני גיל בר מצוה כולו רע ואין בו צד טוב וביותר דבמציאות רואים שאדרבה בהרבה מאוד מקרים בגיל היותר צעיר הם צדיקים באופן מיוחד [וגם בביאור הגר"א לזוהר כתוב שבי"ג שנים ראשונים יש בחינות שאחוזים בשנים אלו בספירות יותר עליונות מבשנים המאוחרות] אמנם לפי הנ"ל הדבר מבואר היטב שהרי החלק היותר קדוש ומעולה באדם הוא הנשמה עצמה ולכן אף שאין לילד עדיין יצר הטוב ויש רק יצר הרע מכל מקום הרי יש לו את הנשמה שהיא קדושה מאוד ואדרבה היצר הרע בגיל הקטן הוא יותר חלש ולכן יש כח לנשמה לנצח אותו אפילו בלא סיוע של היצר הטוב אבל בגיל היותר מבוגר שאז עלול להתחזק היצר הרע מכמה סיבות לכן לא משאירים מהשמים את המלחמה שיהיה רק בין הנשמה ליצר הרע אלא מביאים לסיוע לנשמה את היצר הטוב ואכמ"ל יותר

י. ולפרש דבר זה היטב מהו ענין הנשמה ומהו ענין המלוים ואיך כח השפעת המלוים עליה ומה הנזקים שנעשים לנשמה אם ח"ו נכנעת הנשמה ליצר הרע הוא ענין ארוך מאוד ואכמ"ל בזה ורק יש להביא בזה כאן כמה מראי מקומות עיין בעץ חיים שער כ"ו פרק א' סוף דף י"ד ותחילת דף ט"ו ובנהר שלום מהרש"ש ז"ל בהקדמת ברכת מלביש ערומים והנותן ליעף כח דף כ"ב סוף טור ד' ודף כ"ג ריש טור א' ובביאור הגר"א ז"ל לזוהר בפרשת פקודי בהיכלות דף רמ"ז ע"א ובדה"ס דף כ' טור ג' ובמש"כ בביאור לביאור הגר"א שם ועוד בביאור הגר"א לספרא דצניעותא דף כ"ו סוף טור ב' וטור ג' ודף כ"ט טור א' וב' ואכמ"ל בזה

פרק ב. בביאור המאמר שהקב״ה והתורה ועם ישראל הם דבר אחד ובביאור המהות של נשמת יהודי והאופן לחיזוק עוצמת הנשמה

ענף א.

א. הרמח״ל בספר אדיר במרום וכן הנפש החיים בשער ד׳ פרק י״א ועוד הרבה ספרים הביאו מאמר מספר הזוהר קודשא בריך הוא ואורייתא וישראל חד הוא דהיינו שהשם יתברך והתורה ועם ישראל הם דבר אחד [וכבר העירו שלא מצאו לשון זה ממש בספר הזוהר וכנראה שכוונתם לפרש כך לשון דומה הכתוב בספר הזוהר ואכמ״ל]

ב. והדברים צריכים ביאור מאוד איך יתכן לומר כן שהרי הקב״ה אין לו גוף ולא דמות הגוף וממלא כל העולמות וסובב כל העולמות והתורה היא ספר תורה הקדושה וישראל הם בני אדם ואיך נאמר שהכל דבר אחד

ג. וצריך להקדים לביאור הדבר שהנה האדם מורכב מגוף ונשמה והגוף ידוע ומורגש לכולם מהו אבל הנשמה אף על פי שכל אדם יודע שהיא קיימת בו ומרגיש את זה היטב והרי ההבדל בין חי למת ברור אף על פי כן להגדיר מהות הנשמה עד סוף ענינה הוא דבר קשה מאוד ומהקצת שבידינו להבין בזה יש ליתן בו משל לקרני השמש הנמשכות מן השמש שכל מהות ומציאות קרני השמש הוא יניקתם והימשכותם מן השמש ואם ישים אדם קרש להפסיק בין קרני השמש לשמש אין מאחורי הקרש כלל קרני שמש [עכ״פ אותם חלקים שלא יכולים לעבור דרך קרש ונכללים בהם כל החלקים הנראים לעין] וכעין זה הוא ענין נשמת היהודי שהיא נמשכת מהבורא יתברך וכל מהותה ומציאותה הוא יניקתה והימשכותה מהבורא יתברך [וודאי שרחוק מאוד המשל מהנמשל שהרי המרחק המהותי בין ענין הנשמה לענין הבורא הוא ללא שיעור וללא דמיון כלל למרחק המהותי שבין השמש לקרני השמש שהוא פחות ממנו וכוונת המשל רק לענין הפרט שכל המהות הוא היניקה וההימשכות משורשו]

והנה באמת כל מה שיש בעולם הוא יונק ונמשך מהבורא יתברך ואכמ״ל בביאור הענין אבל בנשמה של יהודי זה באופן יותר ישיר ויותר מורגש

ד. ונחזור לענינינו לביאור המאמר שהקב״ה ועם ישראל הם דבר אחד כוונת מאמר זה הוא שהנשמות של ישראל הם שפע הארה רוחנית [בלשון ספרי הקבלה לשפע רוחני טוב משתמשים בלשון הארה או אור ואחת הסיבות לשימוש לשון זה הוא מפני שבמציאויות הגשמיות הדבר הכי רוחני הוא אור והוא דבר טוב ויש כמדומני עוד סיבות יותר עמוקות לשימוש לשון זה ואכמ״ל] שנמשך שפע זה מהבורא יתברך שהוא השורש של הארה זו וזה הכוונה במה שאמרו שהשם יתברך ועם ישראל הם דבר אחד שזה שורש השפע וזה השפע הנשפע

ה. ומה שאמרו עוד שגם התורה הקדושה היא אחד עם הבורא ועם ישראל לבאר דבר זה צריך להקדים יסוד גדול שמבואר בהרבה מקומות בחז״ל ומהם בגמ׳ בסנהדרין צ״ט שעל הפסוק נפש עמל עמלה לו דרשו חז״ל [כדי לבאר כפילות הלשון בפסוק שנזכר פעמיים עמל] הוא עמל במקום זה והתורה עומלת לו במקום אחר ופירש רש״י שכשהאדם עמל בתורה התורה מבקשת להשם יתברך שיעזור לו להבין התורה עכת״ד ומבואר מזה שהתורה אינה רק ספר התורה שיש לנו בעולם הזה אלא שיש מציאות רוחנית של תורה בעולמות העליונים שיכולה לבקש בקשות מהשם יתברך [ומשל לדבר הידוע לכולם שיש מציאות רוחנית של מלאכים]

ו. ועל פי זה מובן מה שאמרו במאמר הנ״ל שגם התורה היא אחד עם השם יתברך ועם ישראל הכוונה היא שסידר הקב״ה את סדר הבריאה ששפע זה שבא ממנו לנשמות ישראל הוא מושפע דרך המציאות הרוחנית של התורה שיצירת השפע שבו נוצרות נשמותיהם של ישראל נעשה ועובר דרך השפע של התורה הקדושה שגם הוא סוג שפע מאתו יתברך [כן מבואר בכוונת הדברים ברמח״ל בספר אדיר במרום ואולי באיזה פרטים לא דייקתי אבל באופן כללי כן מבואר שם הכוונה עיי״ש]

ז. ועוד דבר נוסף יש בזה שהנה התשוקה הפנימית החזקה ביותר שיש לנפש האדם הוא להתקשר יותר לשרשה ולקבל יותר שפע וחיזוק לעצם הנשמה והדרך לזכות לדבר זה על פי האמור הוא על ידי תוספת בתורה דהיינו הוספה בלימוד התורה והוספה בקיום התורה [ובכלל הוספה בקיום התורה נכללים כל עניני עבודת השם המבוארים בתורה דהיינו קיום המצוות והזהירות מעבירות בין בענינים שבין אדם למקום ובין בענינים שבין אדם לחברו וכן ענין התפילה כל אלו נכללים בכלל תורה לענינינו להמשכת תוספת השפע הנ״ל] שעל ידיהם מתעורר השפע העליון להיות מושפע עליו דרך אורות התורה

ח. והנה כשיתבונן האדם בכל הדברים האלו צריך דבר זה לעורר בלבו חשק גדול ללימוד התורה ולשאר כל עניני עשיית רצון הבורא יתברך בהבינו שעל ידי זה מתקשרת נשמתו בשורשה ונוסף הארה על הנשמה מאותו סוג של הנשמה שלזה באמת הוא התשוקה הפנימית של הנשמה יותר מלכל שאר תשוקות של עניני עולם הזה וכמו שכתב במסילת ישרים בפרק א׳ שכיון שהנשמה היא מלמעלה תענוגה האמיתי הוא רק באור פני השם יתברך

ענף ב.

א. עיין בב״ח באו״ח סימן מ״ז מש״כ שם בענין הכוונה הראויה בשעת לימוד תורה וכן עיין בזה בכתבי האר״י בספר שער רוח הקודש דף י״א ע״א והנה דבריהם כתובים בשם בלשון ספרי הקבלה ומהראוי לבאר הדברים באופן שקל לכל אדם לכוין זה והדברים שייכים לא רק למצוות לימוד תורה אלא לכל ענין בעבודת השם בתורה ובקיום מצוות ובתפילה ובזהירות מעבירה

ב. והענין הוא שבכל פעם שיהודי עושה איזה מהענינים הנ״ל של עבודת השם נפעלים מכח זה שני דברים הראשון שעל ידי זה מתחברת נשמתו להשם יתברך ואף שבכל זמן בלא הפסק מחוברת נשמת כל יהודי להשם יתברך מכל מקום בשעת קיום מצוה או לימוד תורה מתווסף יותר בחיבור ופעולה זו אפשר לכנותה מלמטה ללמעלה ועוד דבר שני נפעל

שמגיע אור רוחני מהשם יתברך ונכנס לתוך נשמתו של היהודי ופעולה זו אפשר לכנותה מלמעלה ללמטה [הכינויים שכתבנו מלמטה למעלה ומלמעלה ללמטה עיקרם רק בתור סימן לזכור את שני הכוונות ואת הסדר בין הכוונות] ואפשר בדרך רמז לפרש את שני כוונות אלו בלשון הפסוק הכתוב בסיום מגילת איכה שכתוב השיבנו ה׳ אליך ונשובה חדש ימינו כקדם דהשיבנו ה׳ אליך ונשובה הוא מורה על חיבור הנשמה להשם יתברך וחדש ימינו כקדם מורה על קבלת אורות חדשים עליונים מסוג גבוה מאוד כמו בימים קדומים של זמן בית המקדש [והנה נכתב כאן ענין שני הכוונות בלשון השווה לכל נפש ויש בזה עוד דברים עמוקים עיין בכתבי האר״י ובספר נהר שלום בכוונת מטבע ברכה בדף כ׳ טור ב׳ והלאה ואכמ״ל]

ג. והנה אף שבכל רגע שאדם לומד תורה או מקיים מצוה נפעלים שני הדברים האלה מכל מקום אם האדם בשעת לימודו או התפילה וכיו״ב מכוין את שני הכוונות האלו הנה מרובה מאוד כח הכוונה לפעול שהדברים הנ״ל יהיו בעוצמה הרבה יותר חזקה מאשר במקיים המצוה בלא לכוין כוונות אלו ולכן חשוב מאוד אם יכול האדם להרגיל את עצמו כמה שיותר בכוונות אלו לכוין שרוצה שעל ידי לימודו זה תתחבר נשמתו להשם יתברך וכן רוצה שעל ידי זה יבוא אור רוחני מהשם יתברך ויכנס לתוך נשמתו

ד. ולהבין יותר את מהות שני הכוונות האלו חשוב לעיין היטב בדברים הנ״ל בענף א׳ שעל ידי הכתוב שם מובן יותר מהות חיבור זה ומהות הארה זו

ה. והנה מלבד שעל ידי כוונות אלו מרויח האדם שמתרבים הדברים הנ״ל בעוצמה יותר חזקה עוד מרויח ריוח עצום שכיון שמתרבה מאוד החיבור והאור יכול ריבוי זה לסייע לו להרגיש עם הזמן את ענין החיבור והאור כל חד כפום שיעורא דיליה ועל ידי שמרגיש בלימודו ובתפילתו את חיבור זה ואור זה נפעל אצלו על ידי זה חשק עצום ללימוד התורה ולכל עניני עבודת השם יתברך וזהו מכלל כוונת דברי

טז התקרבות להשם פרק ב

הלל בגמ׳ ביומא ל״ה ע״ב כמבואר לקמן בהמשך חיבור זה בחוברת דברי חיזוק ללימוד הגמ׳ עיי״ש

ו. וגם מי שלא יכול באופן קבוע לכוין כוונות אלו מכל מקום ישתדל לפעמים לכוין בהם ויועיל זה הרבה

ז. ובתהילים במזמור מ״ב כתיב כאיל תערוג על אפיקי מים כן נפשי תערוג אליך אלקים צמאה נפשי לאלקים לקל חי מתי אבוא ואראה פני אלקים ע״כ וביאור הפסוקים האלו כך הוא שהקדוש ברוך הוא ברא את העולם בשני סוגים של בריאה יש דברים כמו ברזלים ואבנים כמו שהם כך הם ואינם צריכים תוספת מזון אבל יש דברים כמו צמחים ובעלי חיים שצריכים מזון ואם אינו משקה הצמח נובל הצמח ואם אינו מאכיל הכבש מת הכבש והנה האדם מורכב מגוף ונשמה ומבאר הפסוק שכמו שהגוף של האדם הוא מסוג הנבראים הזקוקים למזון גם הנפש של האדם הוא מסוג הנבראים הזקוקים למזון ומזון הנפש גשמי כמזון הגוף אלא הוא מזון רוחני דכיון שהנשמה עצמה היא אור רוחני שבא מהשם יתברך כנ״ל בענף א׳ גם המזון של הנשמה הוא תוספת אור רוחני וזה בא על ידי התורה והמצוות ואם אין האדם נותן לנשמתו את המזון הרוחני הזה אם כן נשמתו נמצאת ברעב ואפילו אם יתן לגופו כל סוגי המזון הגשמי עדיין נשמתו ברעב גדול וזה הסיבה שהרחוקים מהתורה אפילו אם יש להם כל רצונם מכל מקום מרגישים ריקנות ושממון בתוך נשמתם מפני שאם אין נותנים את המזון לנשמה הנשמה ברעב קשה ורק על ידי התורה והמצוות משביעים את הנשמה וכמה שנשמתו של אדם יותר גבוהה הוא זקוק ליותר מזון רוחני ולמזון רוחני מסוג ועוצמה יותר גבוהים והנה יש להאריך בדברים שבפרק זה בענף א׳ ובענף ב׳ אריכות רבה שהם שרשים עצומים לעניני המדרגות גבוהות אבל אכמ״ל ועיין עוד מש״כ בהמשך חיבור זה בחוברת מדרכי העליה עיי״ש

פרק ג. בענין שהקב"ה מהווה כל רגע את הבריאה כולה והסיוע שיש להביא מידיעה זו לעבודת השם

א. כתיב בראשית ברא וכו' את השמים ואת הארץ וכו' הנה כמה הבדלים יסודיים יש בין בריאת הבורא את העולם לבין אדם שמייצר חפץ ושנים מההבדלים הם הראשון שהקב"ה ברא את העולם יש מאין ואילו אדם שיוצר חפץ עושה יש מיש על ידי הרכבה וחיבור וההבדל השני הוא שאדם שמיצר חפץ ברגע שסיים ליצר את החפץ החפץ קיים בלעדיו אבל הקב"ה מהוה כל הבריאה בכל רגע כמו בשעת בריאת העולם ואם היה חפץ ח"ו להחריב העולם לא היה צריך דבר מחודש כדי להחריבו אלא מספיק היה להפסיק לקיימו והאריך הרבה בענין זה בספר נפש החיים בשער א' ובשער ג' עיי"ש

ב. וכתב שם בשער א' פרק ב' וז"ל [בקצת שינוי מלשונו] לא כמידת מדת הקדוש ברוך הוא כי האדם כשבונה בנין דרך משל מעץ אין הבונה בורא וממציא אז מכחו העץ רק שלוקח עצים שכבר נבראו ומסדרם בבנין ואחר שכבר סדרם לפי רצונו אם שכחו הוסר ונסתלק מהם עם כל זה הבנין קיים אבל הוא יתברך שמו כמו בעת בריאת העולמות כולם בראם והמציאם הוא יתברך יש מאין בכחו הבלתי תכלית כן מאז כל יום וכל רגע ממש כל כח מציאותם וסדרם וקיומם תלוי רק במה שהוא יתברך שמו משפיע בהם ברצונו יתברך כל רגע כח ושפעת אור חדש ואלו היה הוא יתברך מסלק מהם כח השפעתו אף רגע אחת כרגע היו כולם לאפס ותוהו ובשער ג' פרק י"א כתב שזה מעיקרי יסודי האמונה שצריך כל איש ישראל לקבוע בלבו שרק השם יתברך הוא הבעל כח האמיתי ונשמת וחיות ושורש העיקר של האדם ושל כל הברואים והכוחות והעולמות כולם

ג. ובשער ג' פרק י"א ביאר עוד בזה שהנה הבריאה כולה נעשתה על ידי ציווי השם כמו שכתוב בפרשת בראשית שעל כל דבר הקב"ה

אמר שכך יהיה וכך נהיה ודיבור השם הוא מציאות רוחנית ממשית שכוחה לפעול את כל הוויית העולם וביאר שם שמציאות רוחנית זו של דיבור השם של הבריאה היא נשארת קיימת ולא נסתיימה מציאותה בימי הבריאה ומציאות קיימת זו היא המחייה ומקיימת את כל מה שיש בעולם והיא כמו נפש חיים לכל מה שקיים בעולם

ד. וכתב שם עוד על הפסוק בישעיהו פרק מ׳ פסוק ה׳ וראו כל בשר יחדיו כי פי השם דיבר שכוונת הפסוק הוא שלעתיד לבוא תזדכך השגתנו עד שנזכה לראות ממש בעינים הגשמיות איך מתפשט דיבור השם בכל דבר ודבר ומחיה אותו עיי״ש כל דבריו

ה. ועוד כתב שם שכבר היתה השגה מעין זה בזמן מעמד הר סיני במתן תורה וזה נכלל בביאור כוונת הפסוק בפרשת יתרו פרק כ׳ פסוק י״ח וכל העם רואים את הקולות [והביאור הפשוט של הפסוק הוא על הקולות שהיו מיוחדים למעמד הר סיני באותה שעה אבל הרבה פנים לתורה כמבואר בחז״ל ולכל פסוק נתנו בסיני הרבה ביאורים בדרכי הפשט הרמז והדרש והסוד ואחד מהביאורים בפסוק זה שכל העם רואים את הקולות על פי הסוד הוא שהכוונה לקול של דיבור השם בשעת בריאת העולם שבאותו שעה זכו לראות ממש איך שקול זה הוא נשמת כל הבריאה ומחייה את כל הבריאה כולה ועיין עוד במה שיתבאר בזה בעזהשי״ת בפרק המדבר בענין מעמד מתן תורה בהר סיני

ו. והנה ידיעת דבר זה יש בה כח גדול לסייע לאדם להרגיש תמיד עצמו קרוב לבורא יתברך שהרי על ידי ידיעה זו וההתבוננות בה אדם רואה את יד השם יתברך והשפעתו בכל רגע בכל הסובב אותו אלא שלא מספיק לזה לימוד פעם אחת של דבר זה אלא ככל שירבה לשנן לעצמו ידיעה זו ולהרגיל מחשבתו אליה כן יתרבה התועלת שתבוא לו מידיעה זו אל הרגשת קירבת השם

פרק ד. בענין התיקונים שנעשים בעולמות העליונים על ידי לימוד התורה וקיום המצוות והתועלת שיש מזה לכל עם ישראל ושצריך אדם לעורר עצמו לעבודת השם גם מטעם עזרה לכל עם ישראל

א. מבואר בזוהר הקדוש ובספרי המקובלים שהסדר שבו סידר הקדוש ברוך הוא את עולמו הוא שמלבד העולם שלנו ברא הקב"ה עוד רבבות של רבבות של עולמות וכוחות עליונים רוחניים לאין מספר ועל ידי המצוות ומעשים טובים שבני ישראל עושים נבנים ונתקנים עולמות אלו ועל ידי זה בא שפע עצום לטובה ברוחניות ובגשמיות לכל עם ישראל וחס וחלילה לצד שני על ידי ביטול מלימוד התורה ועשיית עברות נעשה ההיפך מזה

ב. ודבר זה הוא מהיסודות הבסיסיים ביותר של תורת הקבלה שיש עולמות עליונים ושהמצב של העולם שלנו והמצב של העולמות העליונים תלויים זה בזה ולשני הכיוונים וכנ"ל שעל ידי המעשים של עם ישראל בעולם הזה נקבע המצב של העולמות העליונים ולפי המצב של העולמות העליונים נקבע המצב בעולם הזה

ג. ומבאר בנפש החיים בשער א' פרק ד' שענין החורבן שנחרב בית המקדש היה כסדר הזה שעל ידי מעשים לא טובים של עם ישראל נחרב בית המקדש העליון של העולמות העליונים הרוחניים וכיון שנחרב בית המקדש העליון על ידי עבירות ממילא שלטו הגויים בבית המקדש של מטה שבהר הבית והחריבוהו

ד. וכן ענין הגלות שגלו בני ישראל מעל אדמתם ונמסרה ארץ ישראל בידי הגויים היה זה בדרך זו שעל ידי שחטאו ישראל פגמו בבחינות העליונות המכוונות כנגד קדושת ארץ ישראל וממילא נעשה פגם זה בארץ ישראל שנמסרה לגויים

התקרבות להשם פרק ד

ה. וכתב על פי זה בנפש החיים בשער א׳ פרק ד׳ וז"ל וזאת תורת האדם כל איש ישראל אל יאמר בלבו ח"ו כי מה אני ומה כחי לפעל במעשי השפלים שום ענין בעולם אמנם יבין וידע ויקבע במחשבות לבו שכל פרטי מעשיו ודבוריו ומחשבותיו כל עת ורגע לא אתאבידו ח"ו ומה רבו מעשיו ומאד גדלו ורמו שכל אחת עולה כפי שרשה לפעול פעולתה בגבהי מרומים בעולמות וצחצחות האורות העליונים עכ"ל והיינו שצריך האדם ליתן על ליבו לנצל את כוחותיו במילואם ללימוד התורה ועשיית המצוות שהרי כל מצוה שהוא עושה פועלת פעולות נוראות לטובה בכל העולמות

ו. עוד כתב שם בנפש החיים לצד השני וז"ל ובאמת כי האיש החכם ויבן את זאת לאמתו לבו יחיל בקרבו בחיל ורעדה בשומו על ליבו על מעשיו אשר לא טובים ח"ו עד היכן המה מגיעים לקלקל ולהרס בחטא קל חס ושלום עכ"ל

ז. ושמעתי משל לדבר לאדם שישב בחדר בקרה של טילים ולחץ כפתור ועל ידי זה הפעיל טיל שפגע באויבים והרגם והציל את כל ארצו או שלחץ כפתור לא נכון והרג בארצו ובאים לשבחו על מעשה הטוב או להוכיחו על מעשה הרע וטוען מה עשיתי הרי רק לחץ על כפתור וטעותו היא שאין זה כפתור רגיל אלא הכל תוכנן ונוצר כאן מתחילה באופן שעל ידי פעולה קטנה ביותר נעשים תוצאות נוראיות ביותר

ח. ונמצינו למדים לפי זה שבשעה שאדם עוסק בתורה הוא עוזר לכל עם ישראל כולו שהרי הוא מתקן העולמות העליונים ועל ידי זה מתרבה שפע ברכה והצלחה לכל ישראל ופעמים שאדם לומד שעה וכשסיים ללמוד יש לו הרגשה שלא עשה מספיק בשעה זו ובאמת אינו יכול לדעת איזה ישועות הביא לעם ישראל בשעה זו של לימוד שאפשר שהציל כמה וכמה יהודים מהריגה ואפשר שנתרפאו כמה חולים בזכותו ולאו דוקא בלימוד התורה כן אלא בכל מצוה ומצוה שבן אדם עושה כן הוא אלא שבמיוחד גדול כוחו של לימוד תורה כמו שאמרו חז"ל במשנה במסכת פאה ותלמוד תורה כנגד כולם ולא רק בלימוד תורה ועשיית

מצוות כן הוא אלא גם בהימנעות האדם מעבירה הרי הוא עוזר לכל עם ישראל ועיין בנפש החיים שער ד׳ מפרק י״א עד סוף השער שמבואר שם הרבה מענין זה וכן בפרקים הראשונים של שער א׳

ט. והנה כל יהודי יש בו רגשי רחמנות גדולים על הסובלים ורצון לעזור להם וכמו שאמרו בגמ׳ במסכת יבמות שרחמנות וגמילות חסדים הם מהתכונות של עם ישראל עיי״ש ואם כן כשאדם עומד בפני התלבטות עם לעסוק בשעה זו בתורה או ללכת לפנות עצמו לאיזה סוג ביטול בשעה זו אפילו אם לא זכה שתהא אצלו ההכרעה לטובת הלימוד מצד עצם החיוב של לימוד תורה מכל מקום יכול עדיין לנסות להכריע הכף לטובת הלימוד על ידי הרצון לעזור לסובלים שבעם ישראל שעל ידי הלימוד שלו יועיל להם ואף שאין בכוחו לידע למי עזר ואיזה סוג עזרה עזר אבל דברי חז״ל ודאי אמיתיים שודאי שעוזר לעם ישראל

פרק ה. בענין מעמד מתן תורה בהר סיני ובחלקים מזה הנפעלים בכל שעה שיהודי לומד בתורה הקדושה ובהרגשת דביקות בהשם יתברך על ידי לימוד התורה [ונתבאר בפרק זה גם מעט בעניני אמונה]

[חלק א׳]

א. הנה מעמד מתן תורה בהר סיני מתואר בתורה בפרשת יתרו באריכות עיי״ש כל הענין ואי אפשר להאריך כאן בזה אמנם יבואר כאן בעזהשי״ת בענין פרט אחד שמבואר בספרים הקדושים מענין מעמד הר סיני ובמה שיש ללמוד מזה לעניני לימוד התורה ועבודת השם

ב. והנה אף שאין מטרת ספר זה לבאר ראיות לאמונה אלא לבאר דרכים להתקרב לעבודת השם יתברך אך כיון שענין פרק זה הוא במעמד הר סיני יבואר כאן בעזהשי״ת מעט ממה שיש לדבר מענין מעמד הר סיני גם לענין האמונה הנה יש הבדל יסודי בין דת ישראל לבין שאר דתות המבוססות על סיפורים של גילוי שבשאר הדתות הם מספרים על גילוי שהיה לאדם יחיד או לאנשים יחידים ואם כן כל דתם תלויה בהסכמה להאמין לאותם אנשים שאינם משקרים ומי שיודע פרטי הסיפורים של שאר הדתות יודע שההגיון הנורמלי אינו נותן בשום אופן לקבל גירסתם וקשה להאריך כאן להביא שיבושיהם ולהראות המוזרות האיומה שבהם אבל דת ישראל הגילוי הנורא של מעמד הר סיני מפורש בתורה שהיה לעיני מליונים שהרי כתוב בתורה שהיה זה לעיני כשש מאות אלף גברים מבן עשרים שנה ומעלה ואם כן עם נשים הרי זה בערך כמליון ושני מאות אלף ועם הצעירים למטה מגיל עשרים הרי זה יותר משני מליון ועוד ערב רב שעלה עמם וסיפור כזה לא ניתן להמציא בשקר שהרי עם דרך משל יבוא אדם ויאמר שראה בעל חי שלא נשמע עליו עד היום

הרוצה להאמין מאמין והרוצה שלא להאמין אינו מאמין אבל אם יבוא ויספר שראה את זה יחד עם עוד מליוני בני אדם שראו את זה אם כן השומע יאמר לו איפה נעלמו כל אלו המליונים ואם באמת יאמרו כן כל המליונים שבאמת ראו על כרחך שראו שלמה ימציאו שקר כזה מליונים ובפרט בדבר שמחייבם קבלת עול תורה ומצוות

ג. וגם זו הסיבה שיש דתות גדולות שבנו דתם על על מעמד הר סיני ודת ישראל אלא שעל המשך הדברים ליצור מהפכה באמצע הזמן מדת ישראל לדתם המציאו שקרים שאינם מתקבלים על הדעת ולכאורה תמוה אמאי היו צריכים לבנות ענינם על דת ישראל דבר שיוצר מיד את התמיהה הגדולה על דתיהם שאם מודים שבתחילה דת ישראל היתה האמיתית איך מהסיבות שאינם הגיוניות שהם אומרים לשינוי הדת יהיה שינוי הדת [שזה גם הגורם הגדול לשנאה האיומה של אותם דתות לעם ישראל מפני שעצם המציאות של עם ישראל מהוה סתירה לכל דתם שההגיון לא נותן לקבל החילוף] והסיבה שכן בנו דתם על דת ישראל הוא מפני שהיו מוכרחים שלפחות הקומה הראשונה של דתם יהיה מבוסס על דבר שההגיון מכריח לקבלו ותורת ישראל שהגילוי במעמד הר סיני היה לעיני מליונים שזה דבר שאי אפשר לשקר בו היה להם לדרך היחידה להיות התחלת הענין בדבר אמיתי

ד. ואין לשאול שאם נכון הכרח הנ"ל לאמונה איך יש חלק מן המלומדים בחכמות העולם שאינם מודים בתורת ישראל זה זה אינו קושיא שהרי רואים אנו בעינינו שיש כיום אנשים מלומדים שמנסים להכחיש את השואה אף שההכחשה נוגדת כל הגיון הרי שכשיש לבן אדם נגיעה אישית בענין הוא יכול לדבר בשם המדע דברים שנוגדים את ההגיון לפעמים מפני שהנגיעה גורמת לו לדבר אחרת ממה שהוא חושב ולפעמים הנגיעה משנה את מחשבתו והרבה סוגי נגיעות יש לבני אדם בענינינו אם שקשה להם לשנות דרכם באופן מעשי ואם נגיעות אחרות שאכמ"ל בהם וכעין מה שכתוב בפסוק כי השוחד יעור עיני חכמים ויסלף דברי צדיקים והעיר כמדומה הגר"א בפסוק זה (א) להבין ענין כפל

הלשון שבפסוק שכתוב יעור עיני חכמים ושוב כתוב ויסלף דברי צדיקים (ב) להבין שינוי הלשון שבפעם הראשונה כתוב יעור עיני ובפעם השניה כתוב יסלף דברי (ג) שבפעם הראשונה כתוב חכמים ובפעם השניה כתוב צדיקים ופירש כמדומה הגר״א שכשיש משפט הצלחת הדיינים לדון הדבר לאמיתו תלוי בשני דברים הראשון להבין היטב את המציאות שקרתה והשני לברר את ההלכה במציאות כזו והפסוק אומר שהשוחד משנה את שניהם גם את ראיית המציאות ועל זה שייך לשון יעור עיני וכן לשון חכמים שאין זה נוגע דוקא לדרגא בתורה וגם משנה השוחד את הבנת ההלכות של התורה למציאות המדוברת ועל זה שייך לשון יסלף דברי ולשון צדיקים שידיעת התורה הוא צידקות וממש כך זה לענינינו שהנגיעה משנה את הגיונם בין בענין ראיית המציאות ובין בענין הבנת המסקנות שצריך להסיק מכח המציאות

ה. ובכלל יש לידע בכל עניניהם של המלומדים בחכמות העולם ששני סוגי חכמות יש ומכונות אצלהם מדע תאורטי וזה כולל כל עניני פילוסופיה וכיו״ב ומדע מדויק וזה כולל עניני פיזיקה וכיו״ב ובמדעים התאורטיים אפשר למצוא באוניברסיטה אחת כמה פרופסרים אחד מלמד דת פלונית ואחד מלמד דת אחרת ואחר מלמד כפירה מנוסח פלוני ואחד מלמד כפירה מנוסח אחר והנה כשנתבונן יוצא שאף ללא מה שאנחנו יודעים שרק היהדות היא האמת וכל דבריהם הבל הרי אף לדבריהם בהכרח שיותר מאחד מהם לא יכול להיות צודק והשאר כל דבריהם הם טעות גמורה ואם כן איך זה שכולם פרופסרים אלא שבמדעים התיאורטיים לקבל מעמד חשוב אינו תלוי בדרגת הנכונות של דבריו אלא בצורה שיודע לסדר את דבריו בצורה מענינת ובצורה שיוכלו לחזור על דבריו היטב ותו לא [ויש ענינים במדע שהם מורכבים חלקם ממדע תאורטי וחלקם ממדע מדויק דהיינו שתחילת הראיה לדבריו על סמך עובדות וחלקה על סמך סברות משלו והרבה מדבריהם בענין סדר הבריאה הוא מסוג זה והנה לענין האמינות אין לזה יותר תוקף ממדע תאורטי והבחינה לזה ששום בעל בית חרושת לא יסכים להשקיע כסף

התקרבות להשם פרק ה כה

ליצירת מפעל בסכום שאין רגילים להשקיע על ספק ורק על ודאי אם הראיות שהמכונות ייצרו את המכשיר הדרוש הם מסוג ראיות מורכבות אלו ורק על סמך ראיות שמתחילתם ועד סופם הם מכח עובדות יסכים להשקיע]

ו. והנה יש עוד הרבה מה להוכיח ולהכריח ענין האמונה מכמה ענינים אלא שאין כאן המקום לזה ואולי יעזרנו השי"ת במקום אחר לכתוב בזה יותר באריכות וכאן נמשכנו לענין זה רק אגב ביאור אחד מהפרטים שיש ללמוד לעניני עבודת השם מהענין של מעמד הר סיני

[חלק ב']

א. ונחזור לענינו למה שיש ליקח לענינו עבודת השם בלימוד התורה מידיעת פרטי הדברים של מעמד הר סיני כתב הרמח"ל בספר דרך ה' שבמעמד הר סיני מלבד כל הגילויים המפורשים בפירוש בפסוקים בפרשת יתרו עוד היה דבר נורא שהראה להם הקב"ה במוחש ממש איך שכל מה שיש בעולם הכל נאצל ונמשך מאת הבורא יתברך שמו שאין לשום דבר אחר זולת הבורא קיום עצמי אלא שבכל רגע ורגע הדבר מתהווה על ידי הבורא ונמשך ונאצל ממנו וכעין זה מבואר גם בנפש החיים בשער ג' פרק י"א עיי"ש [והובא מדבריו לעיל בפרק ג' עיי"ש] ועיי"ש בנפש החיים מש"כ לרמוז מזה בלשון הפסוק ואכמ"ל

ב. ויש לבאר בכוונתם בדרך משל שהנה אם יבוא ראובן ויטען לשמעון שנתברר לו על לוי חברם שאינו בן אדם אלא רובוט המופעל על ידי מרגלים של מדינה אחרת יטען על זה שמעון מאות ראיות שאין דבר זה מתקבל על הדעת וכו' וכו' אמנם אם יבוא ראובן ויאמר לשמעון על שמעון עצמו שנתברר לו לראובן שאינו אדם אלא רובוט בזה אין צריך שמעון לשום ראיות להוכיח שלא כדבריו שהרי שמעון מכיר את עצמו וידע מהותו שהוא אדם עם נשמה וכו' וכו' והנה במעמד הר סיני הרגיש כל אדם בהרגשה ובידיעה מוחשית לגמרי איך שכל מציאותו והווייתו הוא דבר הנמשך מאת הבורא יתברך שמו באופן שאין מקום לדון עליו כלל ועיקר

ג. ובאמת שגם שלא בשעת מעמד הר סיני אם היה אדם זוכה להכיר את נשמתו לחלוטין ממילא כלול בזה שהיה יודע בידיעה גמורה איך שהוא נברא על ידי הבורא יתברך ונמשך ממנו שהרי כל מהות הנשמה הוא דבר הנאצל מהבורא יתברך ונמשך ממנו [ולא רק הנשמה אלא כל דבר אלא שבנשמה זה יותר ישיר]

ד. והנה יש הרבה מאוד בני אדם שיש להם הרגשה זו או על כל פנים במידה מסוימת ואשרי מי שזכה לזה שהרגשה זו יכולה להביא את האדם לידי דביקות בהשם יתברך מאוד מאוד אמנם גם מי שלא זכה להרגשה זו יכול להגיע למדרגות נוראות ונשגבות בדביקות בהשם יתברך [ובאמת גם אלו שטוענים שאין להם הרגשה זו לרבים מהם יש במידה מסוימת הרגשה זו אלא שאינה בדרגת החוזק שהיה ברצונם שיהיה להם זה ולכן הרגשתם שחסר להם דבר זה] והענין שלא כל אדם מרגיש בצורה חזקה ומוחלטת זה הוא מענין ההסתר שיש בבריאה על הנשמה על ידי הגוף ואכמ"ל בענין זה

ה. והנה גם מי שלא זכה להרגשה זו יש כמה דרכים לסייע להרגשה זו ואחת מהדרכים לזה הוא על ידי לימוד התורה הקדושה וכמה סיבות לדבר שלימוד התורה מועיל לזה ואחת מהדרכים הוא [הדברים שבהמשך סעיף זה חלקם על פי המבואר בספר חידושי רבי שמואל רוזובסקי זצ"ל למסכת מכות במהדורה החדשה בסוף הספר עיי"ש] שהנה נתבאר לעיל שתוקף הרגשה זו במילואה ובכל עם ישראל כולו היה זה במעמד הר סיני והנה כתב בספר נפש החיים בשער ד' פרק י"ד בענין לימוד התורה וז"ל [בקצת שינוי] ובכל עת שהאדם עוסק ומתדבק בתורה כראוי הדברים שמחים כנתינתם מסיני כמו שאמרו בזוהר בריש פרשת חוקת [בתרגום] מי שמשתדל בתורה כאלו עומד כל יום על הר סיני לקבל תורה וכו' [דוק היטב בלשון שכתב כל מי שמשתדל בתורה ואפשר שמרמז שאפילו אם לא היה הצלחת הלימוד כרצונו אבל בכל אופן עסק בתורה והשתדל בלימודו] והטעם שכמו שבעת המעמד הקדוש נתדבקו כביכול בדבורו יתברך כן גם עתה בכל עת ממש שהאדם עוסק בתורה והוגה בה

הוא דבוק על ידה בדבורו יתברך ממש מחמת שהכל מאמר פיו יתברך למשה בסיני ואפילו מה שתלמיד קטן שואל מרבו וכו' וגם עתה בעת שהאדם עוסק בה בכל תבה אותה התבה ממש נחצבת אז להבת אש מפיו יתברך כביכול וכו' [אין הכוונה כאן לאש גשמית אלא למציאות רוחנית קדושה וכן מש"כ פיו יתברך כמובן הוא בלשון משל] ונחשב כאלו מקבלה עתה מסיני מאתו יתברך ולכן אמרו חז"ל כמה פעמים והיו הדברים שמחים כנתינתן מסיני ואז משתלשל ונמשך שפעת אור וברכה ממקור שרשה העליון על כל העולמות וגם הארץ האירה מכבודה ומתברכת ומביא הרבה טובה ושפעת ברכה לעולם עכ"ד הנפש החיים ותוכן דבריו שההארות שהיו בשעת מתן תורה חוזרות על עצמם כל פעם שיהודי עוסק בתורה אלא שכמובן זה בדרגה פחותה מבשעה העיקרית של מתן תורה אבל זה מאותו הסוג ולכן לעניננו על ידי לימוד התורה אדם זוכה במידה מסוימת להרגשה הפנימית הנ"ל של הנשמה שמרגישה את הקשר האמיתי שלה לבורא עולם

ו. כללו של דבר מהאמור כאן [עם הוספות]

(א) יש דרגה של דביקות השם שהנשמה זוכה להכיר בהכרה פנימית אמיתית את עצם מהותה שהיא שפע רוחני הנאצל מהבורא יתברך ואז מרגישה הנשמה את הקשר האמיתי שלה לבורא עולם

(ב) בשעת מתן תורה זכו כל עם ישראל למדרגה זו בשלימות

(ג) גם שלא בשעת מתן תורה יש הרבה שזוכים לענין זה כל אחד כפום שיעורא דיליה בעצמת ההרגשה ובשיעור הזמנים שזוכה לה

(ד) גם מי שבסתמא אין לו הרגשה זו [ויתכן שיש לו אך בשיעור מועט משרוצה שיהיה לו] יש דרכים לזכות להרגשה זו ומהדרכים הראשיות לזה הוא על ידי שישתדל לעסוק כמה שיותר בתורה

(ה) גם בלא הרגשה פנימית זו אפשר להאמין בהשם יתברך באמונה שלמה ולעבוד אותו עבודות עצומות ונפלאות וכל אחד עבודתו את השם יתברך צריכה להיות כפי התפקיד שנתן לו הבורא

(ו) ודע שבחלק מהספרים הקדושים כשכתבו מענין אמונה פשוטה כוונתם להרגשה הפנימית הנזכרת ואין להקשות דתינח שאפשר שתרגיש הנשמה את מהותה שהיא נמשכת מהבורא אבל איך תרגיש הנשמה מצד עצם מהותה באמיתות תורת ישראל ומה קשור זה למהותה זה אינו קושיא שכבר נתבאר לעיל בפרק ב׳ דהימשכות שפע נשמות ישראל מהבורא יתברך הוא על ידי אורות התורה עיי״ש ולכן בכח הנשמה להרגיש בזה אם אין מסכים המסתירים

פרק ו. בענין שכל קיום העולם כולו הוא מכח התורה

א. בגמ' במסכת שבת דף פ"ח ע"א למדו מהפסוקים שהתנה הקדוש ברוך הוא עם מעשה בראשית ואמר להם אם ישראל מקבלים את התורה אתם מתקיימים ואם לאו חוזר הכל לתוהו ובוהו ע"כ עיי"ש כל הענין

ב. וכתב בספר נפש החיים שער ד' פרק י"א בביאור ענין זה באריכות עיי"ש כל דבריו ותוכן הדברים שהנה התורה מלבד ספר התורה שיש לנו כאן בעולם הזה יש מציאות רוחנית קדושה מאוד בעולמות העליונים שנקראת תורה והיא שורשה של התורה שבידינו כאן [ועיין לעיל בפרק ב' מה שנתבאר בזה] ומשעת בריאת העולם עד לשעת מתן תורה במעמד הר סיני כל הקיום של העולם הזה וכל העולמות היה על ידי המציאות הרוחנית הזו של התורה שבעולמות העליונים דהיינו שכך סידר הבורא את הבריאה שהוא משפיע את כל השפע באופן שנצרך לעבור שפע לכל העולמות דרך שפע התורה

ג. אמנם מהזמן של מעמד הר סיני והלאה אין מספיק האורות הקיימים של התורה בעולמות העליונים כדי לקיים את התורה אלא צריך שעם ישראל ילמדו בתורה ועל ידי לימוד התורה של עם ישראל כאן בעולם הזה מתחזקים האורות העליונים של התורה בעולמות העליונים ורק על ידי חיזוק זה השפע הוא בשיעור שמספיק לזמן שמאחר מתן תורה כדי לקיים את העולמות על ידי לימוד התורה

ד. וכתב שם בנפש החיים וז"ל והאמת בלתי שום ספק כלל שאם היה העולם כולו מקצה ועד קצהו פנוי ח"ו אף רגע אחד ממש מהעסק וההתבוננות שלנו בתורה היו נחרבים כל העולמות וכו' והיו לאפס ותהו חס ושלום

ה. ואף שזיכנו השי"ת שאף פעם אינו פנוי לגמרי ותמיד יש שעוסקים בתורה ולא נחרבים העולמות מכל מקום ריבוי השפע או מיעוטו חס

וחלילה הכל תלוי בשיעור ורוב עסקנו בתורה ואם אנחנו מחזיקים בתורה בכל כוחנו כראוי אנו מנחילין חיי עד וממשיכים משרשה הנעלם למעלה מכל העולמות תוספות קדושה וברכה ואור גדול בכל העולמות וגם לבנות הנהרסות בתקונים גדולים וכו'

ו. והביא שם מחז"ל שאמרו על תלמידי חכמים שהם עמודי עולם שנאמר אם לא בריתי יומם ולילה חוקות שמים וארץ לא שמתי ועוד אמרו על הפסוק חכמות בנתה ביתה אמר הקדוש ברוך אם זכה אדם ולמד תורה וחכמה חשוב לפני כמו שברא שמים וכאלו העמיד כל העולם כולו ועוד אמרו אמר הקדוש ברוך הוא לישראל בני היו מתעסקין בתורה ביום ובלילה ומעלה אני עליכם כאילו אתם מעמידים את כל העולם ועיי"ש בנפש החיים מעוד כמה מקומות בחז"ל דברים נוראים בגודל התלות של קיום העולם כולו בלימוד התורה של עם ישראל

ז. וצריך האדם ליתן על ליבו דברים אלו היטב ולשננם היטב [רצוי לשנן הרבה בספר נפש החיים בשער ד' מפרק י"א עד פרק ל"ד] שאז ידע להעריך כל רגע של לימוד התורה שהוא ענין הרבה יותר חשוב ופועל מעסקי עולם הזה שנראים לבני אדם כאילו הם ענינים גדולים וכבר כתבו בפסוק על התורה יקרה היא מפנינים וכל חפציך לא ישוו בה

פרק ז. בענין השכר בגן עדן והעונש בגיהנם

א. במשנה במסכת אבות יפה שעה אחת של חיי עולם הבא יותר מכל חיי עולם הזה ופירשו בזה שאף אם יחברו את כל תענוגי עולם הזה שהיה לכל האנשים שבעולם מיום בריאת העולם ועד סופו אין זה שקול אף כרגע אחד של התענוג שיש לנשמה בעולם הבא

ב. ולצד שני מבואר בספרים הקדושים שאפילו שבעים שנה יסורים כאיוב בעולם הזה אינו שוקל כיסורים שיש לנשמה בשעה אחת בגיהנם

ג. ובביאור הענין שהתענוגים והסבל בעולם הבא הם בעוצמה הרבה יותר גדולה מאשר בעולם הזה קצת ביאור בזה [חלק מהדברים מיוסדים על פי דברי הרמב"ן בספר תורת האדם בשער הגמול] שהנה בכל עניני הנאה וסבל שבעולם הזה צריך לברר אם הם לגוף או לנשמה שאם נאמר שהם לגוף בלבד לא יתכן שהרי גוף של מת בלא הנשמה אין לו הנאה וסבל בצורות כאלו ואם נאמר שההנאה והסבל לנשמה בלבד ודאי שלא יתכן זה שהרי ההנאות והסבל כגון אכילה ומכה הם בגוף ולכאורה התשובה לזה שההנאה והסבל הוא בעיקרו לנשמה אלא שכיון שהנשמה מלובשת בגוף ממילא גם הנאותיה וסבליה מלובשים בפעולות גופניות

ד. והנה בעולם הבא סוג התענוגים הם סוג אחר אבל ענינם הוא שהם תענוגים יותר ישירים לנשמה בלא מלבוש של הגוף וכן לאידך גיסא ענין הסבל הוא סוג סבל שפגיעתו בנשמה בצורה יותר ישירה וכיון שהכל יותר ישיר הכל בעצמה יותר חזקה

ה. משל למה הדבר דומה לאדם שחטא למלך בשר ודם וגזר עליו המלך עונש מלקות על ידו ונתן לו שני ברירות או חמש מכח חזקות בפטיש על ידו כמות שהיא או חמישים מכות בפטיש על ידו אבל כשמלובשת בכפפה עבה שכמעט אינו מרגיש במכה שודאי עדיף לו החמישים בהפסק כפפה מחמש שלא בהפסק כפפה וכן על דרך זה לענייננו

ו. ועיין ברמב"ן בספר תורת האדם בשער הגמול [עמ' רפ"ו ורפ"ז עיי"ש באריכות וכאן הובא רק מעט מדבריו] שכתב שכמו שבעולם הזה אש שורפת גוף גם בעולם הבא יש מציאות רוחנית שנקראת אש והיא שורש לאש שבעולם הזה ובכוחה לשרוף נשמות [ולא שבגיהנם הוא סוג אש כמו בעולם הזה]

ז. והנה מלבד מה שנתבאר גודל השכר בגן עדן לעומת תענוגי עולם הזה עוד יש בזה ענין גדול אחר שהשכר בגן עדן הוא נצחי וכמו שכתב הרמח"ל שענין השכר בעולם הבא אינו כענין שכר שמשלם אדם לחברו בעולם הזה על חפץ שקנה ממנו שאם גמר לשלם כל השכר ממילא פטור מלשלם עוד אבל השכר בעולם הבא אף שקיבל האדם כבר פי כמה ממצוותיו עדיין ממשיך לקבל השכר שהשכר הוא נצחי לעולמי עולמים בלא הפסק ויתירה מזו שהולך השכר וגודל כיון שעל ידי השכר שהוא רוחני וקדוש מזדכך האדם יותר ויותר ונעשה ראוי לעוד שכר

ח. והנה אף שעיקר המדריגה הגבוהה הוא בעשות האדם את המצוות ובהיזהרו מהעבירות מכח אהבת השם ומכח יראת הרוממות ולא מכח יראת העונש אך מכל מקום ודאי שנצרך לכל אדם גם יראת העונש וידיעת השכר הגדול של המצוות שאלו מפתחות גדולים להינצל מפיתויי היצר הרע והדברים הנ"ל הם חשבון גדול לענין זה שידע האדם שאף פעם מהימנעות ממצוה או מעשיית עבירה אינו מרויח שכל רווחי עולם הזה כאין וכאפס לעומת משהו של שכר בעולם הבא

פרק ח.

בענין מה שרבים מייאשים עצמם מלהתמסר ללימוד התורה משום שנראה להם שאפילו אם ינסו להתמסר לא יצליחו מחמת חסרון כשרון ללימוד התורה או מחמת חסרון יכולת להמשיך זמן רב בהתמסרות יבאר כמה סיבות שיאוש זו כולו טעות וביכולתם להצליח מאוד בלימוד התורה

א. הנה רבים יש שמצד עצם הדבר היו רוצים להתמסר מאוד ללימוד התורה הקדושה אלא שמונעים עצמם מהתמסרות זו משום שנראה להם שאין להם סיכוי להצלחה גדולה בידיעת והבנת בתורה וזה מיאש אותם מלהשקיע כוחות גדולים עבור לימוד התורה כשאינם רואים בזה תועלת כשיעור ההשקעה

ב. גם רבים יש שכנ"ל היו רוצים להתמסר ללימוד אך מפחדים שלא יוכלו להחזיק מעמד בהתמסרות זו ופחד זה מונע מהם ההתמסרות כיון שנראה להם בלתי תועלת להתמסר רק לתקופה קצרה

ג. אבל באמת גישה זו היא טעות מכמה וכמה טעמים האחד דהנה איתא בגמ' סנהדרין צ"ט על הפסוק נפש עמל עמלה לו דרשו על זה בגמ' הוא עמל במקום זה והתורה עומלת לו במקום אחר [כנראה הדרשה היא מכפל הלשון עמל בפסוק] ופירש רש"י שם שהתורה הולכת להשם יתברך ומבקשת לו שיגלה לו טעמי התורה עכ"ד [ונתבאר בביאור ענין זה לעיל בפרק ב' עי"ש] והנה ברור שהצלחה זו שהתורה מבקשת עליה המדובר הוא על הצלחה למעלה מדרך הטבע שהרי להצלחה שבדרך הטבע אין צריך לתפילה [והנה הדבר מסתבר שכמו שהתורה מבקשת עבורו עבור הבנת התורה כך מבקשת עבורו עבור היכולת להחזיק מעמד בהתמכרות ללימוד התורה שהרי שניהם תלוי בהתאחדות אורות התורה

עם אורות נשמתו] ואם כן המיאש עצמו מלימוד התורה מפני שלפי סברתו אין נראה שביכלתו להצליח טעות בידו דאפילו אם בכוחו לשום את שיעור הצלחתו לפי דרך הטבע אבל אם יעמול בתורה יזכה להצלחה למעלה מדרך הטבע ועל זה אינו יכול לשום כמה תהא הצלחה זו

ד. ועוד יש בזה סיבה נוספת שמדידה זו שמודד האדם את יכלתו באופן נמוך היא טעות והוא על פי המבואר בספר הזוהר ומבואר באריכות בכתבי האר״י זצ״ל וכן מבואר מזה בספר נפש החיים בשער ד׳ עיי״ש יסוד גדול מאוד שיש הרבה סוגים של נשמות יש נשמות יותר מעולות ויש נשמות פחות מעולות ויש בזה הרבה חילוקי אופנים ואכמ״ל והנה בהרבה מסוגי הנשמות המעולות עלוים גורם לחשק עצום ונפלא ללימוד התורה וכן להצלחה עצומה בלימוד התורה ומבואר בזוהר וכתבי האר״י זצ״ל ובנפש החיים שהאדם על ידי לימודו בתורה הקדושה יכול לזכות לתוספת על הנשמה שכבר יש לו בעוד נשמה קדושה מאוד אצולה ממקום גבוה מאוד שעל ידי תוספת זו יכול להשתנות כל מצבו הרוחני לטובה מן הקצה אל הקצה ואם כן כל מדידה לרעה שמודד האדם את כוחותיו העתידיים היא טעות שהרי כל מדידתו היא לפי הנשמה שיש לו עכשיו אבל הוא יכול לקבל תוספת על נשמתו שתשנה את כל מצבו

ה. ועוד דבר בזה מבואר במהרח״ו זצ״ל בשם האר״י זצ״ל לענין השכחה שיש שגורם להם רפיון מן הלימוד בתורה העובדה ששוכחים מלימודם ואינם מרגישים לכן תועלת מלימודם וכתב על המהרח״ו זצ״ל בשם האר״י זצ״ל שזה טעות משום שלעתיד לבוא יזכירו לאדם את כל מה שלמד עכ״ד והנה כלול בדברים אלו שני סוגי דחיה לטעם הרפיון משום שכחה (א) שאף אם ישכח מכל מקום השכחה היא זמנית אבל אחרי זמן זה לנצח נצחים יהיה לו תועלת מלימודו זה שהרי לעתיד לבוא יזכרנו (ב) שמבואר שם בדבריו שהענין שלעתיד לבוא יזכור אין זה סתם ענין של שכר ומתנה עבור יגיעתו אלא הענין הוא שבשעה שאדם לומד איזה דבר בתורה אורות התורה של אותו דבר תורה מתחברים עם אורות נשמתו ונשארים מחוברים לנצח וזה כבר היה סיבה שהיה צריך לזכור

את לימודו לעולם אלא שיש קליפות שמכסות האור ומונעות ממנו הזכירה ובעולם הבא מסתלקים הקליפות עכת"ד ונמצא לפי זה שאף בעולם הזה ובשעה שאינו זוכר את מה שלמד מכל מקום יש לו תועלת גדולה כבר עכשיו מאותו הלימוד שיש יותר אורות עליונים רוחניים מחוברים לנשמתו וזה מעלה את מדרגתו מאוד

ו. והנה מה שכתבנו לעיל בסעיפים ג' וד' טעמים שההצלחה באה לאדם בלימוד התורה למעלה מכל חשבון משוער הוא דבר שהמציאות הוכיחה אותו בכל הדורות שהרבה גדולי עולם בתחילה לא היו מוכשרים ללימוד התורה חלק מהם מצד כשרונות מועטים וחלק מצד תכונות הפוכות מתכונות ההתמדה ואף על פי כן נתאמצו הרבה והצליחו להיות מגדולי ישראל ממש ואף שודאי מי שיש לו כשרונות טובים או תכונות של התמדה ומקל וחומר שניהם יחד הוא סיבה גדולה להצלחה יתירה בתורה וחלילה לזלזל בדברים אלו אבל גם מי שאין לו מעלות אלו יכול להצליח הרבה וכבר אמרו במשנה במסכת אבות כל הלומד תורה מעוני סופו ללומדה מעושר ואומרים בזה בשם המהרי"ל דסקין שדבר זה הולך לא רק על עניות בכסף אלא גם על עניות בכשרונות שהמתאמץ אפ"כ לעסוק בתורה זוכה לעשירות הכשרונות [ומכל מקום כנז"ל חלילה לזלזל במעלת הכשרונות ומי שזכה לכשרונות גדולים ודאי צריך ביותר להיזהר לנצלם לתורה וכידוע על המהרי"ל דסקין שממש מגיל צעיר זכה לכשרונות גאוניים ועם כל זה יגע ביגיעות נוראות בהתמדת התורה באופן שקשה להעלות על הדעת וזכה למדרגות בגאונות למעלה מדרך הטבע כידוע מהרבה עובדות]

פרק ט. בדברי הב"ח באו"ח סי' מ"ז בביאור מצוות תלמוד תורה

א. בגמ' במסכת נדרים אמר רב יהודה אמר רב מאי דכתיב מי האיש החכם ויבן את זאת ואשר דיבר פי השם אליו ויגידה על מה אבדה הארץ דבר זה נשאל לחכמים ולנביאים ולמלאכי השרת ולא פירשום עד שפירשו הקב"ה בעצמו שנאמר ויאמר השם על עזבם את תורתי אשר נתתי לפניהם ולא שמעו בקולי ולא הלכו בה מאי ניהו ולא שמעו בקולי ולא הלכו בה אמר רב יהודה אמר רב שלא בירכו בתורה תחילה

ב. ובב"ח באו"ח סי' מ"ז כתב על זה וז"ל [בקצת שינוי] ויש להקשות מאוד למה יצא כזאת מלפניו להענישם בעונש גדול ורם כזה על שלא בירכו תחילה שהוא לכאורה עבירה קלה

ג. ותירץ דנראה דכוונתו יתברך מעולם היתה שנעסוק בתורה כדי שתתעצם נשמתינו בעצמות ורוחניות וקדושת מקור מוצא התורה ולכן נתן הקב"ה תורת אמת לישראל במתנה שלא תשתכח מאתנו כדי שתתדבק נשמתינו וגופינו ברמ"ח אברים ושס"ה גידין ברמ"ח מצוות עשה ושס"ה מצוות לא תעשה שבתורה ואם היו עוסקים בתורה על הכוונה הזאת היו המה מרכבה והיכל לשכינתו יתברך שהיתה השכינה ממש בקרבם כי היכל השם המה ובקרבם ממש היתה השכינה קובעת דירתה והארץ כולה היתה מאירה מכבודו ובזה יהיה קישור לפמליא של מעלה עם פמליא שלמטה והיה המשכן אחד

ד. אבל עתה שעברו חוק זה שלא עסקו בתורה כי אם לצורך הדברים הגשמיים להנאתם הדינים לצורך משא ומתן גם להגאות להראות חכמתם ולא נתכוונו להתעצם ולהתדבק בקדושת ורוחניות התורה ולהמשיך השכינה למטה בארץ כדי שתעלה נשמתם למדרגה גדולה אחרי מיתתם הנה בזה עשו פירוד שנסתלקה השכינה מן הארץ ועלה לה למעלה והארץ נשארה בגשמותה בלי קדושה וזה היה גורם חורבנה ואבידתה

ה. והוא אמרו מי האיש החכם וגומר על מה אבדה הארץ וגומר ויאמר השם על עזבם את תורתי אשר נתתי לפניהם וגומר ואמר תורתי תורת אמת אשר נתתי במתנה שלא יהיו למדין ושוכחין וגם פירשתי להם טעם כל הדברים ופירושיהם וזהו אשר נתתי לפניהם כשלחן ערוך וכו׳ וכמ״ש רז״ל על פסוק ואלה המשפטים אשר תשים לפניהם וכוונתי שיתקשרו בעצם קדושת תורתי תורת אמת והשכינה תהא שורה בקרבם והמה עזבו את תורתי ולא הלכו בה פירוש תחילת ההליכה ברוחניות התורה ממדרגה למדרגה כדי שתתדבק הנשמה בעצמות קדושת התורה לא הלכה בה דהיינו לא הלכו בה לשמה בשעה שבאו לפתוח בעסק התורה ולברך לפניו יתברך ולהודות לו על נתינת התורה לעמו ישראל כדי שיהיו דבקים בקדושתם ובשכינתו יתברך והוא המכוון בברכת אשר בחר בנו על אשר קרבנו לפני הר סיני ונתן לנו תורתו הקדושה כלי חמדתו שהיה משתעשע בה בכל יום כדי שתתדבק נשמתינו בעצמות קדושת התורה ורוחניותה ולהוריד השכינה בקרבנו לא הלכו בה לעסוק בדברי תורה לשמה כי בזה נענשו שנסתלקה השכינה מהם ואז אבדה הארץ נצתה כמדבר מבלי עובר כלומר נחרבה ונשארה חומרית מבלי עובר שם קדושת השכינה כי נסתלקה השכינה לגמרי מן הארץ ועלה לה למעלה וכו׳ עכ״ד הב״ח

ו. ולהבין היטב כוונת דברי הב״ח כדאי לראות את האמור לעיל בפרק ב׳ בביאור המאמר דקב״ה ואורייתא וישראל חד הוא עיי״ש כל האמור ועל פי זה מבואר כוונת הב״ח דענין מצוות תלמוד תורה הוא שעל ידי הלימוד יתמזגו אורות נשמתו עם אורות התורה הקדושה ועל ידי זה יושפע על נשמתו שפע הארה מהבורא יתברך ואכמ״ל

ז. והנה כוונת הב״ח אינו להוסיף איזה פרט נוסף בביאור מצוות תלמוד תורה אלא כוונת הב״ח שזה עיקר התוכן של מצוות לימוד התורה שעל ידי זה האדם מתקשר עם השם יתברך ומאיר הארה מהשם יתברך על נשמתו וכמ״ש הב״ח להדיא בדבריו שזה עיקר כוונת נתינת התורה לישראל ושכשנחסר זה ממילא נחרבה הארץ וגלו ממנה רח״ל

ח. וחשוב מאוד שירגיל אדם את עצמו למחשבה זו ולחקוק זה בנשמתו שכל פעם שבא לעסוק בתורה הנה עכשיו הולך הוא ומתקשר עם הבורא יתברך ומתחבר אליו ומושפע עליו שפע רוחני עצום וקדוש מאת הבורא

פרק י. בענין מש"כ בכמה מקומות שכל לימוד בתורה וכל קיום מצוה גורם חיבור לנשמה עם הבורא יתברך ומביא שפע קדוש רוחני על האדם מאתו יתברך במה שיש טוענים שאינם מרגישים זה התשובה לטענה זו

א. הנה במקומות הרבה בחיבור זה נתבאר שעל ידי כל משהו שלומד אדם בתורה ועל ידי כל מצוה שמקיים מושפע שפע רוחני מהבורא יתברך על נשמתו ומקדשה ומקשרה אל הבורא יתברך [וחס וחלילה על ידי עבירה נעשה ההיפך מזה]

ב. והנה יש טוענים שאינם מרגישים זה כלל או שעכ"פ אינם מרגישים זה בצורה חזקה ובפרט כשהמדובר הוא בלימוד קצר וכיו"ב

ג. אבל האמת היא שבכל משהו של לימוד או מצוה מושפע שפע זה בעצמה עצומה אלא שהקב"ה סידר את הבריאה שבעולם הזה הגוף הוא כמסך המסתיר מהנשמה מלהרגיש את השינויים הנעשים בה [ובמסך זה לא כל האנשים שוים יש שההסתר יותר גדול ויש שיותר קטן ואכמ"ל בסיבות לזה] ומהסיבות למצב זה הוא כדי שיהיה העולם עולם הנסיון כמש"כ במסילת ישרים פרק א' עיי"ש ואילו היו מורגשים השינויים בשפע על הנשמה שבמצוות ועבירות באופן מוחלט לא היה שייך כמעט או בכלל ענין של נסיון

ד. אך אחרי מאה ועשרים שאז אין מסך הגוף על הנשמה אז יראה האדם במוחש איך מכל רגע של לימוד התורה ומכל משהו של עשיית מצוה מאירים אורות עצומים על נשמתו ולא רק שאז באותה שעה יאירו אלא שאז יראה איך שכבר בשעת הלימוד ועשיית המצוה בעולם הזה האירו ושעל ידי זה היה לו מכח אורות אלו סיוע להרבה ענינים בעולם הזה אלא שהיה מסך מעכב בעדו מלראות הענין והרבה פעמים את הטוב

שבא מכח זה מרגיש במוחש כבר בעולם הזה אלא שאינו יודע לקשרו ללימוד זה שלמד ולמצוה זו שקיים

ה. ומשל למה הדבר דומה לאדם שעשו לו ניתוח עם הרדמה מקומית ושאל אותו הרופא בסוף הניתוח אם יכול לחתוך שלא לצורך עוד כמה ס"מ אם שוטה הוא יאמר שכן שהרי אינו מרגיש ואם חכם הוא יאמר שלא שאף שעכשיו אינו מרגיש יודע שירגיש כשיתעורר מהניתוח ואז כל ס"מ נוסף שחתוך כואב מאוד ואם חתכו כשהיה רדום המקום הנה אחר כך כשמתעורר רואה שהחתך נעשה בשעה שחתכו ולא רק כשמתעורר וממש כן הוא לענין העבירות ולצד שני בענין המצוות [אמנם הרבה פעמים כבר בעולם הזה זוכה האדם להרגשת התרוממות על ידי המצוות [והיינו אפילו באופן שאין לתלות הרגשה זו בסיפוק טבעי כסיפוק שיש לכל אדם שעושה מעשה שחושב שהוא נכון ועיין בזה בספר חיי עולם מהקהלות יעקב ואכמ"ל]

פרק יא. במצוות שבין אדם לחברו

ענף א.

א. הנה מיסודי היהדות הוא מצוות שבין אדם לחברו דהיינו להשתדל להיטיב לזולת ולהיזהר לא לגרום סבל לזולת וכמו שאמרו בגמ' במסכת יבמות שרחמנות וגמילות חסדים הוא מתכונותיהם של ישראל עיי"ש דברים נוראים בענין זה

ב. אמנם אף שודאי כל יהודי רוצה להטיב לזולת ושלא לגרום סבל לזולת מכל מקום שני שגיאות מצויות בענין זה שגורמות להרבה בני אדם להיכשל בענין האחת הוא שהנה הרבה פעמים האדם משתדל לעשות דבר טוב עבור השני ולא עולה הדבר בידו ונראה לו שנמצא שבזבז כוחו לריק וזה מרפה את ידו מלהמשיך במעשים כאלו

ג. ודבר זה שגיאה גדולה הוא וראיה לדבר שהרי מצינו באברהם אבינו שטרח בהאכלת המלאכים כמבואר בתחילת פרשת וירא ומבואר בגמ' בבבא מציעא פרק שביעי שבזכות זה זכה שכשהיו צאצאיו בני ישראל במדבר ארבעים שנה ירד להם מן ועוד ענינים עיי"ש הרי שקיבל על מעשיו אלו שכר עצום שמליוני בני אדם קיבלו בדרך נס מן השמים מאכלם יום יום במשך ארבעים שנה [וזה אינו כל השכר ועוד שכר עצום חוץ מזה יש ואכמ"ל] והנה כשאברהם האכיל המלאכים בפשוטו לא היה כאן באמת הטבה שהרי מלאכים אינם צריכים לאכול אלא שהוא לא ידע בתחילה שהם מלאכים וכיוון להאכילם ועל ניסיון זה להיטיב זכה לשכר כל כך גדול

ד. ובביאור הדבר אמאי על נסיון להיטיב אף על פי שלא הצליח להיטיב יש שכר כל כך גדול היה אפשר לפרש שהוא משום שעכ"פ רצון טוב ומאמצים מתוך רצון טוב יש כאן אבל החפץ חיים כתב שיש כאן עוד ענין יותר גדול מזה שהנה כבר ביארנו לעיל שסדר הבריאה הוא שכפי הפעולות בעולם הזה כך נפעל בעולמות העליונים ושוב לפי העולמות

העליונים יש תוצאות בעולם הזה וביאר החפץ חיים שבשעה שיהודי בעולם הזה משתדל לעשות חסד בין עלה הדבר בידו ובין לא עלה הדבר בידו הוא מעורר את מידת החסד בעולמות העליונים ועל ידי זה יש הטבה גדולה לכל עם ישראל נמצא לפי זה שאף פעם אין כזה דבר שאדם השתדל לעשות חסד ולא עלה הדבר בידו אלא תמיד כשהשתדל לעשות חסד פעל על כל פנים להרבה ענינים אחרים חסד על ידי שעורר בעולמות העליונים את מידת החסד

ה. ומכל מקום הביא החפץ חיים מחז״ל שבמקום שכן הצליחו מעשיו המצוה והשכר יותר גדולים עיי״ש

ו. והדבר השני שעלולים לטעות בו בענין הרצון להטיב ולמנוע סבל הוא שמתיחסים רק לדברים גדולים ולא לדברים קטנים כגון שיש אנשים שמאוד נמנעים מלצער את הזולת בצער גדול אבל מצער קטן אינם נמנעים ובאמת צריך מכל צער לזולת להיזהר וכתב החזון איש בקובץ אגרות שלצער בדיבור אפילו צער מועט ואפילו לזמן קצר הוא איסור דאורייתא עיי״ש דבריו והנה דבר זה קשה מאוד להיזהר ממנו וצריך ממש שימת לב גדולה להיזהר ממנו אבל הוא חיוב גדול להשתדל בזה ואשרי מי שזוכה להיזהר בזה באופן מוחלט

ז. וכן לאידך גיסא לענין ההטבה לא רק כשבידו להטיב טובה גדולה לזולת מצוה לעשות כן אלא אף בדבר מועט

ענף ב.

א. וחשוב מאוד לידע עוד כלל גדול מאוד בענינים אלו שצריך זהירות גדולה בו מאוד שהנה יש הרבה פעמים אצל בן אדם שהוא נמצא באיזה מצוקה נפשית מאיזה סיבה שהיא ובצורת החיים של ימינו הוא דבר מצוי מאוד ואף שכלפי חוץ הרבה פעמים אין זה ניכר אבל בתוכו פנימה ליבו שבור לרסיסים ואדם שפוגע בו אפילו פגיעה קלה יכול לצערו צער גדול מאוד מפני שזה מצטרף לצער הגדול שיש לו בלאו הכי וכן לאידך גיסא הזוכה לשמחו אפילו על ידי דבר קטן שינה הרגשתו בשינוי גדול מאוד

ב. וכמדומני שהיה מעשה אצל החזון איש שהיה אדם שהיה מתייעץ עמו בכל מיני ענינים מעסקי עולם הזה שלו ואף על ענינים פעוטי ערך מפני שהיה קשה לאותו אדם להכריע לבד והספקות היו מטרידים אותו מאוד והחזון איש היה משיב לו על כל דבר ופעם אחת התנצל אותו אדם לפני החזון איש על שמבטלו מענינים חשובים בשביל דברים פעוטי ערך והשיב לו החזון איש שבאמת אף אותם שבאים לשאול אותו על ענינים גדולים מאוד שבעניני עולם הזה כגון קניית דירה וכיו״ב עיקר הטובה מה שהוא עושה להם אינו מה שמסתדר להם אותו הענין שמסופקים בו אלא עיקר העזרה עבורם הוא מה שמתיישבת דעתם על ידי עצתו ואם כן בזה אין הבדל בינם לבין אותו השואל שליישב דעתו נצרך לענות לו אף על ענינים פעוטים ויש ללמוד מעובדה זו כלל גדול שמלבד שהמצוה להטיב ולמנוע סבל הוא אף בדברים קטנים עוד יש בזה שהרבה פעמים באמת אינם כלל דברים קטנים אלא דברים גדולים כיון שלזולת ענין זה מצערו מאוד או משמחו מאוד

ג. ודע שענין המצוות שבין אדם לחברו הוא גם ברוחניות שמצוה גדולה לעזור למי שצריך עזרה ברוחניות וכגון שיודע מחברו שאינו מבין טוב סוגיית הגמרא וצריך עזרתו הוא מצוה גדולה לעזור לו ומבואר בחז״ל שעל ידי זה זוכה גם העוזר עצמו להצלחה גדולה בלימודו

ד. ועוד יש בזה מה שנתבאר לעיל שבכל פעם שיהודי לומד תורה או מקיים מצוה הרי הוא מועיל לכל עם ישראל שעל ידי לימודו ומצוותיו נתקנים עולמות העליונים ויורד שפע טובה וברכה ברוחניות ובגשמיות לכל עם ישראל ובפרט באופן שקשה לאדם ללמוד מאיזה סיבה ומצד עצמו היה מפסיק מלימודו ומכל מקום מתאמץ וממשיך הלאה מפני שיש לו רחמנות על הסובלים ורוצה לעזור להם על ידי לימודו ודאי שהיא מצוה שבין אדם לחברו גדולה מאוד [וכן לאידך גיסא בכל מצוה שבין אדם לחברו ודאי שהוא גם מצוה שבין אדם למקום שהרי ציווהו הקב״ה בכך]

מד התקרבות להשם פרק יא

ענף ג.

א. בגמרא במסכת בבא בתרא דף י״א עמוד א׳ כתוב תניא אמרו עליו על בנימין הצדיק שהיה ממונה על קופה של צדקה פעם אחת באתה אשה לפניו בשני בצורת אמרה לו רבי פרנסני אמר לה שאין בקופה של צדקה כלום אמרה לו רבי אם אין אתה מפרנסני הרי אשה ושבעה בניה מתים עמד ופרנסה משלו אף שהיה זה כסף שהכרחי עבור עצמו כדי לפרנס את עצמו בשני הבצורת לימים חלה ונטה למות אמרו מלאכי השרת לפני הקדוש ברוך הוא רבונו של עולם אתה אמרת כל המקיים נפש אחת מישראל כאילו קיים עולם מלא ובנימין הצדיק שהחיה אשה ושבעה בניה ימות בשנים מועטות הללו מיד קרעו לו גזר דינו והוסיפו לו עוד עשרים ושתים שנים נוספות על שנותיו

ב. הנה הרואה את בנימין הצדיק בשעת נתינת הצדקה הנ״ל בשנת בצורת היה נראה בעיניו שאף שהוא מעשה מאוד חשוב וטוב אבל תוכן המעשה הוא שהוא מוותר משלו עבור המסכנים ואולי אפילו היה נראה שעלול לגרום איזה שהוא נזק של חסרון אוכל לעצמו ורק שבכל אופן כדאי הדבר עבור לעזור לאותם המסכנים אבל חז״ל גילו לנו שהמציאות היתה ההיפך מזה שעל ידי נתינת הצדקה נצלו חייו שלו עצמו והוסיפו לו עשרים ושתים שנות חיים ובשולחן ערוך ביו״ד בסימן רמ״ט כתב מצות עשה ליתן צדקה כפי השגת ידו ומאוד יש להיזהר בה ולעולם אין אדם נעשה עני על ידי נתינת צדקה ולא דבר רע ולא היזק מתגלגל על ידי צדקה וכל המרחם על העניים הקדוש ברוך הוא מרחם עליו והצדקה דוחה את הגזירות הקשות וברעב תציל ממות כמו שאירע לצרפית [כוונתו למעשה הכתוב בספר מלכים א׳ פרק י״ז באליהו הנביא] עד כאן דברי השולחן ערוך

ג. ועוד בגמרא במסכת בבא בתרא דף י״א עמוד א׳ מעשה במונבז המלך שבזבז אוצרותיו ואוצרות אבותיו בשני בצורת כדי לעזור לעניים ולנצרכים ובאו אחיו ובית אביו ואמרו לו אבותיך גנזו והוסיפו על של אבותם ואתה מבזבזם אמר להם אבותי גנזו למטה ואני גנזתי למעלה

שנאמר אמת מארץ תצמח וצדק משמים נשקף אבותי גנזו במקום שהיד שולטת בו ואני גנזתי במקום שאין היד שולטת בו שנאמר צדק ומשפט מכון כסאך אבותי גנזו דבר שאין עושה פירות ואני גנזתי דבר שעושה פירות שנאמר אמרו צדיק כי טוב כי פרי מעלליהם יאכלו אבותי גנזו אוצרות ממון ואני גנזתי אוצרות נפשות שנאמר פרי צדיק עץ חיים ולוקח נפשות חכם אבותי גנזו לאחרים ואני גנזתי לעצמי שנאמר ולך תהיה צדקה אבותי גנזו לעולם הזה ואני גנזתי לעולם הבא שנאמר והלך לפניך צדקך כבוד ה' יאספך

ד. הנה האריכו כאן בגמ' לבאר ששה הבדלים לטובת העושה צדקה בכספו לעומת השומר כספו בגנזיו והם שבעושה צדקה גונז למעלה וגונז במקום שאין יד שולטת בו וגונז דבר שעושה פירות וגונז נפשות וגונז לעצמו וגונז לעולם הבא ובאמת שאפילו בהבדל יחידי מתוך ששה הבדלים אלו כבר זה סיבה גמורה להעדיף ליתן לנצרכים מאשר להניחו בגנזיו ומכל מקום פעמים המציאות שהאדם לא מתעורר מחילוק זה ומתעורר מחילוק אחר ופעמים שצריך את כל ששה ההבדלים כדי לעורר את הבן אדם לעשות בכספו את הדבר הנכון שהוא להרבות בעזרה לנזקקים

ה. והנה דבר זה מלבד שנוגע לענין נתינת כסף לנצרכים עוד נוגע זה לכמה וכמה ענינים אחרים של עבודת השם יתברך בין בענינים של בין אדם למקום ובין בענינים של בן אדם לחברו שהיצר הרע מפתה את האדם שאם יעשה המצוה או ימנע מעבירה יש לו מזה הפסד גדול ואילו האמת היא שהריוח היותר גדול מהכל הוא לעשות את רצון השם יתברך וההפסד הגדול ביותר בעולם הוא שלא לעשות את רצון השם יתברך ומקל וחומר אם ח"ו עובר על רצונו וכבר אמרו במשנה במסכת אבות הוי מחשב הפסד מצוה כנגד שכרה ושכר עבירה כנגד הפסדה אמנם כאן מבואר תוספת בענין לחשב הדבר מהרבה צדדים והרבה הבדלים שיש בין זה לזה

ו. ואמרו במשנה במסכת אבות פרק ו' בדברי רבי יוסי בן קיסמא שאמר שאפילו אם יתנו לו אלף אלפים דנרי זהב ומרגליות מכל מקום אינו דר אלא במקום תורה שאין מלוין לו לאדם לעולם הבא לא כסף וזהב ולא אבנים טובות ומרגליות אלא רק תורה ומצוות בלבד

ענף ד.

א. ובגמרא במסכת סנהדרין דף צ"ח ע"ב אמרו שאלו תלמידיו את רבי אלעזר מה יעשה אדם וינצל מחבלו של משיח [היינו צרות שעלולות לבוא בסמוך לגאולה] אמר להם יעסוק בתורה ובגמילות חסדים ופירש כמדומה החפץ חיים מהו הטעם שדוקא שני דברים אלו אמר להם שהביאור הוא שלימוד תורה הוא הזכות הגדולה ביותר כמו שאמרו במשנה במסכת פאה פרק א' ותלמוד תורה כנגד כולם ואמרו בגמרא בבבא קמא דף י"ז ע"א גדול תלמוד שמביא לידי מעשה אמנם אם ידונו את האדם בשמים לפי מידת הדין קשה מאוד לזכות אפילו אם יש לו את הזכות הגדולה ביותר שהיא הזכות של לימוד תורה אבל על ידי גמילות חסדים זוכה אדם למה שאמרו בדרך שאדם מודד מודדין לו מן השמים וכיוון שהוא נוהג אם אנשים בגמילות חסדים ולפנים משורת הדין לכן גם אתו בשמים יתנהגו בגמילות חסדים ולפנים משורת הדין ולכן אמר רבי אליעזר את שני העצות הנ"ל האחת להביאו לזכות הגדולה ביותר והשניה לשנות את צורת האופן שידונו אותו בשמים מדיון לפי מידת הדין לדיון לפנים משורת הדין

ב. ובתורת הקבלה מבואר שיש עשר ספירות ואחת מהם היא ספירת החסד ופעולות הספירות העליונות תלויות הרבה במעשיהם של עם ישראל כמו שמבואר באריכות בספר נפש החיים מהג"ר חיים מוואלוז'ין זצוק"ל ובשעה שאדם עושה חסד עם חברו נעשה על ידי זה שני דברים האחד מתעוררים בשמים האורות העליונים השייכים לספירת החסד ועל ידי זה נעשה שפע רב בכל העולמות המביא ברכה לעם ישראל והשני אדם זה שהוא זה שעורר את מידת החסד נעשה צינור אל אורות אלו ועל ידי זה באים האורות השייכים למידת החסד בעניניו

ג. ובגמרא במסכת בבא מציעא פרק שביעי אמרו שבזכות האוכל ושתיה שהאכיל והשקה אברהם אבינו את המלאכים שנדמו לו כבני אדם כמבואר בתחילת פרשת וירא זכה שהשם יתברך נתן לצאצאיו ארבעים שנה אוכל ושתיה במדבר בדרך נס של ירידת המן מן השמים ובאר המים שהלכה אתם והנה היו ישראל במדבר שש מאות אלף גברים מגיל עשרים ומעלה ואם נוסיף על זה נשים המספר בערך כפול והמנין היה רק מגיל עשרים ומעלה כמפורש בפסוקים וברמב״ן על התורה הוסיף שהמנין היה רק עד גיל שישים ואם נוסיף את הצעירים והזקנים כבר המספר יותר משני מליון וכולם זכו לאוכל ושתיה בדרך נס בזכות פעם אחת שהאכיל והקשה אברהם

ד. ושואלים המפרשים אמאי תלו חז״ל זכות זו באותה פעם יחידה שבתחילת פרשת וירא והרי מבואר בחז״ל שכל השנים האכיל והשקה אברהם אבינו לכל המגיעים אליו ותירצו המפרשים שבאותו הפעם היה זה אצל אברהם במסירות נפש שהיה אחרי הברית מילה שעשה בזקנותו וגם שהקדוש ברוך הוא הוציא חמה מנרתיקה כמו שכתוב שהיה זה כחום היום וכהפעולה נעשית במסירות נפש כשיש הפרעות טבעיות לדבר בזה הזכות יותר גדולה בהרבה

ה. והנה הענין שכאשר נעשה החסד במסירות נפש כבדרכים הטבעיים הרגילות יש סיבות להימנע מזה בזה השכר פי כמה וכמה בדרך הפשט הוא מפני מה שכתוב במשנה במסכת אבות פרק ה׳ בן הא הא אומר לפום צערא אגרא והיינו דבכל מצוה כמה שהיא נעשית מתוך קשיים השכר יותר גדול וכן כתוב באבות דרבי נתן טוב פעם אחת בצער ממאה פעמים שלא בצער שהשכר על מצוה שנעשית מתוך קשיים הוא יותר מפי מאה משכר מצוה שנעשית שלא מתוך קושי [ומכל מקום חייב אדם להיזהר תמיד שלא לבוא לידי נסיון ולא יאמר כיוון שבקושי השכר יותר גדול יביא עצמו לידי נסיון וכמו שכתוב בחזו״א שממה שאמרו חז״ל בגמ׳ בשבת בפרק ראשון ושאר דוכתי סחור סחור אמרינן לנזירא לכרמא לא תקרב למדים כלל שאסור לאדם בשום אופן להכניס עצמו לנסיון וצריך לברוח תמיד מנסיון וחז״ל בגמרא בברכות דף ס׳ ע״ב תקנו

על זה תפילה בברכות השחר ואל תביאני לידי נסיון]

ו. ועל פי הקבלה יש בזה עוד טעם שכאשר אדם עושה חסד בזה מעורר בשמים את האורות השייכים לספירת החסד וכנ״ל אמנם יש ספירה עליונה מאוד הנקראת כתר שהיא רחמים עליונים בלי גבול ולמעלה מכל טבע וכאשר האדם משתדל למעלה מדרך הטבע לעזור לאחרים בזה מעורר את האורות השייכים למידת הכתר ועל ידי זה בא שפע הרבה יותר גדול של רחמים מן השמים וכשאדם עושה למעלה מכוחו עבור הזולת יש בזה בחינה של עשיה למעלה מדרך הטבע

ז. ובגמרא במסכת שבת דף קנ״ו ע״ב איתא ומדרבי עקיבא נמי אין מזל לישראל דרבי עקיבא הויא ליה ברתא אמרי ליה כלדאי ההוא יומא דעיילה לבי גננא טריק ליה חויא ומיתא הוה דאיגא אמילתא טובא ההוא יומא שקלתה למכבנתא דצתא בגודא איתרמי איתיב בעיניה דחיויא לצפרא כי קא שקלה לה הוה קא סריך ואתי חיויא בתרה אמר לה אבוה מאי עבדת אמרה ליה בפניא אתא עניא קרא אבבא והוו טרידי כולי עלמא בסעודתא וליכא דשמעיה קאימנא שקלתי לריסתנאי דיהבית לי יהבתיה ניהליה אמר לה מצוה עבדת נפק רבי עקיבא ודרש וצדקה תציל ממות ולא ממיתה משונה אלא ממיתה עצמה ע״כ והנה באמת נראה להדיא מלשון הגמ׳ שבכל מצוות צדקה יש כח זה אבל מכל מקום בלא למעט בכח זה בכל צדקה יש להוסיף שהיה אצלה בזה בחינה מסוימת של צדקה למעלה מדרך הטבע שהרי אם כולם היו טרודים בהמולת החתונה עד שלא שמעו כלל את קולו של העני ודאי שהכלה עצמה טרודה ובכל אופן היה לה את הרגישות לשים לבה לראות אם יש שם מי שסובל וגם בדרך כלל רחוק הדבר שהכלה תתן את האוכל ששייך לה עצמה ולכל היותר תאמר למישהו שידאג לעני והיא לא עשתה כן אלא טרחה בעצמה ונתנה את האוכל שלה עצמה וזה סיבה ביותר לזכות לחסדים עליונים מן השמים למעלה מדרך הטבע [והנה אף שהדברים כאן הם בענין נתינת ממון שעל זה מבואר המעשה בגמרא מכל מקום צריך לדעת שגם בעוד אופנים של עזרה לזולת המזדמנים השכר של העזרה הוא גדול מאוד מאוד]

פרק יב. בענין המעלות הגדולות שזוכה האדם על ידי לימוד התורה

[חלק א] שיש מעלה גדולה במצוות תלמוד תורה שבכל מילה ומילה שלומד מקיים מצוות עשה וזוכה לשכר עצום

א. בספר שנות אליהו מהגר״א [הוא פירוש למשניות ונדפס בחלק מהמהדורות המשניות בסוף הספר] במסכת פאה פ״א מ״א כתב וז״ל וצריך האדם מאוד מאוד לחבב את התורה דבכל תיבה ותיבה שלמד בה הוא מצוה בפני עצמה וכו׳ אם כן כשלומד למשל דף אחד מקיים כמה מאות מצוות עכ״ל והובאו דבריו בחפץ חיים בספרו שם עולם שער החזקת התורה פרק ט׳ [דף י״א טור ד׳]

ב. וכתב שם עוד החפץ חיים על פי זה דבכל מילה ומילה שלומד האדם נברא ממנה מלאך שמליץ טוב עבורו עכ״ד

ג. ובירושלמי שם דף ד׳ ע״א תלמוד תורה רבי ברכיה ורבי חייא דכפר דחומין [היינו רבי חייא שהיה ממקום שנקרא כפר דחומין] חד אמר אפילו כל העולם כולו אינו שווה לדבר אחד של תורה ע״כ פירוש שאם יציעו לאדם לבחור או לקבל כל כסף וזהב וחפצים טובים ותפקידים טובים שיש בעולם או לוותר על כל זה ובמקום זה ללמוד דבר אחד בלבד מן התורה יותר כדאי לו לבחור בדבר אחד מן התורה שהרי על לימוד דבר אחד מן התורה מקבל עולם הבא שערכו והנאתו פי אלפי אלפים מכל עניני עולם הזה [ומי שבעל דרגא יותר גבוהה גם עצם עשיית רצון השם וכן ההתקרבות אליו שבלימוד התורה שווים בעיניו הרבה יותר מכל עניני עולם הזה והנה דברי הירושלמי הם אפילו על דבר אחד מלימוד התורה על אחת כמה וכמה שבשעה שאדם עוסק בתורה הוא לומד בכל פעם הרבה דברים מן התורה

ד. ויש מזה כמה התעוררויות ללימוד התורה האחת שכשדן אדם איך לקבוע את עתידו ידע את הריוח העצום שיש מלקבוע עתידו בלימוד התורה והשניה שאף אדם שתמיד עוסק בתורה או לאידך גיסא אדם שהמציאות אילצה אותו שאי אפשר שיהיה עיקר עסקו בתורה כשיש איזה זמן מועט שיש לו נידון עליו מה לעשות בו יתאמץ בכל כוחו לעסוק בזמן זה בתורה שהרי מקיים בכל זמן מועט המוני מצוות עשה שכל אחת מהם גדולה ועצומה כמבואר לעיל בכמה מקומות גודל המעלה של כל קיום מצוות עשה של לימוד התורה

[חלק ב] בענין שלימוד התורה על ידי עם ישראל הוא המטרה העיקרית של בריאת העולם

א. החפץ חיים בספרו שם עולם שער החזקת התורה פרק ט׳ כתב וז״ל [בקצת שינוי] הנה ידוע דעצם לימוד התורה הוא מצוות עשה דאורייתא דכתיב ולמדתם אותם ושמרתם לעשותם ובריאתו של האדם היה העיקר רק כדי שייגע עצמו בתורה כמו שדרשו בגמ׳ בסנהדרין בפרק חלק דף צ״ט אדם לעמל נברא שנאמר אדם לעמל יולד והוא לעמל תורה שנאמר לא ימוש ספר התורה הזה מפיך עיי״ש וכו׳

ב. ועיין עוד בנפש החיים שער ד׳ פרק י״ג שהאריך עוד בענין זה

ג. והנה רצון היהודי הוא לעשות נחת רוח לבוראו וכמה שיותר מודע הוא לזה שלימוד התורה הקדושה הוא המטרה העיקרית של הבריאה ממילא מכח הרצון לעשות נחת רוח לבוראו מרבה בלימוד התורה

ד. וכן אם רצונו בקירבת השם או בשכר גן עדן כיון שיודע שלימוד התורה הוא המטרה העיקרית של הבריאה ממילא מובן שזהו המביא הגדול אל קירבת השם שמתקרב לממלא רצונו וזהו המביא הגדול לשכר

ה. והנה כמובן שלימוד זה שעליו נאמר שהוא המטרה העיקרית של הבריאה הכוונה כשלומד ומשתדל לשמור את התורה ולא ח״ו שיאמר אם זה המטרה העיקרית יקיים רק זה ויפרוק עול דעל לימוד כזה לא נאמר שהוא המטרה העיקרית של הבריאה ועיין בספר אנא עבדא שהביא

בשם החזו"א שעיקר מטרת האדם בעולם הוא לחיות בקדושה בעניני מידת יסוד ושהדרך לבוא לזה הוא על ידי לימוד התורה עיי"ש ואין סתירה בין הדברים והכל אותו ענין אמנם צריך לידע שאף אם ח"ו נמצא אדם בירידה רוחנית גדולה לא מפני זה ימנע עצמו מלימוד תורה אלא אדרבה יתחזק בכל כחו בלימוד התורה וזה יעזור לו לצאת מצרה זו ולחזור ולהתקרב במהרה ממש אל השם יתברך

[חלק ג] בשינוי שנעשה במהות האדם על ידי לימוד התורה

א. בהקדמת הזוהר דף י"ב והובא בנפש החיים שער ד' פרק ט"ו [בתרגום] מצוה לעסוק בלימוד התורה ולהשתדל בלימוד התורה בכל יום וכיון שאדם לומד בתורה נתקנת נשמתו בנשמה אחרת קדושה ונעשה כמלאך קדוש ע"כ והנה דבר זה צריך להיות חיזוק עצום לבן אדם להרבות בכל כוחו בלימוד התורה שהרי כל יהודי רוצה להתעלות ולהתקרב אל השם יתברך ולהיות יותר רוחני ויותר מזוכך ולשנות את המהות שלו למהות יותר קדושה ואם היה יודע דרך שמובטח בה לזכות לזה היה מוכן להשקיע עבור זה הרבה מאוד ואם כן הרי השער פתוח לפניו שכמובא כאן בתחילת סעיף זה יש דרך בטוחה לזה להרבות בלימוד התורה הקדושה ולימוד התורה יזכך את נשמתו ויעלה ויתעלה במדריגות הקירבה להשם יתברך שהוא הזיכוך האמיתי וההתעלות האמיתית

ב. אלא שיש אנשים שקשה להם להתעורר מזה כיון שאין ניכר לעין השינוי באדם על ידי לימוד התורה ולמראית עין נראה הוא בתקופה שכן משקיע בתורה כמו בתקופה שלפני זה

ג. אמנם צריך האדם להרגיל את עצמו להיות הבנתו אם המצב של אדם לפי האמת הרוחנית ולא לפי הנראה לעין וכמו שכתוב בחזו"א בספר אמונה ובטחון שיכול להיות אדם במדרגה קרובה למלאך ומסתובב בין בני אדם ולא רואים הבדל בינו לבינם אבל האמת היא רק לפי הפנימיות

והנה מבואר בכל הראשונים ענין מדרגת הנביאים שהיא מדרגה נוראה שאי אפשר לנו כלל לתארה ועם כל זה בספר מלכים בדברי השונמית על אלישע אמרה הנה נא ידעתי כי איש וכו׳ קדוש עובר עלינו ושאלו על זה בגמ׳ מהיכן ידעה זה ותירצו שראתה שלא בא אף פעם זבוב על שלחנו הרי שבלי זה אי אפשר היה לדעת שהוא איש קדוש אף שהיה במדריגה נוראה

ד. ואין כוונת הדברים כאן לומר לבן אדם שחייב להסתיר מעשיו באופן שלא יראה כלפי חוץ שום דבר מדרגתו הגבוהה שאף שזה נכון שהצנע לכת הוא דבר גדול מאוד אבל מבואר בספר חובת הלבבות שיש בזה סכנה גדולה מאוד שאדם שנוהג כמנהג כולם כדי להצניע מדרגותיו הנה בפועל הרי הוא ממעט מאוד בעבודת השם כגון שמתפלל יותר בקיצור ממה שרצה להתפלל כדי לא לבלוט וכן כל כיוצא בו וכתב שם החובת הלבבות שאפשר על ידי זה ליפול מכל המדרגות ולכן בהרבה מהענינים צריך ליזהר שלא לנהוג בהסתרה אמנם כוונת הדברים כאן היתה לומר שהרבה פעמים שאדם נוהג באופן יותר גבוה איזה זמן וחושב אם להמשיך הלאה כך או שרוצה להתחיל לנהוג באופן יותר גבוה ומסופק אם לעשות כן ומכריע שלא מפני שנראה לו שהטורח להתעלות אינו כדאי שהרי אינו רואה שינוי גדול מהתעלות זו ולדחות טעות זו נכתבו הדברים הנ״ל שבאמת יתכן מאוד שעל ידי התעלות זו עולה דרגתו פי כמה אלפים ממה שהיה קודם ומכל מקום אינו ניכר כלפי חוץ לעין

ה. אלא שיש בעיה יותר גדולה מהנ״ל והוא שהרבה פעמים המפריע לאדם להתעורר ללימוד התורה מכח הדברים האלו הוא שלא רק שלא ניכר לעין שינוי ממשיי בו על ידי לימוד התורה אלא אף בהרגשת ליבו אינו מרגיש שינוי מהותי

ו. אבל צריך לדעת שהאמת שכל שמקדיש עצמו ללימוד התורה ממילא בהכרח משתנית המהות שלו למהות יותר קדושה ומזוככת ומה שאינו מרגיש זה הוא רק משום שיש מסך על הגוף שמפריע לו מלהרגיש זה וכבר נתבאר בזה לעיל בפרק י׳ עיי״ש באריכות ואכמ״ל בזה

[חלק ד] עוד בשינוי שנעשה במהות האדם על ידי לימוד התורה

א. ובחפץ חיים כתב דהנה אם לוקח אדם עור של בהמה כמות שהוא הרי הוא דבר חול שאין בו שום קדושה אמנם אם מעבד אותו לשם קדושת ספר תורה וכתב עליו ספר תורה נעשה עור זה קדוש בקדושה נוראה כמו שידוע שקדושת ספר תורה היא גדולה מאוד וכתב דלפי זה קל וחומר אדם הלוקח את מוחו ולומד בו דברי תורה ודאי שמתקדש מוחו וכולו בקדושה נוראה שהרי בספר תורה התורה כתובה רק על גבי הקלף ואילו במוח התורה נכנסת לתוך מוחו הרי שההבדל באדם בין לפני שלמד תורה לבין אחר שלמד תורה הוא כמו ההבדל בין עור סתם לבין ספר תורה שהוא קדוש בקדושה נוראה

ב. והנה באמת כל יהודי אף אם לא למד תורה מכל מקום יש בו קדושה גדולה מצד עצם היותו יהודי אמנם כוונת החפץ חיים היא לענין ההפרש בין קדושת היהודי לפני שלמד תורה לקדושתו אחר שלמד תורה שהוא הבדל עצום כמו ההבדל שיש בין עור סתם לבין ספר תורה

ג. ולפי זה גם אדם שכבר למד הרבה תורה מכל מקום כשעכשיו לומד עוד זמן נוסף שוב משתנית מהותו למהות יותר קדושה וכהבדל שבין עור סתם לבין ספר תורה שקדוש מאוד

[חלק ה] בענין שהעוסק בתורה זוכה לסיעתא דשמיא בעניניו למעלה מדרך הטבע

א. בנפש החיים שער ד׳ פרק י״ח כתב וז״ל המקבל על עצמו עול התורה הקדושה לשמה לאמיתה כמו שהתבאר לעיל פירוש לשמה הוא נעלה מעל כל עניני זה העולם ומשגח מאתו יתברך השגחה פרטית למעלה מכל הוראות כחות הטבעים וכו׳ כולם כיון שהוא דבוק בתורה ובהקדוש ברוך הוא ממש כביכול ומתקדש בקדושה העליונה של התורה הקדושה שהיא למעלה לאין ערוך מכל העולמות והוא הנותנת החיות והקיום

לכולם ולכל הכחות הטבעיים הרי האדם העוסק בה מחיה ומקיים את כולם ולמעלה מכולם ואיך אפשר שתהא הנהגתו מאתו יתברך על ידי הכוחות הטבעיים עכ״ל

ב. והיינו שהעוסק בתורה לשמה זוכה לעזר שמים בעניניו למעלה מדרך הטבע והנה אף שאפשר שאין מורגש זה לסובבים אותו מפני שאף דברים שהם למעלה מדרך הטבע מכל מקום הרבה פעמים באים באופן נסתר שהרואה יכול לטעות שהכל כדרך הטבע אבל המציאות היא שיש בזה דברים פלאיים בהשגחה פרטית מאוד שמסייעים עבורו מן השמים ואשרי הזוכה [ונראה מדבריו של הנפש החיים שלא רק בעצם הצלחת הלימוד זוכה לסיעתא דשמיא למעלה מדרך הטבע אלא גם בענינים אחרים ולענין ההצלחה בעצם הלימוד למעלה מדרך הטבע עיין עוד מש״כ בזה בפרק ח׳]

ג. ומה שכתב זה רק על הלומד תורה לשמה ולא על כל לומד תורה אין צריך זה להחליש התעוררות האדם מזה ללימוד התורה מפני שכתב בפירוש בזה וז״ל כמו שהתבאר לעיל פירוש לשמה עכ״ל וכוונתו למש״כ שם בשער ד׳ פרק ג׳ שפירוש ענין תורה לשמה אין כוונתו לדביקות עצומה ומדריגות גדולות שהרבה קשה להם לזכות לזה אלא הכוונה לשם להבין את התורה הקדושה ולא לשם מטרות אחרות גשמיות מעניני עולם הזה כגון לקבל על זה כבוד או לקנטר וכו׳ והרי לזה רבים זוכים שעיקר כוונתם בלימוד הוא פשוט כדי לדעת את התורה ולהבינה והרי זה תורה לשמה ואף אם לא תמיד הם זוכים לזה אבל על כל פנים בחלק גדול מלימודם ודאי זוכים לזה שעיקר כוונתם פשוטה כדי לדעת את התורה ולהבינה

ד. והנה אף שביאר הנפש החיים שכבר בנ״ל נחשב לתורה לשמה מכל מקום ודאי שכמה שאדם יותר מכוין בלימודו לעשות נחת רוח ליוצרו וכן אם לימודו יותר מתוך הרגשת קירבת השם יתברך הרי זה מדריגה יותר גבוהה וגם עצם הלימוד על ידי זה נחשב במדריגה יותר גבוהה ואף שכתוב בנפש החיים בשער ג׳ שהדביקות בתורה ממילא זה דביקות

בהשם יתברך כיון שהתורה היא דבר השם מכל מקום הרבה דרגות יש וכמו שמבואר ברמיזה בנפש החיים עצמו בשער ג׳ שאחר שביאר שם בשער באריכות כמה סוגים של עבודת השם יתברך על ידי דביקות וכתב שם בפרק י״ד שאת הגבוהה ביותר שבסוגי הדביקות ראוי לירא השם אמיתי להשתדל לקיימה לכל הפחות בשעת התפילה ועל כל פנים לפעמים בתפילה כתב שם בפרק י״ד קרוב לסופו בסוגריים שגם בשעת עסקו בתורה ענין גדול לכוין בזה] אך אף על פי כן לענין לזכות לכל הדברים שזוכים על ידי תורה לשמה וכגון לענין הנזכר שזוכה לסיעתא דשמיא למעלה מדרך הטבע מפורש בנפש החיים שלזה אין צריך למדרגות הגבוהות הנ״ל ולזה סגי בדרגה הפשוטה של לשמה הנזכרת לעיל שאין מטרתו לענינים צדדיים מעניני עולם הזה אלא מטרתו כדי לדעת ולהבין את התורה

ה. ואם מוסיף על כוונת הלשמה הפשוטה כוונות קדושות ודאי שאינו מקלקל אלא אדרבה מעלה כגון כוונה לעשות נחת רוח להשם יתברך או שעל ידי זה יתרבו זכויות לעם ישראל ויהיה ישועות לעם ישראל או כדי ללמד לאחרים וכוונתו ברצונו ללמד היא טובה ולא כוונה להתגאות או כוונה כדי שידע איך לקיים את המצוות שודאי כוונות טובות מוסיפות ולא מגרעות וכמבואר במשנה במסכת אבות שהלומד על מנת ללמד או על מנת לעשות עדיף מסתם לומד]

פרק יג. בענין המסירות ללימוד התורה ולוותר על דברים אחרים המונעים את השקידה בלימוד התורה

א. בגמ׳ במסכת ברכות דף ס״א ע״ב תנו רבנן פעם אחת גזרה מלכות הרשעה שלא יעסקו ישראל בתורה בא ורבי עקיבא היה מקהיל קהילות ברבים ועוסק בתורה וכו׳ לא היו ימים מועטים עד שתפסוהו לרבי עקיבא וחבשוהו בבית האסורים וכו׳ בשעה שהוציאו את רבי עקיבא להריגה זמן קריאת שמע היה והיו סורקים את בשרו במסרקות של ברזל והיה מקבל עליו עול מלכות שמים אמרו לו תלמידיו רבינו עד כאן אמר להם כל ימי הייתי מצטער על פסוק זה בכל נפשך אפילו נוטל את נשמתך אמרתי מתי יבוא לידי ואקיימנו ועשיו שבא לידי לא אקיימנו וכו׳ עיי״ש כל הענין

ב. ובגמ׳ במסכת סנהדרין דף י״ג ע״ב וי״ד ע״א אמר רב יהודה אמר רב ברם זכור אותו האיש לטוב ורבי יהודה בן בבא שמו שאלמלא הוא נשתכחו בטלו דיני קנסות מישראל [שלדון קנסות צריך דיינים סמוכים והייתה גזירת הגויים שלא לסמוך כמבואר בהמשך] שפעם אחת גזרה מלכות הרשעה גזירה על ישראל שכל הסומך יהרג וכל הנסמך יהרג וכו׳ מה עשה רבי יהודה בן בבא וכו׳ סמך וכו׳ חמשה זקנים ואלו הן רבי מאיר ורבי יהודה [בר אלעאי] ורבי שמעון [בר יוחאי] ורבי יוסי [בן חלפתא] ורבי אלעזר בן שמוע רב אויא מוסיף אף רבי נחמיה כיון שהכירו אויביהם בהן אמר להן [רבי יהודה בן בבא לתלמידיו בני רוצו אמרו לו רבי מה תהא עליך אמר להן הריני מוטל לפניהם כאבן שאין לה הופכים אמרו לו זזו [הגוים] משם עד שנעצו בו שלוש מאות לונביאות של ברזל ועשאוהו ככברה [היינו שהרגוהו במיתה קשה]

ג. ובגמ׳ במסכת עבודה זרה דף י״ח ע״א מבואר שם שבשעת גזירת הגוים שלא ללמד תורה היה רבי חנינא בן תרדיון עוסק בתורה

ומקהיל קהילות ברבים ללימוד התורה וספר תורה מונח לו בחיקו והרגו אותו בשריפה עיי"ש על הענין

ד. והנה אף שפיקוח נפש דוחה בדרך כלל רוב הענינים מכל מקום בשעת הגזירה שאני ועיין היטב ביו"ד סי' קנ"ז פרטי הענינים מתי פיקוח נפש דוחה ומתי לא ואכמ"ל

ה. ועכ"פ רואים אנו מכל הדברים האלו שרבותינו התנאים מסרו נפשם על המצוה ללמד תורה לציבור ורואים מזה את גודל חשיבות לימוד התורה ועד כמה מצווה האדם לוותר על הרבה מאוד דברים אם הם על חשבון לימוד התורה שאם על חייהם ויתרו גדולי עולם עבור ללמד תורה ודאי שעל הרבה דברים צריך לוותר עבור לימוד התורה

ו. ובגמ' במסכת שבת דף פ"ג ע"ב אמר ריש לקיש אין דברי תורה מתקיימין אלא במי שממית עצמו עליהם שנאמר זאת התורה אדם כי ימות באהל ע"כ והנה ודאי שאין כוונת הדברים שאדם ימית עצמו כדי ללמוד התורה שאם ימות איך ילמד וגם אדרבה מצוות פיקוח נפש חשובה ביותר [והעובדות שהובאו לעיל היה מצד שעת הגזירה וכנזכר לעיל] אך כוונת הגמ' שיש הרבה דברים שמאוד יקרים לאדם כגון שיש לאדם נטיה מאוד חזקה לאיזה מקצוע מסוים או רצון חזק מאוד להתעשר בכסף ומרגיש בלבו שלוותר על רצון זה קשה בעיניו כמעט כמו למות ועל זה אמרו כאן בגמ' שהדרך האמיתית היא לוותר על דברים אלו עבור לימוד התורה וזו דרך קניית התורה והדוגמאות שכתבנו קודם הם בדברים שנוגעים להרבה מהעתיד של האדם אבל גם בדברים יותר קטנים כגון שיש לו ספק מה לעשות בשעות הסמוכות אם לעסוק בתורה או ללכת ולשוחח על איזה נושא שקרה שמאוד מענין אותו או כל דבר המבטלו מהלימוד ומרגיש בעצמו שקשה לו מאוד לוותר על אותו דבר כאן היא מצוה זו האמורה בגמ' ששבירת רצון זה והליכתו ללמוד נגד רצונו זה במידה חלקית בחינה של מיתה דהיינו המתת אותו רצון וזה מקניני התורה

ז. וביותר כוונת הגמ' כשהמציאות היא שלצורך לימוד התורה נצרך לו לוותר אפילו על התנאים ההכרחיים הדרושים לאדם ומוותר עליהם וכמו שאמרו במשנה במסכת אבות כך היא דרכה של תורה פת במלח תאכל ומים במשורה תשתה ועל הארץ תישן ובתורה אתה עמל אם אתה עושה כן אשריך וטוב לך אשריך בעולם הזה וטוב לך בעולם הבא אלא שכיום המציאות בדרך כלל שלצורך לימוד התורה אין צורך לוותר על הדברים ההכרחיים ממש ולכן נקטנו בדוגמאות הראשונות באופנים אחרים היותר מצויים היום וגם הם נכללים בכוונת הגמ' אמנם צריך האדם לידע שאם ח"ו נסתבבו הדברים שהגיע לידי נסיון שלצורך לימוד התורה נצרך לו לוותר גם על דברים הכרחיים ולנהוג בדחקות גדולה וכעין ענין המשנה במסכת אבות הנ"ל יעמוד כצור איתן וכעמוד ברזל להתחזק שלא לעזוב את התורה ואמרו חז"ל טוב אחד בצער ממאה שלא בצער

ח. ועוד אמרו בגמ' בשבת דף פ"ג ע"ב אמר רבי יונתן לעולם על ימנע אדם עצמו מבית המדרש ומדברי תורה ואפילו בשעת מיתה שנאמר זאת התורה אדם כי ימות באהל אפילו בשעת מיתה תהא עוסק בתורה ע"כ והנה בדרך כלל הנסיון לאדם על לימוד התורה אינו בשעת מיתה אלא בשעות אחרות אמנם מדברי הגמ' לענין מיתה צריך ללמוד מוסר השכל להרבה שעות שנראה לאדם שרחוק המציאות לעסוק בהם בתורה ורחוק המציאות להגיע בהם לבית המדרש אם מצד מצבו הנפשי באותו שעה ואם מצד פרטי המציאות של אותה שעה ומדברי הגמ' האלו יש ללמוד שאינו כן שאם בשעת מיתה אמרו שיעסוק אדם שלא ימנע אדם עצמו מלבוא לבית המדרש ומלעסוק בתורה על אחת כמה וכמה בכל מיני שעות שיש בהם הפרעות ללימוד שהם הפרעות בדרגה הרבה יותר נמוכה

פרק יד. בעניני תפילה

[חלק א] התעוררות להחשבת התפילה ובפרטי החלקים שבתפילה

א. בגמ' ברכות דף ו' ע"ב אמר ליה ההוא מרבנן לרב ביבי בר אביי ואמרי לה רב ביבי לרב נחמן רב יצחק מאי כרום זלות לבני אדם [היינו שכתוב כך בפסוק בתהילים י"ב ושאלו מהו פירוש הפסוק] אמר ליה אלו דברים העומדים ברומו של עולם ובני אדם מזלזלין בהן וכו' ופירש"י דברים העומדים ברומו של עולם כגון תפילה שעולה למעלה עכ"ל ומבואר בזה שהערך שרגילים כמה בני אדם ליתן בדעתם לתפילה הוא הרבה פחות מהערך האמיתי ולפי זה מהראוי לאדם לעשות השתדלות בעצמו להעלות בעיני עצמו ערך התפילה לקרב הערכתו אל התפילה כמה שיותר לערך האמיתי ואחד מהדרכים להשתדלות זו הוא הלימוד על מהות התפילה וענינה ויבואר כאן בעזהשי"ת מעט ממה שיש לבאר בזה

ב. והנה באמת כמה וכמה ענינים יש במצוות התפילה בצד המציאותי מחולקת התפילה לשבחים בקשות והודאות וכמו שאמרו בגמ' בברכות ל"ד ע"א על תפילת שמונה עשרה אמר רבי חנינא ראשונות [היינו ברכות ראשונות של שמונה עשרה] דומה לעבד שמסדר שבח לפני רבו אמצעיות דומה לעבד שמבקש פרס מרבו אחרונות דומה לעבד שקבל פרס מרבו ונפטר והולך לו

ג. ובסוגי עבודת הלב שבתפילה יש עוד חלוקה חלק שיש הרגשת הדביקות בהשם יתברך ויש ענין הבקשות שמתחנן לבוראו שישתנה לטובה אותם הדברים הטובים שמבקש עליהם ויש ענין בבקשות שעצם הביקוש יוצר בדעתו את ההרגשה הנכונה שכל מה שיש הוא בא רק מאת השם יתברך ואין כיוון אחר להשיג אותו ממנו [לא עיינתי אם יש מקום לחלוקות נוספות בעניני התפילה וכתבתי רק באופן כללי מאוד]

[חלק ב] בענין דביקות המחשבה בהשם יתברך בשעת התפילה ובשאר זמנים

א. ונבאר מעט מענין דביקות המחשבה בהשם יתברך הנה עיקר דבר זה שלדבק המחשבה בהשם יתברך הוא מצוה גדולה מאוד דבר זה מבואר הרבה בראשונים ובאחרונים ועיקר מצוה זו אינה מיוחדת דוקא לשעת התפילה אלא המדריגה הגבוהה היא היות האדם בדביקות במחשבתו בהשם יתברך בכל עת ומבואר מזה הרבה בראשונים ובאחרונים ועיין בספר נפש החיים שער ג׳ פרקים י״ג וי״ד מש״כ שם על האבות הקדושים ומשה רבינו שהיו מדבקים מחשבתם בבורא כל ימיהם בלי הפסק רגע ועיי״ש בנפש החיים כמה וכמה פרטים בזה

ב. אמנם ודאי שלזכות לזה בכל רגע ורגע הוא מדריגה גבוהה מאוד אבל אף מי שלא יכול לזה מכל מקום ישתדל מה שכן יכול ואצל הרבה אנשים הזמן היותר מסוגל לזה הוא התפילות ואם אינו יכול תמיד ישתדל על כל פנים בחלק ותלוי הדברים האלו הרבה בשרשי נשמתו של האדם ובפרטי מצבו כמה יכול להשיג בזה ומכל מקום אף מי שאין בכוחו כמעט להשיג בזה אל יתייאש שאף בלי זה יוכל לזכות למדרגות גבוהות בעבודת השם ועוד שקרוב לודאי שאף אם כיום אינו יכול לזה יגיעו זמנים אחרים שבהם כן יוכל להשיג את זה וכלל הכל בעניני עבודת השם שתמיד בכל מצב ששלחו לאדם מן השמים אם יתאמץ האדם יכול לעבוד את הבורא עבודות גדולות ונפלאות אף אם נראה לו ששלחו לו מצב שקשה מאוד לעבוד בו את הבורא

ג. והנה בענין הדביקות יש טועים לחשוב שאין זו אלא הרגשת הלב ותו לא אבל אינו כן ואף שמבחינה מציאותית מתבטא זה בעיקר בהרגשת הלב של קירבת השם אבל באמת יש כאן הרבה יותר מזה שמבואר בראשונים ובאחרונים [עיין בספר שערי קדושה למהרח״ו זצ״ל בחלק ג׳ שער ה׳ ועוד] שעל ידי הדבקת מחשבתו בבורא באמת מתווסף באופן מציאותי ממש בקשר של הנשמה עם הבורא ומתחזק החיבור ויורד תוספת שפע של הארת פני השם על המדבק עצמו בבוראו

התקרבות להשם פרק יד סא

ד. וקשה להאריך בזה בביאור פרטי הענינים איך פועל הענין מפני שהוא קשור בכמה וכמה מושגים בקבלה אבל הכלל העולה מן הדברים המבוארים בזה בראשונים ובאחרונים שכמו שניתן לחבר שני דברים גשמיים בעולם הזה על ידי פעולות מסוימות כגון שני קרשים על ידי מסמרים שדופק בהם בפטיש כן ניתן על ידי לחבר את הנשמה בסוג מסויים של חיבור אל הבורא יתברך והפעולה המסוימת שבה מחברים חיבור זה היא מה שמדבק האדם את מחשבתו בבוראו ואף שאין לנו תפיסה כלל במהות הבורא מכל מקום הביטוי של הדבר הוא שהקב"ה על ידי חיבור זה ישפיע שפע רוחני קדוש על נשמתו של האדם המדבק מחשבתו בבוראו ונמצא לפי זה שענין דביקות המחשבה בבורא יתברך והתלהטות המחשבה בבורא אינו ענין מחשבתי בלבד ורגשות בלבד אלא הוא ענין מציאותי שבשעה שחושב בזה הוא הופך להיות באמת יותר קשור בבורא יתברך בקשר רוחני מציאותי אמיתי

ה. והנה אף שחיבור זה הוא רק רוחני אבל מכל מקום הוא מציאות ממשיית ולא רק הרגשה ומשל לדבר ענין המלאכים שהם רוחניים ולא ניתנים למישוש ואף על פי כן ודאי שהם מציאות קיימת

ו. ודע שהדבר פשוט וברור שאף בלא דביקות זו מכל מקום נשמת כל יהודי מחוברת מאוד אל הבורא ומקבלת הארת פניו וכו' וכל מש"כ שנוצר זה על ידי מחשבת האדם בבוראו היינו שזה מחזק הדבר ומוסיף בו

ז. והנה באמת כל מצוה ומצוה וכל לימוד ולימוד בתורה מוסיף בחיבור של הנשמה עם הבורא וכמו שנתבאר לעיל אלא שפעמים שאין האדם מרגיש זה [ונתבאר באריכות לעיל בפרק י' בביאור חוסר הרגשה זו] ודביקות המחשבה שמדובר כאן בו הוא סוג חיבור מסוים שכן יש בו הרגשה זו ויש לו מבחינה רוחנית מעלה מיוחדת על חיבור שאינו מורגש ואין זה מכריע שזהו הדבר החשוב ביותר אלא לכל ענין ומצוה מעבודת השם יש את המעלות המיוחדות שבו

[חלק ג] עוד בעניני דביקות המחשבה בהשם יתברך

א. אלא שצריך לידע בענין הנ"ל של דביקות המחשבה בהשם יתברך שאצל הרבה קשה מאוד הדבר שעל ידי שמחפש דביקות ימצא דביקות אלא צריך מצידו להתפלל פשוט ולהשתדל לכוין בפירוש המילים והדביקות תבוא מאליה ומכל מקום חשוב שידע גודל מעלת הדביקות כדי שיתאמץ יותר לכוין בפירוש המילים שזה יסייע לו להגיע לדביקות וגם שכשזוכה לדביקות ישתדל במידת האפשר לא להפסידה

ב. ומבואר ברמח"ל בספר אדיר במרום שדביקות זו של דביקות המחשבה בהשם יתברך מכפרת עבירות והיינו שחיבור הנשמה לבורא יתברך מנקה הנפש מזוהמת העבירות ואין כוונתו לפטור ממצוות התשובה או להקל ענין עשיית עבירות למי שרגיל בדביקות אלא שאף בזהיר מעבירות ועושה תשובה לצערנו תמיד צריך עוד הרבה תיקון ואכמ"ל בזה ויוכל לסייע זה על ידי דביקות

ג. וידע האדם שמצוות הדביקות יקרה היא מאוד ואף אם זוכה לזה פעם בחודש בלבד או אף לעתים יותר רחוקות יחזיק במה שזוכה בכל כוחו ועל אחת כמה וכמה שמי שיותר קל לו הדביקות ויכול לזכות לה כמה פעמים ביום בשעות התפילות או מחוץ לתפילות שישתדל בזה מאוד

ד. ובספר נפש החיים בשער ד' האריך לבאר שבשעת לימוד התורה אין צורך לדביקות המחשבה בבורא שכיון שהוא דבוק בלימוד התורה ממילא חשיב כדביקות בהשם יתברך כיון שהתורה היא דבר השם עיי"ש כל דבריו ומכל מקום גם איהו מודה שאף שאין חיוב בדבר יש מדרגה גבוהה יותר אם זוכה שמצורף ללימודו דביקות המחשבה בבורא עיין היטב בדבריו שבשער ג' פרק י"ד קרוב לסופו במוסגר ובמש"כ על זה לעיל בפרק י"ב חלק ה' סעיף ד' ואכמ"ל ובאמת שיש כאלו שאצלהם אדרבה הדרך היותר חזקה להגיע לידי דביקות הוא על ידי לימוד בתורה הקדושה שזה מרומם נפשם להתקשר בבורא יתברך

ה. ועיין עוד מש"כ לעיל בחלק ב' סעיף ב' בענין אלו שקשה להם מאוד להגיע לדביקות המחשבה בבורא

[חלק ד] בענין הבקשות שבתפילה ובקשות פרטיות

א. הנה מהיסודות של ענין התפילה הוא הידיעה שהקדוש ברוך הוא רחום וחנון וכשמבקשים לו הוא שומע את הבקשה ועוזר לאדם ומבואר בספרים הקדושים שאין שום תפילה שחוזרת ריקם ומכל בקשה של יהודי מאת הבורא יתברך נפעלת ישועה אלא שלפעמים הקב"ה משתמש בבקשתו לפעול ישועה אחרת שהיא היותר נכונה להיפעל על ידי תפילה זו אבל חיוב לידע ולהאמין שהרבה פעמים אותה הישועה שעליה מבקש האדם היא עצמה באמת נפעלת

ב. וצריך האדם להרגיל עצמו באמונה חזקה שבאמת כל הענין שאותו הוא רוצה ועליו הוא מבקש תלוי רק בקדוש ברוך הוא וכתוב שזה באמת חלק מהמצוה של בקשה בתפילה שמורה שאין הדבר תלוי אלא בבורא יתברך וזו עבודת השם גדולה אבל מלבד זה באמת התפילה מתקבלת ונושע

ג. ומאוד חשוב הדבר שירגיל האדם את עצמו לבקש הדברים הנוגעים לו בדרך תחנונים וכמה שתפילתו יותר בדרך תחנונים יותר היא מתקבלת [ובפרט אם זוכה לבקש בדמעות וכמו שאמרו בגמ' ששערי דמעות לא ננעלו וכמדומה שבקובץ אגרות חזו"א מבואר עצה להגיע לתפילה בדמעות להצלחה בתורה על ידי שיתבונן מתוך צער גדול על מיעוט זכייתו בתורה עד שיבוא מתוך צער זה לבכי על זה בדמעות עיי"ש ואין אצלי הספר עתה]

ד. ויש כאלו שיותר קל להם להגיע להתרגשות של בקשה כשמנסח בקשתו בנוסח משלו והדבר מותר וראוי על פי הלכה ויכול להוסיף בקשתו זו בסוף שמונה עשרה לפני יהיו לרצון האחרון וגם יכול אדם לבקש מהקב"ה בקשותיו שלא בשעת התפילה בכל נוסח שרוצה [וצריך ליזהר מאוד שלא לבקש חס וחלילה שיהא רע לאחר אפילו למצערו והוא איסור חמור ורק יתפלל על דברים טובים]

[חלק ה] בענין התועלת הגדולה שמצינו על ידי תפילה לשינוי כל מצבו של האדם

א. ויש להביא כאן דברים לראות עד כמה מגיע הכח של תפילה לפעול ישועה בין בצרות של כלל ישראל ובין בצרות הפרט מצינו בזה בהרבה דורות שזכו להפיכת כל המצב מרע לטוב על ידי תפילה וכמו ביציאת מצרים בפרשת שמות פרק ב' פסוקים כ"ג וכ"ד כתיב ויזעקו ותעל שועתם אל האלקים מן העבודה וישמע אלקים את נאקתם ויזכור אלקים את בריתו את אברהם את יצחק ואת יעקב ובפרק ג' פסוק ז' כתיב ואת צעקתם שמעתי מפני נוגשיו ובפרשת וארא פרק ו' פסוק ה' כתיב וגם אני שמעתי את נאקת בני ישראל אשר מצרים מעבידים אותם ואזכור את בריתי ובפרשת כי תבוא בפרק כ"ו פסוק ז' כתיב ונצעק אל ה' אלקי אבותינו וישמע ה' את קולנו וירא את ענינו ואת עמלנו ואת לחצנו ע"כ ובספר שמואל א' פרק י"ב פסוק ח' כתיב כאשר בא יעקב מצרים ויזעקו בני ישראל אל ה' וישלח ה' את משה ואת אהרן ויוציאו את אבותיכם ממצרים ויושיבום במקום הזה וכל פסוקים אלו מלמדים שמכח התפילות של עם ישראל להשם יתברך זכו ליציאת מצרים [וחלק מפסוקים הנ"ל מוזכרים במוסף של ראש השנה בזכרונות] ואף שהיה כבר הבטחה על זה לאברהם אבינו שיצאו מהגלות מכל מקום על ידי תפילתם זכו להקדים בהרבה את הקץ שהיתה גזירה על ארבע מאות שנה ועל ידי תפילתם נחשב הארבע מאות שנה מזמן לידת יצחק אבינו והיו במצרים רק מאתיים ועשר שנים עיין ברש"י בפרשת בא בפרק י"ב פסוק מ'

ב. וכן בקריעת ים סוף בפרק י"ד פסוק י' ופרעה הקריב וישאו בני ישראל את עיניהם והנה מצרים נוסע אחריהם ויראו ישראל מאוד ויצעקו בני ישראל אל ה' והנה היו אז בסכנת חיים גמורה שהים לפניהם והמצריים לאחריהם ועל ידי תפילתם זכו לניסים ונפלאות עצומים בקריעת ים סוף

ג. ובספר שמואל א' פרק י"ב פסוק ח' מבואר שהיה יציאת מצרים בזכות התפילות ונכנסו לארץ ישראל וכמועתק לעיל בסעיף א' ואחרי כן

בפסוק ט׳ והלאה כתיב וישכחו את ה׳ אלקיהם וימכור אותם ביד סיסרא שר צבא חצור וביד פלשתים וביד מלך מואב וילחמו בם ויזעקו אל ה׳ ויאמרו חטאנו כי עזבנו את ה׳ ונעבוד את הבעלים ואת העשתרות ועתה הצילנו מיד אויבינו ונעבדך וישלח ה׳ את ירובעל [הוא גדעון] ואת בדן [הוא שמשון] ואת יפתח ואת שמואל ויצל אתכם מיד אויביכם מסביב ותשבו בטח ותראו וכו׳ ע״כ

ד. ומבואר בפסוקים אלו שהנפלאות הגדולות שהיו לכללות עם ישראל במלחמות הכתובות בספר שופטים ובתחילת ספר שמואל כל נפלאות אלו זכו בהם על ידי תפילותיהם של עם ישראל [וגם שיחד עם תפילתם קבלו עליהם לחזור בתשובה כמו שכתוב בפסוק המובא לעיל בסעיף הקודם חטאנו וכו׳ ועתה הצילנו מיד אובינו ונעבדך]

ה. וכן בעניני הפרט בהרבה מקומות בתנ״ך מבואר ישועות עצומות על ידי תפילה וכגון בתפילת חנה הנביאה אם שמואל הנביא שזכתה על ידי תפילתה לשמואל הנביא ומלבד שזכתה בבן גם היה זה נביא ולא רק שהיה נביא אלא נקרא רבן של נביאים [מלבד משה רבינו עליו השלום שהיה למעלה מכולם] ועיין בכתבי האר״י בשער רוח הקודש דף א׳ ע״ב ובשער הגלגולים הקדמה ל״ג דף ל״ו ע״א ובשער הפסוקים בריש ספר שמואל שמבואר בדבריו שמלבד משה רבינו היה שמואל הנביא היותר גדול שהיה בעולם במדרגת הנבואה ושכל הנביאים שהיו אחרי שמואל הנביא נבואתם היא מכחו של שמואל הנביא שהיה עכובים בשמים על אורות הנבואה מלהיות הנבואה מצויה ושמואל בדרגתו העצומה ביטל את זה ועל ידי זה נתרבו הנביאים עיין שם וכל זה זכתה על ידי תפילתה

ו. ואמנם אופן התפילה מבואר בספר שמואל פרק א׳ פסוק ט״ו שאמרה על תפילתה לעלי הכהן ואשפוך את נפשי לפני ה׳ והיינו שהיתה התפילה בשפיכת הלב מעומק הנפש וביאור הדברים הוא שהנשמה באמת מגיעה ממקומות עליונים מאוד על יד כסא הכבוד אלא שעל ידי שנמצאת הנשמה בעולם הזה ובתוך הגוף אף שודאי שמחוברת הנשמה להשם יתברך אבל החיבור נחלש ביחס לעצמות הנשמה לפני ביאתה

לעולם הזה ובשעת התפילה מלבד שמדברים עם השם יתברך גם מחברים את הנשמה להשם יתברך וזה בבחינת שפיכת הנפש אל שורשה העליון להשם יתברך

ז. ובספר מעשה איש תולדות של החזון איש [ועיי"ש בהקדמה שהגר"ח קניבסקי עבר על כל דבר שם לפני שנדפס] בכרך שביעי עמוד י"ט כתוב על החזון איש כח הבטחון שלו והאמונה שרק בתפילה בכוונה יכולים להעביר כל גזרה וצרה היו שגורים בפיו ורוב פעמים השיב על ענינים כאלה נו הקדוש ברוך הוא רוצה שתתפללו עכ"ד [ואף שיש פעמים שחייבים לעשות איזה השתדלות מכל מקום צריך את מבטחו לשים על השם יתברך ולהתפלל אליו]

ח. ובקובץ אגרות חזון איש כתוב על התפילה שהיא מטה עוז בידי האדם לשנות את כל דרכו בחיים [ואין הספר אצלי עתה להעתיק הלשון] והוא דבר שנוגע מאוד למעשה שהרבה פעמים אדם מרגיש שהבעיה אצלו היא לא רק באיזה פרט אלא כל הדרך מסובכת ומלאה הפרעות וידע שאף לשנות את כל הדרך בידו על ידו בקשות ותחנונים אל השם יתברך

ט. ומה שכתב החזון איש בלשון מטה עוז אולי כוונתו לרמז על קריעת ים סוף שנעשתה מכח תפילה כמבואר לעיל ונעשתה על ידי מטה כדכתיב בפרשת בשלח פרק י"ד פסוק ט"ז ואתה הרם את מטך ונטה את ידך על הים ובקעהו ובפסוק י"ט ויט משה את ידו על הים וכו' ובפסוק כ"ו בחזרת המים על המצריים כתיב ויאמר ה' אל משה נטה את ידך על הים וישובו המים ובפסוק כ"ז ויט משה את ידו וכו'

י. ויש שני שיטות בחז"ל בביאור הפסוק הנ"ל דנטה ידך דהתרגום יונתן בן עוזיאל בפסוק ט"ז וכ"א מפרש כנ"ל דציווי השם יתברך למשה רבינו היה לעשות את קריעת ים סוף עם המטה וכן עשה וכן נראה להדיא בתיקוני זוהר בתיקון כ"א ואכמ"ל אבל במדרש רבה פרשה כ"א סימן ט' והובא בכלי יקר מפרש שהכוונה נטה ידך לסלקו שיעשה את קריעת ים סוף בידו בלא המטה]

פרק טו. בגודל החיוב לעסוק כמה שיותר בתורה הקדושה

א. כתב בספר נפש החיים שער ד׳ פרק ט״ו נצטוינו באזהרה נוראה מפיו יתברך לא ימוש ספר התורה הזה מפיך והגית בו יומם ולילה [בספר יהושע פרק א׳ פסוק ח׳] וכמו שאמרו בהקדמת הזוהר [בתרגום] בו וראה כמה הוא כח חזק כח התורה וכמה הוא עליון על הכל וכו׳ ולכן צריך האדם להשתדל בתורה יומם ולילה ולא יפרד מהתורה וזהו שכתוב והגית בו יומם ולילה ואם סר או פירש מן התורה כאלו פירש מאילן החיים ע״כ

ב. ובתנא דבי אליהו סדר אליהו זוטא פרק י״ג אמר וישתדל אדם בעצמו בדברי תורה שדברי תורה הן משולים בלחם ובמים כו׳ ללמדך שכשם שאי אפשר לו לאדם לעמוד בלא לחם ובלא מים כך אי אפשר לו לאדם לעמוד בלא תורה שנאמר לא ימוש ספר התורה הזה מפיך וגו׳ וכן אמרו בתנחומא בפרשת תבוא בפסוק והיה אם שמוע ובפרשת האזינו ובמדרש תהילים מזמור א׳

ג. ואמר הכתוב [משלי ג׳ י״ח] עץ חיים היא למחזיקים בה וגו׳ כי צריך האדם לקבוע בלבו וידמה בדעתו כי אלו היה טובע בנחל שוטף ורואה לפניו בנהר אילן חזק ודאי יאמץ כח להתאחז ולהתדבק עצמו בו בכל כחו ולא ירפה ידיו הימנו אפילו רגע אחד אחר שרק בזה תלוי עתה כל חיותו מי פתי ולא יבין שאם יתעצל ח״ו אף רגע אחד וירפה ידיו מהתאחז בו מיד יטבע

ד. כן התורה הקדושה נקראת עץ חיים אילנא דחיי שרק אותו העת שהאדם אחוז באהבתה ועוסק ומהגה בה בקביעות אז הוא חי החיים האמיתיים העליונים קשור ודבוק כביכול בחי העולמים יתברך שמו דקודשא בריך הוא ואורייתא חד

ה. ועוד שם בפרק ל״ד וז״ל [בקצת שינוי] ומעת חרבן בית קדשנו וגלו הבנים מעל שלחן אביהם שכינת כבודו יתברך נודדת כביכול כביכול

ולא תרגיע ואין שיור רק התורה הזאת כשישראל עם הקודש עוסקים בתורה כראוי הן המה לה למקדש מעט להכין אותה ולסעדה ושורה עמהם ופורשת כנפיה עליהם כביכול ובין כך אית מנוחה מעט כו׳ כמאמרם ז״ל בפרק קמא דברכות [דף ח׳ ע״א] מיום שחרב בית המקדש אין לו להקדוש ברוך הוא בעולמו אלא ארבע אמות של הלכה

ו. ואמרו שם עוד מנין שאפילו אחד שיושב ועוסק בתורה ששכינה שרויה עמו שנאמר בכל המקום אשר אזכיר וכו׳ ובמשלי רבתא סוף פרשה ח׳ כי מוצאי מצא חיים אמר הקדוש ברוך הוא כל מי שהוא מצוי בדברי תורה אף אני מצוי לו בכל מקום לכך נאמר כי מוצאי מצא חיים וכו׳

ז. והמשכיל יראה ויבין דרכו בקודש ויאחז דרכו לעמוד על משמרת העסק בתורה הקדושה כל הימים אשר הוא חי ולהיות מאוס ברע ובחור בטוב לו ולכל הבריות והעולמות כולם לעשות נחת רוח ליוצרו ובוראו יתברך

פרק טז. דברי המסילת ישרים בפרק כ"ה

א. בספר מסילת ישרים פרק כ"ה כתב הדרך לקניית יראת השם בדרגה הגבוהה של יראת השם וז"ל אך דרך קניית היראה הזאת הוא ההתבונן על שני ענינים אמיתיים האחד הוא היות שכינתו יתברך נמצאת בכל מקום שבעולם ושהוא יתברך משגיח על כל דבר קטן וגדול אין נסתר מנגד עיניו לא מפני גודל הנושא ולא מפני פחיתותו אלא הדבר הגדול והדבר הקטן הנקלה והנכבד הוא רואה והוא מבין בלי הפרש

ב. הוא מה שאמר הכתוב [בישעיה ו' ג'] מלא כל הארץ כבודו ואומר [ירמיה כ"ג כ"ד] הלוא את השמים ואת הארץ אני מלא ואומר [תהלים קי"ג] מי כה' וכו' המגביהי לשבת המשפילי לראות בשמים ובארץ ואומר כי רם ה' ושפל יראה וגבוה ממרחק יידע [שני הפסוקים הראשונים שהביא המסילת ישרים הם ראיה ליסוד הראשון ששכינתו יתברך נמצאת בכל מקום בעולם ושני הפסוקים האחרונים הם ראיה ליסוד השני שהקב"ה משגיח על כל מה שיש בעולם]

ב. וכיון שיתברר לו שבכל מקום שהוא הוא עומד לפני שכינתו יתברך אז מאליה תבוא בו היראה והפחד פן יכשל במעשיו שלא יהיו כראוי לפי רוממות כבודו והוא מה שאמרו [במשנה במסכת אבות פרק ב' משנה א'] דע מה למעלה ממך עין רואה ואוזן שומעת וכל מעשיך בספר נכתבים כי כיון שהשגחת הקדוש ברוך הוא על כל דבר והוא רואה הכל ושומע הכל ודאי שכל המעשים יהיו עושים רושם וכולם נכתבים בספר אם לזכות או לחובה

ג. ואמנם הדבר הזה אינו מצטייר היטב בשכל האדם אלא על ידי התמדת ההתבוננות וההסתכלות הגדול כי כיון שהדבר רחוק מחושינו לא יציירייהו השכל אלא אחר רוב העיון וההשקפה וגם אחר שיצירהו יסור הציור ממנו בנקל אם לא יתמיד עליו הרבה ונמצא שכמו שרוב ההתבונן הוא הדרך לקנות היראה התמידית כן הסח הדעת ובטול העיון הוא

המפסיד הגדול שלה יהיה מחמת טרדות או ברצון כל הסח הדעת ביטול הוא ליראה התמידית

ד. הוא מה שציוה הקדוש ברוך אל המלך [דברים י״ז י״ט] והיתה עמו וקרא בו כל ימי חייו למען ילמד ליראה את ה׳ הא למדת שאין היראה נלמדת אלא מן הקריאה הבלתי נפסקת ותדקדק שאמר למען ילמד ליראה ולא אמר למען ירא אלא לפי שאין היראה הזאת מושגת בטבע כי אדרבה רחוקה היא ממנו מפני גשמיות החושים ואינה נקנית אלא על ידי לימוד ואין לימוד ליראה אלא ברוב ההתמדה בתורה ודרכיה בלי הפסק

ה. והוא שיהיה האדם מתבונן ומעין בדבר הזה תמיד בשבתו בלכתו בשכבו ובקומו עד שיקבע בדעתו אמתת הדבר דהיינו אמיתת הימצא שכינתו יתברך בכל מקום והיותנו עומדים לפניו ממש בכל עת ובכל שעה ואז ירא אותו באמת והוא מה שהיה דוד המלך מתפלל ואומר הורני ה׳ דרכך אהלך באמתך יחד לבבי ליראה שמך עכ״ל המסילת ישרים

ו. הנה דברי המסילת ישרים בפרק כ״ה המועתקים לעיל הם יסודות חזקים שבכוחם להביא את האדם למדרגות גדולות ועצומות ואשרי מי שיכול להרגיל את עצמו בלי נדר ובלי קבלה להרגיל עצמו ללמוד פרק זה של המסילת ישרים בכל יום שודאי שיפעל זה שינוי גדול לטובה בדרכו ובפרט אם יבין היטב כוונת הדברים של הפרק [עיין שו״ע יו״ד סי׳ רי״ד שכתב על המרגיל עצמו לנהוג הנהגה טובה שיאמר לפני שמתחיל שהכל בלי נדר ועיי״ש היטב בלשון השו״ע שמבואר שמלבד שיאמר שהוא בלי נדר גם יפרש שאינו מקבל זה על עצמו עיי״ש היטב כל דבריו ויש לדון בטעם הדבר ועיין בלבוש ובערוך השלחן שם ועיין מש״כ בזה באריכות במש״כ לנדרים דף ט״ו ואכמ״ל]

ז. והנה תוכן הדברים בקצרה המבואר כאן במסילת ישרים הוא (א) שני יסודות א. שתמיד עומד האדם בפני בוראו ב. שכל פרטי מעשיו ועניניו בכל רגע מושגחים על ידי בוראו אם עשה האדם טוב או ח״ו ההיפך וכל הענינים לפרטיהם יבואו בחשבון (ב) א. ששני ידיעות אלו אם עומדות באופן קבוע במחשבתו של האדם הם מאוד שומרות אותו

מכל עבירה ב. ושכדי שיעמדו שני יסודות אלו מול עיניו תמיד צריך שישנן אותם הרבה ויחשוב עליהם הרבה [וזהו העצה שכתבנו בסעיף קודם שמאוד עוזר לאדם אם יזכה ללמוד את פרק זה של המסילת ישרים בכל יום עיי"ש מש"כ בדבר זה]

פרק יז. בעניני קדושה וצניעות ובתועלת העצומה שיש לכל עם ישראל מהזהירות של כל יחיד בענינים אלו

[חלק א']

א. הנה בעניני קדושה וצניעות בכל פרטי הלכותיהן כבר מבואר בזה באריכות בספרי ההלכה וספרי המוסר בגודל החיוב להיזהר מכל מכשול באיסור בענינים אלו וגודל הזכות והשכר לנזהר בזה ורח"ל לאידך גיסא ואכמ"ל בענין זה ועיין בסוף הספר בחוברת בענינים אלו ורק יבואר כאן פרט אחד בענין התועלת שיש לכלל ישראל כולו מהזהירות של כל יחיד בענינים אלו

ב. הנה כתיב בתהילים על קריעת ים סוף בלשון הים ראה וינוס ודרשו חז"ל על זה מה ראה הים ונס ראה ארונו של יוסף והיינו דדרשו גזירה שוה מלשון ניסה האמור ביוסף כשברח מהעבירה ללשון וינס האמור כאן ומבואר מזה שהזכות שמכחה היה קריעת ים סוף היה הזכות שיוסף מנע עצמו מהעבירה ויותר מבואר הדבר בתיקוני זוהר בפירוש שאם לא היה עומד בנסיון היה עם ישראל טובע בים סוף [ויש לעיין מההבטחה שהובטח אברהם אבינו ויש ליישב בכמה אופנים ואכמ"ל]

ג. והנה זכות זו של יוסף היינו מניעה מעבירה בענינים אלו ואף על פי שהיה בנסיון גדול שהיה נער שנגנב מבית הוריו ואין לו מכיר וגואל ומבואר כמדומה בחז"ל שאיימה עליו שאם לא יכשל תכניסנו לבית הסוהר לכל ימי חייו וכמו שבאמת היה שהכניסתו לבית הסוהר והיה שם שתים עשרה שנים שזה כבר סבל גדול אלא שיתירה מזו שבדרך הטבע לא היה לו שום סיכוי לצאת משם לעולם ובדרך הטבע על ידי מניעתו מעבירה היה אמור להישאר כל ימיו בודד וגלמוד ולמות בודד בבית הסוהר בלי משפחה ואם היה נכשל בדרך הטבע היה נראה שלא ידע מזה לעולם שום אדם חוץ משניהם והוא ימשיך בחיים מוצלחים של ממונה

ראשי על בית שר גדול ויכול להתקדם בכל הצלחות החיים ועל ידי שאף על פי כן מפחד השם יתברך מנע עצמו מעבירה מכח זה כל עם ישראל ניצלו בקריעת ים סוף

ד. והנה בסופו של דבר בדרך נס אדרבה זכה למלוכה ועל ידי זה גם לחזור לחיות עם אביו וכו׳ וכו׳ ואדרבה היה זה דוקא דרך מניעתו מעבירה שעל ידי זה פגש את שר המשקים ופתר חלומו והוא הודיע עליו לפרעה הרי שאדרבה מניעתו מעבירה היא שהביאתו להצלחה עצומה אלא שבתקופה הראשונה לעין הפשוטה שאינה רואה את העתיד היה נראה להיפך מזה

ה. והנה מבואר כאן שבזכות זהירות של יחיד מעבירה ניצלו כל עם ישראל וכאן המדובר לענין זהירות מעבירה גמורה אבל גם לענין הנהגה קטנה בעניני קדושה וצניעות מצינו שמיוחד הכח של זה להשפיע לכל עם ישראל שפע ברכה כמבואר במש״כ לקמן בחלק ב׳ בענין קמחית

ו. והנה כאן בענינו של יוסף גילו לנו חז״ל דבר זה שבזכותו ניצלו כולם ודרשו זה בפסוקים וכנ״ל אבל לכאורה לפי זה יש לנו ללמוד שהרבה זהירויות שנזהרו יהודים בעם ישראל בענינים אלו בכל הדורות פעלו הצלה וישועות להמונים מעם ישראל

ז. ועיין מש״כ בחלק ג׳ לדון בביאור הדבר בכח המיוחד שיש לעניני קדושה וצניעות להשפיע ברכה וישועה לכל כללות עם ישראל

[חלק ב׳]

א. ומצינו בדומה לזה עוד בדברי חז״ל לענין קמחית שזהירות אשה אחת בעניני צניעות היה מכח זה שפע לכל עם ישראל דהנה בגמ׳ ביומא מ״ז ע״א כתוב שבעה בנים היו לה לקמחית וכולן שמשו בכהונה גדולה אמרו לה חכמים מה עשית שזכית לכך אמרה להם מימי לא ראו קורות ביתי קלעי שערי אמרו לה רבים עשו כן ולא הועילו ע״כ אמנם יש ראיה לאידך גיסא שכן קבלו חז״ל את דבריה

ב. שהנה בירושלמי בכמה מקומות ביומא פ״א ה״א [דף ה׳ ע״א] ובמגילה פ״א ה״י ובהוריות פ״ג ה״ב מבואר דלא כהבבלי אלא

שחכמים כן קיבלו את דבריה שעל ידי זהירות זו זכתה לזה וסייעו דבריה מפסוק שאמרו על זה עיי״ש

ג. ויתכן שאף הבבלי אינו חולק על הירושלמי ולעולם הסכימו חכמים שזכות זו היתה המכרעת בענין לזכותה לזכות זו אלא שכוונת הבבלי שלא מספיק זכות זו והיה לו עוד איזה זכות פרטית או מזכות אבות שסייעה לזה אבל לעולם זו הזכות העיקרית שגרמה ואולי נכון להכריע כהסבר זה בכוונת הבבלי כדי למעט במחלוקת ובפרט שאם נימא דהוי מחלוקת לכאורה הוא מחלוקת במציאות [ועיין ברש״ש לסוגיא מה שציין שם מענינים אחרים שנזכר בהם רבים עשו ולא עלתה בידם ובענינים ההם גם כן ודאי שאותם הדברים הם כן דברים שמועילים אלא שכוונת הגמ׳ להוסיף עוד סיבות לזכות עיי״ש היטב] ואף אם היינו אומרים שהוא ממש מחלוקת מכל מקום יתכן שמזה שהביאו כלל דבריה בגמ׳ ובצורה שהובא זה כמשא ומתן ונדחה רק מצד ראיה מאחרים שעשו ולא זכו משמע שיש מקום בסברא לדבריה ועל כל פנים הירושלמי ודאי סבירא ליה שקבלו חכמים את דבריה

ד. והנה הדבר צריך בירור מה הענין הגדול בהא שלא ראו קורות ביתה שערות ראשה ואם הכוונה שלא גילתה ראשה בפני גברים הרי זהו ההלכה וודאי שכך עשו כולם ולא היתה אומרת שבזכות זה זכתה אלא הכוונה שלא גילתה ראשה מעולם אף שלא בנוכחות שום אדם שזה דבר שאף אם אפשר ליזהר בו בדרך כלל אבל להיזהר שאף פעם לא יקרה כן הוא דבר קשה מאוד ולכן תלתה שבזכות מסירות קשה זו לצניעות זכתה לזכות גדולה זו ואין זה פירוש מחודש בכוונת הגמ׳ שהרי הדבר כמעט מפורש בלשון הגמ׳ במה שאמרה מעולם לא ראו קורות ביתי שערות ראשי

ה. והנה גודל הזכות לזכות לבן כהן גדול ובפרט לשבעה בנים כהנים גדולים אי אפשר לתאר שהרי הכהן גדול תפקידו מיוחד לפעול עבור כל עם ישראל כפרת יום הכפורים והוא היחידי שרשותו ומצוותו להיכנס למקום הכי קדוש בעולם ביום הכי קדוש ולפעול שם עבור כל כללות

עם ישראל וכמדומה שגם בשאר ימות השנה על פי תורת הקבלה הוא פועל במיוחד עבור כל עם ישראל ואכמ״ל בזה הרי שזכתה על ידי מעשיה לזכויות כלליות עבור כל עם ישראל

ו. והנה מסתבר שאף שנזכר בגמ׳ הנהגה מסוימת של צניעות שבה זכתה מכל מקום מה שיש ללמוד מזה לגודל חשיבות הצניעות הוא בנוגע לכל הלכות ועניני קדושה וצניעות בין בגברים ובין בנשים [ובאמת בירושלמי שם נזכר עוד הנהגה נוספת וגם מהפסוק שהביאו שם בירושלמי משמע שהוא ענין כללי בצניעות עיי״ש]

ז. והנה בהאי עובדא דקמחית היה זה דבר הנראה לעין שדרכה היה זכות לעם ישראל כולו שראו שבניה הם שהיו כהנים גדולים ובחז״ל נתבאר הקשר בין זה להנהגתה בענינים אלו אבל באמת לפי זה לכאורה יש לנו ללמוד שהרבה זהירויות שעשו במשך כל הדורות נשים מעם ישראל בעניני צניעות פעלו ישועות והצלה עבור המונים בעם ישראל

[חלק ג׳]

א. והנה מתבאר מהאמור לעיל בחלק א׳ ובחלק ב׳ שיש כח בזהירות של יחיד בעניני קדושה וצניעות לפעול שפע ישועה והצלה לכל עם ישראל ויש לברר מהו הסיבה שכח זה מיוחד ביותר לעניני קדושה וצניעות והנה באמת נתבאר לעיל באריכות ובעיקר בפרק ד׳ שבאמת כל מצוה וזהירות מעבירה שעושה יהודי פועלת לישועה לכל עם ישראל כיון שמרבה השפע היורד לטובה מעולמות העליונים אמנם מהאמור לעיל בחלק א׳ וב׳ עד היכן הדברים מגיעים נראה לכאורה שבענינים אלו של קדושה וצניעות ההשפעה של כל הנהגה אפילו של יחיד על כל עם ישראל היא יותר גדולה וצ״ב מהו הענין בזה

ב. ויש לבאר בזה על פי סודן של דברים בכמה פנים וקשה להאריך בדברים הקשורים לסודות התורה אבל יבואר כאן בעזהשי״ת מכיוון אחד מה שיש לכאורה לבאר בזה על פי יסוד גדול המבואר בספרי הקבלה בכמה מקומות אבל יובא כאן בעיקר על פי האמור בזה בספר

אדיר במרום לרמח"ל במאמר יחוד הגן מפני שבאופן יחסי הלשון שם יותר קל ומובן [ודע שיש מכתב מהגרא"ש מאמציסלאוו תלמיד הגר"ח מוואלוז'ין (והוא עצמו הגרא"ש היה מגדולי עולם והובא מדבריו בספר משנה ברורה) שמעיד בשם הגר"ח בשם הגר"א מוילנא על גדלות עצומה של הרמח"ל בקבלה ועוד כתוב שם במכתב שהגרא"ש אמר לגר"ח על ספר אדיר במרום לרמח"ל שכולו גילויים נוראים מעולמות העליונים ובפרט מאמר יחוד הגן אשר אין קץ לנוראות נפלאות הענין והשיב לו הגר"ח שודאי שכך הוא עיי"ש ועניננו דלקמן מבואר בספר ומאמר הנ"ל]

ג. והוא שכבר נתבאר לעיל שהסדר שקבע הבורא בעולמות הוא שעל ידי מצוות ומעשים טובים שעושים עם ישראל בעולם הזה נתקנים עולמות עליונים רבים ומכח זה יורד שפע טוב ברוחניות ובגשמיות לעם ישראל בעולם הזה אמנם יש בעיה בענין זה שצריך שמירה שהשפע הזה יגיע רק לטובה ולא יקחו אותו או ממנו כוחות עליונים טמאים ומבואר ברמח"ל שזו באמת בעיה גדולה מאוד ושמסיבת בעיה זו באמת יורד לעולם הזה רק חלק מהשפע אבל הרבה מאוד מהשפע נשאר בעולמות עליונים כדי שיהיה שמור ושמור הוא לעם ישראל לעתיד לבוא כי אין דרך אחרת לשומרו עיי"ש ברמח"ל ומבואר שם ברמח"ל שאם עושים איזה עצה לשמירת השפע הרי זו זכות עצומה שעל ידה יכול לבוא שפע עצום ברוחניות ובגשמיות לעם ישראל בעולם הזה [ואין זה כלל מחסר מהשפע לעתיד לבוא ואדרבה על ידי שפע נוסף זה שיורד יסייע זה מאוד להרבות עוד הרבה מאוד זכויות עיי"ש היטב בכל דבריו שכן עולה מדבריו]

ד. והנה מעתה ראוי לנו לברר האם יש בידינו עצה איך להרבות שמירה שעל ידי זה יוכל לירד שפע מרובה לעם ישראל והמעיין היטב בתורת הקבלה יראה שיש לזה תשובה ברורה והוא שעל ידי ההקפדה לשמור את הלכות הקדושה והצניעות נוצרת מאוד שמירה זו בין על ידי שמירת הבנים בשייך להם ובין על ידי שמירת הבנות בשייך להם וכל סוג זהירות בזה יש לו כח יחודי עצום ונורא ליצירת השמירה והטעם שדוקא במצוות

הצניעות במיוחד מתווספת שמירה זו קשה להיכנס כאן בפרטים מפני שהענין מורכב וארוך אך יבואר כאן בקצרה ומי שמתמצא בעניני קבלה אקוה שיבין הדברים הנה עיקר השמירה תלויה בשמירת ספירות מסוימות בספירות העליונות מכל שייכות עם הכח הנקרא נחש הקדמוני וכל הדומה לו וזה ודאי תלוי בפרט בענין זה של הצניעות

ה. ובזה יובן אמאי שייכים זהירויות אלו לתועלת לכללות עם ישראל שהנה הרי בכללות עם ישראל יש הרבה מאוד לימוד תורה וקיום מצוות שבין אדם למקום ושבין אדם לחברו וזהירות מעבירות שבין אדם למקום ושבין אדם לחברו ותפילות רבות וכל עניני עבודת השם ונפעל מזה שפע עצום שבכוחו לפעול ישועות עצומות לכל עם ישראל בכל הענינים ממש אלא שחלק מכל שפע זה מעוכב מלירד ולהשפיע הטובה לעם ישראל בעולם הזה מפחד הנ״ל מכוחות הרע ונשמר שפע זה לעתיד ועל ידי הזהירות בעניני קדושה וצניעות הרי פועל שמירה ועל ידי השמירה הרי שפע שכבר הוכן על ידי כל עניני עבודת השם של כללות עם ישראל נעשה שמור ויורד לעולם הזה וקל הדבר שאינו צריך לפעול שפע זה לכל עם ישראל שהשפע כבר נעשה ורק צריך לתת אפשרות להביאו לעם ישראל על ידי שמירתו

ו. וזהו הענין שהיה נצרך זכויות מסוג זה לקריעת ים סוף ולהצלחת עבודתם של כהנים גדולים שכיון שאלו דברים של ישועה לכל עם ישראל היה צריך השימוש בזכויותיהם של כל עם ישראל והשמירות הנ״ל ואפילו שמכח יחידים מועילים שהכח שבא מזכויות של כל עם ישראל יוכל להשפיע שפעו בעולם הזה לעם ישראל לטובה ולברכה ברוחניות ובגשמיות

[חלק ד׳]

א. ומכל האמור צריך האדם ליתן התעוררות לעצמו להיזהר מאוד בענינים אלו של קדושה וצניעות בין מצד גודל המצוה וח״ו לצד שני שיש בזה לעצמו [ובכל מצוה או ח״ו לצד שני יש בזה השפעה לכל עם ישראל כנ״ל בפרק ד׳]

עח התקרבות להשם פרק יז

ב. ובין מצד שכח גדול במיוחד בענינים אלו של קדושה וצניעות להביא שפע ישועה לכל עם ישראל וזה צריך להוסיף התעוררות לאדם בין מצד לעשות נחת רוח ליוצרו שודאי נחת רוח עצום להקב״ה כשעוזר אדם לכל עם ישראל ברוחניות ובגשמיות ובין מצד מדת הרחמנות על כל עם ישראל בין בישועות כלליות ובין בישועות פרטיות שרבים מצפים להם וגם פשוט הדבר שכשזוכה האדם להועיל תועלת עצומה לכלל שכרו על זה מן השמים גדול ועצום לאין קץ

ג. והנה מבואר כמדומה ברש״י במסכת עבודה זרה לענין כללות הזהירות מעבירות שיש שני סוגי זהירות האחד בשעת מעשה כשנזדמן נסיון לשמור עצמו שלא להיכשל חס וחלילה והשני להיזהר מלכתחילה לסדר מצבו באופן שינצל כמה שיותר מלהגיע לידי נסיון והנה אף שבכל הענינים כן הוא אבל ביותר נכון הדבר לעניני קדושה וצניעות שהמציאות היא שלא מספיק שיחזק אדם את עצמו להישאר קדוש וטהור בשלימות אלא צריך שיתכנן מעשיו ועניניו באופן שלא יבוא לידי נסיון של איזה שמץ פגם וחסרון בקדושתו וטהרתו דהיינו לסדר עניניו באופן שלא יגיע למקומות הגורמים לו מכשול ולמצבים הגורמים לו מכשול וקשה להיכנס בפרטים בענין זה בחיבור זה אבל מה שבאופן כללי אפשר לומר שנכון אצל רוב בני האדם שהעצה הגדולה היא שישתדל כמה שיותר מזמנו להימצא בבתי כנסיות ובתי מדרשות שהם המקומות היותר שמורים מענינים גרועים ושם יעסוק בתורה הקדושה שהיא השמירה הגדולה מענינים גרועים

ד. ובפרט כשיש ספיקות לאדם לא רק לגבי שעות מסוימות היכן להימצא אלא בקביעת עתידו בחיים ודאי שצריך ענין הזהירות בקדושה וצניעות להיות קובע גדול כגון לענין תפקידו בחיים יראה לסדר מצבו כפי יכלתו שיהיה כמה שיותר זמן בבתי כנסיות ובתי מדרשות ועוסק שם בתורה

ה. והנה יש מקומות שבהם אם רוצה האדם ליזהר בעניני קדושה וצניעות ככל פרטי ההלכות יש לועגים עליו על זה וצריך האדם שלא לבוש

מן המלעיגים עליו וכמבואר בשו"ע בתחילת או"ח וידע שהאמת אתו שאין לנו אלא דעת תורתינו הקדושה ולעתיד לבוא עתידים כל הלועגים עליו להכיר בצדקת דרכו ששמר התורה וליתן לו תודה על שזהירותו בזה הגינה ושמרה הרבה מאוד עליהם וכנזכר לעיל שהזהירות בדברים אלו מועילה מאוד לכללות עם ישראל

ו. ופעמים במקרים כאלו שלועגים לו במקומו או בקבוצתו על קיימו ההלכות הטוב עבורו הוא להחליף את האזור או הקבוצה שבהם נמצא אם לועגים עליו בזה כדי שלא יבוא לידי נסיון ומעוד סיבות אמנם קשה ליתן בזה כללים שיש פעמים שיש סיבות אחרות שלא טוב לו המעבר והיינו בתנאי שאין לעגם גורם לו להיכנע ולהתדרדר במצבו בקדושה ובצניעות וקשה ליתן בנידון שבסעיף זה באופן כללי בלי להכיר פרטי הענין והמצב

פרק י"ח. באיסור הגאוה

א. בספר נפש החיים בפרקים הנוספים שבין שער ג' לשער ד' כתב שם וז"ל [בקצת שינוי] אתה הקורא הנה הדרכתיך בעזהשי"ת בנתיבות האמת להורות לפניך הדרך תלך בה לבטח ותוכל להנך עצמך לאט לאט במדרגות הנ"ל לפי טהר לבבך ולפי השגתך יותר ממה שערוך לפניך כאן וגם לפי רוב ההרגל ובעיניך תראה שכל אשר תרגיל עצמך יותר בכל מדרגה מאלו הנ"ל יתוסף בלבך טהרה על טהרתך הן בעסק התורה והן בקיום המצוות ויראתו ואהבתו יתברך

ב. אמנם השמר והזהר מאוד שלא תזוח דעתך עליך ותתנשא לבבך מאשר אתה עובד את בוראך בטהרת המחשבה ובהשקפה ראשונה לא תרגיש כל כך בהתנשאות לבך מזה וצריך אתה לפשפש ולמשמש בזה מאוד וכתוב מפורש תועבת השם כל גבה לב [משלי ט"ז] שאף אם לא יתראה ההתנשאות לעיני בני אדם רק במחשבת הלב לבד בעיני עצמו היא תועבה ממש לפניו יתברך כידוע שהיא השורש והשאור שבעסה לכל המדות רעות

ג. ואמרו בגמ' שכל המתיהר כאילו בנה במה ושכינה מיללת עליו וכו' ואמרו בגמ' בפסחים ס"ו ע"ב כל המתיהר אם חכם הוא חכמתו מסתלקת ממנו

ד. וכל אשר יראת השם נגע בלבו תסמרנה שערות ראשו ותדמע עינו בהעלותו על לבו ממי למדוהו רז"ל זאת מהלל הזקן אשר ידוע ומפורסם בדבריהם ז"ל הפלגת ענוותנותו ושפלותו הנוראה עם כל זה כאשר נזדמן לידו פעם אחת קצת ענין שהיה נראה בהשקפה ראשונה כהתנשאות לפי מדרגת גודל נמיכת רוחו תכף נענש על זה שנתעלמה הימנו הלכה [פסחים ס"ו] מה נאמר ומה נדבר אנחנו איך אנו צריכים לפשפש ולמשמש על זה בכל עת עכ"ל הנפש החיים

ה. ועיין באריכות בגודל חומר איסור הגאוה בגמ' ובספרי המוסר ואכמ"ל בזה ורק הובא כאן מעט לעורר שלא יגיע האדם על ידי ההתגברות בעבודת השם לידי גאוה

פרק יט. באיסור הכעס

א. באיסור הכעס החמירו בגמ' ובזוהר מאוד עיין בזה בגמ' נדרים כ"ב ובגמ' בפסחים ס"ו ובמה שהביא בשערי קדושה ח"ב שער ד' בשם ספר הזוהר ואכמ"ל

ב. וכתב בספר שער רוח הקודש למוהר"ר חיים ויטאל ז"ל בשם האר"י ז"ל [בדף י' ע"ב] וז"ל [בקצת שינוי] מידת הכעס מלבד מה שמונעת ההשגה לגמרי וכמו שמצינו על פסוק ויקצוף משה על אלעזר ועל איתמר וארז"ל כל אדם שכועס אם נביא הוא נבואתו מסתלקת ממנו ואם חכם הוא חכמתו מסתלקת ממנו [עיין בזה פסחים ס"ו ע"ב]

ג. האמנם יתר רעה יש לו מדבר הנזכר וכמו שנבאר והנה מורי ז"ל [האר"י ז"ל] היה מקפיד בענין הכעס יותר מכל שאר העבירות אפילו כשהוא כועס בשביל מצוה וכענין משה כנז"ל והיה נותן טעם לזה ואומר כי הלא כל שאר העבירות אינם פוגמים אלא כל עבירה ועבירה פוגמת אבר אחד אבל מדת הכעס פוגמת כל הנשמה כולה ומחליף אותה לגמרי והענין הוא כי כאשר יתכעס האדם הנה הנשמה הקדושה מסתלקת ממנו לגמרי ונכנסת במקומה נפש מצד הקליפה וזהו סוד מה שאמר הכתוב טורף נפשו באפו וגו' [איוב י"ח] כי ממש טורף נפשו הקדושה ועושה אותה טריפה וממית אותה בעת אפו וכעסו וכמבואר בזוהר בפרשת תצוה דף קפ"ב ע"ב וע"ש כמה מגזים ענין הכעס עד שאומר כי מאן דמשתעי עם הכועס כאילו משתעי עם הע"ז עצמה וע"ש

ד. ואעפ"י שעושה האדם תקונים לנפשו ותשובה מעולה על כל עוונותיו ומצוות רבות וגדולות הכל נאבדים ממנו לגמרי לפי שהרי אוה הנשמה הקדושה שעשתה כל המעשים הטובים נתחלפה בטמאה והלכה לה ונשארה שפחה טמאה במקומה וירשה את גבירתה וצריך שיחזור פעם אחרת לחזור ולתקן כל התיקונים הראשונים שעשה בתחילה וכן הוא בכל פעם ופעם שהוא כועס נמצא כי בעל הכעס אין לו תקנה כלל כי תמיד הוא ככלב שב על קיאו

ה. וגם גורם היזק גדול אחר לעצמו והוא כי הנה אם עשה איזו מצוה גדולה אשר בסיבתה היתה איזו נשמה קדושה של איזה צדיק ראשון מסייעתו ועתה על ידי הכעס מסתלקת גם היא וזהו גם כן ענין טורף נפשו

ו. באופן כי מי שהוא בעל כעס אי אפשר לו כל ימי היותו בעל מידה זו להשיג שום השגה אפילו אם יהיה צדיק בכל שאר דרכיו לפי שהוא בונה וסותר כל מה שבנה בכל עת שכועס אמנם שאר העבירות אינם טורפים ועוקרים הנפש ממש אמנם נשארה דבוקה בו אלא שהיא פגומה בבחינת אותה העבירה שעושה בלבד וכאשר יתקן הפגם ההוא לבדו יתוקן לגמרי אבל הכעס צריך תקונים רבים והכנות רבות לחזור להביא את נשמתו הנטרפת ממנו וכולי האי ואולי כנזכר בזוהר בפרשת תצוה כנז"ל כי לפעמים כפי בחינת ומציאות הכעס הוא אין לו תקנה עוד כלל ולא די זה אלא אפילו כשהייתי מלמד את אחי יצ"ו ולא היה יודע כפי רצוני והייתי מתכעס עמו ל הדבר הזה וגם על הדבר הזה ההירני והוכיחני מורי במאד מאוד

ז. והנה מה שכתב שחמור איסור הכעס מכל עבירות שבתורה מפני סילוק הנשמה הכוונה לחומר מבחינה מסוימת אבל ודאי שמבחינה אחרת יש עבירות שיותר חמורות מכעס והדבר פשוט שאם יעמוד לפני האדם ברירה או לחלל שבת או לכעוס חייב לבחור באפשרות לכעוס ולא יחלל שבת וברור ולא רק בחילול שבת שהוא מהחמורים ביותר אלא גם בשאר איסורים אין שום היתר להיכשל באיזה שהוא איסור כדי לעצור עצמו מן הכעס ואף שיש חומר מיוחד בכעס מכל מקום כאמור זה רק מבחינה מסוימת אבל יש גם צדדים אחרים בענין ולכן הוא כנ"ל שאין שום היתר להיכשל בשום איסור שהוא כדי להינצל מן הכעס

ח. והנה יש עוד ענין גרוע מאוד בכעס שמלבד שעצם הכעס עצמו הוא איסור חמור מאוד גם המציאות היא שאם אדם נמצא בכעס מאוד עלול הוא לצער את השני בדברים וצריך זהירות מזה מאוד מאוד מפני לאו דאורייתא של אונאת דברים ועיין מש"כ בזה לעיל בפרק י"א

פרק כ׳ בענין המעלה בלימוד תורה ועבודת השם מתוך שמחה והתלהבות

א. כתב הגר״ח מוואלוז׳ין במכתב [נדפס בחלק מהמהדורות בסוף ספר נפש החיים בעמ׳ תכ״ו] וז״ל מחמת כי תלמוד תורה הוא מהדברים הצריכים חיזוק לא מנעתי מלחזק אותך ולזרז למזורז שתזדרז ללמוד בזריזות ובחשק גדול כי מה שלומדים בעצלות כל היום יכולים ללמוד בזריזות בכמה שעות

ב. והגיון לבך יהיה תמיד בדברי תורה גם בעת האוכל ועל משכבך רעיונך יהיו בדברי תורה ותלמודך יהי בדברי תורה שיהיו דברי תורה משוננים בפיך וכו׳ עכ״ל עיי״ש

ג. ובספר שער רוח הקודש למהרח״ו [בדף י׳ ע״ב] כתב בשם האר״י וז״ל הנה צריך האדם בעת קיומו כל מצוה ומצוה או בהתעסקו בתורה או כשמתפלל התפילה להיות שמח וטוב לב יותר מכאשר מרויח או מוצא אלף אלפים דינרי זהב וכו׳ עכ״ל ועיי״ש כל דבריו וכוונתו שכך הצורה הנכונה של עבודת השם שמורה על ידי השמחה שחשובה מאוד בעיניו עבודת השם [אמנם אין הכוונה שאם אין בידו בשום אופן לשמוח יתרפה מעבודת השם אלא תמיד יעשה מה שבכוחו]

ד. אמנם לענין לימוד תורה מלבד הענין הגדול לשמוח בלימודו כמו בשאר מצוות וכמש״כ המהרח״ו נוסף בזה עוד שעל ידי שלומד בחשק ובשמחה המציאות היא בדרך כלל שזה עוזר מאוד להצלחת הלימוד וכעין מש״כ במכתב הנ״ל בסעיף א׳

ה. ודע שענין ההתלהבות והשמחה בלימוד התורה וכן בשאר עניני עבודת השם הוא מקדש ומזכך את נפש האדם מאוד מאוד מכמה סיבות ואחת מהם הוא שהנה הרבה שכבות יש לנפש האדם וכשאדם

עובד את בוראו בהרבה מהמקרים חוזק עבודתו הוא רק בחלק מהשכבות ואילו שאר השכבות פחות משתתפות בזה אבל כשלומד תורה או עוסק בשאר עבודת השם מתוך התלהבות וחשק בזה לימודו ומצוותיו הם מתוך יותר שכבות בנפש ומתוך שכבות יותר פנימיות ועל ידי זה מזדכך מאוד

אהבת תורה ודברי חיזוק ללימוד הגמרא

דברי חיזוק ללימוד הגמרא מפתחות

מפתחות

פרק א.	בסיבות שגורמות לחלק מהצעירים קושי בלימוד הגמרא	פח
פרק ב.	שצריך לדעת שכל רגע של לימוד התורה מחזק את חיבור הנשמה להשם יתברך ומביא אור עליון מהשם יתברך על הנשמה ושחיזוק זה של הקשר להשם יתברך והבאת האור עליון מהשם יתברך על הנשמה זה מהתוכן העיקרי של מצוות לימוד התורה	צ
פרק ג.	יבאר שכל המעלות העצומות שנתבארו לעיל בפרק הקודם ללימוד התורה הוא בכל סוג של לימוד אפילו ברמה נמוכה מאוד [אלא שבלימוד גבוה יש את זה יותר] וכן הוא בכל אדם אפילו אדם רשע גמור [אלא שאם אדם הוא צדיק יש את זה יותר]	צד
פרק ד.	יבאר שכל בחור ללא שום יוצא מן הכלל יכול להגיע להשגים עצומים ממש בתורה ואפילו מי שכשרונו חלש וכן אפילו מי שתכונותיו קשות להתמדה	צו
פרק ה.	בענין חשיבות התפילה על לימוד התורה	צח
פרק ו.	בענין הטענה של חלק שקשה להם להבין את הגמרא יבאר שאדרבה היגיעה בתורה היא מעלה גדולה מאוד והיא המקדשת את הנשמה ומביאה לנשמה אורות עצומים	צט
פרק ז.	בענין גודל החיוב של ההורים לאפשר ולסייע לילדיהם להתמסר ללימוד התורה ולחיים של תורה וגודל מעלת תפילת ההורים על ילדיהם לזכות להצלחה בתורה	קא
פרק ח.	יבאר שהדרך להצלחה גדולה בתורה היא הרבה יותר קלה ממה שחושבים	קג
פרק ט.	בתועלת שבאה לכל עם ישראל על ידי לימודו של כל אחד ואחד	קד
פרק י.	עוד כמה פרטים בענינים הנ"ל	קה

פרק א. בסיבות שגורמות לחלק מהצעירים קושי בלימוד הגמרא

א. הנה בזמן האחרון יש כמה מהצעירים שאינם מוצאים כל כך חשק בלימוד הגמרא וכפי שנוכחתי מהיכרות עם רבים מאוד מהם אין זה נובע חס וחלילה כלל וכלל מזלזול חס וחלילה במצוות לימוד תורה ואדרבה רצונם עז מאוד לעשות כמה שיותר את רצון השם יתברך

ב. אבל הסיבות הגורמות לדבר זה הם האחת שאינם מבינים ויודעים את הערך הגדול של לימוד הגמרא ואדרבה בכל ליבם הם מבקשים שיסבירו להם את זה כי באמת תשוקתם גדולה להבין את ערך לימוד הגמרא ולהתקשר בכל ליבם ללימוד הגמרא והמציאות הראתה שכשהסבירו להם את גודל ערך לימוד הגמרא ואת העוצמה הגדולה שזה יתן לנפשם התחברו ללימוד הגמרא בחיבור חזק מאוד

ג. בעיה נוספת שיש בזה היא שכמה מהם הרגשת ליבם היא שאין ביכולתם להצליח בלימוד הגמרא ולכן מלכתחילה אינם מוכנים להשקיע כוחות במידה משמעותית לדבר שנראה להם חסר סיכוי להצלחה אך באמת טעות גדולה בידם ויש להם סיכוי גדול להצליח והדברים האמורים בחוברת זו מטרתם להסביר את שני הדברים הנ״ל גודל הערך של לימוד הגמרא והיכולת של כל בחור ללא יוצא מן הכלל להצליח הצלחה עצומה בלימוד התורה

ד. בעיה נוספת בענין היא הקושי בלימוד הגמרא שיש סוגיות שקשות ואין הצעירים מבינים מה הענין הגדול להתמודד עם קשיים כאלו ומעדיפים שלא להתאמץ ולעסוק בדברים יותר קלים ונוחים אך באמת עמל ויגיעת התורה יש בו מעלות גדולות ועצומות וזיכוך גדול מאוד לנפש שאם היו יודעים ממנו היו מאושרים בו

ה. וצריך לדעת שבמשך דורות על גבי דורות היה לימוד הגמ׳ תענוג נפלא להמוני יהודים מכל הסוגים ומכל השכבות ושום דבר לא

השתנה וגם היום יכול הדבר להיות כן אצל כל יהודי ללא יוצא מן הכלל אלא שחסר לחלק מהצעירים היום כמה ידיעות בסיסיות שהם מפתחות גדולים אל האושר שבלימוד הגמ׳ ובפרקים הבאים בעזהשי״ת יתבאר בענינים אלו בהסברת הדברים ועצות להתגבר על הקשיים הנזכרים לעיל והנה לכל הדברים הכתובים לקמן יש ראיות גדולות מחז״ל ומספרי הפוסקים ובמקום אחר נכתבו הדברים עם הראיות לדברים אבל כאן נכתבו הדברים בלא ראיות ובלשון קלה כדי שיהיו הדברים קלים ללימוד לכל צעיר

פרק ב. שצריך לדעת שכל רגע של לימוד התורה מחזק את חיבור הנשמה להשם יתברך ומביא אור עליון מהשם יתברך על הנשמה ושחיזוק זה של הקשר להשם יתברך והבאת האור עליון מהשם יתברך על הנשמה זה מהתוכן העיקרי של מצוות לימוד התורה

א. היסוד הראשון שצריך לדעת כשנגשים ללמוד את תורת ד׳ הוא שהבדל יסודי מאוד יש בין לימוד התורה לבין שאר לימודים והוא שכל שאר לימודים כל ענינם הוא קניית הידע שבלימוד וכל הריוח שבקניית הידע הוא התועלת שבידע אבל בלימוד התורה יש מעלה עצומה בעצם הלימוד ומעלה עצומה בעצם הידע

ב. וענין המעלה הזו הוא שהקב״ה סידר את הבריאה בצורה כזו שעל ידי כל לימוד בתורה הקדושה וכן על ידי כל ידע בתורה הקדושה מתרבה ומתחזק החיבור של הנשמה של היהודי להשם יתברך ובא שפע רוחני שהוא אור עליון מהשם יתברך על הנשמה ואור עליון זה נותן לנשמה עצמה חזקה מאוד ומביא לנשמה הצלחות עצומות מאוד אלא שלא תמיד בשעת הלימוד עצמו האדם מרגיש את ההארה אבל גם כשאינו מרגיש ישנה אלא שהמסך של הגוף מונע לעת עתה מלחוש ממש את זה אבל עם הזמן אדם זוכה להרגיש חלק מן ההארה אבל החלק המורגש הוא מועט מאוד ביחס אל מה שבאמת זוכה הנשמה על ידי הלימוד

ג. וכמובן שהרבה דרגות יש בחיזוק החיבור ובירידת השפע הרוחני שהוא האור העליון מהשם יתברך לאדם והכל תלוי כפי הלימוד ותלוי זה בכמה דברים בלימוד (א) בכמות זמן הלימוד (ב) ברצף של הלימוד (ג) בריכוז של הלימוד (ד) בחשק של הלימוד (ה) בהבנה של הלימוד (ו) בשינון של הלימוד באופן שזוכרו עכ״פ לזמן מסוים אבל בכל לימוד ולימוד ללא יוצא מן הכלל ממש יש את החיזוק לחיבור להשם יתברך וירידת האור הרוחני מהשם יתברך על נשמת הלומד אלא שכמה שירבה

ברשימת הדברים הנ"ל כמות הזמן וכו' יתרבה ויתחזק השפע הרוחני מאוד מאוד

ד. ועם הרגל האדם בלימוד מתרבה הרגשה זו ונוצר חשק גדול אל הלימוד ואף אם יש גם אז נסיונות אבל באופן כללי החשק ללימוד הולך וגודל ואמר רבי אהרן קוטלר שבשעה שאדם נאלץ לסגור את הגמ' כגון מאוחר בלילה כשמוכרח לישון צריך להרגיש לא שנפרד מהגמ' אלא שנקרע מהגמ' וכוונת הדברים היא שצריך להרגיש שהחיבור שבין האורות של התורה לאורות של הנשמה שלו הוא כל כך חזק עד שנעשה הכל כדבר אחד

ה. ובתפילת ערבית בברכה שניה כתוב כי הם חיינו ואורך ימינו ובהם נהגה יומם ולילה ומסבירים המפרשים שכמה שאדם מרגיש יותר שהתורה היא חיינו ואורך ימינו שהיא נותנת לו את החיות ממילא מתחזק אצלו המציאות של ובהם נהגה יומם ולילה דהיינו ההתמדה הגדולה בתורה

ו. וצריך לדעת שאין שום תענוג בעולם שיכול להשתוות אל התענוג של קבלת אור עליון מהשם יתברך ומשום שהאדם מורכב מגוף ונשמה וכמובן שהעצמה של הנשמה הרבה יותר חזקה משל הגוף וכל תענוגי עולם הזה כולם הם תענוגים אל הגוף אבל התענוג של ירידת אור עליון מהשם יתברך אל הנשמה הוא תענוג לנשמה וכל תענוגי הגוף כאין וכאפס לעומת תענוגי הנשמה

ז. וזהו שאמר דוד המלך בספר תהילים מזמור מ"ב כאיל תערוג אל אפיקי מים כן נפשי תערוג אליך אלקים צמאה נפשי לאלקים לקל חי מתי אבוא ואראה פני אלקים שממש כמו שהגוף צמא לשתיה ואם יבואו ויאמרו לאדם שרוצים ליתן לו כל ממון שבעולם ועושר עצום וכו' וכו' אבל רק בתנאי יחידי שבמשך חודש לא ישתה שום דבר ודאי שלא יסכים לזה האדם כי מה ערך לכל עשירותו אם ימות ח"ו בצמא ואותו דבר ממש בענין זה שהנשמה צמאה לאור עליון מהשם יתברך ולחיזוק החיבור להשם יתברך וכל תענוגי עולם הזה אינם נותנים את הרויה

מצמאון זה ואך ורק לימוד התורה וקיום התורה הם המביאים את הרויה לצמאון הזה

ח. אמנם כדי שבאמת לימוד התורה יביא את האדם אל הרגשת האור העליון הבא על ידי הלימוד חשוב מאוד שיזכור תמיד האדם את הדבר הזה שכל רגע של לימוד התורה מחבר את נשמתו להשם יתברך ומביא אור עליון על הנשמה וכתוב בספרים שכמה שאדם יותר יודע את ענין זה שהלימוד מחזק חיבור נשמתו להשם ומביא אור עליון על הנשמה ידיעה זו גורמת תוספת גדולה בחיבור זה ובאור זה ואע"פ שגם בלא שיודע את זה מתחזק החיבור להשם ובא אור עליון על נשמתו מכל מקום כשיודע את זה נעשה זה בעוצמה הרבה יותר גדולה

ט. ועיין בב"ח באורח חיים סי' מ"ז מה שכתב שם דברים נוראים שסיבת גלות עם ישראל מארץ ישראל היה מפני שלמדו את התורה רק כדי לדעת את התורה ולא כיוונו אל החיבור של הנשמה להשם יתברך על ידי הלימוד ולקבלת השפע הרוחני וכיון שלא כיוונו לזה היה חסר ללימוד מהתוכן העיקרי שלו עכת"ד ומזה יש ללמוד עד כמה חשוב להתייחס אל החיבור הנ"ל

י. ומדברי הב"ח הנ"ל מוסר השכל גדול אל המלמדים שצריכים הרבה מאוד להשריש בליבות התלמידים את היסוד הגדול הזה שכל רגע של לימוד התורה הוא מחזק את החיבור של הנשמה להשם יתברך ומביא אור עליון על הנשמה כי זה ממש מכפיל את ערך הלימוד פי כמה וכמה וגם הוא עזר גדול לתלמידים להצליח להרגיש התקשרות אל הלימוד

יא. וכמובן שחשוב לצרף לזה את הידיעה כמה חשוב הוא הקשר של הנשמה להשם יתברך וכמה חשוב לנשמה קבלת האור עליון מהשם יתברך וכבר כתב המסילת ישרים בפרק א' שכל דבר שרואה האדם שמחבר אותו להשם יתברך צריך לרדוף אחריו בכל כוחו וכל דבר שרואה שמרחיק אותו מהשם יתברך צריך לברוח ממנו כבורח מפני האש ועוד כתב שם שצריך האדם לידע שרק הדביקות בהשם זהו הטוב וכל זולת זה שיחשבוהו בני האדם לטוב אינו אלא הבל ושוא נתעה והנה כל

האמור לעיל בפרק זה הוא בתועלת הבאה לאדם על ידי לימוד התורה ואמנם המדריגה השלימה הוא ללמוד כדי לעשות נחת רוח להשם יתברך אבל ודאי שגם הלימוד מתוך כוונות הנזכרות לעיל הוא דבר גדול מאוד ובפרט שגם הלומד בכוונה לעשות נחת רוח להשם יתברך טוב שיכוין הכוונות הנ"ל ויכוין שהתועלת בחיבור להשם ובאור העליון אינו להנאתו אלא לעשיית נחת רוח להשם יתברך וגם שהענינים הנ"ל עוזרים מאוד להגיע לדרגה של כוונה לעשות נחת רוח להשם יתברך שכיון שמרגיש מחובר להשם יתברך ושמקבל מהשם יתברך אור עליון זה נותן לו החשק לעשות נחת רוח להשם יתברך

פרק ג. יבאר שכל המעלות העצומות שנתבארו לעיל בפרק הקודם ללימוד התורה הוא בכל סוג של לימוד אפילו ברמה נמוכה מאוד [אלא שבלימוד גבוה יש את זה יותר] וכן הוא בכל אדם אפילו אדם רשע גמור [אלא שאם אדם הוא צדיק יש את זה יותר]

א. אבל הצרה הגדולה היא שהרבה בחורים בשעה שנודע להם דבר זה אומרים הכל נכון אבל אנחנו במצב רוחני כזה שפל שעלינו הדברים האלו לא נכונים בין מצד שהלימוד שלנו הוא ברמה כל כך נמוכה ובין מצד שהקשר בינינו לבין השם יתברך כל כך חלש

ב. אבל דבר זה טעות גדולה מאוד מפני שצריך לידע שכל יהודי ללא יוצא מן הכלל הוא חביב מאוד אצל הקב"ה והקב"ה מצפה ממנו בכל רגע ממש שיעבוד את עבודת השם יתברך כפי כוחו וכפי יכלתו ובשעה זו שהוא עוסק בתורה הוא ותורתו חביבים בעיני הקב"ה בדרגא של חיבה שאי אפשר לתאר והקב"ה משפיע עליו שפע רוחני עליון מאוד

ג. ובכל לימוד ללא יוצא מן הכלל יש את כל הדברים הגדולים הנ"ל והרי אמרו בגמ' שהעולם קיים בזכות הבל פיהם של תינוקות של בית רבן מפני שהוא הבל שאין בו חטא וכתב החפץ חיים שמדובר בתינוקות של בית רבן אפילו בזמן שלימודם ברמה מאוד נמוכה מפני שאינם מבינים עדיין כל כך טוב ורואים מזה שאפילו לימוד ברמה הכי נמוכה יש לו את הכח הרוחני הגדול והעצום של לימוד התורה

ד. ומכל מקום מבואר בספר דרך ה' שכמה שהלימוד ברמה יותר גבוהה דהיינו שהדברים יותר מובנים וברורים לאמתה של תורה ממילא החיבור שלימוד זה מחבר את הנשמה להשם יתברך הוא יותר גדול והאור עליון הבא מהשם יתברך לנשמה הוא יותר מרובה

ה. וכן אפילו אם חס וחלילה האדם הגיע למצב רוחני מאוד גרוע מבחינת ההתנהגות שלו מכל מקום כשעוסק בתורה התורה שלו חביבה מאוד בעיני הבורא ומה שכתוב בכמה ספרים לא כך וההיפך מזה

עיין בספר קריינא דאיגרתא הקהלות יעקב שהאריך לבאר שאין הדברים כפשטן וחלילה מלומר שאם אדם בהתדרדרות התורה שלו לא קדושה ומקדשת והרי אמרו חז״ל שאפילו רשעים בשעה שעוסקים בתורה המאור שבה מחזירן למוטב והרי רואים מזה שאפילו בתורה של רשעים יש את אור התורה

ה. ואדרבה כתוב בספר נפש החיים שאם אדם שקע ביון מצולה של עבירות על ידי לימודו בתורה יקבל כח עליון מהשם יתברך לחזור בתשובה ולתקן את אשר פגם ואם כן אדרבה מי שחס וחלילה קרה לו ירידה רוחנית מוטל עליו חובה כפולה ומכופלת להתגבר בלימוד התורה בכל כוחו ויחזיק בתורה בכל מעוזו

ו. ומכל מקום כמה שאדם יותר צדיק יותר מועיל לימודו לחבר הנשמה להשם יתברך ויותר מביא אור עליון מהשם יתברך על הנשמה אבל אפילו במי שאינו צדיק או שבאותו זמן הוא נמצא ח״ו בירידה רוחנית מכל מקום הלימוד מועיל בצורה עצומה לחבר נשמתו להשם יתברך ולהביא על נשמתו את האור עליון מהשם יתברך

פרק ד

יבאר שכל בחור ללא שום יוצא מן הכלל יכול להגיע להשגים עצומים ממש בתורה ואפילו מי שכשרונו חלש וכן אפילו מי שתכונותיו קשות להתמדה

א. והנה יש תכונה אצל הרבה בני אדם בהרבה ענינים שמוכנים להשקיע בדבר רק אם יודעים שיכולים להגיע בו להישגים גדולים וזה מהדברים שגורמים הפרעה בלימוד לחלק מהצעירים שנראה להם שהם אינם יכולים להגיע להישגים גדולים חלקם מפני שהם רואים שכשרונם אינו חזק וחלקם אף שרואים שכשרונם חזק נראה להם שבלימוד הגמרא אין להם הצלחה וחלקם מפני שרואים שאין תכונתם מתאימה להתמדה בלימוד ועל אחת כמה וכמה מי שנראה לו שגם כשרונו לא טוב ללימוד הגמרא וגם שאין לו את תכונת ההתמדה

ב. אבל צריך לדעת שדבר זה הוא טעות גמורה מכמה סיבות ותחילה צריך לדעת שהמציאות הוכיחה שאינו כן והיו כמה מגדולי ישראל המפורסמים ביותר שחברו ספרים חשובים ולימדו תלמידים רבים ובצעירותם היה להם את הבעיות הנ"ל בעוצמה מאוד גדולה ואעפ"כ הצליחו מאוד

ג. וכמה סיבות יש לדבר איך שאפשר להצליח אע"פ שיש את החסרונות הנ"ל האחת מהם הוא מה שאמר החזון איש [ודבריו אלו מבוססים על כתבי האר"י ואכמ"ל] שהרבה פעמים הסיבה שיש לאדם חוסר חשק או חוסר יכולת לדברים מסוימים בעבודת השם יתברך נובעת מזה ששורש נשמתו הוא משורש שקשור לדברים אחרים בעשיית רצון השם ולא לדברים אלו אמנם מוטל על האדם אעפ"כ להתאמץ בדברים אלו ועל ידי מאמציו אלו זוכה שמהשמים מוסיפים לו עוד חלקים על נשמתו חלקים השייכים לדברים שהיו חסרים לו ואז מקבל את החשק והיכולת לדברים הטובים שקודם חסרו לו

ד. ועוד כמה סיבות רוחניות יש בזה איך יכול האדם כל כך להשתנות וכללו של דבר שהקב"ה הוא כל יכול ולא יבצר ממנו דבר וכשרואה

שאדם מתאמץ לעשות רצונו חס עליו ונותן לו את הכח לעשות כמה שיותר את רצון השם

ה. ומבואר בחז"ל [עיין בגמ' בסנהדרין צ"ט ע"ב וברש"י שם] שבשעה שאדם מתאמץ בתורה הולכים האורות הרוחניים של התורה ומבקשים להשם יתברך לעזור לאדם להצליח בלימוד התורה

ו. וידוע שאמר החזון איש שכל בחור שמתמסר ללימוד התורה יתכן שהוא יהיה מגדולי ישראל ממש מפני שאין שום תנאים צדדיים לזכות להיות מגדולי התורה והתנאים הם רק התנאים האמתיים לעסוק בתורה הקדושה ולהיות עבד השם יתברך וזה בידו של כל אדם ואדם ואין מי שיכול למנוע ממנו את זה

ז. והנה אע"פ שבארנו שכל בחור יכול להצליח מאוד בתורה ולהיות מגדולי ישראל מכל מקום אין הכוונה למעט בערך הכשרון שבאמת מי שזיכהו השם יתברך שבתכונתו הטבעית הוא בעל כשרון גדול צריך שידע שזה מתנה מהשם יתברך ושמחובתו לנצלה ללימוד התורה הקדושה ביתר כח וכתב החפץ חיים שאותם אלה שנולדו עם כשרון טבעי אם יתאמצו בתורה יכולים להגיע להשגים יותר גדולים ואם חס וחלילה לא ינצלו הכשרון שנתנו להם מהשמים ללימוד התורה אלא לא ישתמשו בו או שישתמשו בו לדברים אחרים יהיה להם בשמים צער גדול מאוד מזה מפני שיראו לאיזה מדרגות עצומות יכלו להגיע בתורה יותר משאר בני דורם ושעבור זה ניתן להם כשרון זה והם בזבזוהו להבלי עולם הזה עכ"ד החפץ חיים

ח. וכן מי שמתכונתו הטבעית הוא מתאים להתמדה אם ינצל זה יכול להגיע להשגים עצומים בתורה ובפרט מי שגם מוכשר וגם תכונתו להתמדה אמנם עם כל זה גם מי שאינו מוכשר ואין תכונתו להתמדה יכול במאמץ להגיע להשגים עצומים והיו מגדולי ישראל הכי מפורסמים שבדורות האחרונים שהיו מסוגים אלו של חוסר כשרון ושל תכונות הפוכות מהתמדה ואעפ"כ נתייגעו וזכו למה שזכו

פרק ה. בענין חשיבות התפילה על לימוד התורה

א. ומפתח נוסף אל ההצלחה בתורה הוא להתחנן על זה להשם יתברך ואפשר להתחנן להשם יתברך בין על עצם היכולת לעסוק בתורה ולהתמיד בתורה ובין על הזכות להבין את דברי התורה

ב. ובכמה מקומות בתפילה תקנו חז"ל תפילות על דברים אלו בברכות התורה והערב נא וכו' ובאהבת עולם [ויש נוסחאות אהבה רבה עיין ברכות י"א ב'] שלפני קריאת שמע שחרית תפילה ארוכה על זה ובתפילת שמונה עשרה בברכת אתה חונן ובברכת השיבנו ובערבית באהבת עולם וראוי לאדם להתחנן מאוד להשם יתברך בתפילות אלו לזכות לחשק בתורה וכן לזכות להתמדת התורה ולזכות להבנת התורה ולזכות לזכירת התורה ולשאר דברים הנצרכים לו ללימוד התורה

ג. ומלבד זה אפשר וטוב הדבר להתפלל גם מחוץ לזה אדם תפילות מעצמו להשם יתברך לזכות להצלחה בתורה ובהתמדת התורה ואפשר להתפלל על זה בכל זמן וכל אדם בשפה שלו ואפשר גם בתפילת שמונה עשרה בסופה לפני יהיו לרצון וכו' האחרון להתפלל על זה אפילו באריכות גדולה

ד. וצריך לדעת שכח התפילה גדול מאוד וכתב החזון איש שאדם צריך לדעת שתפילה ממש יכולה להפוך לטובה את כל מצבו בחיים עכ"ד וביותר אם אדם מרבה להתפלל על זה ובפרט אם התפילות הם מעומק הנפש ובדרך כלל מי שרגיל להתפלל על דברים אלו אפילו אם לא תמיד זה מעומק הנפש אבל מפעם לפעם זה מעומק הנפש

ה. ומבואר בגמ' שכדי להצליח בלימוד התורה באמת צריך את שני הדברים גם להתאמץ בלימוד התורה וגם להתפלל להשם יתברך להצליח בתורה

ו. ומלבד הענין של קיבול התפילה על ידי הקב"ה גם עצם הדבר שמתפלל בכוונה מחבר אותו להשם יתברך בצורה עצומה וכמה שאדם יותר מחובר להשם יתברך ממילא הצלחתו בלימוד יותר גדולה

פרק ו. בענין הטענה של חלק שקשה להם להבין את הגמרא יבאר שאדרבה היגיעה בתורה היא מעלה גדולה מאוד והיא המקדשת את הנשמה ומביאה לנשמה אורות עצומים

א. עוד מונע גדול אצל חלק מהצעירים מלימוד הגמרא הוא שהם טוענים שזה קשה להם אמנם צריך לדעת שני דברים יסודיים בדבר זה הראשון שהנסיון מלמד כמאה עדים שכמה שמתרגלים יותר ויותר ללימוד הגמרא נעשה הלימוד יותר קל ואמנם גם אחרי כן תמיד יש קושיות ותירוצים ויש עמל ויגיעה בתורה אבל עצם הבנת הפירוש הפשוט של הדברים נעשה יותר בקלות

ב. והדבר השני שצריך לדעת הוא שאין העמל והיגיעה הנצרכים ללימוד חסרון אלא מעלה וכתב החזון איש שעיקר הזכיה לאורות הגדולים הבאים לנשמה מהשם יתברך בלימוד התורה הוא דוקא על ידי העמל והיגיעה עכ״ד ולכן אפילו אדם שהוא גאון גדול ובקלות מבין את הגמ׳ חשוב מאוד שיתייגע להבין יותר בעומק ולהקיף הענין יותר בשלימות וכו׳ וכו׳ מפני שאם לא יחסר ממנו היגיעה והיגיעה היא המזכך הגדול מאוד של הנפש

ג. והיגיעה בתורה מקדשת את הנשמה ומזככת אותה ואף שנראה לאדם לפעמים היגיעה כסבל וצער שאינו מצליח להבין ומתאמץ להבין וכו׳ וצריך לחזור שוב ושוב על הגמ׳ עד שנקלטים הדברים בדעתו ולברר הדברים כל פרטים אלו הם הם המקדשים את הנשמה בקדושה עליונה

ד. והנה ידוע הדבר מאוד על הגר״א מוילנא איך שהיה גאון בכשרון בצורה שאי אפשר לתאר ועוד מגיל צעיר מאוד ואכמ״ל בזה ויש לנו עדויות מתלמידו רבי חיים מוואלוז׳ין מחבר ספר נפש החיים שמעיד סיפורים נוראיים על גודל עמלו ויגיעתו של הגר״א מוילנא בתורה וחשוב להביא כאן חלק מדברי עדותו

ה. וזה לשונו הוא ניהו האי גאון עולם חסידא קדישא רבינו הגדול והקדוש נ"ע אשר זה היה דרכו בקודש מעודו להשכיל ולהתבונן ולהתייגע יגיעות גדולות ונוראות אין להעריך וכל פה ילאה לספר ובדביקות עצום נפלא מאד ובקדושה יתירה ובטהרה נפלאה עד אשר זכה לבא עד קצה תבונתם וכו' וכמה יגיעות יגע זה האדם הגדול בענקים לא יאומן כי יסופר עד שהוציא כל ענין לאור ברור לאמיתו מוצאיו ומובאיו אף כי היו ידיו רב לו ברוחב שכלו ועומק בינתו המלאה לה דעת מכמה דורות שלפניו עם כל זה לא היה סמוך לבו הטהור בזה עד אשר שקלו במאזני שכלו שכל הקדש כמה מאות פעמים וביגיעה נוראה ולא אכל ולא שתה כמה ימים ולילות ותדד שנתו מעיניו עד כי חשך משחור תארו ונתן נפשו עליו עד אשר האיר ה' עיניו לבא עד קצה תבונתו וכרגע קרן אור פניו הטהור מחדותא ונהירו דאורייתא

ו. והנה ודאי שלא כל אדם מסוגל ליגיעות נוראות כמו של הגר"א מוילנא אבל מזה צריך ליקח מוסר השכל שלא להתייאש מפני הצורך להתייגע וגם כל אדם ישתדל להרבות כמה שיותר ביגיעת התורה וידע שיגיעה זו היא הדבר המזכך ביותר את האדם

פרק ז. בענין גודל החיוב של ההורים לאפשר ולסייע לילדיהם להתמסר ללימוד התורה ולחיים של תורה וגודל מעלת תפילת ההורים על ילדיהם לזכות להצלחה בתורה

א. והנה הרבה פעמים שהרבה מהצלחת הבחור בתורה תלוי בהוריו עד כמה הם מאפשרים לו להתמסר לחיי תורה ועד כמה הם מעודדים אותו לזה ולכן מהראוי לבאר גם בנוגע להם

ב. הנה צריך לדעת שבכל הדורות בעם ישראל היה הדבר פשוט וידוע ששאיפתם של כל הורים היתה לזכות שצאצאיהם יהיו כמה שיותר גדולים בתורה בין אם האבות עצמם זכו לעסוק בתורה ובין אם לא זכו תמיד היתה שאיפת חייהם שצאציהם יעסקו בתורה והיו מוכנים עבור זה להקריב הכל

ג. ויש בזה עובדות רבות מאוד וקשה להאריך בזה אבל כל מי שיודע מזקני הדור הקודם יוכל לשמוע מהם דבר זה

ד. ובתקופות האחרונות לצערנו הגדול יש בתים שנשתנה בהם המציאות בדבר זה וההורים לא מבינים את חשיבות הדבר

ה. וצריך לדעת שהאדם בעולם הזה הוא רק אורח וכולנו מקוים לזכות לעד מאה ועשרים שנה בבריאות שלמה תמיד אבל אחרי זה בא עולם הנצח והנשמה נמצאת בו לעולם שזה מליארדי מליארדים של שנים בלא הפסקה והמצב של הנשמה שם תלוי בהרבה דברים אבל בעיקר בשני דברים הראשון מה עשה כאן האדם בעולם הזה והשני מה עושים צאצאיו שהשאיר כאן בעולם שכל רגע שצאצאיו עוסקים בתורה ועושים רצון השם הוא מקבל על זה שכר גדול ועצום שאי אפשר כלל לתארו

ו. וחייבים כל הורים לדעת שאחרי מאה ועשרים על כל מה שקדמו את לימוד התורה אצל צאצאיהם יהיו מאושרים על זה באושר נצחי ואם חס וחלילה עשו ההיפך מזה אין שום צל של ספק שיתחרטו על זה חרטה איומה ונוראה שאין לנו בעולם הזה מושג על עוצמתה של החרטה

וצריכים ההורים לדעת שזאת התורה לא תשתנה ולא תתחלף ומקובלנו מרבותינו מדור דור עד משה מפי הגבורה את הדרך הישנה שכל הורים צריכים בכל כוחם להשתדל שצאצאיהם כמה שיותר יעסקו בתורה וכל אותם המסופקים בדברים אלו צריכים לדעת שהורי הוריהם לפני כמה דורות [וחלקם אפילו הוריהם ממש] מסרו נפשם פשוטו כמשמעו לחיות חיי צער ועוני סבל ויסורים כדי שבניהם יעסקו כמה שיותר בתורה ואנחנו לא יותר חכמים בזה מדורות קודמים ורק שלצערנו השפעות זרות חדרו מן הגוים אל תוך המחנה ושבשו דברים שהיו פשוטים בישרותם ואמיתותם מדורי דורות והיה אפשר להאריך בראיות מחז״ל ומהפוסקים לדברים אלו אלא שאין כאן המקום לזה וכל פרק זה נכתב כולו רק אגב הפרקים האחרים

ז. ומלבד זה דבר ידוע מדורי דורות [ואף בדורנו יש הרבה שכך אצלהם וחבל שלא אצל כולם] שהיו ההורים מרבים מאוד להתפלל על ילדיהם שיזכו לעסוק כמה ש יותר בתורה ולהצליח כמה שיותר בתורה ושיזכו ליראת השם טהורה ולקדושה עליונה והיו ההורים שופכים כנחל דמעות על אלו הדברים יום יום ואמר החזון איש שכאשר חילוני חוזר פתאום בתשובה בין אם זה מעצמו ובין אם זה על ידי שעוררוהו לזה הרבה פעמים הגורם לזה הוא תפילות מלפני כמה דורות של הורי הוריו על צאצאיהם שיזכו לתורה עכ״ד והגרא״מ שך אמר שכשרואים אדם שמצליח מאוד בתורה וכן אדם שזוכה להיות מגדולי ישראל או זוכה לזכות מאוד את הרבים או זוכה לחבר ספרים ושילמדו בספריו וכן כל שאר זכויות בעוצמה גדולה דרך בני אדם לתלות ההסבר לזה במעשיו של הזוכה אבל לא תמיד זה כך והרבה פעמים תפילות של הוריו או הורי הוריו מכמה דורות הם הגורם המרכזי לזה

ח. וצריך לידע שכח התפילה גדול מאוד ואי אפשר לתאר עד היכן מגיע כח זה ובמדרש רבה בפרשת ואתחנן אמר רב ענן לעולם אין שערי תפילה ננעלים שנאמר ומי גוי גדול אשר לו אלקים קרובים אליו כהשם אלקינו בכל קראנו אליו

פרק ח. יבאר שהדרך להצלחה גדולה בתורה היא הרבה יותר קלה ממה שחושבים

א. וצריכים הבחורים לידע שהדרך להצלחה עצומה פתוחה בפניהם וכמעט שעיקר היצר הרע להוצאת בחורים החוצה מלימוד התורה הוא על ידי שני דברים הראשון שמטעה אותם לחשוב שהאפשרות להצלחה עצומה בתורה תלויה באיזה דברים מסובכים שאינם ידועים להם או שאינם יכולים לעשותם והשני שמטעה אותם לחשוב שהם במצב שלילי מאוד מאיזה סיבות שהם ושמצב שלילי זה מונע מהם את האפשרות לזכות אל ההצלחה העצומה בתורה

ב. אבל האמת היא שהדרך אל ההצלחה העצומה בתורה היא פשוטה מאוד והיא ממש בידי כל יהודי והוא על ידי ההתמסרות כמה שיותר ללימוד התורה

ג. וכפי שיש ללמוד מדברי רבותינו יש לידע שכל יהודי שישתדל בארבעה דברים ואלו הם להשתדל להרבות כמה שיותר בלימוד התורה ולהשתדל כמה שיותר לכוין בתפילה ולהשתדל כמה שיותר לשמור את עיניו ולהשתדל כמה שיותר לשמור את פיו מוכרח הדבר שיגיע למדרגות גדולות ועצומות בלימוד התורה וביראת השם

ד. ואפילו אם מפעם לפעם קרה שנפל מכל מקום לא יתייאש אלא ישתדל כמה שיותר מהר לחזור לתורה ותפילה ולשמור עיניו ופיו וישתדל כפי כוחו שלא יארעו לו נפילות

פרק ט. בתועלת שבאה לכל עם ישראל על ידי לימודו של כל אחד ואחד

א. והנה צריך לדעת עוד דבר גדול מאוד בענין זה שבשעה שיהודי לומד בתורה באותה שעה הוא עוזר לא רק לעצמו אלא לכל עם ישראל ממש והסבר הדברים מבואר באריכות בספר נפש החיים שסדר הבריאה כך הוא שיש מלבד העולם שלנו עוד מליארדי עולמות עליונים והמצב של העולמות העליונים תלוי בלימוד התורה וקיום התורה של עם ישראל בעולם הזה וכמה שעוסקים יותר בתורה מתוקנים יותר העולמות העליונים

ב. ועל ידי שמתוקנים העולמות העליונים על ידי זה בא שפע מהשם יתברך לעם ישראל בכל הענינים כולם בין בגשמיות ובין ברוחניות וכל שעה שיהודי עוסק בתורה על ידי זה הוא פועל ישועות לכל עם ישראל ונמנעים צרות ואסונות מעם ישראל

ג. נמצא שאדם שחי עם תחושה של מחויבות לעזור לעם ישראל הדבר שאותו הוא צריך לעשות הוא להרבות כמה שיותר בלימוד התורה שהוא העזר הגדול לכל עם ישראל בכל הענינים

ד. ואדם שעוסק בתורה ויש לו איזה סיבה לבטל מלימודו ומתגבר על עצמו וממשיך ללמוד כשעושה החשבון מה הרויח מהמשכת הלימוד ידע שלא המדובר רק על הריוח הפרטי שלו אלא גרם ריוח לכל עם ישראל שאין לנו דרך בעולם הזה לדעת כמה הועיל אבל ודאי שהועיל הרבה מאוד לכל עם ישראל ואפשר שבלימוד של כמה דקות גרם להציל יהודים רבים מאסונות גדולים ופעל ישועות ליהודים רבים

פרק י. עוד כמה פרטים בענינים הנ"ל

א. וכללו של דבר הוא שירגיש האדם שכל מה שיש בעולם הוא רק עשיית רצון השם יתברך ואין מעבר לזה שום דבר וכמו שכתב המסילת ישרים בפרק א' כי רק הדביקות בה' זהו הטוב וכל זולת זה שיחשבוהו בני האדם לטוב אינו אלא הבל ושוא נתעה עיי"ש דבריו

ב. ועשיית רצון השם הוא לימוד התורה וקיום התורה וכל הבלי עולם הזה הכל חולף ועובר ואין לו קיום אבל בלימוד התורה כל רגע של לימוד התורה שלומד האדם האור שבא מזה על נשמתו קיים לעולם ושכרו לעולם הבא הוא הרבה יותר מכל עניני עולם הזה ועוזר לעם ישראל בלא גבול ושיעור

ג. והאדם שיתבונן בדברים האמורים יעורר בעצמו חשק עצום ללימוד התורה וישתדל לנצל זמנו היטב ללימוד התורה ויבין שכל רגע שמבטל מן התורה לצורך עניני עולם הזה הוא הפסד עצום וגדול שאי אפשר לתארו

ד. וישאף כל אדם בכל יכלתו לזכות להיות מאלו שכל חייהם עסקם הוא לימוד התורה הקדושה ומי שלא הצליח לזכות לזה יעשה כל ההשתדלות שצאצאיו יזכו לזה

ה. וחשוב מאוד במידת האפשר להשתדל להיות לימודו בכל הריכוז האפשרי ובחשק האפשרי שכמה שהלימוד יותר בחשק ובהתלהבות הצלחתו בלימוד יותר גדולה וגם הלימוד יותר מעומק הנפש וזוכה על ידי זה לאורות יותר גדולים על נשמתו וגם השמחה לנפש הבאה על ידי הלימוד היא הרבה יותר גדולה והוא עיקר גדול מאוד להצלחה בלימוד ומכל מקום גם בשעה שאינו יכול ללמוד בריכוז או אינו יכול ללמוד בחשק מכל מקום ישתדל בכל יכלתו ללמוד מה שאפשר שכל לימוד כוחו גדול אף אם אינו בצורה החזקה ביותר

עיין לעיל בחוברת התקרבות להשם בכמה פרקים שמדובר הרבה מחשיבות לימוד התורה ובאריכות בפרק י"ב עיי"ש

דברים מלוקטים מהגר"א בעניני עבודת השם יתברך

דברי חיזוק ללימוד הגמרא פרק י

מפתחות

פרק א.	דברים כלליים	קי
פרק ב.	מראי מקומות לדברי הגר"א בעניני דביקות המחשבה בהשם יתברך	קיד
פרק ג.	מדברי הגר"א בענין קדושת יסוד	קטז
פרק ד.	מדברי הגר"א בחומר איסור פגם הברית	קכא
פרק ה.	בענין הרושם שנהיה מכל מעשה ובענין קריאת שמע על המטה	קכג
פרק ו.	השלמות לדברים שבפרקים קודמים	קכד

דברים מלוקטים מכתבי הגר"א בספריו בקבלה בעניני עבודת השם יתברך

פרק א. דברים כלליים

א. בביאור הגר"א לזוהר בפרשת פקודי בדה"ס דף ל' טור ד' כתב וז"ל פנחס הוא אליהו והענין כי למה נקרא אחר כך אליהו ולא בשמו הראשון והענין כי כל שאדם מוסיף מעשים טובים מתחדש לו נשמה אחרת וכל הראשונים בטלים אליו וזהו סוד שהראשונים היה להם שמות הרבה בכל פעם שם אחר כי כל נשמה יש לה שם אחר כידוע ופנחס כשזכה לזו הנשמה שנתלבש בו שנקרא אליהו ונקרא בשם אליהו עכ"ד והנה יש מזה מוסר השכל גדול מאוד דפעמים רבות שהאדם רואה שיכול להשתדל בעבודת השם יתברך יותר ויותר אבל מתעצל מזה מפני שחושב שאינו יכול להגיע להישגים גדולים והנה מלבד שאין זה סיבה להתעצל עוד יתירה מזו יש בזה שאם יתאמץ יותר אפשר שתתוסף בו נשמה חדשה ועל ידי זה יקבל כוחות עצומים להגיע להישגים גדולים מאוד בלימוד התורה ובעבודת השם מה שאינו מכיר עכשיו כלל שיש בעולם כאלו מדריגות

ב. בביאור הגר"א לזוהר בפרשת פקודי דף ל"א טור ד' הביא שם דברי הזוהר בהיכל מסוים וכתב על זה וז"ל ר"ל כל רעותא ברחימותא ואתדבקותא שיבא לאדם בא מהיכל הזה שאף שתלוי הכל באדם מכל מקום צריך לקבל מלמעלה ההכנה תלוי באדם אבל הרעותא וכן כ"ד הכל בא מלמעלה כידוע וכמ"ש כפי שפעו שמקבל כן עבודתו וכן העליונים ואפילו בספירות וכו' עכ"ל והנה יש מזה לימוד גדול למעשה דאף כשנראה לאדם שאין לו עכשיו סיכוי כלל להצליח להגיע לידי דביקות או לשקיעה בלימוד ידע שטעות בידו ומפני שגם בפעמים שנראה לו שכן יכול אין זה כלל מכוחו עצמו אלא מתנה מהשם יתברך אלא שפעמים שמושפעת המתנה מכח עבודתו שזה סיבה לזכות למתנה מהשם

ואם כן גם בשעה היותר קשה ורחוקה מכל מקום אם יתאמץ או יתחנן להשם יתברך או שניהם ביחד ודאי דיועיל הדבר שיחוסו עליו ויתנו לו

ג. בביאור הגר״א לזוהר בליקוטים שאחרי פרשת פנחס דף ל״א סוף טור ב׳ כתב וז״ל ומזה תבין סודות גדולות בפגם העוונות שהרוח מסתלק מהנפש אפילו בחיים חיותו ולכן הרשעים בחייהם וכו׳ ומעלת המצוות בן איש חי עכ״ל והנה לפעמים יתכן שמרגיש האדם שנחסרו כוחות נשמתו ואין לו יותר את הכוחות שהיו לו פעם בעבודת השם יתברך ויתכן והנה פעמים יש שזה רק דמיון ואין צריך להתחשב בזה אבל יתכן שלפעמים אין זה דמיון אלא יש בזה משהו אמיתי שבאמת אולי בסיבת עבירות נחסר חלק מנשמתו והעצה לזה לעשות תשובה כפי יכלתו ולהשתדל כפי יכלתו בעבודת השם יתברך עד שיחזירו לו מן השמים מה שהפסיד ואפילו אם רואה שלא זכה לחזור למדריגה ראשונה מכל מקום לא יחלש בעבודת השם יתברך ויתאמץ בכל כוחו וגם יזהר שלא להתייאש מלחזור למעלותיו הראשונות שכתב בביאור הגר״א לתיקונים מזו״ח דף מ״ט סוף טור ב׳ וריש טור ג׳ שזה שהאדם לא מתייאש מהמעלות שהיו שייכים לו זה סיבה שאף אם עכשיו אינו יכול לקבל את זה ישמרו לו בשמים את זה לזמן אחר

ד. בביאור הגר״א לזוהר בפרשת וירא דף כ״ז טור א׳ אם הוא זוכה אז אין שכינה מסתלקת מאצלו עד שמוליכתו למקומו כמ״ש צדק לפניו יהלך וישם לדרך פעמיו מה יפו פעמיך בנעלים כו׳ ואם ח״ו רשע הוא אע״ג שמוכרח לראות השכינה [הכוונה לפני פטירתו מן העולם כן נראה מהמשך הדברים לכאורה] בין צדיק בין רשע מ״מ השכינה מסתלקת תיכף ואז מצער אותו המ״ה [המלאך המות] מאוד ויוציאה כפיטורי בפי ושט (ברכות ח׳ ע״א) אבל בצדיק כשהשכינה לפניו יוציאה בנשיקה וז״ש הצדיק אל נא תעבור מעל עבדך וכו׳ עכ״ל עיי״ש

ה. בביאור הגר״א לתיקו״ז תיקון נ״ח דף ק״ו טור ד׳ כתב וכן הוא בכל חטא דאדם כמו באדם [הראשון] שאבד ההוא זוהרא [כמבואר בספר שער הגלגולים עיי״ש] וירש חנוך אף שעשה תשובה גדולה מאוד וכן

ישראל בעגל דבעל תשובה יורד בהנהו עלמין הנ״ל ולא זכה רק דוד הוקם על שלכן עשה כל מה שעשה עד שזכה לזה ולכמה שנים עכ״ל עיי״ש היטב ביאור הענין והוא דבר מבהיל שמאוד רחוק להצליח על ידי תשובה לתקן תיקון גמור ועיין עוד שם שאף לענין גלגול מבואר עד״ז ועיין עוד בביאור הגר״א לזוהר חדש רות בנדמ״ח הוא בעמ׳ ק״ו מש״כ שם וחלק מדבריו שם כנראה הכוונה למבואר בהגר״א כאן ואכמ״ל [ועיי״ש בזו״ח שאמר דתנדע האי בשעתא דייתי ויתגלי מאן דאחיי לבר נש מלכא משיחא והגר״א שם כתב שנגלה לו והוא חידוש נפלא וכבר העיר על זה הגרא״ש מאמציסלאוו בהקדמתו לספר שם עיי״ש ואכמ״ל]

ועיין מש״כ בזה באריכות בביאור לביאור הגר״א לזוהר חדש שם

ו. בביאור הגר״א לזוהר בפרשת שלח דף ט״ז טור ד׳ כתב וז״ל והוא

הנהגת הטבע אבל הכל אלקים שופטים והשגחה כי אין אדם נוקף וכו׳ [אצבעו למטה אא״כ מכריזין עליו מלמעלה] [חולין ז׳ ב׳] ואפילו ציפרא קלא לית מתציד וכו׳ [כוונתו לירושלמי שביעית פ״ט ה״א דף כ״ה ע״ב הובא בתוספות ע״ז ט״ז סוע״ב דאפילו ציפורא קלילא מבלעדי שמיא לא מתצדא כל שכן בר איניש עיי״ש כל הענין] אלא שהטבע הוא השליח כי נגזר על זה להעשיר וזה להעני שולח השי״ת שזה יאבד וזה ימצא ואין עושה נס שיברא ממון ומזה יפרח הממון לשמים וזהו הטבע והוא דרך משל שמלך יושב בבית מלכותו ורואה מרחוק את כל אדם בצד א׳ ובהמה בצד אחר והוא שולח לאדם מזונותיו חיטים על ידי תחבולות על ידי גלגלים וחבילים ושאר הדברים עד שמגיע אליו וכן לבהמה שעורין והם אינם רואים רק הסיבה הקרובה להם וסוברים שזה הסיבה הוא מעצמו ועוד לו רשת פרוסה להביא אותם על מקום הליכתם וכשהגיע עתם מושך משם הרשת ונלכד בצוארו ומה והשכל מדמה בדעתו שמקרה קרה לו וגם זה הוא על ידי טבע שמסבב לו מאכל רע וכמ״ש (חגיגה ד׳ ע״ב ה׳ ע״א) דמשגרא תנורא קדחה כו׳ והן הכל נסים נסתרים וניסים נגלים נעשים על ידי שם הוי׳ כידוע וכו׳ עכ״ל ועיי״ש

עוד

ז. בביאור הגר"א לזוהר לפרשת משפטים בדף י' טור ג' כתב וז"ל עד שילמוד הש"ס ואח"כ ילמוד רזי תורה שמשם יגיע ליראה פנימית וישתדל שלא על מנת לקבל פרס שאז הוא בדרגא דבן דאצילות כידוע כמו שאמרו אם אין יראה אין תורה אם אין תורה כו' [אין יראה] דהראשונה קאי על יראה החיצונית ופשיטו דאורייתא והב' על קבלה ויראה פנימית [ומה שהביא הגר"א הלשון אם אין יראה אין תורה אם אין תורה אין יראה לעת עתה לא מצאתי לשון זה ממש ועיין מתניתין אבות פ"ג מי"ז ובעיקר ענין יראה ותורה עיין (א) מתניתין אבות פ"ב מ"ה (ב) ופ"ג מ"ט (ג) ופ"ג מי"ז (ד) וגמ' שבת ל"א ע"א וע"ב (ה) וגמ' יומא ע"ב ב' (ו) ובספר נפש החיים שער ד' פרקים ד' וה' מעוד כמה דוכתי בחז"ל ואכמ"ל] ועיין עוד בביאור הגר"א לזוהר בפרשת פקודי בהיכלות דף רנ"א ע"א ובדה"ס דף כ"ג סוף טור א' וריש טור ב' מש"כ בענין היחודים ועיין במש"כ בביאור לביאור הגר"א לזוהר שם

ח. בביאורו לתיקוני זוהר בליקוטים בדף קע"ב טור ג' כתב פקידא תנינא כו' והן בסדר יראה ואח"כ תורה כל שיראת חטאו קודם וכו' [מתני' אבות פ"ג מ"ט] ואח"כ אהבה ולא עם הארץ חסיד [מתני' שם] אבל אין בור שהוא ריק אף מדרך ארץ ירא חטא עכ"ל וכוונתו דבמתניתין שני דרגות חסרון (א) בור שאין בו אף דרך ארץ (ב) עם הארץ שיש בו דרך ארץ אבל אין בו תורה ושני דרגות מעלות במתניתין (א) יראת חטא (ב) חסידות שהיא מדריגה יותר גבוהה והיא אהבה ועם הארץ רק חסיד לא יכול להיות אבל ירא חטא יכול להיות ואדרבה כך הסדר דיראת חטא קודמת לתורה ועל ידי תורה זוכה לאהבה

פרק ב. מראי מקומות לדברי הגר"א בעניני דביקות המחשבה בהשם יתברך

[חלק א]

א. ויש בזה בדברי הגר"א בכמה דוכתי עיין בביאורו לזוהר בפרשת פקודי בדף ט"ז טור ג' וטור ד' ואכמ"ל בדבריו

ב. ובביאור הגר"א לזוהר בפרשת בראשית בהיכלות בסוף ביאור להיכל א' [דף י"ב טור ג'] כתב וז"ל והענין כי הרוחות נכללין זה בזה ועולין למעלה למעלה ונעשין אחד משא"כ בחיות ואופנים שהם גופין של רוחין ונהורין שאין להם עליה למעלה רק הסתכלות וכו' וכן עליות הנשמה באדם בשבתות וי"ט בתפילה [נתעלה] הרוח לבד והגוף אין לו עליה וכן במשה על הר סיני עכ"ל [מש"כ הגר"א בענין משה עיין לקמן בחלק של ענף זה בביאור כוונתו]

ג. ובביאור הגר"א לזוהר בפרשת פקודי לדף רכ"ו ע"א עמ' א' לפני ביאורו להיכלות דפקודי [דף ט"ז טור ג'] כתב וז"ל וזה סוד כל העליות שהוא עליות הנשמה במחשבתה והוא סוד כל העליות עכ"ל ועוד שם בהמשך הדברים כתב וז"ל ותדע שכל העליות הכל במוח של כל העולמות כמו המחשבה של האדם עכ"ל

ד. ובביאור הגר"א לשו"ע או"ח סי' א' סעיף א' על מש"כ הרמ"א שם שויתי השם לנגדי תמיד הוא כלל גדול במעלות הצדיקים וכו' כתב על זה הגר"א הוא כל מעלות הצדיקים ועיי"ש כל דבריו

ה. ועיין עוד בביאור הגר"א לספר יצירה פרק א' משנה ו' דף ט' טור ד' בד"ה ולמאמרו וכו' ועיין מש"כ שם על דבריו

[חלק ב]

א. ומש"כ הגר"א בדבריו הנ"ל בחלק א' סעיף ב' שכן הוא במשה על הר סיני הנה הדבר ברור שאין כוונתו שלא היתה עליה של גופו של

משה שהרי מקרא מפורש שמשה עלה אל האלקים ואין מקרא יוצא מידי פשוטו למשה ממש שאף גופו עלה למרום

ב. אלא כוונתו דהגר״א למאי דאיתא בגמ׳ בסוכה ה׳ ע״א תניא רבי יוסי אומר לעולם לא ירדה שכינה למטה ולא עלו משה ואליהו למרום שנאמר השמים שמים לה׳ והארץ נתן לבני אדם ולא ירדה שכינה למטה והכתיב וירד ה׳ על הר סיני למעלה מעשרה טפחים והכתיב ועמדו רגליו ביום ההוא על הר הזיתים למעלה מעשרה טפחים ולא עלו משה ואליהו למרום והכתיב ומשה עלה אל האלקים למטה מעשרה והכתיב ויעל אליהו בסערה השמים למטה מעשרה והכתיב מאחז פני כסא פרשז עליו עננו ואמר רבי תנחום מלמד שפירש שקי מזיו שכינתו ועננו עליו למטה מעשרה מכל מקום מאחז פני כסא כתיב אשתרבובי אשתרביב ליה כסא עד עשרה ונקט ביה ע״כ

ג. ועיין בפירוש הכותב בעין יעקב [והוא ממהר״י בן חביב] שמפרש דמאי דאמרו על משה ואליהו שעלו למטה מעשרה אין הכוונה לגובה פחות מעשרה טפחים מן הארץ שנמצא שהיו סמוכים מאוד לארץ אלא הכוונה שעלו כמעט עד השמים ונשאר הפרש עשרה טפחים ביניהם לשמים ודומיא דמאי דאמרו בירידת השכינה להר סיני וכן בקרא דועמדו רגליו ביום ההוא בהר הזיתים שהכוונה לירידה כמעט עד למטה ורק הפרש עשרה טפחים הכא נמי בעליית משה ואליהו הכוונה שעלו כמעט עד למעלה ורק הפרש עשרה טפחים עכ״ד

ד. ועכ״פ בזה מוסיף הגר״א ואומר דמאי דאמרו בגמ׳ בסוכה הנ״ל דעליית משה לא היתה ממש עד לשמים ומקל וחומר שלא למעלה מן השמים זה רק לענין גופו של משה אבל נשמתו עלתה יותר מגופו ועלתה ממש לשמים ואולי אף יותר גבוה מזה וזכה לזכות עצומה זו לעלות נשמתו כל כך גבוה על ידי עבודתו במחשבה ועיין היטב בספר נפש החיים מש״כ שם בענין כחו של משה

פרק ג. מדברי הגר"א בענין קדושת יסוד

א. בביאור הגר"א לתיקוני זוהר בתיקון כ"א דף נ"ו טור ב' כתב וז"ל

וז"ל דכל גבורה ביה תליא כמ"ש איזה גבור כו' [היינו מתניתין במסכת אבות איזהו גבור הכובש את יצרו] והוא הצדיק וכן כל יצ"ה [כוונתו הוא ליצר הרע ואע"פ שהר"ת יכול להתפרש גם ליצר הטוב אבל ההמשך מוכיח לכאורה כן] הוא בשמירת הברית ועל זה נאמר וכל יצר מחשבות לבו רק כו' כי יצר כו' עכ"ל

ב. (א) ועיין בדברי הגר"א בריש תיקון כ"ג דף ע"ו טור ג' שכתב וז"ל

ברית אש וכו' ופומא דאמה בחינת מלכות לכן ערלה חופף וניתן לאדם לתקנו מלכין דאתבטלו הכא אתקיימו דבמילה אתגליא חסד שם וזהו תכלית כל האדם לתקנא לדרגא זו וכו' עכ"ל (ב) ולכאורה כוונת הגר"א בדבריו אלו על ענין שמירת הברית מלפוגמו [וכמדומה שבספר אנא עבדא וספר מעשה איש כתוב בשם החזו"א שזה עיקר תכלית ביאת האדם לעוה"ז ואולי לשון זה מיוסד על דברי הגר"א הנ"ל] (ג) והעירוני דאפשר דבדבריו בתיקון כ"ג הנ"ל כוונתו גם לענין מצוות פו"ר ע"כ ויש להביא בזה שהרי גם על מצוות פו"ר אשכחן דברים עצומים בדברי הגר"א בביאורו לתיקו"ז בתיקון מ"ג קרוב לסופו בדף צ"ב טור ג' (ד) אך עיין שם בדברי הגר"א בתיקון כ"ג הנ"ל דציין בסיום דבריו לדברי האידרא רבא בדף קמ"ב ושם באידרא רבא כתוב דברים נשגבים על ענין שמירת הברית מאיסור ולכאורה מוכח מזה דעל זה קאי הגר"א (ה) ואולי יש להביא בזה גם ממש"כ בביאור הגר"א לזוהר בפרשת פקודי בהיכלות דף רנ"ג ע"א ובדה"ס דף כ"ד טור ד' קרוב לסופו על פי דברי האידרא רבא הנ"ל עיי"ש (ו) מיהו יתכן עדיין דקאי דברי הגר"א הנ"ל באות א' לשני הצדדים בין לענין שמירת הברית מדברים אסורים ובין לענין מצוות פו"ר (ז) ואפשר דגם קאי מלבד תרוייהו גם לענין קיום מצוות ברית מילה עיי"ש היטב באידרא רבא ואכמ"ל יותר

ג. ועיין עוד בביאור הגר"א לזוהר בפרשת משפטים דף קט"ו ע"א ובדה"ס דף י' טור א' בליקוט בנוסחא אחרינא מהעתק אחר

שכמדומה מבואר שם בדברי הגר"א דעיקר התשובה הוא בעניני מידת יסוד עיי"ש היטב דבריו [ובנוסחא שמחוץ למוסגר לא עיינתי כראוי לברר הענין אם שייך זה לענינינו אבל לנוסחא שבמוסגר לכאורה בזה מיירי] ועיין עוד היטב בלשון הזוהר שם דף קי"ד ע"ב במש"כ ובגין דהדרת בתיובתא באות ברית עיי"ש ולא עיינתי בכוונת הדברים שם

ד. ועיין עוד בביאור הגר"א לתיקוני זוהר תיקון ע' דף קס"א טור א' שכתב וז"ל כמו יוסף בשביל שמירת הברית כן האדם זוכה בשבילו לשלטאה על המלאכים וכן חנוך בשביל שמירת הברית בדור המבול זכה לזה כידוע במ"ר וכו' עכ"ל

ה. ובביאור הגר"א לתיקוני זו"ח דף ל"א טור ג' וז"ל ואמרו זה העובר עבירה בסתר ועבירה הוא נקרא בכל הגמ' עריות הרהור עבירה וכן בהרבה מקומות וכו' עכ"ל

ו. ובביאור הגר"א לתיקו"ז תיקון כ"ב דף ע"ג טור ד' וז"ל והוא דין הקבר דאדם ניצול ממנו בברית כמש"ל פ"א ב' ואמר למעלה יו"ד א' ובג"ד צדיקים דנטרי ברית כו' ובג"ד מאן דלא כו' ומיתה סובל ג"כ בג"ד כמש"ש ושם ובדא אשתזיב מחרבא דמלאך המות ע"כ ותוכן הדברים לכאורה דצער המיתה ודין הקבר ניצול ממנו בשמירת הברית והסבל הוא מפני חסרון שמירה [ועיי"ש בתיקו"ז ובדברי הגר"א בסמוך לדבריו הנ"ל שמבואר שם כמדומה דפעמים דבמקום מיתה סובל מעניות שהיא כמיתה מסיבה זו ולא עיינתי שם כראוי]

ז. ובביאור הגר"א לתיקו"ז תיקון ס"ט דף קט"ו טור ב' כתב וז"ל והענין דר"ל שאדם עם חוה אשתו נמלאו בדעת לביש ולכן בזיווגם חיבור דעתם ותהר ותלד כו' שלולא החטא הי' הזיווג שלא בדעת ר"ל היצה"ר אלא בעה"ח כמו לע"ל שיבקשו רחמים על התעוררות הזיווג שיהיה מאת ה' והיו הולדות חיים לעולם מעה"ח וכן לע"ל וז"ש ערום מאורייתא כו' דהזיווג היה בתורה שבכתב ובע"פ את ואת שהן אש ואש חמימות להתעוררות הזיווג כמש"ל קמ"ב א' וכ"ה ברית הלשון עכ"ל [ועיין מש"כ לקמן בביאור הארוך לביאור הגר"א לתיקון ס"ט דף קט"ו הנ"ל

בביאור דבריו ואכמ"ל] הנה מבואר לכאורה בדבריו אלו לענין התאוה הנצרכת לזיווג שני דברים חדא דהענין דהסדר הוא באופן זה הוא רק מפני החטא אבל לולי זה לא היה נצרך כלל להיות באופן זה אלא על ידי בקשת רחמים וכו' וכמו בברית הלשון וענין שני דתאוה זו הנצרכת לזיווג היא הגורמת את המיתה בעולם שאם היה זה באופן שהיה ראוי לולי החטא להיות דהיינו על ידי בקשת רחמים אז היו הוולדות חיים לעולם ומשום דאז היו הוולדות מעץ החיים כן לכאורה מבואר בדבריו ואפשר דמזה לימוד גדול לגודל הצורך והמעלה לקדש עצמו בקיום המצוה וכדאשכחן בחז"ל בזה כמה אזהרות והיינו דעל פי דברי הגר"א הנ"ל אפשר דבזה מועיל להיות כמה שיותר קרוב לאופן שהיה ראוי להיות לפני החטא שהוא האופן היותר נכון והאופן שיותר לטובת הולד

ח. בביאור הגר"א לתיקו"ז תיקון ס"ט דף קכ"ו טור ב' כתב וז"ל ולכן נתירא משה ממנו [היינו מעוג מלך הבשן עיי"ש] עד שנאמר אל תירא אותו כי כבר פגם הברית כמ"ש בס"פ חקת ובי' אתעקר עכ"ל ומש"כ מס"פ חקת כוונתו לדברי הזוהר בסוף פרשת חוקת בדף קפ"ד עמ' א' וב' עיי"ש

ט. עיין בביאור הגר"א לזוהר בפרשת פקודי בהיכלות דף רנ"ג ע"א ובדה"ס דף כ"ד טור ג' קרוב לסופו וטור ד' מש"כ שם בענין שמירת הברית עיי"ש כל דבריו ועיין עוד בדבריו שם בדף רנ"ד ע"ב ובדה"ס דף ל' טור ב'

י. ועיין עוד בביאור הגר"א לתיקוני זוהר בתיקון כ"א דף ס' טור ד' שכתב וז"ל ולכן אמר במ"ה שצריך להתקדש מאוד בזיווג ואז הבנים לא ישלטו בהן יצה"ר וכו' עכ"ל

יא. עיין בביאור הגר"א לזוהר בפרשת פקודי דף רמ"ח ע"א ובדה"ס דף כ"א טור א' וטור ג' שביאר שם דכל ענין החכמה וסודות התורה הוא תלוי בספירות החכמה והיסוד ששרשו בחכמה ומגיע דרך היסוד עיי"ש דבריו וכתב שם וז"ל וכן בקדושה כאן כל החכמתא והוא תליא

מכתבי הגר״א בעניני עבודת השם יתברך קיט

בברית קיימא וכמ״ש סוד ה׳ ליראיו כו׳ [ובריתו להודיעם] עכ״ל ועיי״ש כל דבריו

יב. בביאור הגר״א לתיקוני זוהר בתיקון נ״ו דף ק״ה טור א׳ כתב וז״ל

דחטאו בברית וכו׳ וזהו עון עקבי יסובני ואמרו עונות שאדם דש בעקביו ורומז על חטא זה כמ״ש אפילו שחיה קלה כו׳ ודש לשון דש מבפנים ועקב ידוע כמ״ש ובשליתה היוצאת מבין רגליה ועקב הוא סוף כי זו בחינה האחרונה שבאדם וכו׳ עכ״ל [מש״כ דזו בחינה האחרונה שבאדם כוונתו שבסדר הספירות הרגלים שהם נו״ה קודמים ליסוד ואם כן אף שמבחינה הסדר בגובה האדם העקביים שבסיום הרגליים נמוכים מהברית אבל בסדר הספירות הסיום הוא ביסוד ושפיר נקרא עקב מלשון סיום]

יג. (א) כתב הגר״א בביאורו לתיקו״ז בתיקון ס״ט דף קל״ו טור ד׳ וז״ל

שב׳ יצה״ר לאדם שהן ב׳ נוק׳ הנ״ל דיצה״ר והן א׳ התאוה והוא נוק׳ דבהון הקשה מכולם נופת תטופנה כו׳ וא׳ בהבלי עוה״ז או לממון הרבה או לשמחה ושחוק כמ״ש לשחוק עושים לחם כו׳ והכסף יענה את הכל לכה נא אנסכה בשמחה וראה בטוב כו׳ כנסתי כסף כו׳ והנה היא אינה קשה כמו הראשונה וכו׳ עכ״ל (ב) הנה כללות תוכן כוונתו לכאורה הוא דיצרא דעריות הוא קשה יותר מיצרא דשאר הנאות עוה״ז אמנם מה דהזכיר ביצרא דעריות בפרטות קרא דנופת תטופנה וכו׳ צ״ב אם כוונתו בדוקא או דנקט חדא מקראי דעריות ולאו דוקא ואת״ל דכוונתו בדוקא לכאורה כוונתו דהסכנה הגדולה ביותר דיצר הרע הוא על ידי דיבור של אשה אליו ובאמת שעל פי סודן של דברים בענין הדיבור יתכן מאוד שכן הוא דזה עיקר הסכנה ואכמ״ל

יד. עיין בתיקונים מזו״ח בדפוס שעם ביאור הגר״א בדף מ״ט טור ג׳

ובביאור הגר״א לתיקונים מזו״ח דף כ״ז טור ב׳ בד״ה ועתידין הוו כו׳ מה שמבואר שם דענין אלף השישי הוא בספירת יסוד ועיי״ש פרטי ענין זה

טו. כתיב בישעיהו פרק ס׳ פסוק כ״ב אני ה׳ בעתה אחישנה ובגמ׳ בסנהדרין דף צ״ח ע״א פירשוהו לענין הגאולה העתידה ואמרו שם אמר ר׳ אלכסנדרי ר׳ יהושע בן לוי רמי כתיב בעתה וכתיב אחישנה זכו אחישנה לא זכו בעתה ע״כ ועיין בביאור הגר״א לתיקוני זוהר תיקון כ״א דף נ״ו טור ב׳ בד״ה ובג״ד צדיק כו׳ דשמאלא דאיהו גבור כו׳ שנראה מדבריו דהענין לזכות לזכו אחישנה תלוי בעיקר בשמירת הברית עיי״ש היטב כל דבריו שכן לכאורה כוונתו

טז. עיין עוד בביאור הגר״א לתיקוני זוהר תיקון י׳ דף כ״ו טור א׳ בדיבור האחרון מש״כ שם ועיין עוד בביאור הגר״א לתיקוני זוהר תיקון נ״ו דף ק״ה טור א׳ מש״כ שם באריכות ואכמ״ל

יז. בביאור הגר״א לתיקונים מזוהר חדש בדף נ״ב טור א׳ בד״ה זכאין אקרון כתב וז״ל ר״ל צדיקים נק׳ מי שנטיר ברית כידוע עכ״ל

יח. עיין בביאור הגר״א לזוהר בפרשת שלח דף ק״ס ע״א ובדה״ס דף י״ח סוף טור ב׳ וריש טור ג׳ שמבואר שם בדבריו דשמירת שני הבריתות דהדיבור והמילה הן עיקר הכל עיי״ש היטב שלכאורה דבר זה מפורש להדיא בלשונו

פרק ד. מדברי הגר״א בחומר איסור פגם הברית

א. הנה בשער הכוונות בדרושי הלילה דף נ״ו טור ב׳ מבואר בטעם חומר איסור פגם הברית דעל ידי זה יוצאים נשמות מאוצר הנשמות ובמקום להינתן בגופים דיהודים נעשים נשמות לגופים של מזיקים עיי״ש כל דבריו בחומר הענין

ב. (א) ולכאורה גם בביאור הגר״א לספרא דצניעותא מבואר ענין זה עיין בביאור הגר״א לספרא דצניעותא בפרק ה׳ דף ל״ו טור ד׳ בד״ה ויהי כי עד בקרן היובל שכתב וז״ל וידוע כי האדם הוא דוגמת דלעילא בז״א כמו שהאדם מוציא כאן שז״ל ח״ו כן האדם דלעילא ח״ו לס״א בעשייה ששם מדור׳ וכו׳ עכ״ל (ב) ובביאור הגר״א לספרא דצניעותא בפרק ד׳ דף כ״ט טור ב׳ מבואר לכאורה שעל ידי פגם הברית נולדים מזיקים עיי״ש היטב כל דבריו [וכן כתב בקצרה כדבריו שבדף כ״ט הנ״ל עוד בדף שם בדף ל״א טור ג׳ ובדף ל״ב טור ב׳ עיי״ש (ג) והנה בדברי השער הכוונות הנ״ל בסעיף א׳ מבואר תרתי חדא דיוצאים על ידי זה נשמות מאוצר הנשמות לבטלה ועוד שהם נעשים נשמות לגופים של מזיקים (ד) ובדברי הגר״א לכאורה גם כן מבואר שני פרטים אלו שבדבריו בפרק ה׳ בדף ל״ו טור ד׳ הנ״ל מבואר שהם יוצאים מאוצר הנשמות [ושם לא הזכיר היותם למזיקים] ובדבריו בפרק ד׳ בדף כ״ט טור ב׳ [ובקצרה גם בדף ל״א טור ג׳ ודף ל״ב טור ב׳] כתב הענין שנוצרים על ידי זה מזיקים [ושם לא כתב האופן דנוצרים שהוא על ידי יציאת נשמות מעולם הנשמות] (ה) והנה אף שמבואר בהגר״א שני פרטים הנ״ל הענין דיציאת נשמות לבטלה והענין דהיוצרות מזיקים מכל מקום לא מפורש כמדומה בדברי הגר״א הנ״ל צירוף הענינים דהיינו שהנשמות הנ״ל שיוצאות הם הפועלות שיהיו מזיקים אלו שהם נשמתם אך מכל מקום מסתבר לפרש כוונת הגר״א לצרף שני הענינים באופן הנ״ל שהרי שני הפרטים שכתב מבוארים בכתבי מהרח״ו ושם מבואר גם צירוף הענינים באופן הנ״ל

ג. בביאור הגר"א לזוהר בפרשת פקודי דף רכ"ו ע"א ובדה"ס דף ט"ז טור ג׳ כתב וז"ל וז"ס עוון הקרי שמוריד שם מ"ה ח"ו והוא חורבן גדול עכ"ל

ד. בביאור הגר"א לזוהר בהקדמה בדף י"ב ע"א ובדה"ס דף ה׳ טור א׳ כתב וז"ל וזהו העון של משז"ל שאין מתרקם באשה ונשאר דינא קשיא לבד ואין נכללין תרין סטרין כחדא ולכן נמחו דור המבול במים ונידונו בדינא קשיא וכו׳ עכ"ל ועיין מש"כ בביאור לביאור הגר"א שם

ה. בביאור הגר"א לתיקוני זוהר בתיקון כ"א דף מ"ח טור א׳ כתב וז"ל משא"כ ח"ו שפחה כי כו׳ דין יורד ח"ו וזהו סוד עון משז"ל וכמ"ש בפ׳ בראשית בפקודין וכו׳ עכ"ל והובא כאן רק מקצת דבריו שם ועיי"ש כל הענין כל ד"ה וכד איהו בר משכינתיה כו׳ עיי"ש [ויתכן דדבריו הנ"ל בסעיף ג׳ ודבריו הנ"ל בסעיף ד׳ הם אותו ענין ולא עיינתי בזה]

ו. בביאור הגר"א לזוהר בפרשת פקודי בהיכלות דף רנ"ד ע"ב ובדה"ס דף ל׳ טור ב׳ שכתב וז"ל והוא סוד גדול סוד הקר"י שמהפך יקר לקר"י טפה של חכמה טפה דמוחא סוד הי"ש וכו׳ עכ"ל ועיי"ש כל דבריו ועיין בשער הפסוקים לחבקוק מש"כ בענין זה ואכמ"ל

פרק ה. בענין הרושם שנהיה מכל מעשה ובענין קריאת שמע על המטה

א. בביאור הגר"א לזוהר בפרשת בראשית בהיכלות דף מ"ג ע"ב ובדה"ס דף י"ז טור ב' בד"ה תרין נהורין כו' אתרשים בהו ההוא עובדא כו' כתב הגר"א וז"ל ור"ל בשבעה עיני ה' נרשמין כל המעשים שבעה"ז כל אותו המעשה דעביד בצורתו ודיוקנו באותו היום ואותו מקום וזה שמראין לו לאדם לפני מותו והן ז' גלדי עינא ז' טהירין דנפקין לגלאה אורחא דחייבין והענין לפי שבעין רשום כל העולם וכל אשר בו וכל אשר עושה נרשם המקום באותו מקום שבעין טוב או רע והיכל הזה הוא יד כידוע כמ"ש ידך זו שמאל שנאמר אף ידי כו' וזהו וביד כל אדם יחתום ששם הוא יד של כל אדם כ"א בשורש נשמתו עכ"ל

ב. וכל זה מכלל כוונת מתניתין אבות פרק ב' משנה א' בדברי רבי הסתכל בשלשה דברים ואין אתה בא לידי עבירה דע מה למעלה ממך עין רואה ואוזן שומעת וכל מעשיך בספר נכתבים ועיין מש"כ בזה הגר"א בביאורו לתיקו"ז ונתבאר בזה במק"א

ג. ובביאור הגר"א לזוהר בפרשת יתרו דף ע"ד עמ' ב' ובדה"ס דף ו' טור ד' בד"ה בשעתא דנאים כו' כתב וז"ל זהו ביד כ"א יחתום ביד בשעתא דנאים דאז הוא כותב כל מה שעשה באותו היום ומשתנים השרטוטין בי' כפי מעשיו כמש"ל עכ"ל

ד. ועל פי דברים אלו דהגר"א שזה נעשה בשינה יש ליתן תוספת טעם למה שכתב בשער הכוונות בדרושי הלילה להגיד וידוי לפני שיושן עיי"ש דבריו ועל פי דברי הגר"א יש בזה תוספת טעם ועוד שמעתי תוספת טעם בדבר על פי דברי האור החיים על התורה בפרשת ויחי במש"כ שם בענין הניצוצות דהנשמה המתחלקים בימים ועלייתם בשינה עיי"ש דבריו ואכמ"ל

פרק ו. השלמות לדברים שבפרקים קודמים

א. עיין בעניני יצר הטוב ויצר הרע עוד לקמן בביאור לליקוטים שבתחילת ביאור הגר"א לריש האידרא רבה הנדפס לפני ביאורו להקדמת התיקוני זוהר עיי"ש בטור ד' מש"כ בזה ועיין עוד בביאור לביאור הגר"א לתיקון כ"א דף ע' בביאור הארוך עיי"ש דברים מהגר"א

ב. עיין בהקדמת רבי חיים מואלוז'ין לביאור הגר"א לספרא דצניעותא דברים נוראים מגודל יגיעת ומדריגת הגר"א בכל עניני עבודת השם יתברך

ג. בביאור הגר"א לזוהר בפרשת בראשית בהיכלות דף מ"ב ע"ד ובדה"ס דף י"ד טור ב' בד"ה עד דאתכלילו כו' כתב וז"ל וכ"ז בתפילה אבל הרוחא ברעותא ובכוונת היחוד עכ"ל ובד"ה וההוא רוחא נטלא ברעותא כו' כתב וז"ל נמצא הכל תולה בכוונת היחוד ורעותא דב"נ עכ"ל ועיין עוד בהמשך טור ב' בד"ה הכא הכרעה לאתדבקא במאריה שכתב וז"ל ובכל ששה היכלות הוא מעשה ובהיכל הז' רק רעותא לבד ושם הוא הרעותא וכו' עכ"ל ועיי"ש עוד כל דבריו ואכמ"ל

ד. בביאור הגר"א לתיקוני זוהר תיקון ס"ט דף ק"ל טור ג' בד"ה כד"א ואד יעלה כו' כתב וז"ל כמו שהמטר וכל מעשה עוה"ז תליא באדים שעולין מן הארץ כן כל מעשה השכינה והנהגתה תליא בהבל פיו של אדם וכל הנהגת עוה"ז בה ולכן כל אשר נעשה על הארץ הכל בהבל עכ"ל

ה. בביאור הגר"א לזוהר בהקדמה דף י"א ע"ב ובדה"ס דף ד' טור ג' קתני וז"ל והעיקר שצריך אדם לדבוק באלו ד' דברים כי הכל הולך אחר המעשה ובשביל זה העולם נברא שיכירו כח מלכותו עכ"ל

ו. והנה כוונתו במש"כ ארבעה דברים קאי על מש"כ בהקדמת הזוהר שם בדף י"א ע"ב וז"ל יראה דאיהי עיקרא למדחל בר נש למאריה בגין דאיהו רב ושליט עיקרא ושורשא דכל עלמין וכלא קמיה כלא חשיבין כמה דאתמר וכל דיירי ארעא כלא חשיבין ע"כ ומבואר בדברי הגר"א

שם לחלק דברי הזוהר האלו לארבעה דמאי דקתני רב הוא בחסד ומאי דקתני ושליט הוא בגבורה ומאי דקתני עיקרא ושורשא דכל עלמין הוא בתפארת ומאי דקתני וכלא קמיה כלא חשיבין הוא במלכות ועיי"ש כל דבריו

מדרכי העליה

[ונתבאר בחוברת זו הרבה בענין הדרכים להשגת כוחות על טבעיים ועיין בפרק י"ב ענף ה' מש"כ בזה]

מפתחות

פרק א. בביאור המהות של נשמתו של יהודי ובדברים שנפעלים בנשמה על ידי התורה והמצוות והדברים שעולים מענין זה לענין מעשה לעבודתו של היהודי את הבורא יתברך **קלא**

פרק ב. בדברי האור החיים בפירושו לתורה בריש פרשת אחרי מות בדבריו בענין אופן וחשיבות הדבקות בהשם יתברך והכוחות העל טבעיים המגיעים על ידי זה **קלח**

פרק ג. בדברי המסילת ישרים בפרק כ"ה בענין הדברים המביאים את האדם למדריגה הנקראת יראת חטא ששבחוה חז"ל מאוד **קמז**

פרק ד. בענין שהקדוש ברוך הוא נמצא בכל מקום בעולם ובדברי ספר נפש החיים בענין זה **קנ**

פרק ה. בדברי הב"ח באו"ח סימן מ"ז בביאור מצוות תלמוד תורה ובביאור הכוונות שנכון לכוין בלימוד התורה ובדברי ספר שער רוח הקודש בזה **קנד**

פרק ו. תוספת דברים לעיון בדברים הנזכרים לעיל בפרקים הקודמים ובעוד כמה דברים השייכים לענינים אלו **קנט**

פרק ז. בענין כמה קראי בחומש דברים שכתוב בהם מצוות הדביקות בהשם ובסוגיית הגמ' בכתובות קי"א ע"ב שפירשו הכוונה להידבק בתלמידי חכמים ובדברי המסילת ישרים בפרק י"ט שמפרש הכוונה לדביקות

קל   מדרכי העליה

                 המחשבה בהשם יתברך ובסוגיית הגמ' בסוטה י"ד ע"א
                 ובדברי רש"י על התורה בענינים אלו ובדברי כמה
קסג   ראשונים בענינים אלו

פרק ח.   בדברי הרמב"ם בספר המצוות ובהלכות בענין מצוות
                 הדביקות ושמבואר בדבריו דמפרש כפשוטו את הגמ'
                 בכתובות שהמצוה להידבק בתלמידי חכמים ובפרטי
                 מצוה זו ובדברי הרמב"ם בענין מצוות והלכת בדרכיו
                 ועוד בירורים בדברי הגמ' בכתובות הנ"ל בפרק קודם
                 ויבאר שמכל מקום מודה הרמב"ם שיש מצוות עשה
                 חיובית גמורה לדביקות המחשבה בהשם יתברך
                 והתלהטות הנשמה אליו והוא במצוות עשה דאורייתא
קעד   של אהבת השם

פרק ט.   מדברי הרמב"ן בכמה מקומות בענין דביקות המחשבה
קפד   בהשם יתברך

פרק י.   מדברי האבן עזרא בפירושו לתורה בכמה מקומות
                 בעניני הדביקות בהשם יתברך ובענין שזהו הדבר מביא
                 ניסים ונפלאות לטובה למעלה מדרך הטבע וכמה שיותר
                 שיעור הדביקות כך מתרבה העוצמה של הניסים
                 והנפלאות [מדבריו בפרשיות בראשית שמות וארא כי
קפו   תשא וחוקת]

פרק יא.   מדברי הגר"א בענין נפלאות בתורה בגלות האחרון
קצח   ובביאור דבריו

פרק יב.   דברים מספר מגיד מישרים להבית יוסף בענין הדרכים
                 להשגת כוחות על טבעיים ודברים כלליים בעניני
קצט   הכוחות העל טבעיים

פרק א. בביאור המהות של נשמתו של יהודי ובדברים שנפעלים בנשמה על ידי התורה והמצוות והדברים שעולים מענין זה לענין מעשה לעבודתו של היהודי את הבורא יתברך

ענף א.

א. הרמח"ל בספר אדיר במרום וכן הנפש החיים בשער ד' פרק י"א ועוד הרבה ספרים הביאו מאמר מספר הזוהר קודשא בריך הוא ואורייתא וישראל חד הוא דהיינו שהשם יתברך והתורה ועם ישראל הם דבר אחד [וכבר העירו שלא מצאו לשון זה ממש בספר הזוהר וכנראה שכוונתם לפרש כך לשון דומה הכתוב בספר הזוהר בפרשת אחרי מות דף ע"ג ואכמ"ל]

ב. והדברים צריכים ביאור מאוד איך יתכן לומר כן שהרי הקדוש ברוך הוא אין לו גוף ולא דמות הגוף וממלא כל העולמות וסובב כל העולמות והתורה היא ספר תורה הקדושה וישראל הם בני אדם ואיך נאמר שהכל דבר אחד

ג. וצריך להקדים לביאור הדבר שהנה האדם מורכב מגוף ונשמה והגוף ידוע ומורגש לכולם מהו אבל הנשמה אף על פי שכל אדם יודע שהיא קיימת בו ומרגיש את זה היטב והרי ההבדל בין חי למת ברור אף על פי כן להגדיר מהות הנשמה עד סוף ענינה הוא דבר קשה מאוד ומהקצת שבידינו להבין בזה יש ליתן בו משל לקרני השמש הנמשכות מן השמש שכל מהות ומציאות קרני השמש הוא יניקתם והימשכותם מן השמש ואם ישים אדם קרש להפסיק בין קרני השמש לשמש אין מאחורי הקרש כלל קרני שמש [עכ"פ אותם חלקים שלא יכולים לעבור דרך קרש ונכללים בהם כל החלקים הנראים לעין] וכעין זה הוא ענין נשמת היהודי שהיא נמשכת מהבורא יתברך וכל מהותה ומציאותה הוא יניקתה והימשכותה

מהבורא יתברך [וודאי שרחוק מאוד המשל מהנמשל שהרי המרחק המהותי בין ענין הנשמה לענין הבורא הוא ללא שיעור וללא דמיון כלל למרחק המהותי שבין השמש לקרני השמש שהוא פחות ממנו וכוונת המשל רק לענין הפרט שכל המהות הוא היניקה וההימשכות משורשו] והנה באמת כל מה שיש בעולם הוא יונק ונמשך מהבורא יתברך ואכמ"ל בביאור הענין אבל בנשמה של יהודי זה באופן יותר ישיר ויותר מורגש

ד. ונחזור לעניננו לביאור המאמר שהקדוש ברוך הוא ועם ישראל הם דבר אחד כוונת מאמר זה הוא שהנשמות של ישראל הם שפע הארה רוחנית [בלשון ספרי הקבלה לשפע רוחני טוב משתמשים בלשון הארה או אור ואחת הסיבות לשימוש לשון זה הוא מפני שבמציאויות הגשמיות הדבר הכי רוחני הוא אור והוא דבר טוב ויש כמדומני עוד סיבות יותר עמוקות לשימוש לשון זה ואכמ"ל] שנמשך שפע זה מהבורא יתברך שהוא השורש של הארה זו וזה הכוונה במה שאמרו שהשם יתברך ועם ישראל הם דבר אחד שזה שורש השפע וזה השפע הנשפע

ה. ומה שאמרו עוד שגם התורה הקדושה היא אחד עם הבורא ועם ישראל לבאר דבר זה צריך להקדים יסוד גדול שמבואר בהרבה מקומות בחז"ל ומהם בגמ' בסנהדרין צ"ט שעל הפסוק נפש עמל עמלה לו דרשו חז"ל [כדי לבאר כפילות הלשון בפסוק שנזכר פעמיים עמל] הוא עמל במקום זה והתורה עומלת לו במקום אחר ופירש רש"י שכשהאדם עמל בתורה התורה מבקשת להשם יתברך שיעזור לו להבין התורה עכת"ד ומבואר מזה שהתורה אינה רק ספר התורה שיש לנו בעולם הזה אלא שיש מציאות רוחנית של תורה בעולמות העליונים שיכולה לבקש בקשות מהשם יתברך [ומשל לדבר הידוע לכולם שיש מציאות רוחנית של מלאכים]

ו. ועל פי זה מובן מה שאמרו במאמר הנ"ל שגם התורה היא אחד עם השם יתברך ועם ישראל הכוונה היא שסידר הקדוש ברוך הוא את סדר הבריאה ששפע זה שבא ממנו לנשמות ישראל הוא מושפע דרך המציאות הרוחנית של התורה שיצירת השפע שבו נוצרות נשמותיהם של

ישראל נעשה ועובר דרך השפע של התורה הקדושה שגם הוא סוג שפע מאתו יתברך [כן מבואר בכוונת הדברים ברמח״ל בספר אדיר במרום ואולי באיזה פרטים לא דייקתי אבל באופן כללי כן מבואר שם הכוונה עיי״ש]

ז. ועוד דבר נוסף יש בזה שהנה התשוקה הפנימית החזקה ביותר שיש לנפש האדם הוא להתקשר יותר לשרשה ולקבל יותר שפע וחיזוק לעצם הנשמה והדרך לזכות לדבר זה על פי האמור הוא על ידי תוספת בתורה דהיינו הוספה בלימוד התורה והוספה בקיום התורה [ובכלל הוספה בקיום התורה נכללים כל עניני עבודת השם המבוארים בתורה דהיינו קיום המצוות והזהירות מעבירות בין בענינים שבין אדם למקום ובין בענינים שבין אדם לחברו וכן ענין התפילה כל אלו נכללים בכלל תורה לענינגו להמשכת תוספת השפע הנ״ל] שעל ידיהם מתעורר השפע העליון להיות מושפע עליו דרך אורות התורה

ח. והנה כשיתבונן האדם בכל הדברים האלו צריך דבר זה לעורר בלבו חשק גדול ללימוד התורה ותפילה בשפיכת הנפש להשם יתברך וקיום המצוות וזהירות מעבירות וכל עניני עשיית רצון הבורא יתברך בהבינו שעל ידי זה מתקשרת נשמתו בשורשה ונוסף הארה על הנשמה מאותו סוג של הנשמה שלזה באמת הוא התשוקה הפנימית של הנשמה יותר מלכל שאר תשוקות של עניני עולם הזה וכמו שכתב הרמח״ל בספר מסילת ישרים בפרק א׳ שכיון שהנשמה היא מלמעלה תענוגה האמיתי הוא רק באור פני השם יתברך

ט. והנה מלבד שעצם ידיעת דבר זה מועיל מאוד להשגת המדריגות הגבוהות מלבד זה גם לכוין בשעה שמתפלל או לומד תורה או מקיים מצוה או נזהר מעבירה כשמכוין שעל ידי זה יתווסף בחיבור של נשמתו להשם יתברך ושיבוא אור עליון מהשם יתברך ויאיר על נשמתו

י. והכוונה המפורשת בזה פועלת פעולה חזקה על הנשמה ומוסיפה הרבה בעוצמה של הנשמה וכפי מספר הפעמים שמכוין זה האדם בתפילתו ובלימודו כן מתרבה כח נשמתו

ענף ב.

א. והנה על פי המבואר בתורת הקבלה הכוונה הנ"ל לחזק על ידי המצוה את החיבור של הנשמה להשם יתברך אפשר לכוין את זה באופן כללי

ב. אך מי שבכוחו יותר להתאמץ בכוונתו טוב יותר לחלק כוונה זו לשני פרטים הפרט הראשון כביכול מלמטה ללמעלה שמכוין לחבר את נשמתו להשם יתברך ואף שתמיד הנשמה מחוברת אבל מכוין לחבר יותר חזק ולהוסיף בחיבור

ג. והכוונה השניה כביכול מלמעלה ללמטה שמכוין להביא אור רוחני מהשם יתברך ולהכניס את האור הרוחני הזה אל תוך נשמתו

ד. והנה יש בכח האדם לכוין כוונות אלו אף מצד עצמם ויש כח למחשבתו לפעול את הפעולות האלו מפני שהכח הרוחני של המחשבה חזק מאוד אבל חלק עיקרי מענין שני כוונות אלו הוא לכוונם בשעה שאדם עסוק באיזה ענין של עשיית רצון השם יתברך כגון שלומד תורה לכוין את זה בשעה שמתחיל ללמוד שרוצה שיפעלו דברים אלו על ידי הלימוד וכן בתחילת התפילה ומי שאין לו קושי בזה יכול גם מפעם לפעם באמצע הלימוד או התפילה לחזור ולכוין זה שוב [וכן אם שכח בתחילה יכול לכוין באמצע] וכן על דרך זה בעשיית מצוה או בזהירות מעבירה

ה. והנה גם אם אין מכוין האדם כלל את הכוונות האלו ואפילו אם אינו יודע כלל מכל ענינים אלו נעשים שני התוצאות האלו על ידי התורה והמצוות שלו אבל אם האדם גם מכוין בפירוש את כוונה זו נעשים תוצאות אלו בעוצמה הרבה יותר חזקה ועל ידי שנעשים תוצאות אלו בעוצמה יותר חזקה זוכה האדם להרגיש ולחוש את האור שבנשמתו ועל ידי זה מקבלת נשמתו עוצמה חזקה וכוחות חדשים שלא היו לנשמתו לפני דבר זה

ו. ודברים אלו שבפרק זה הם שורש גדול מאוד לענין קבלת עוצמה חזקה לנשמה ומבואר בביאור הגר"א לספר הזוהר בפרשת פקודי דף

ט"ז שעל ידי דברים אלו לא רק שמקבל האדם אורות לנשמתו אלא אף מקבל חלקים חדשים של נשמה שלא היו לו קודם ועל ידי זה הכוחות הנשמתיים שלו עולים בהרבה עיי"ש דבריו וכשמקבל אדם כוחות נשמתיים חדשים זה נותן לו עוצמות רוחניות חזקות מאוד

ז. וכמה שירבה האדם יותר ויותר בלימוד התורה ובתפילות בשפיכת הנפש להשם יתברך ובקיום המצוות ובזהירות מעבירות יתרבה ביותר האורות הרוחניים הנ"ל בנשמתו וביותר אם יצרף לזה את הכוונות הנ"ל

ענף ג.

א. וצריך לדעת כלל גדול מאוד בענין קבלת חלקים חדשים של נשמה המביאים עוצמות חזקות שכל הזוכה לזה צריך להיזהר מאוד מאוד מלהיכשל בכעס מפני שמבואר בספר הזוהר שעל ידי כעס עלול האדם לאבד חלקי נשמה ונכון זה אף לחלקים הבסיסיים שהיו תמיד בנשמתו אבל ביותר מסוגל הכעס לאבד מהאדם חלקים חדשים של נשמה שקיבל

ב. ולפעמים דוקא כשזוכה האדם לחלקים חדשים של נשמה או כשצריך לזכות אז במיוחד מתגברים עליו נסיונות רבים לכעוס מפני שכוחות הרע רוצים לאבד ממנו את התוספת החשובה שקיבל או שעומד לקבל

ענף ד.

א. והנה שורש גדול להבנת הרבה מהדברים הנזכרים בפרק זה הוא לדעת [עיקרי הדברים כתובים בספר שערי קדושה של רבינו חיים ויטאל זצוק"ל] שלמחשבה יש ברוחניות כח מציאותי חזק מאוד

ב. דהיינו שכמו שבענינים הגשמיים אפשר לחבר דברים בצורה גשמית כגון שיש לו שני קרשים נפרדים ומחברם על ידי פטיש ומסמרים ונעשו מחוברים שלכן אם אחרי שחיברם מרים את הקרש הראשון מתרומם יחד אתו גם הקרש השני יש כח למחשבה לחבר דברים רוחניים וכשמכוין לחבר נשמתו להשם יתברך נוצר מציאות רוחנית של חיבור וכשמכוין שעל ידי החיבור הנ"ל מכוין להביא אור רוחני על נשמתו פועלת מחשבתו את ההארה הזאת

ענף ה.

א. ובתהילים פרק מ"ב כתוב כאיל תערוג על אפיקי מים כן נפשי תערוג אליך אלקים צמאה נפשי לאלקים לקל חי מתי אבוא ואראה פני אלקים

ב. ביאור הדברים הוא דהקב"ה ברא את העולם בשני סוגים של בריאה יש דברים כמו ברזלים ואבנים כמו שהם כך הם ואין צריכים הם לאוכל ושתיה אבל יש דברים כמו צמחים ובעלי חיים שצריכים מזון ובלא מזון אינם יכולים להתקיים הצמחים בלא השקאה נובלים והכבשים בלא מזון מתים

ג. והנה האדם ודאי שהוא צריך מזון אמנם האדם מורכב מגוף ונשמה ולא רק הגוף זקוק למזון אלא גם הנשמה הוא מסוג הנבראים שזקוקים למזון

ד. אלא שמזון הנשמה הוא לא גשמי כמזון בעלי חיים וצמחים אלא הוא מזון רוחני והטעם לזה מפני שהנשמה רוחנית שמהות הנשמה מסביר הרמח"ל בספר אדיר במרום שהוא אור רוחני קדוש מאוד שמושפע מהשם יתברך ולכן גם המזון של הנשמה הוא תוספת של עוד אור רוחני מהשם יתברך וכשנותנים לנשמה את המזון הזה הנשמה מקבלת עוצמה וחיות וכשמונעים מהנשמה את המזון הזה הנשמה מרגישה ריקנות ומצוקה

ה. וזהו שאמר דוד המלך כאיל תערוג על אפיקי מים כן נפשי תערוג אליך אלקים שכמו שהאיל מחפש במדבר בשעת החום מעין מים ובלי שלימדו אותו את זה אלא זהו הטבע הטבעי שלו ואם נציע לו בתמורה למים אלו כל מיני דברים אחרים זה לא מענין אותו גם הנשמה צמאה להשם יתברך לקבל תוספת אור רוחני והוא הכרחי לנשמה

ו. ותוספת האור הרוחני הנ"ל מגיעה לאדם על ידי לימוד תורה ותפילה להשם וקיום המצוות וזהירות מעבירות ועזרה לזולת ועל ידי זה מקבלת הנשמה חיות ועוצמה רוחנית אמנם כשהאדם מוסיף לדברים אלו

את הכוונות המבוארים לעיל בפרק זה בענפים הקודמים על ידי זה מתרבה האור הרוחני המתחדש על ידי זה לנשמה ועל ידי ריבוי האור הנעשה על ידי תוספת הכוונה מתחזקת נשמתו בעוצמות רוחניות כבירות מאוד המשנות מאוד את כל מהות וצורת חייו

פרק ב. בדברי האור החיים בפירושו לתורה בריש פרשת אחרי מות בדבריו בענין אופן וחשיבות הדבקות בהשם יתברך והכוחות העל טבעיים המגיעים על ידי זה

הקדמה

א. באור החיים על התורה על הפסוק הראשון בפרשת אחרי מות כתב דברים בביאור אופן מיתת בני אהרן נדב ואביהו [סיפור המעשה על מיתתם כתוב בתורה בחומש ויקרא פרשת שמיני פרק י׳ פסוקים א׳ וב׳ ומוזכר שוב בתחילת פרשת אחרי מות בפרק ט״ז פסוק א׳ והאור החיים מבאר על פי סודן של דברים את ענין מיתתן]

ב. והנה דבריו שם מעוררים מאוד לדביקות ועצה גדולה לעליה בעבודת השם יתברך ויש שם בדבריו סודות גדולים בביאור ענין קבלת כוחות רוחניים וקבלת כוחות על טבעיים והיו הרבה צדיקים שהיו רגילים להרבות ללמוד דברי האור החיים בזה ויש שהיו לומדים אותו כל יום באופן שעל ידי זה היו הדברים מאוד נמצאים תמיד במחשבתם וכמה וכמה מבעלי הכוחות העל טבעיים בדורות האחרונים קבלו את כוחם מהתנהגות זו של לימוד דברי האור החיים האלו פעמים רבות ולקמן בענף א׳ מועתק לשונו בזה עיי״ש

ג. והנה כמה מדבריו צריכים פירוש להקל הבנת כוונתו ולקמן בענף א׳ מועתקים דבריו ואחרי העתקת דבריו מבואר בענף ב׳ והלאה כמה דברים בביאור כוונתו

ד. וכמדומני שיש באיזה פרטים קצת הבדלי נוסח בין דפוס לדפוס בנוסחאות האור החיים והעתקתי כפי הנוסח שהיה לפני ולא בדקתי אם הוא המדויק

ענף א. העתקת דבריו של האור החיים הנ"ל [ונוסף כאן חלוקת דבריו לסעיפים להקל על לימוד דבריו]

א. כתיב [בחומש ויקרא בפרשת אחרי מות פרק ט"ז פסוק א'] וידבר ה' אל משה אחרי מות שני בני אהרן בקרבתם לפני ה' וימותו ע"כ וכתב באור החיים שם לפרש וז"ל או יאמר על זה הדרך אחרי מות וגו' דבר ה' למשה דרך מיתתן שהיתה על זה הדרך בקרבתם לפני ה' פרוש שנתקרבו לפני אור העליון בחבת הקודש ובזה מתו

ב. והוא סוד הנשיקה שבה מתים הצדיקים

ג. והנה הם שוים למיתת כל הצדיקים אלא שההפרש הוא שהצדיקים הנשיקה מתקרבת להם ואלו הם נתקרבו לה

ד. והוא אומרו בקרבתם לפני ה'

ה. ואומרו וימותו בתוספת וא"ו רמז הכתוב הפלאת חבת הצדיקים שהגם שהיו מרגישים במיתתם לא נמנעו מקרוב לדבקות נעימות ערבות ידידות חביבות חשיקות מתיקות עד כלות נפשותם מהם והבן

ו. ובחינה זו אין מכיר איכותה והיא משוללת ההכרה לא מפי מין האנושי ולא מפי כתבו ולא תשג בהשערות משכל הגשם

ז. ולמשיג חלק מהשגה זו תבדיל ממנו המונע אותו מהתקבל ותכירהו על ידי סימניה כי הוא זה הפכה מנגדה שונאה ותפעול בו פעולה רשומה לשלול ממנו כח המונעו והמקימו ולפעמים תמאסהו הנפש ותריבהו מריבה גדולה והוא סוד הוללות הנביאים [שמואל א' פרק י"ט פסוק כ"ד] ולכשתתרבה בחינה זו בפנימיותו תגעל הנפש את הבשר ויצתה מעמה ושבה אל בית אביה

ח. ואודיע למתבונן בפנימיות השכלת המושכל שהשכלת ההשכל תשכיל ההשכלות ובהשכל בהשכלתו ישכיל שמושכל משולל ההשכל וכשישכיל בהערת עצמו ולא עצמו ישכיל שהמושכל מושכל ממושכל בלתי מושכל מהשכל והשכילו למשכילים ביחוד השכלתו בסוד נשמה

לנשמתו [בסעיף זה כיון כנראה האור החיים להסתיר כוונתו מאוד ועיין לקמן מש"כ בזה]

ט. ואז מותריו יהיו עטרי מלכים וכסאם

י. וכי יש חיים לחיים שעליהם אמר משה [בפרשת נצבים פרק ל' פסוק י"ט] ובחרת בחיים בי"ת המודעת ושוללת חיים הנשתוים בהרגש הכללי ויברך ברוך אלקים חיים אשר סגל סגולה זו לסגולתו ע"כ

ענף ב. ביאורים לדברי האור החיים הנ"ל בענף א' [וסדר הביאורים כאן הוא באופן שחלוקת הסעיפים כאן בענף ב' הוא כחלוקת הסעיפים הנ"ל בענף א']

א. שורש דברי האור החיים כאן הוא לפרש באופן מחודש ביאור הענין של מיתת בני אהרן היאך היה ומפרש דהתקרבו להשם יתברך בדביקות עצומה ונתחברו לאור עליון מהשם יתברך בחיבור עצום והגוף אינו יכול לסבול אור כזה גדול של קירבת השם יתברך וממילא בהכרח נפרדו הגוף והנשמה זה מזה מכח ריבוי הדביקות ובזה מתו נדב ואביהו

ב. ומבאר עוד בענין מיתת נשיקה האמור בצדיקים [עיין בזה בגמ' בבבא בתרא דף י"ז עמ' א'] שגם הוא באופן זה שמתרבה החיבור שבין הנשמה להשם יתברך עד שמגיע לגבול שאי אפשר לגוף להמשיך לקבל זה ונפרדים הנשמה מהגוף ומפרש

ג. ומפרש דמכל מקום יש חילוק בין מיתת נשיקה שמתו בה הצדיקים האמורים בגמ' בבבא בתרא י"ז ע"א לבין אופן מיתת הנשיקה שמתו בה נדב ואביהו דבצדיקים האחרים שמתו בנשיקה היה ריבוי הדביקות זו בא מצד אור השם יתברך שהוא התקרב אליהם עד שהגיע לדרגה זו שהכריחה פטירה ואילו אצל נדב ואביהו הם קירבו את עצמם לאור העליון הזה

ד. ומפרש דענין זה מרומז בפסוק במאי דכתיב כאן בתחילת פרשת אחרי מות אחרי מות שני בני אהרן בקרבתם לפני ה' ע"כ והיינו דקרבתם להשם היא היתה אופן המיתה

ה. ועוד מוסיף לדרוש את אות ו׳ דכתיב בתחילת תיבת וימותו וראיתי כתוב לפרש כוונת שאלתו בזה דאם כתוב מתו הכוונה בלשון עבר פשוט ואם כתוב וימותו שורש התיבה הוא לשון עתיד אלא שהו׳ שבתחילת התיבה מהפכת את זה מעתיד לעבר ובזה מקשה האור החיים אמאי כתיב כאן לשון עתיד עם ו׳ ההיפוך בתחילת התיבה לעשותו לעבר ואמאי לא כתיב לשון עבר פשוט ע״כ ומתרץ על זה האור החיים שבא זה לרמז שבני אהרן כשהגיעו אל הדביקות הנוראה הזו הרגישו שאם ימשיכו בזה יגיעו לידי מיתה ואעפ״כ לא הפסיקו שהעדיפו להמשיך בדביקות אפילו במחיר של חייהם ואופן לימוד דבר זה מישוב הקושיא הנ״ל על האות ו׳ כך הוא דכתוב הדבר בלשון שמורה קצת על העתיד להורות שהיה קרבתם לפני ה׳ מתוך ידיעה והרגשה שהעתיד של זה הוא למות

ו. וכתב האור החיים דבחינת דביקות עליונה זו אי אפשר להסבירה במילים דהיינו דאין הדבר רק הרגש מחשבתי וכיו״ב אלא באמת נפעל על ידי דביקות זו מצב רוחני מציאותי קיומי של חיבור הנשמה לאור העליון וחיבור זה פועל על נשמת האדם פעולות עצומות ודבר זה הוא למעלה ממושגי הטבע ואין מילים ודרכים טבעיות להסביר את מהות דבר זה ורק לדבר סביב ענין זה אבל עצמותו הוא נעלם מאוד ומי שזכה לזה יודע את זה ואי אפשר להעבירו לאחרים

ז. עוד מפרש האור החיים דמציאות זו של חיבור עצום זה של הנשמה לאור העליון יש בה סתירה מסוימת אל הגוף שהוא בחמריותו מקשה על הנשמה לקבל כזה אור עליון ומחלק האור החיים את הדברים בזה לשני דרגות דיש דרגא של חיבור הנשמה לאור שבה הפעולה שנגרמת לגוף על ידי סתירה זו שבין הגוף לחיבור זה היא מיתה וזה בדרגת החיבור השלם לאור שאז אי אפשר כלל לגוף לקבל זה ובהכרח להיפרד הנשמה מהגוף וזהו הבחינה שהזכיר לעיל של מיתת נשיקה ושל מיתת בני אהרן אבל יש דרגא של חיבור פחותה מזה שבזה אין הסתירה כל כך ולכן בזה אין צורך לנשמה להיפרד מהגוף ונשאר חי אבל בכל אופן

נגרם מזה ריב גדול של הנשמה עם הגוף והוא סוד הוללות הנביאים המוזכר בספר שמואל א׳ פרק י״ט פסוק כ״ד עיי״ש כל הענין והנה יתכן דמשמעות לשון האור החיים הוא שיש עוד דרגא יותר נמוכה של חיבור שבזה אף שגם כן יש איזה סתירה לגוף ונגרם מזה איזה פעולות מסוימות של ריב עם הגוף אבל אינו בצורה כל כך חריפה כמו הוללות הנביאים עיין היטב בלשונו

ח. במש״כ האור החיים בדבריו הנ״ל בענף א׳ סעיף ח׳ להקל הבנת הדברים יש להביא דבריו אלו עם חלוקה לפרטים כתב האור החיים וז״ל (א) ואודיע למתבונן בפנימיות השכלת המושכל (ב) שהשכלת השכל תשכיל ההשכלות (ג) ובהשכל בהשכלתו ישכיל שמושכל משולל השכל (ד) וכשישכיל בהערת עצמו ולא עצמו (ה) ישכיל שהמושכל מושכל ממושכל בלתי מושכל מהשכל (ו) והשכילו למשכילים ביחוד השכלתו בסוד נשמה לנשמתו עכ״ל והנה הדברים פלאיים מאוד להבין עומק כוונתו ובספר שבעה עיניים כתב לפרש דכוונתו היא לדברים האמורים בענין נבואה והשגה בספר שערי קדושה מרבי חיים ויטאל זצ״ל בשער ג׳ בענין חיבור הנשמה ללמעלה ובענין השפע הרוחני והאור העליון עיי״ש בשערי קדושה כל הענין ואכמ״ל ואם נכון שכוונת האור החיים היא לדברים האמורים שם נראה דכתב האור החיים דבריו בלישנא דחכמתא [עיין גמ׳ עירובין נ״ג ע״ב] להסתיר מאוד את כוונת דבריו ואכמ״ל

ענף ג. המשך ביאור לשון האור החיים הנ״ל בענף א׳

א. כתב האור החיים וז״ל ואז מותריו יהיו עטרי מלכים וכסאם עכ״ל

אפשר דכוונתו הוא דהנה דיבר לעיל על זכיה באור עליון רוחני גבוה מאוד וכתב דדבר זה הוא אי אפשר להסבירו במילים וכאן כתב דמכל מקום מי שזוכה לדבר זה זוכה יחד עם זה לעוד הרבה דברים מעולים מאוד למעלה מדרך הטבע והם דברים שיכולים להבחין בהם בני אדם וממילא נעשים הם לו בבחינת עטרי מלכים וכסאם אבל אין זה עצם הדרגה והזכיה שדיבר אליה אלא זה רק דברים המתלוים לדבר זה ודבר

זה עצמו של חיבור זה של הנשמה להשם יתברך הוא יותר גבוה מהדברים המתלוים לזה ודבר זה עצמו אין אדם מלבדו יכול לדעת מזה בדרך הטבע וגם אינו יכול להסביר זה לשום אדם בשום צורה [ויש להביא בזה מש״כ בספר לשם שבו ואחלמה כרך הדע״ה חלק ב׳ דף ל״ח טור ד׳ מש״כ שם על דרגות של דביקות בשעת לימוד התורה וקיום המצוות שהדביקות שבהם פועלת תיקון במקום יותר גבוה מהצד המעשי של המצוות ולימוד התורה עצמם עיי״ש באריכות]

ב. כתב האור החיים וז״ל וכי יש חיים לחיים שעליהם אמר משה [בפרשת נצבים פרק ל׳ פסוק י״ט] ובחרת בחיים בי״ת המודעת ושוללת חיים הנשתוים בהרגש הכללי עכ״ל אפשר דמכלל כוונתו דכמו שבחיים הפשוטים יש גוף ונשמה הגוף גשמי והנשמה רוחנית והיא מחיה את הגוף כן בענין זה האור הרוחני הנכנס באדם על ידי דביקות זו הוא ביחס לנשמה כנשמה לנשמה ואילו הנשמה הפשוטה היא כגוף אליו ולזה קורא לדבר דיש חיים לחיים ושעל חיים אלו נאמר בפסוק ובחרת בחיים בב׳ בפתח שענינו כמו ה׳ הידיעה לומר דבא הציווי לבחור בחיים לחיים האלו שהוא הדרגה העליונה ומוציאה ב׳ זו לפירוש זה מלפרש את הציווי ובחרת בחיים על החיים הפשוטים והרגילים דאם כן לא היה צריך לומר בב׳ בפתח שהוא כמו ה׳ הידיעה וסיים האור החיים וז״ל ויברך ברוך אלקים חיים אשר סגל סגולה זו לסגולתו עכ״ל

ענף ד. שני כללים חשובים מאוד הנלמדים מדברי האור החיים הנ״ל

א. מהדברים העיקריים שיש ללמוד מדברי האור החיים הנ״ל הוא שענין דביקות המחשבה בהשם יתברך אינו רק ענין מחשבתי אלא בשעת הדביקות נעשית מציאות ממשיית נוראה של חיבור נשמתו להשם יתברך

ב. ועוד נראה מדברי האור החיים דמכלל ענין מציאות נוראה זו של החיבור הנעשה על ידי הדביקות הוא שנכנסת לתוך נשמתו נשמה חדשה שלא היתה בו קודם שנשמה זו היא נשמה גבוהה מאוד והנשמה

החדשה חיבורה להשם יתברך הוא יותר חזק מהחיבור של הנשמה הראשונה ויש בשני כללים אלו שבשני סעיפים אלו שרשים עצומים למדרגות עצומות בעבודת השם יתברך ואכמ״ל

ג. והנה הרבה מהדרגות המבוארות בדברי האור החיים הנ״ל כבר אינם שייכים בזמנינו שהרי אין בימינו נבואה

ד. אבל עם כל זה ודאי דעיקרי הדברים המבוארים בדברי האור החיים הנ״ל למדרגות גבוהות ועצומות מאוד שייכים גם בזמנינו

ענף ה. מדברי האור החיים בפרשת בראשית בענין רוח הקודש

א. בפרשת בראשית פרק ו׳ פסוק ג׳ כתיב ויאמר ה׳ לא ידון רוחי באדם לעולם בשגם הוא בשר והיו ימיו מאה ועשרים שנה ע״כ וכתב האור החיים וז״ל מקרא זה צריך מגיד ורבותינו ז״ל [בראשית רבה פרק כ״ו פסוק ז׳] דרשו בו הרבה דרשות אבל פשט הכתוב לא נודע ונראה שיכוון לומר להיות שהיה ה׳ מתנהג עם ברואיו להוכיח ולהתדיין עמהם בנגלה ויאמר ה׳ אל הנחש ואל האשה אמר וגו׳ ולאדם אמר וגו׳ ויאמר ה׳ אל קין למה וגו׳ ויאמר ה׳ אי הבל וגו׳ וכאשר הגדילו להתעיב אמר ה׳ לא ידון עוד לעולם רוחי באדם פנים בפנים להישפט עמו יחד ופירוש רוחי היא שכינתו יתברך שלא יהיה עוד נחשב האדם להדרגה זו

ב. ותמצא כי כפי מעשיו מרחיק הדרגתו מטה מטה שבתחילה היה ה׳ מוכיח לאדם על פניו ונמצאים הנבראים כולם במדרגת נביאים ויהי כי החל האדם פירוש נתחלל או נעשה חולין הובדל מהדרגת נביא ובהמשך הזמן הניצנים נראו בארץ הם הצדיקים שהחזירו העטרה ליושנה ומשחרב המעון נסתם חזון ונשארה בחינת רוח הקודש וכשנסתתמו עיני ישראל אין אתנו משיג ריח הקודש ואין צריך לומר רוח הקודש וזו היא צרת בית ישראל שאין למעלה ממנה הצמאים להריח ריח אבינו שבשמים ותחי רוחינו ותחילת קללה זו התחילה מדור המבול וכו׳ עכ״ל ועיי״ש באור החיים מה שפירש לפי זה כוונת המשך הפסוק בשגם הוא בשר ועוד עיי״ש בדבריו פירושים נוספים לכל פסוק זה

ג. מה שכתב האור החיים משחרב המעון נסתם החזון כן הוא בגמרא בבבא בתרא דף י״ב אמר רבי יוחנן מיום שחרב בית המקדש ניטלה נבואה מן הנביאים וניתנה לשוטים ולתינוקות וכו׳ ע״כ אך יש לעיין בזה ממאי דאיתא בגמ׳ ביומא ט׳ ע״ב וסוטה מ״ח ע״ב וסנהדרין י״א ע״א משמתו נביאים האחרונים חגי זכריה ומלאכי נסתלקה רוח הקודש מישראל ועדיין היו משתמשין בבת קול וכו׳ ורוח הקודש האמורה בגמרא זו הכוונה לנבואה שהרי חגי זכריה ומלאכי נביאים גמורים וספריהם מכלל ספרי הנביאים בתרי עשר והנה חגי זכריה ומלאכי היו בתחילת זמן בית שני ואם כן אי אפשר לפרש הגמ׳ בבבא בתרא הנ״ל על חורבן בית ראשון שהרי אף בבית שני היה נביאים [וגם ירמיהו ויחזקאל נתנבאו אחר החורבן] ובבית שני אף הרבה לפני שחרב כבר נסתלקה הנבואה וצ״ע ועיין מש״כ בזה בביאורי אגדות למסכת בבא בתרא שם ועצ״ב

ד. בדברי האור החיים המועתקים לעיל בסעיף ב׳ כתב שם על הענין שבדורות האחרונים נתמעטה רוח הקודש בלשון חריפה וז״ל וזו היא צרת בית ישראל שאין למעלה ממנה הצמאים להריח ריח אבינו שבשמים ותחי רוחינו עכ״ל ויש להביא בזה שבמהרח״ו בספר שער הגלגולים בהקדמה ל״א [בדפוס שעם ביאור בני אהרן בעמ׳ רל״ט] שכתב על הענין שנסתלק מאדם הראשון בחטא עץ הדעת נר״ן דאצילות הנקראים זיהרא עילאה דאדם הראשון וז״ל ובזה נתקיים גזירתו יתברך כי ביום אכלך ממנו מות תמות כי נסתקל ממנו ג׳ חלקי האצילות כנזכר ואין לך מיתה קשה מזו עכ״ל ויש קשר בין שני ענינים אלו ששניהם הם חסרון בכוחות רוחניים עליונים של הנשמה המחברים בצורה עצומה את האדם להשם יתברך [ועיין עוד בספר החזיונות למהרח״ו מש״כ שם בענין החלום עם האר״י ז״ל ומהר״י די קוריאל]

ענף ו. מדברי האור החיים בפרשת בחוקותי בענינים אלו

א. בענין דברי האור החיים על התורה בפרשת אחרי מות הנ"ל יש להביא בזה עוד מדברי האור החיים על התורה בפרשת בחוקותי על הפסוק ונתתי משכני בתוככם ולא תגעל נפשי אתכם עיי"ש כל דבריו שהרבה מדבריו שם קשורים לדברי האור החיים הנ"ל בפרשת אחרי מות ומשלימים הדברים זה את זה

ב. ויש שם דבר נורא באור החיים בפרשת בחוקותי בדבריו הנ"ל שכתב שכל המציאות שיתכן הדבר להימשך נשמת יהודי להבלים של עולם הזה שורש הכל הוא על ידי סילוק איזה בחינה מההארה האלוקית שבתוך נשמתו ועל ידי זה יש מקום למשיכות חמריות עיי"ש כל דבריו ועל פי דבריו עולה שורש גדול לעצה לסילוק הפרעות אלו על ידי ריבוי ההארה האלוקית בתוך נשמתו ואכמ"ל יותר

פרק ג. בדברי המסילת ישרים בפרק כ״ה בענין הדברים המביאים את האדם למדריגה הנקראת יראת חטא ששבחוה חז״ל מאוד

ענף א. העתקת דברי המסילת ישרים בפרק הנ״ל

א. בספר מסילת ישרים פרק כ״ה כתב הדרך לקניית יראת השם בדרגה הגבוהה של יראת השם הנקראת יראת חטא וז״ל אך דרך קניית היראה הזאת הוא ההתבונן על שני ענינים אמיתיים האחד הוא היות שכינתו יתברך נמצאת בכל מקום שבעולם ושהוא יתברך משגיח על כל דבר קטן וגדול אין נסתר מנגד עיניו לא מפני גודל הנושא ולא מפני פחיתותו אלא הדבר הגדול והדבר הקטן הנקלה והנכבד הוא רואה והוא מבין בלי הפרש

ב. הוא מה שאמר הכתוב [בישעיה פרק ו׳ פסוק ג׳] מלא כל הארץ כבודו ואומר [בירמיה פרק כ״ג פסוק כ״ד] הלוא את השמים ואת הארץ אני מלא ואומר [תהלים פרק קי״ג פסוקים ו׳ וז׳] מי כה׳ וכו׳ המגביהי לשבת המשפילי לראות בשמים ובארץ ואומר [תהילים פרק קל״ח פסוק ו׳] כי רם ה׳ ושפל יראה וגבוה ממרחק יידע [שני הפסוקים הראשונים שהביא המסילת ישרים הם ראיה ליסוד הראשון ששכינתו יתברך נמצאת בכל מקום בעולם ושני הפסוקים האחרונים הם ראיה ליסוד השני שהקב״ה משגיח על כל מה שיש בעולם]

ג. וכיון שיתברר לו שבכל מקום שהוא הוא עומד לפני שכינתו יתברך אז מאליה תבוא בו היראה והפחד פן יכשל במעשיו שלא יהיו כראוי לפי רוממות כבודו והוא מה שאמרו [במשנה במסכת אבות פרק ב׳ משנה א׳] דע מה למעלה ממך עין רואה ואוזן שומעת וכל מעשיך בספר נכתבים כי כיון שהשגחת הקדוש ברוך הוא על כל דבר והוא רואה הכל ושומע הכל ודאי שכל המעשים יהיו עושים רושם וכולם נכתבים בספר אם לזכות או לחובה

ד. ואמנם הדבר הזה אינו מצטייר היטב בשכל האדם אלא על ידי התמדת ההתבוננות וההסתכלות הגדול כי כיון שהדבר רחוק מחושינו לא יציירייהו השכל אלא אחר רוב העיון וההשקפה וגם אחר שיצירהו יסור הציור ממנו בנקל אם לא יתמיד עליו הרבה ונמצא שכמו שרוב ההתבונן הוא הדרך לקנות היראה התמידית כן הסח הדעת ובטול העיון הוא המפסיד הגדול שלה יהיה מחמת טרדות או ברצון כל הסח הדעת ביטול הוא ליראה התמידית

ה. הוא מה שציוה הקדוש ברוך אל המלך [דברים י״ז י״ט] והיתה עמו וקרא בו כל ימי חייו למען ילמד ליראה את ה׳ הא למדת שאין היראה נלמדת אלא מן הקריאה הבלתי נפסקת ותדקדק שאמר למען ילמד ליראה ולא אמר למען ירא אלא לפי שאין היראה הזאת מושגת בטבע כי אדרבה רחוקה היא ממנו מפני גשמיות החושים ואינה נקנית אלא על ידי לימוד ואין לימוד ליראה אלא ברוב ההתמדה בתורה ודרכיה בלי הפסק

ו. והוא שיהיה האדם מתבונן ומעין בדבר הזה תמיד בשבתו בלכתו בשכבו ובקומו עד שיקבע בדעתו אמתת הדבר דהיינו אמיתת הימצא שכינתו יתברך בכל מקום והיותנו עומדים לפניו ממש בכל עת ובכל שעה ואז ירא אותו באמת והוא מה שהיה דוד המלך מתפלל ואומר הורני ה׳ דרכך אהלך באמתך יחד לבבי ליראה שמך עכ״ל המסילת ישרים

ענף ב. תוספת דברים בענין דברי המסילת ישרים הנ״ל

א. הנה דברי המסילת ישרים בפרק כ״ה המועתקים לעיל הם יסודות חזקים שבכוחם להביא את האדם למדרגות גדולות ועצומות ואשרי מי שיכול להרגיל את עצמו מדי פעם בפעם לחזור את דברי המסילת ישרים אלו שודאי שיפעל זה שינוי גדול לטובה בדרכו ובפרט אם יבין היטב כוונת הדברים של הפרק

ב. והנה תוכן הדברים בקצרה המבואר כאן במסילת ישרים הוא שני יסודות הראשון שתמיד עומד האדם בפני בוראו

ג. והשני שכל פרטי מעשיו ועניניו בכל רגע מושגחים על ידי בוראו אם עשה האדם טוב או ח״ו ההיפך וכל הענינים לפרטיהם יבואו בחשבון

ד. ומבואר בדברי המסילת ישרים ששני ידיעות אלו אם עומדות באופן קבוע במחשבתו של האדם הם מאוד שומרות אותו מכל עבירה

ה. ועוד מבואר בדברי המסילת ישרים שכדי שיעמדו שני יסודות אלו מול עיניו תמיד צריך שישנן אותם הרבה ויחשוב עליהם הרבה

ו. והנה התועלת הגדולה שיש במה שכתב המסילת ישרים במחשבה תמיד שהשם יתברך בכל מקום בדרך הפשט הוא מפני שעל ידי זה נכנס בלבו פחד השם יתברך ונזהר יותר במעשיו להיותם כראוי וכמו שכתב הרמ״א באורח חיים סימן א׳ סעיף א׳ שויתי השם לנגדי תמיד הוא כלל גדול בעבודת הצדיקים מפני שאין דומה הנהגת האדם כשהוא לבדו להנהגת האדם כשהוא בפני מלך אבל על פי סוד יש בזה עוד ענין כמו שביאר הגר״א בביאורו לספר הזוהר בפרשת פקודי דף ט״ז שכל רגע שהאדם חושב על השם יתברך באותה שעה נוספים בו חלקים חדשים של נשמה שלא היו בו קודם וזה מקדש את האדם בקדושה עליונה עיי״ש כל דבריו

פרק ד. בענין שהקדוש ברוך הוא נמצא בכל מקום בעולם

ענף א.

א. מהדברים המביאים ביותר את האדם אל המדריגות הגבוהות הוא הידיעה שהקדוש ברוך הוא נמצא בכל מקום בעולם ואכמ"ל בביאור ענין זה ועיין מש"כ בענין זה באגרת מהרמב"ן הנמצאת בספר כתבי הרמב"ן באגרת המתחלת טרם אענה אני שוגג וכו' ובספר נפש החיים האריך בענין זה ועוד הוסיף כמה פרטים הקשורים לענין זה ומבואר שם בדבריו באריכות שענינים אלו הם השורש לכוחות העל טבעיים ולהשגה בתורה

ב. ועיין בספר נפש החיים שער א' ושער ג' ותוכן חלק מהדברים שם בכללות אפשר לחלק לכמה חלקים הענין הראשון פעולתו יתברך ובזה יש שני דברים שצריך ליתן האדם ללבו תמיד הראשון שהקב"ה הוא הפועל את כל הנפעל בעולם שאין כח אחר מלבדו והשני שהקב"ה ברא העולם באופן שכל רגע ורגע הוא מהוה אותו ואילו רצה להחריב העולם אין צריך להחריבו אלא מספיק שלא ממשיך לבוראו ונמצא שלא רק שכל מקרי האדם בכל עת הקב"ה פועלם בכל עת אלא אף עצם מציאותו של האדם ושל כל היקום כל רגע נפעל על ידי הקב"ה וכח ידיעה זו גדול להביא האדם ליותר דביקות בהשי"ת [ועיין בספר גליוני לשם שבו ואחלמה עמ' ש"ז אות נ' מש"כ שם לענין קריעת ים סוף ואכמ"ל]

ג. והענין השני בענין עצמותו יתברך ובזה יש שני דברים ליתן ללבו הראשון שעצמותו יתברך בכל מקום והשני שאין עוד מלבדו שום דבר כלל והנה בדבר שני זה צ"ב טובא וכמו שהקשו בזה דאם אין דבר נוסף ממשיי אם כן איך שייך מצוה ועבירה וכו' ואפשר שכוונת הנפש החיים באופן זה דכיון שכנ"ל הקב"ה לא נתן כח קיום עצמיי לשום דבר

אלא כל רגע בוראו אם כן אין נחשב הדבר כדבר ממשיי חדא מפני שאין לו קיום על אחר כך ותו משום שאף עכשיו אין קיומו מכוחו אלא רק הקב״ה מהוה אותו אבל בכל אופן משהו קיום של עכשיו ומכח שמהוה אותו הקב״ה כן יש לו

ד. ומכל מקום אפשר דנראה להדיא מדברי הנפש החיים דלשלימות הדביקות צריך לצייר בדעתו שאין כלל ועיקר שום דבר בעולם ואף לא בהגדרה המועטת הנ״ל בסעיף קודם ולכאורה דבר זה צ״ב אמאי והרי הנכון אינו בדיוק כך אלא כנ״ל בסעיף קודם

ה. ויתכן ליישב הדבר דשלימות הדביקות הוא חיבור המחשבה לבחינת עצמותו יתברך הממלא הכל והנה אף שיש בחינה מועטת דנאצלים כנ״ל מכל מקום שלימות הדביקות הוא שלא ליתן דעתו בזה אלא בעצמותו יתברך ולזה יכול להגיע רק על ידי שמחשיב כאילו אינם כלל ועיקר ועוד אפשר לומר באופן אחר דהנה את עצמותו יתברך אין האדם רואה ואילו את הבחינה המועטת של נאצלים הנ״ל רואה בעיניו כל הזמן ואם כן אינו יכול להגיע לדרגת החשיבה האמיתית כשיחשוב בחשיבה האמיתית מפני שחוש הראיה שראה תמיד בו גורם לו לא לחוש את העיקר בדרגתו הגבוהה ולחוש את המועט יותר ממה שהוא וכדי להתגבר על זה מוכרח לחשוב כאילו אין נאצלים כלל ועיקר

ו. ונמצא על פי הנ״ל דסדר הענין הנ״ל הוא בחמשה חלקים שני חלקים בפעולת הבורא והם הנ״ל בסעיף ב׳ ושני חלקים במציאות הבורא והם הנ״ל בסעיף ג׳ וחלק חמישי באופן מחשבת האדם בענין והוא הנ״ל בסעיפים ד׳ וה׳ והנה מבואר בנפש החיים דעל ידי זה זוכה האדם בין לפעול ישועה למעלה מדרך הטבע ובין לסילוק הפרעה אף שהסילוק הוא למעלה מדרך הטבע [ועיין בגליוני לש״ר הנ״ל בסוף סעיף ב׳ מש״כ שם ואכמ״ל]

ז. ועצ״ב אם מבואר בדברים הנ״ל היטב כללות כוונת דברי הנפש החיים בשער א׳ ושער ג׳ בפרטים הנוגעים לנ״ל ובאמת שהוא כתב שיש בזה דבר שאי אפשר להבינו על בוריו בזה״ז [אך יתכן שמש״כ שקשה להבין

הכוונה מצד קושיא אחרת שלא נתבארה לעיל ויתכן שפשוט שכוונתו לדבר האחר ואכמ״ל בזה] ומכל מקום כמדומה שאפשר תועלת גדולה לעבודת הדביקות בדברים הנ״ל [וכמדומה שמבואר בספרים שיש שקשה להם לרכז מחשבת דביקות מסוג הנ״ל בסתמא ויותר קל להם בשעה שהם עסוקים באיזה דבר של עבודת השם יתברך]

ענף ב.

א. בענין חשיבות הדברים הנ״ל בפרק זה בענף קודם וריבוי כוחם לענין הכוחות העל טבעיים יש להעתיק מדברי ספר נפש החיים שער ג׳ פרק י״ב בזה וז״ל ובאמת הוא ענין גדול וסגולה נפלאה להסר ולבטל מעליו כל דינים ורצונות אחרים שלא יכולו לשלוט בו ולא יעשו שום רושם כלל כשהאדם קובע בלבו לאמר הלא ה׳ הוא האלקים האמיתי ואין עוד מלבדו יתברך שום כח בעולם וכל העולמות כלל והכל מלא רק אחדותו הפשוט יתברך שמו ומבטל בלבו ביטול גמור ואינו משגיח כלל על שום כח ורצון בעולם ומשעבד ומדבק טוהר מחשבתו רק לאדון יחיד ברוך הוא כן יספיק הוא יתברך בידו שממילא יתבטלו מעליו כל הכוחות והרצונות שבעולם שלא יוכלו לפעול לו שום דבר כלל

ב. ופירש בנפש החיים שם בזה כוונת ספר הזוהר בהקדמה בדף י״ב ע״א במה שכתוב שם וז״ל פקודא רביעאה למנדע דה׳ הוא האלקים ולאתכללא שמא דאלקים בשמא דהוי״ה וכד ינדע בר נש דכולא חד ולא ישוי פירודא אפילו ההוא סטרא אחרא יסתלק מעל עלמא וכו׳ עכ״ל [תרגום חלק מהדברים שבזוהר הנ״ל ופירוש חלקי לדברים מצוה רביעית לדעת שהשם יתברך הוא האלקים ולכלול את האורות הרוחניים המרומזים בשם אלקים באור העליון המרומז בשם הויה ולדעת שיש רק כח יחידי בעולם שהוא השם יתברך ואז אפילו כוחות הרע הרוחניים העליונים יסתלקו מהעולם ולא יוכלו לפעול שום דבר רע ולא יוכלו למעט את השפע הטוב]

ג. ועוד כתב שם בנפש החיים על עצה זו וז״ל וגם יגזור אומר ויקם לו לפעול ענינים וניסים נפלאים הפוך סדור הכוחות הטבעים כיוון

שמשעבד ומדבק טוהר אמונת לבבו באמת בל תמוט רק לו יתברך לבד ואצלו יתברך הכל שוה כל רגע לפעול בסדור הטבע שקבע או הפוך סדור הטבע כמו שמצינו ברבי חנינא בן דוסא שהיה גוזר אומר ופועל כפי רצונו כל עת הפוך סדור הטבע כאמרו [בגמרא במסכת תענית דף כ"ה ע"א] מי שאמר לשמן וידלק יאמר לחומץ וידלק רוצה לומר הלא אצלו יתברך שוה זה כמו זה כנ"ל וכן הספיק הבורא ברוך הוא בידו וכהנה רבות אתו כמובא בש"ס מנפלאות עניניו עכ"ל

ד. ועיין עוד בנפש החיים שכתב שם שמשה רבינו זכה למעלותיו העצומות בזכות שהשקיע מחשבתו תמיד במחשבה זו וכתב שם עוד בנפש החיים בפרק י"ד קרוב לסופו שמחשבה זו תועלתה עצומה לכח התפילה ובמוסגר שם הוסיף עוד שעל ידי מחשבה זו מתרבה כח התורה של האדם מאוד וכמובן שכמה שיותר מוסיף האדם במחשבה זו בין תוספת זמן ובין תוספת שהמחשבה שקועה חזק בזה מתרבה כח הדבר ואכמ"ל יותר בזה ומפורסם הדבר שמרן הגרי"ז הלוי מבריסק זללה"ה השתמש הרבה בעצה זו של הנפש החיים ואכמ"ל

ה. והנה מבואר בכל הדברים הנ"ל בסעיפים קודמים מהנפש החיים דברים נוראים ועצומים מאוד בענין הכח הנפלא שיש במה שחושב האדם את הענין שיש בעולם רק את עצמותו יתברך אלא שלהבין את מהות הענין צריך לימוד רב ועל זה נתבאר באריכות כל הדברים הנ"ל בפרק ד' ענף א' אמנם הדברים הם דברים עמוקים וכדי להבין היטב את הדברים וביותר להתרגל אחר כך במחשבתו בזה כדאי אולי לחזור כמה פעמים בעיון רב את הדברים הכתובים לעיל בפרק ד' ענף א'

מדרכי העליה פרק ה

פרק ה. בדברי הב"ח באורח חיים סימן מ"ז בביאור מצוות תלמוד תורה ובביאור הכוונות שנכון לכוין בלימוד התורה ובדברי ספר שער רוח הקודש בזה

ענף א.

א. בגמרא במסכת נדרים אמר רב יהודה אמר רב מאי דכתיב מי האיש החכם ויבן את זאת ואשר דיבר פי השם אליו ויגידה על מה אבדה הארץ דבר זה נשאל לחכמים ולנביאים ולמלאכי השרת ולא פירשום עד שפירשו הקב"ה בעצמו שנאמר ויאמר השם על עזבם את תורתי אשר נתתי לפניהם ולא שמעו בקולי ולא הלכו בה מאי ניהו ולא שמעו בקולי ולא הלכו בה אמר רב יהודה אמר רב שלא בירכו בתורה תחילה

ב. ובפירוש הב"ח לטור אורח חיים סימן מ"ז כתב על זה וז"ל [בקצת שינוי] ויש להקשות מאוד למה יצא כזאת מלפניו להענישם בעונש גדול ורם כזה על שלא בירכו תחילה שהוא לכאורה עבירה קלה

ג. ותירץ דנראה דכוונתו יתברך מעולם היתה שנעסוק בתורה כדי שתתעצם נשמתינו בעצמות ורוחניות וקדושת מקור מוצא התורה ולכן נתן הקב"ה תורת אמת לישראל במתנה שלא תשתכח מאתנו כדי שתתדבק נשמתינו וגופינו ברמ"ח אברים ושס"ה גידין ברמ"ח מצוות עשה ושס"ה מצוות לא תעשה שבתורה ואם היו עוסקים בתורה על הכוונה הזאת היו המה מרכבה והיכל לשכינתו יתברך שהיתה השכינה ממש בקרבם כי היכל השם המה ובקרבם ממש היתה השכינה קובעת דירתה והארץ כולה היתה מאירה מכבודו ובזה יהיה קישור לפמליא של מעלה עם פמליא שלמטה והיה המשכן אחד

ד. אבל עתה שעברו חוק זה שלא עסקו בתורה כי אם לצורך הדברים הגשמיים להנאתם הדינים לצורך משא ומתן גם להגאות להראות

מדרכי העליה פרק ה   קנה

חכמתם ולא נתכוונו להתעצם ולהתדבק בקדושת ורוחניות התורה ולהמשיך השכינה למטה בארץ כדי שתעלה נשמתם למדרגה גדולה אחרי מיתתם הנה בזה עשו פירוד שנסתלקה השכינה מן הארץ ועלה לה למעלה והארץ נשארה בגשמותה בלי קדושה וזה היה גורם חורבנה ואבידתה

ה. והוא אמרו מי האיש החכם וגומר על מה אבדה הארץ וגומר ויאמר השם על עזבם את תורתי אשר נתתי לפניהם וגומר ואמר תורתי תורת אמת אשר נתתי במתנה שלא יהיו למדין ושוכחין וגם פירשתי להם טעם כל הדברים ופירושיהם וזהו אשר נתתי לפניהם כשלחן ערוך וכו' וכמ"ש רז"ל על פסוק ואלה המשפטים אשר תשים לפניהם וכוונתי שיתקשרו בעצם קדושת תורתי תורת אמת והשכינה תהא שורה בקרבם והמה עזבו את תורתי ולא הלכו בה פירוש תחילת ההליכה ברוחניות התורה ממדרגה למדרגה כדי שתתדבק הנשמה בעצמות קדושת התורה לא הלכה בה דהיינו לא הלכו בה לשמה בשעה שבאו לפתוח בעסק התורה ולברך לפניו יתברך ולהודות לו על נתינת התורה לעמו ישראל כדי שיהיו דבקים בקדושתם ובשכינתו יתברך והוא המכוון בברכת אשר בחר בנו על אשר קרבנו לפני הר סיני ונתן לנו תורתו הקדושה כלי חמדתו שהיה משתעשע בה בכל יום כדי שתתדבק נשמתינו בעצמות קדושת התורה ורוחניותה ולהוריד השכינה בקרבנו לא הלכו בה לעסוק בדברי תורה לשמה כי בזה נענשו שנסתלקה השכינה מהם ואז אבדה הארץ נצתה כמדבר מבלי עובר כלומר נחרבה ונשארה חומרית מבלי עובר שם קדושת השכינה כי נסתלקה השכינה לגמרי מן הארץ ועלה לה למעלה וכו' עכ"ד הב"ח

ענף ב.

א. ולהבין היטב כוונת דברי הב"ח כדאי לראות את האמור לעיל בפרק א' בביאור המאמר שהקדוש ברוך הוא והתורה ועם ישראל הם דבר אחד עיין שם בכל האמור ועל פי זה מ"ב ואר כוונת הב"ח דענין מצוות תלמוד תורה הוא שעל ידי הלימוד יתמזגו אורות נשמתו עם אורות

התורה הקדושה ועל ידי זה יושפע על נשמתו שפע הארה מהבורא יתברך ואכמ״ל

ב. ובאופן מעשי שקל לאדם לכוונו תוכן כללות הדברים הוא שבשעה שאדם לומד יכוין שני כוונות הראשונה שמכוין על ידי לימוד זה לחבר את נשמתו להשם יתברך [והיינו שיתווסף בחיבור של נשמתו להשם יתברך שהרי בלאו הכי תמיד נשמתו מחוברת להשם יתברך] והשני שמכוין להביא על ידי הלימוד אור עליון מהשם יתברך על נשמתו

ג. ועיין היטב בספר שער רוח הקודש ממהרח״ו דף י״א ע״א שכתב שם בשם האר״י וז״ל גם בענין עסק התורה היה אומר לי מורי ז״ל שעיקר כוונות האדם בעסקו בתורה לשימשיך עליו השגה וקדושה עליונה תלוי בענין זה שכל כוונתו תהיה לקשר את נפשו ולחברה עם שורשה העליון על ידי התורה ותהיה כוונתו בזה כדי שעל ידי כן יושלם תיקון האדם העליון כי זהו תכלית כוונתו יתברך בבריאתו את בני האדם ותכלית צוויו אותם שיעסקו בתורה עכ״ל

ד. והנה להבין את כוונת דברי האר״י ז״ל הנ״ל צריך כמה וכמה הקדמות בקבלה אמנם כמדומה שבכוונה הקצרה הנ״ל בסעיף ב׳ כבר כלול הרבה מתוכן הכוונה שפירש השער רוח הקודש הנ״ל ויועיל זה הרבה לזכות אל הדברים שכתב השער רוח הקודש שזוכה מי שמכוין הכוונה שכתב

ה. והנה כוונת הב״ח אינו להוסיף איזה פרט נוסף בביאור מצוות תלמוד תורה אלא כוונת הב״ח שזה עיקר התוכן של מצוות לימוד התורה שעל ידי זה האדם מתקשר עם השם יתברך ומאיר הארה מהשם יתברך על נשמתו וכמ״ש הב״ח להדיא בדבריו שזה עיקר כוונת נתינת התורה לישראל ושכשנחסר זה ממילא נחרבה הארץ וגלו ממנה וכן השער רוח הקודש מבואר על הכוונה הנ״ל שכתב שעל ידי זה מתווסף הרבה בתכלית שבשבילה נברא האדם ובתכלית שבשבילה ציווה הקדוש ברוך לעסוק בתורה ואם כן חשוב מאוד שירגיל אדם את עצמו למחשבה זו ולחקוק זה בנשמתו שכל פעם שבא לעסוק בתורה יתבונן בשני הדברים

הנ״ל שהם לכוין שעל ידי זה מוסיף בחיבור של נשמתו להשם יתברך ולכוין שיושפע עליו על ידי זה שפע רוחני עצום וקדוש מאת השם יתברך

ו. והנה מלבד שכוונות הנ״ל מוסיפות הרבה בקדושה שמקדש האדם את עצמו על ידי לימוד התורה עוד גדול מאוד כח הכוונות הנ״ל להוסיף לאדם חשק גדול להתמדת הלימוד בתורה הקדושה ולהתגבר על הרבה מההפרעות המזדמנות ללימוד התורה ובזה יתכן לפרש כוונת הגמרא ביומא ל״ה ע״ב דאיתא שם אמרו עליו על הלל הזקן שבכל יום ויום היה עושה ומשתכר בטרפעיק חציו היה נותן לשומר בית המדרש וחציו לפרנסתו ולפרנסת אנשי ביתו פעם אחת לא מצא להשתכר ולא הניחו שומר בית המדרש להכנס עלה ונתלה וישב על פי ארובה כדי שישמע דברי אלקים חיים מפי שמעיה ואבטליון אמרו אותו היום ערב שבת היה ותקופת טבת היתה וירד עליו שלג מן השמים כשעלה עמוד השחר אמר לו שמעיה לאבטליון אבטליון אחי בכל יום הבית מאיר והיום אפל שמא יום המעונן הוא הציצו עיניהן וראו דמות אדם בארובה עלו ומצאו עליו רום ג׳ אמות שלג פרקוהו והרחיצוהו וסיכוהו וכו׳ עיי״ש כל הענין והנה נשתמשו כאן חז״ל על דברי התורה שרצה הלל לשמוע משמעיה ואבטליון בלשון שהדברי תורה הם דברי אלקים חיים כמועתק לעיל מהגמ׳ ויש לעיין בטעם שדוקא כאן קראו בלשון זה לדברי תורה והוא לשון שאינו מצוי כל כך בגמרא על לימוד התורה [ונמצא לשון זה עוד בעירובין י״ג ע״ב בדברי הבת קול אך שם יש טעם הכרחי לנקוט דוקא בלשון זה עיי״ש היטב כל הענין] ויש לפרש דבאו בזה חז״ל ללמדנו מהיכן לקח הלל את הכח הגדול והעצום למסור נפשו ללימוד התורה באופן כל כך נעלה שבשביל לא להפסיד פעם אחת שיעור עלה לגג ושם אזנו בארובה ביום שלג שהוא דבר קשה מאוד כמו שהוכיח סופו על תחילתו שהגיע למצב קשה מאוד מזה כמבואר שם בגמרא וביארו בגמרא שכח זה היה לו על ידי שהתייחס לשמיעת דברי התורה משמעיה ואבטליון ביחס הנכון של שמיעת דברי אלקים חיים והיינו שיחד עם דברי התורה בא אור עליון מהשם יתברך על הנשמה ומחיה את הנשמה

וכרואה האדם את לימוד התורה באופן זה על ידי זה ניתן לאדם כח עצום להתמיד בתורה הקדושה בחשק גדול בכל המצבים ובכל הזמנים

ז. והנה צריך לידע שהדבר ברור שאפילו האדם שאינו מכוין כלל בשני הכוונות הנ"ל בלימודו מכל מקום נפעל דבר זה בלימודו שבכל רגע שלומד מתווסף בחיבור של הנשמה להשם יתברך ובא שפע רוחני מהשם יתברך על הנשמה ועל ידי זה מתקדשת הנשמה מאוד ואפילו אצל אדם שמאוד התרחק חס וחלילה מהשם יתברך וכל זה מכלל מה שאמרו חז"ל שהמאור שבה מחזירן למוטב אלא שאם מכוין האדם לדברים אלו ממילא דברים אלו נפעלים בצורה הרבה יותר חזקה ועל ידי זה מתקדשת נשמתו יותר מאשר בלי לכוין זה וגם ממילא זה מעורר אותו לחשק יותר גדול להתמדה בלימוד התורה הקדושה

פרק ו. מראי מקומות והעתקת דברים בענין הכח הגדול של דביקות המחשבה בהשם יתברך לפעול על מצב ומהות נשמתו של האדם

ענף א. מראי מקומות בכמה ענינים הקשורים לנ"ל

א. בספר שערי קדושה למהרח"ו בשער ג' באריכות לבאר בענין הדביקות שאין זה מחשבה בעלמא אלא נפעל על ידי זה באמת חיבור לבורא יתברך עיי"ש היטב

ב. וגם בפירוש הרמב"ן על התורה בכמה מקומות מבואר בענין הכח הגדול שיש לדביקות המחשבה בהשם יתברך להביא את האדם למדריגות גבוהות

ענף ב. מראי מקומות לדברי הגר"א בעניני דביקות המחשבה בהשם יתברך

א. ויש בזה בדברי הגר"א בכמה דוכתי עיין בביאורו לזוהר בפרשת פקודי בדף ט"ז טור ג' מה שמבואר שם דברים עצומים ונשגבים בענין גודל המעלה שמשיג האדם על ידי דביקות המחשבה בהשם יתברך ושזה השורש הגדול אל המדריגות הגבוהות ומבואר שם שבכל רגע שמדביק את מחשבתו בהשם יתברך משפיעים עליו מהשמים נשמה קדושה עיין שם ומאידך גיסא עיי"ש בדבריו בטור ד' שמבואר שם נוראות בענין פגם המחשבה שמבאר שם שעיקר חומר ענין חטא עץ הדעת היה מפני שעל ידי האכילה היה ירידה בבחינת מחשבתו והנה כתב הגר"א בביאורו לספרא דצניעותא פרק ה' דף ל"ד טור א' שהדברים שכתוב בתורה על אדם הראשון ומשה רבינו וכו' יש בחינה מהם בכל אדם ונמצא שכמו שחטא עץ הדעת היה שורש הירידה של אדם הראשון אצל כל אדם שורש הנסיון שבו תלוי עיקר הדרגה הוא כמה מצליח

לשמור את מחשבתו להיותה דבוקה בהשם יתברך ולא לדעת כלל מעניני הרע

ב. ובביאור הגר״א לזוהר בפרשת בראשית בהיכלות בסוף ביאור להיכל א׳ [דף י״ב טור ג׳] כתב וז״ל והענין כי הרוחות נכללין זה בזה ועולין למעלה למעלה ונעשין אחד משא״כ בחיות ואופנים שהם גופין של רוחין ונהורין שאין להם עליה למעלה רק הסתכלות וכו׳ וכן עליות הנשמה באדם בשבתות וי״ט בתפילה [נתעלה] הרוח לבד והגוף אין לו עליה וכן במשה על הר סיני עכ״ל [במש״כ הגר״א בענין משה עיין לקמן בהשלמה שבסוף הפרק בביאור כוונתו]

ג. ובביאור הגר״א לזוהר בפרשת פקודי לדף רכ״ו ע״א עמ׳ א׳ לפני ביאורו להיכלות דפקודי [דף ט״ז טור ג׳] כתב וז״ל וזה סוד כל העליות שהוא עליות הנשמה במחשבתה והוא סוד כל העליות עכ״ל ועוד שם בהמשך הדברים כתב וז״ל ותדע שכל העליות הכל במוח של כל העולמות כמו המחשבה של האדם עכ״ל

ד. ובביאור הגר״א לשו״ע או״ח סי׳ א׳ סעיף א׳ על מש״כ הרמ״א שם שויתי השם לנגדי תמיד הוא כלל גדול במעלות הצדיקים וכו׳ כתב על זה הגר״א הוא כל מעלות הצדיקים ועיי״ש כל דבריו ולכאורה יש לשאול על דבריו בזה שהרי ידוע בכל מקום מדברי הגר״א שעיקר הכל הוא מצוות לימוד התורה בהתמדה גדולה אמנם ביאור הדברים הוא שאין כלל סתירה בין הדברים כמו שנתבאר לעיל באריכות בפרק ה׳ מדברי הב״ח והשער רוח הקודש שבכל רגע שאדם לומד על ידי זה מתווסף בחיבור של הנשמה להשם יתברך ובא שפע רוחני מהשם יתברך על הנשמה אלא שחשוב מאוד שיכוין לזה האדם בשעת לימודו ועיין היטב בדברי הגר״א בביאורו לספר יצירה המובא לקמן בסעיף הבא

ה. עיין בביאור הגר״א לספר יצירה פרק א׳ משנה ח׳ דף י׳ טור ג׳ וד׳ מש״כ שם בענין התורה ובענין הברית שבתורה

ו. ועיין עוד בביאור הגר״א לספר יצירה פרק א׳ משנה ו׳ דף ט׳ טור ד׳ בד״ה ולמאמרו וכו׳ מש״כ בענין הקשר של עם ישראל להשם יתברך ומש״כ בביאורים לשם

ז. והמעיין היטב בעיון גדול בכל המקומות שמובאים כאן בענף זה מדברי הגר״א וגם לצרף הדברים זה לזה יראה דברים נוראיים בענין כח המחשבה והדביקות עד היכן אפשר לעלות בזה וקשה להאריך בביאור הדברים מפני שחלק מהדברים צריכים הקדמות רבות בעניני קבלה

השלמה

א. מש״כ הגר״א בדבריו הנ״ל בענף ב׳ סעיף ב׳ שכן הוא במשה על הר סיני הנה הדבר ברור שאין כוונתו שלא היתה עליה של גופו של משה שהרי מקרא מפורש שמשה עלה אל האלקים ואין מקרא יוצא מידי פשוטו למשה ממש שאף גופו עלה למרום

ב. אלא כוונתו דהגר״א למאי דאיתא בגמ׳ בסוכה ה׳ ע״א תניא רבי יוסי אומר לעולם לא ירדה שכינה למטה ולא עלו משה ואליהו למרום שנאמר השמים שמים לה׳ והארץ נתן לבני אדם ולא ירדה שכינה למטה והכתיב וירד ה׳ על הר סיני למעלה מעשרה טפחים והכתיב ועמדו רגליו ביום ההוא על הר הזיתים למעלה מעשרה טפחים ולא עלו משה ואליהו למרום והכתיב ומשה עלה אל האלקים למטה מעשרה והכתיב ויעל אליהו בסערה השמים למטה מעשרה והכתיב מאחז פני כסא פרשז עליו עננו ואמר רבי תנחום מלמד שפירש שקי מזיו שכינתו ועננו עליו למטה מעשרה מכל מקום מאחז פני כסא כתיב אשתרבובי אשתרביב ליה כסא עד עשרה ונקט ביה ע״כ

ג. ועיין בפירוש הכותב בעין יעקב [והוא ממהר״י בן חביב] שמפרש דמאי דאמרו על משה ואליהו שעלו למטה מעשרה אין הכוונה לגובה פחות מעשרה טפחים מן הארץ שנמצא שהיו סמוכים מאוד לארץ אלא הכוונה שעלו כמעט עד השמים ונשאר הפרש עשרה טפחים ביניהם

לשמים ודומיא דמאי דאמרו בירידת השכינה להר סיני וכן בקרא דועמדו רגליו ביום ההוא בהר הזיתים שהכוונה לירידה כמעט עד למטה ורק הפרש עשרה טפחים הכא נמי בעליית משה ואליהו הכוונה שעלו כמעט עד למעלה ורק הפרש עשרה טפחים עכ"ד

ד. ועכ"פ בזה מוסיף הגר"א ואומר דמאי דאמרו בגמ' בסוכה הנ"ל דעליית משה לא היתה ממש עד לשמים ומקל וחומר שלא למעלה מן השמים זה רק לענין גופו של משה אבל נשמתו עלתה יותר מגופו ועלתה ממש לשמים ואולי אף יותר גבוה מזה וזכה לזכות עצומה זו לעלות נשמתו כל כך גבוה על ידי עבודתו במחשבה ועיין היטב בספר נפש החיים מש"כ שם בענין כחו של משה

מדרכי העליה פרק ז קסג

פרק ז. בענין כמה קראי בחומש דברים שכתוב בהם מצוות הדביקות בהשם ובסוגיית הגמרא בכתובות קי"א ע"ב שפירשו הכוונה להידבק בתלמידי חכמים ובדברי המסילת ישרים בפרק י"ט שמפרש הכוונה לדביקות המחשבה בהשם יתברך ובסוגיית הגמרא בסוטה י"ד ע"א ובדברי רש"י על התורה בענינים אלו ובדברי כמה ראשונים בענינים אלו

ענף א. דברי הגמרא בכתובות על תרי קראי בפרשת ואתחנן ובפרשת נצבים דכתיב בהם מצוות דביקות בהשם

א. בגמרא בכתובות דף קי"א ע"ב הביאו הפסוק בפרשת ואתחנן פרק ד' פסוק ד' דכתיב שם ואתם הדבקים בה' אלקיכם חיים כולכם היום ואמרו על זה בגמרא וכי אפשר לדבוק בשכינה והכתיב כי ה' אלקיך אש אוכלה אלא כל המשיא בתו לתלמיד חכם והעושה פרקמטיא לתלמידי חכמים והמהנה תלמידי חכמים מנכסיו מעלה עליו הכתוב כאלו מדבק בשכינה [גם הפסוק דאש אוכלה הוא בפרשת ואתחנן בהמשך הענין שם בפרק ד' פסוק כ"ד]

ב. ועוד הביאו בגמרא שם הפסוק בפרשת נצבים פרק ל' פסוק כ' דכתיב לאהבה את ה' אלקיך [לשמוע בקולו] ולדבקה בו ואמרו גם על זה וכי אפשר לאדם לידבק בשכינה אלא כל המשיא בתו לתלמיד חכם והעושה פרקמטיא לתלמידי חכמים והמהנה תלמידי חכמים מנכסיו מעלה עליו הכתוב כאילו מדבק בשכינה

מדרכי העליה פרק ז

ענף ב. יביא עוד קראי בפרשת עקב ובפרשת ראה דכתיב בהם מצוות דביקות בהשם ושלכאורה גם עליהם קאי דברי הגמרא בכתובות הנ"ל

א. והנה דביקות בהשם נזכר בתורה בחמשה מקומות וכולם בחומש דברים ואלו הם (א) בפרשת ואתחנן פרק ד' פסוק ד' כתיב ואתם הדבקים בה' אלקיכם חיים כולכם היום (ב) בפרשת עקב פרק י' פסוק כ' כתיב את ה' אלקיך תירא אותו תעבוד ובו תדבק ובשמו תשבע (ג) בפרשת עקב פרק י"א פסוק כ"ב כתיב כי אם שמור תשמרון את כל המצוה הזאת אשר אנכי מצוה אתכם לעשתה לאהבה את ה' אלקיכם ללכת בכל דרכיו ולדבקה בו (ד) בפרשת ראה פרק י"ג פסוק ה' כתיב אחרי ה' אלקיכם תלכו ואותו תיראו ואת מצוותיו תשמורו ובקולו תשמעו ואותו תעבודו ובו תדבקון (ה) ובפרשת נצבים פרק ל' פסוק כ' כתיב לאהבה את ה' אלקיך לשמוע בקולו ולדבקה בו כי הוא חייך וארך ימיך לשבת על האדמה אשר נשבע ה' לאבותיך לאברהם ליצחק וליעקב לתת להם [והלשונות הם ואתם הדבקים ובו תדבק ולדבקה בו ובו תדבקון ולדבקה בו]

ב. והנה בגמרא בכתובות הנ"ל הביאו שנים מהחמשה הנ"ל והם הראשון והאחרון שהם בפרשת ואתחנן ובפרשת נצבים והקשו איך יתכן זה ופירשו דהכוונה על ידי דביקות בתלמידי חכמים ולכאורה לפי זה הוא הדין בשאר דוכתי שבפרשת עקב וראה נמי יתפרש כן

ג. ויש לעיין אמאי הביאו בגמרא בכתובות הנ"ל דוקא הני תרי קראי דפרשת ואתחנן ופרשת נצבים וצריך לומר לכאורה דלאו דוקא ותרי מחמשה נקט והוא הדין לאידך אמנם צ"ב דבשלמא הראשון שהובא בגמרא בכתובות הוא הראשון מהחמשה הנ"ל אבל השני שהביאו בגמרא הוא החמישי ואמאי לא הביאו מג' הקודמים לו ובפשוטו צריך לומר דאה"נ דלאו דוקא ואין צריך לדקדק בזה ועוד אולי יש לומר דכשמביאים שנים בכהאי גוונא היותר נכון הוא להביא הראשון והאחרון ובזה יותר מתבאר דהוא הדין לכל השאר

קסד

ד. (א) וברש״י על התורה בפרשת עקב פרק י״א פסוק כ״ב הנ״ל דכתיב שם ולדבקה בו כתב רש״י את הדרשה דהגמרא בכתובות הנ״ל (ב) ויש ללמוד מזה לכאורה כנ״ל דלאו דוקא בהני תרי קראי הנזכרים בגמרא בכתובות הנ״ל הפירוש הוא כביאור הגמרא בכתובות הנ״ל אלא גם בעוד דוכתי שנזכר בתורה דביקות בהשם (ג) ובשאר ארבעה דוכתי שכתוב דביקות בהשם בתורה לא כתב רש״י דרשה זו (ד) אבל עיין לקמן בענף ד׳ שהובא שם שבפסוק בפרשת ראה לכאורה פירש רש״י באופן אחר מדרשת הגמרא בכתובות הנ״ל ועיי״ש שלכאורה צ״ב בדבריו בזה

ה. ויש לעיין אמאי על הפסוקים דפרשת ואתחנן ופרשת נצבים שנזכרו בגמרא בכתובות לא הביא רש״י דרשה זו ועל פסוק אחר כן הביא דרשה זו ובפרט דהפסוק בפרשת ואתחנן הנ״ל מוקדם לפסוק בפרשת עקב שעליו כתב רש״י זה וצ״ב [וגם בפרשת עקב עצמה כתוב לשון זה בפסוק יותר מוקדם בפרק י׳ פסוק כ׳ וכנ״ל]

ו. ועיין עוד בספר יהושע פרק כ״ב פסוק ה׳ ופרק כ״ג פסוק ח׳ ובמלכים ב׳ פרק י״ח פסוק ו׳ ובתהלים פרק ס״ג פסוק ט׳ [ועיין עוד בתהלים פרק קי״ט פסוק ל״א]

ענף ג. בדברי הגמרא בסוטה י״ד ע״א על פסוק בפרשת ראה ומו״מ בדברי הסוגיות בכתובות וסוטה בענין זה

א. ובגמרא בסוטה י״ד ע״א הביאו את הפסוק בפרשת ראה פרק י״ג פסוק ה׳ דכתיב אחרי ה׳ אלקיכם תלכו ואמר על זה רבי חמא ברבי חנינא וכי אפשר לו לאדם להלך אחר שכינה והלא כבר נאמר כי ה׳ אלקיך אש אוכלה הוא אלא להלך אחר מדותיו של הקב״ה מה הוא מלביש ערומים דכתיב ויעש ה׳ אלקים לאדם ולאשתו כתנות עור וילבישם אף אתה הלבש ערומים הקב״ה ביקר חולים דכתיב וירא אליו ה׳ באלוני ממרא אף אתה בקר חולים הקב״ה ניחם אבלים דכתיב ויהי אחרי מות אברהם ויברך אלקים את יצחק בנו אף אתה נחם אבלים הקב״ה קבר מתים דכתיב ויקבר אותו בגיא אף אתה קבור מתים

ב. והנה בשני המקומות דהיינו בגמרא בכתובות קי״א ע״ב ובגמרא בסוטה י״ד ע״א הקשו קושיא דומה אבל התירוץ בשני המקומות שונה ובפשוטו אין כאן צד קושיא כלל בחילוק בין התירוצים משום דבגמרא בכתובות קי״א ע״ב קאי על ב׳ מקומות דכתיב בתורה תדבקון ובזה פירשו דהיינו לידבק בתלמידי חכמים ואילו בגמרא בסוטה י״ד ע״א קאי על מקום שכתוב בתורה אחרי ה׳ אלקיכם תלכו ובזה פירשו שהכוונה להלך אחר מדותיו של הקב״ה

ג. והנה בהמשך הפסוק הנ״ל בפרשת ראה שם נזכר גם ענין הדביקות דהכי כתיב שם בפסוק הנ״ל אחרי ה׳ אלקיכם תלכו ואתו תיראו ואת מצותיו תשמורו ובקולו תשמעו ואותו תעבודו ובו תדבקון ע״כ ולפי זה לכאורה בהאי קרא יש לשאול את שני השאלות האחת של הגמרא בסוטה על רישא דקרא וזה שאלו בפירוש בגמרא בסוטה שם והשניה דומה לה את הקושיא של הגמרא בכתובות על סיפא דקרא וזה לא שאלו בגמרא בכתובות אבל אחרי שאמרו שם הקושיא על שני הפסוקים דפרשת ואתחנן ופרשת נצבים הנ״ל הוא הדין לכאורה גם לפסוק זה שבפרשת ראה

ד. והתירוצים יהו שונים דרישא דקרא תירצו בפירוש בגמרא בסוטה דקאי להלך אחר מדותיו של הקב״ה ואילו סיפא דקרא יש לתרץ על דרך שתירצו בגמרא בכתובות הפסוקים דפרשת ואתחנן ופרשת נצבים שהכוונה לידבק בתלמידי חכמים

ענף ד. בדברי רש״י על התורה בענינים הנ״ל

א. אבל ברש״י על התורה בפרשת ראה שם על הפסוק הנ״ל המובא בגמרא בסוטה הנה על תיבות אחרי ה׳ אלקיכם תלכו לא כתוב פירוש כלל ובסיום הפסוק על תיבות ובו תדבקון כתב רש״י וז״ל הדבק בדרכיו גמול חסדים קבור מתים בקר חולים כמו שעשה הקב״ה עכ״ל

ב. והנה מבואר ברש״י דמפרש הדרשה דלנהוג במדותיו של הקב״ה על תיבות ובו תדבקון שבפסוק ודבר זה מבואר בין מהציון ברש״י ובין

מלשונו שכתב הדבק וכו׳ [ויש להוסיף גם שעל התיבות שבאמצע הפסוק כתוב שם ברש״י פירושים וממילא שמע מינה דמש״כ בסוף הפסוק קאי לסיפא דקרא עיי״ש]

ג. ולכאורה דבר זה צ״ע טובא שהרי דרשה זו נאמרה בגמרא בסוטה י״ד ע״א הנ״ל בפירוש על רישא דקרא דכתיב אחרי ה׳ אלקיכם תלכו ואילו על סיפא דקרא דכתיב ובו תדבקון לא דברו בגמרא בסוטה שם כלל

ד. ואדרבה על תיבות אלו נראה בפשוטו על פי הגמרא בכתובות קי״א ע״ב הנ״ל לדרוש דרשה אחרת דהידבק בתלמידי חכמים וצ״ע

ענף ה. בדברי המפרשים מצוות דביקות בהשם הנזכרת בגמרא לדביקות המחשבה בהשם יתברך וידון איך יתפרש לדידהו כוונת הגמרא בכתובות הנ״ל

א. והנה בספר מסילת ישרים פרק י״ט פירש הפסוקים דמצוות הדביקות בהשם באופן אחר מהמבואר בגמרא בכתובות קי״א ע״ב שכתב שם וז״ל הדבקות הוא שיהיה לבו של האדם מתדבק כל כך בשמו יתברך עד שכבר יסור מלפנות ולהשגיח אל שום דבר זולתו וכו׳ ועל הדבקות הוזהרנו בתורה פעמים רבות לאהבה את ה׳ אלקיך וגו ולדבקה בו ובו תדבק ובו תדבקון ודוד אמר דבקה נפשי אחריך וענין כל אלה הפסוקים וכו׳ שהוא הדבקות שהאדם מתדבק בו יתברך שאינו יכול ליפרד ולזוז ממנו עכ״ל [הביא בזה ארבעה פסוקים והם דפרשת נצבים ל׳ כ׳ ודפרשת עקב י׳ כ׳ ודפרשת ראה י״ג ה׳ ודתהלים ס״ג ט׳] ועיי״ש במסילת ישרים שם מש״כ עוד בענין זה ואכמ״ל

ב. ויש לעיין איך ליישב דבריו עם דברי הגמרא בכתובות קי״א ע״ב הנ״ל שפירשו דקראי דדביקות הכוונה להידבק בתלמידי חכמים

ג. ואולי יש לומר דהנה בתורה פשט רמז דרש סוד וגם אמרו שבעים פנים לתורה וכו׳ ואם כן עצם היות שני פירושים אינו קושיא

ד. אבל מה שקשה הוא שבגמרא הרי ביטלו האפשרות לפרש כפשוטו כדאמרו דאי אפשר לפרש לשכינה ממש מפני שזה אש אוכלה

ה. ויש לומר דפירוש התיבה דביקות מתפרש בכמה אופנים ופשוט לגמרא שכולם נכונים ובין הפירושים הוא חיבור במציאות ממש ולא רק במחשבה ועל זה הקשו בגמרא דזה אי אפשר בשכינה וזה פירשו דקאי על חיבור מציאותי ממש לתלמידי חכמים מסוגי החיבור המבוארים בגמרא הנ״ל

ו. ובתרגום אונקלוס בפרשת ואתחנן על ואתם הדבקים בה׳ אלקיכם תרגם ואתון דאדבקתון בדחלתא דה׳ אלקכון ובפרשת עקב ובו תדבק תרגם ולדחלתה תקרב ולדבקה בו תרגם לאתקרבא לדחלתה ובפרשת ראה ובו תדבקון תרגם ובדחלתה תתקרבון ובפרשת נצבים ולדבקה בו תרגם ולאתקרבא לדחלתה עכ״ד ויש לעיין אם שוים הדברים לפירוש המסילת ישרים הנ״ל או שהוא פירוש אחר וצ״ב ועיין עוד בפירושי כמה מהראשונים בפסוקים הנ״ל מש״כ בזה ואכמ״ל

ז. ועיין עוד לקמן בענפים הבאים שהובא שם מפירושי האבן עזרא והרמב״ן בפרשת עקב והרמב״ן בספר המצוות עשה ז׳ והספורנו בענין מצוה זו

ח. ומבואר שם שגם ברמב״ן כתב בין הדברים לדון לפרש את מצוה זו כפירוש המסילת ישרים הנזכר לעיל

ט. ומה שהובא שכאן בענף זה מדברי המסילת ישרים ולא מדברי הרמב״ן הוא מפני שהרמב״ן כתב בכמה דרכים ועל הדרך של דביקות המחשבה כתב רק בלשון שזה נכלל בזה ואילו המסילת ישרים כתב את זה כפירוש העיקרי לפסוק זה והזכיר בדבריו כאן רק את פירוש זה

י. ולאידך גיסא עיין לקמן בפרק ח׳ מה שהובא שם שהרמב״ם בספר המצוות ובהלכות מפרש לגמרי כפשוטו את כוונת הגמרא בכתובות שזו עצם המצוות עשה הגמורה להידבק בתלמידי חכמים

ענף ו. בדברי הרמב"ן על התורה בפרשת עקב פרק י"א פסוק כ"ב בביאור מצוות ולדבקה בו הכתובה שם

א. ברמב"ן על התורה בפרשת עקב פרק י"א פסוק כ"ב על הכתוב כי אם שמור תשמרון את כל המצוה הזאת אשר אנכי מצוה אתכם לעשותה לאהבה את ה' אלקיכם ולדבקה בו כתב הרמב"ן וז"ל ולדבקה בו אמר רבי אברהם [אבן עזרא] בסוף והוא סוד גדול [עכ"ל הראב"ע] ואין הסוד מטעם המקום הזה אולי יאמר לאהבה את ה' ללכת בכל דרכיו עד שתהיו ראויים לדבקה בו בסוף

ב. ונאמר ביהושע [פרק כ"ג פסוקים ז' וח'] ובשם אלהיהם לא תזכירו ולא תשביעו ולא תעבדום ולא תשתחוו להם כי אם בה' אלקיכם תדבקו כאשר עשיתם עד היום הזה אם כן היא אזהרה מאזהרות ע"ז שלא תפרד מחשבתו מן השם אל אלהים אחרים שלא יחשוב שיהיה בעבודה זרה שום עיקר אלא הכל אפס ואין

ג. והנה זה כמו שאמר עוד לקמן [בפרשת ראה פרק י"ג פסוק ה'] ואותו תעבודו ובו תדבקון והכוונה להזהיר שלא יעבוד השם וזולתו אלא לה' לבדו יעבוד בלבו ובמעשיו

ד. ויתכן שתכלול הדביקה לומר שתהיה זוכר את השם ואהבתו תמיד לא תפרד מחשבתך ממנו בלכתך בדרך ובשכבך ובקומך עד שיהיו דבריו עם בני אדם בפיו ובלשונו ולבו איננו עמהם אבל הוא לפני ה' ויתכן באנשי המעלה הזאת שתהיה נפשם גם בחייהם צרורה בצרור החיים כי הם בעצמם מעון לשכינה כאשר רמז בעל ספר הכוזרי וכבר הזכרתי מזה בפרשת עריות [פרשת אחרי מות פרק י"ח פסוק ד'] ומה שאמר יהושע כאשר עשיתם עד היום כי בהיותם במדבר וענן ה' עליהם והמן יורד מן השמים והשלו עולה והבאר לפניהם תמיד וכל מעשיהם בידי שמים בדברים נסיים הנה מחשבתם ומעשיהם עם השם תמיד ולכן יזהירם יהושע שגם עתה בארץ בהסתלק מהם המעשים הנפלאים ההם תהיה מחשבתם בהם תמיד לדבקה בשם הנכבד והנורא ולא תפרד כוונתם מן השם עכ"ל

ה. ובביאור דברי הרמב״ן הנ״ל הנה בביאור דברי האבן עזרא המובאים ברמב״ן לכאורה כוונת הדברים הוא לדיבוק הנפש בהשם יתברך אחרי הפטירה וביאור מהות חיבור זה הוא סוד עמוק שהרי ביחס להשם יתברך אף הנשמה היא גשמית ואין שייך לחבר את הנשמה ממש להשם יתברך אך מכל מקום יש סוג של חיבור שכן שייך והוא חיבור חזק מאוד יותר מכל חיבורים שיש בעולם הזה לשני דברים וביאור הענין הוא סוד עמוק

ו. ואחר כך הביא הרמב״ן מענין הדביקות המוזכר בספר יהושע שלפי פשוטו הכוונה להאמין רק בהשם יתברך ולא בעבודה זרה וגם ענין הדביקות שבפרשת ראה צידד הרמב״ן לפרשו כן והטעם שפירש כן בפרשת ראה יותר מכאן משום דשם בפרשת ראה מיירי מענין נביא שמצוה לעבודה זרה שאסור לשמוע לו ולכן הענין שם בפשוטו מתפרש מענין איסור עבודה זרה ונראה ברמב״ן שיש לו צד לפרש גם בענין מצוות הדביקות שבפסוק בפרשת עקב פרק י״א פסוק כ״ב שהכוונה לזה

ז. ואחר כך כתב הרמב״ן לפרש ענין הדביקות שבפרשת עקב פרק י״א פסוק כ״ב שהכוונה לדביקות המחשבה התמידית בהשם יתברך כמו שמועתק לעיל בסעיף ד׳ באריכות מדברי הרמב״ן

ח. ואחר כך כתב הרמב״ן שגם את ענין הדביקות הנזכר בספר יהושע יתכן לפרש לענין דביקות המחשבה התמידית בהשם יתברך

ט. אמנם יש להעיר אמאי בכל אריכות הדברים וג׳ פירושים שדן הרמב״ן בדבריו הנ״ל בביאור הפסוק המדבר על דביקות לא הזכיר מדברי הגמרא בכתובות קי״א ע״ב שפירשו הדביקות בהשם האמורה בתורה לענין דביקות בתלמידי חכמים ואף אם סבירא ליה שהוא בדרך דרש מכל מקום הוי ליה לכאורה להזכירו ולומר שעדיין צריך פירוש בדרך הפשט לפסוק

י. ועיין עוד ברמב״ן על התורה לעיל בפרשת ואתחנן בפרק ו׳ פסוק י״ג שבנידונו בביאור הכתוב של ובשמו תשבע כשהביא את דברי המדרש תנחומא בזה הביא אגב אורחא גם את דברי המדרש תנחומא שבתוך

דבריו בביאור ענין ובשמו תשבע פירשו גם את ענין הדביקות ופירשו שם הענין כמו בגמרא בכתובות קי״א ע״ב הנ״ל שהכוונה לדביקות בתלמידי חכמים והועתק שם כל זה ברמב״ן עיי״ש

יא. ועיין עוד מש״כ הרמב״ן בספר המצוות בעשה ז׳ בענין ביאור מצוות ובו תדבק ויש שם בדבריו כמה ענינים ואכמ״ל ולקמן בפרק ט׳ הובא מדברי הרמב״ן בכמה דוכתי בענין דביקות המחשבה בהשם יתברך עיי״ש

יב. בספורנו בפרשת עקב פרק י״א פסוק כ״ב כתב וז״ל ולדבקה בו שיהיו כל מעשיכם מכוונים לעשות רצונו כאמרו בכל דרכיך דעהו עכ״ל ועיין על דרך זה בספורנו בפרשת ראה פרק י״ג פסוק ה׳

ענף ז. יבאר דהדבר מוסכם לכולי עלמא שדביקות המחשבה בהשם יתברך הוא מצוה עצומה מאוד

א. ועכ״פ לעיקר הדבר צריך לידע שאף אם יהיה פירוש המצוות עשה הגמורה כפשט הגמרא בכתובות קי״א ע״ב הנ״ל מכל מקום ודאי שמצוות דביקות המחשבה בהשם יתברך היא משרשי התורה ומצוה חשובה מאוד ואין כוונת הגמרא בכתובות דף קי״א ע״ב ח״ו לומר שאין מצוה בזה ולכן כל אדם ישתדל בכל כוחו להשיג בזה כמה שיותר ועיקר ההשתדלות הוא על ידי העמל בתורה ותפילות להשם

ב. והנה המפרש ביותר כפשוטו את דברי הגמרא בכתובות כפשטן שזהו המצוות עשה הגמורה דדביקות להידבק בתלמידי חכמים הוא הרמב״ם בספר המצוות ובהלכות דעות וכמובא לקמן בפרק ח׳ באריכות עיי״ש ועם כל זה ברמב״ם במורה נבוכים בחלק ג׳ קרוב לסופו האריך מאוד שמעיקרי התורה הוא ענין הדביקות ועיין עוד לקמן בפרק ח׳ מה שהובא מדברי הרמב״ם בהלכות ומדברי הרמב״ם בספר המצוות עשה ג׳ בענין זה ואכמ״ל אבל בספר המורה האריך ביותר לעשות דבר זה מעיקרי התורה ממש עיי״ש באריכות

ג. ואף שיש דברים בספר המורה שהם לא עבור כל אדם כידוע מדברי הרמב״ם עצמו בענין זה אבל מדברי הרמב״ם הנ״ל בסעיף קודם

הביאו כל הפוסקים שברמ"א באו"ח סימן א' סעיף א' העתיק שם מדברי הרמב"ם דשויתי השם לנגדי תמיד הוא כלל גדול במעלות הצדיקים וכו' עיי"ש

ד. אמנם במה שפירש שם בספר המורה שזה תכלית המצוות וכו' בזה חלקו עליו רבים ואכמ"ל ומבואר הדבר באריכות בכתבי האר"י שבכל מצוה יש תיקונים עצומים בעולמות העליונים עיי"ש ובאמת שבענין הסבר טעמי המצוות רבו השיטות ואכמ"ל אבל עיקר הדבר שהרמב"ם נוקט שם במורה את ענין זה כענין מהותי חשוב מאוד ביסודי הדת בזה ודאי שדבריו מוסכמים מאוד

ה. ובביאור הגר"א לשולחן ערוך בסימן א' סעיף א' על דברי הרמ"א שם ששויתי השם לנגדי תמיד זה כלל גדול במעלות הצדיקים כתב הגר"א יותר מזה שזה כל מעלות הצדיקים והביא שם מכמה קראי לבאר כן ועיין עוד בביאור הגר"א באו"ח סימן א' שבדבריו שם בענין הקדושים מבואר הגדרה מהו הקדושים שכתב שם וז"ל העומדים תמיד לפני ה' וכן בדברי הגר"א בספריו בתורת הקבלה מבואר הרבה בחשיבות דביקות המחשבה בהשם יתברך

ו. ולקמן בפרק ט' הובאו כמה דברים בענין החשיבות העצומה שבזה מדברי הרמב"ן בכמה דוכתי עיי"ש

ז. ובספר נפש החיים שער ג' האריך ביותר בענין חשיבות הדביקות וכתב שם בפרק י"ג שזה היה עבודת האבות הקדושים כל ימיהם עיי"ש וביאר שזהו כוונת מאמר חז"ל [בבראשית רבה פרשה מ"ז והובא ברש"י על התורה בפרק י"א פסוק כ"ב] דאמר ריש לקיש האבות הן הן המרכבה וכן עבודת משה רבינו פירש שם שהיה בענין זה וכתב שם אריכות לבאר פרטי הבדלי הדביקות בין עבודת האבות לעבודת משה רבינו עיי"ש כל הענין

השלמה

א. שו"ר מובא בספר דעת נוטה חלק א' בביאורים שגם החרדים בפרק ט' אות י' הביא את דברי הרמב"ן על התורה בדברים פרק י"א פסוק כ"ב הנ"ל

ב. ושהחיי אדם בתחילת ספרו פירש דמצווה זו של דביקות היינו דביקות המחשבה בהשם יתברך עיי"ש לשונו

ג. ושהפני יהושע בכתובות קי"א ע"ב כתב דקושיית הגמרא איך אפשר להידבק והתירוץ להידבק בתלמידי חכמים הוא מפני שפסוק זה צריך להתפרש לכל ישראל ודביקות המחשבה לא לכל אדם אפשרי

ד. וכן עד"ז בהפלאה לכתבות דף צ"ו ע"א ד"ה כל המונע [כל הנ"ל מהביאורים שבספר דעת נוטה עמוד י"ט]

ה. ולפי זה יש להעיר במש"כ בפנים להקשות למאי דפירשו המצוה להידבק בתלמידי חכמים תלמידי חכמים עצמם איך יקיימו זה ולנ"ל אולי יש לתרץ זה

פרק ח. בדברי הרמב"ם בספר המצוות ובהלכות בענין מצוות הדביקות ושמבואר בדבריו דמפרש כפשוטו את הגמ' בכתובות שהמצוה להידבק בתלמידי חכמים ובפרטי מצוה זו ובדברי הרמב"ם בענין מצוות והלכת בדרכיו ועוד בירורים בדברי הגמ' בכתובות הנ"ל בפרק קודם ויבאר שמכל מקום מודה הרמב"ם שיש מצוות עשה חיובית גמורה לדביקות המחשבה בהשם יתברך והתלהטות הנשמה אליו והוא במצוות עשה דאורייתא של אהבת השם

ענף א. בדברי הרמב"ם בספר המצוות בעשין ו' בענין המצוות עשה דדביקות ובדברי הרמב"ם בזה בעוד דוכתי ושמבואר מדבריו שמפרש את דברי הגמ' בכתובות קי"א הנ"ל ממש לפירוש הפשוט לגמרי של המצוות עשה דאורייתא

א. ברמב"ם בספר המצוות בעשין ו' שהוא העשה דלדבקה בו וכתב הרמב"ם בזה וז"ל מצוה ו' היא שציונו להתחבר עם החכמים ולהתיחד עמהם ולהתמיד בישיבתם בכל אופן מאופני העבודה והחברה במאכל ובמשתה והעסק כדי שיגיע לנו להדמות במעשיהם ולהאמין האמתיות מדבריהם והוא אמרו יתעלה ובו תדבק וכבר נכפל זה הציווי גם כן ולדבקה בו ובא בספרי ולדבקה בו הדבק בחכמים ותלמידיהם וכן הביאו ראיה על זה חיוב האדם לישא בת תלמיד חכם ולהאכיל תלמידי

חכמים ולתת להם עסק מאמרו ובו תדבק ואמרו וכי אפשר לו לאדם לידבק בשכינה והא כתיב כי ה' אלקיך אש אוכלה הוא אלא כל המשיא בתו לתלמיד חכם והנושא בת תלמיד חכם והמהנה תלמיד חכם מנכסיו מעלה אליו הכתוב כאילו נדבק בשכינה עכ"ל

ב. וברמב"ם בהלכות דעות פרק ו' הלכה ב' כתב וז"ל מצות עשה להידבק בחכמים ותלמידיהם כדי ללמוד ממעשיהם כענין שנאמר ובו תדבק וכי אפשר לאדם להידבק בשכינה אלא כך אמרו חכמים בפירוש מצוה זו הדבק בחכמים ובתלמידיהם לפיכך צריך האדם להשתדל שישא בת תלמיד חכם וישיא בתו לתלמיד חכם ולאכול ולשתות עם תלמידי חכמים ולעשות פרקמטיא לתלמיד חכם ולהתחבר להן בכל מיני חבור שנאמר ולדבקה בו וכן צוו חכמים והוי מתאבק בעפר רגליהם ושותה בצמא את דבריהם עכ"ל

ג. וברמב"ם בהלכות דעות במנין המצוות שבתחילתו במצוות עשה כתב וז"ל להדבק ביודעיו עכ"ל

ד. וברמב"ם במנין המצוות הכללי שבתחילת היד החזקה בעשה ו' כתב וז"ל לדבקה בו שנאמר ובו תדבק עכ"ל והנה כאן לא פירש הרמב"ם את הפירוש שכתב בשאר מקומות הנ"ל אמנם ברור שילמד סתום מן המפורש וקיצר כאן וסמך על מה שהאריך בהלכות דעות ובספר המצוות וגם במנין המצוות שבתחילת הלכות דעות אף שקיצר מכל מקום פירש הכוונה להידבק ביודעיו כמועתק לעיל וכאן כנראה שרצה הרמב"ם לכתוב יותר על דרך לשון הפסוק

ה. והמבואר מכל הנ"ל שהרמב"ם מפרש את דרשת הגמ' בכתובות קי"א עמ' ב' שהוא בדרך פשט ולא רק בדרך דרש וכתב את כל הפרטים הנ"ל של קשר עם החכמים כהלכה למעשה שזו המצוות עשה דאורייתא של ובו תדבק וכן את המצוה של ולדבקה בו ולא הביא לדינא עוד מצוה עשה דאורייתא הכלולה בפסוקים אלו

קעו מדרכי העליה פרק ח

ענף ב. יבאר דמה שלכמה מפרשים כלול במצוות עשה דלדבקה בו דביקות המחשבה בהשם יתברך והתלהטות הנשמה אליו גם לרמב"ם הוא מצוות עשה דאורייתא חיובית אלא שהוא נלמד מפסוק אחר דמצוות אהבת השם ויביא שהדברים מבוארים להדיא בדברי הרמב"ם

א. נתבאר באריכות בדברים הנ"ל בענף א' שהרמב"ם בספר המצוות עשה ו' ובהלכות דעות פירש בפשיטות את המצוות עשה של ובו תדבק להידבק בתלמידי חכמים על פי הגמרא בכתובות דף קי"א ע"ב ולא הזכיר כלל מענין דביקות המחשבה בהשם יתברך במצוה זו

ב. אמנם באמת הרמב"ם במצוות אהבת השם כלל במילים חריפות ביותר את אותם הדברים שהמפרשים הנ"ל פירשו בכלל כוונת הפסוק ובו תדבק

ג. ויש להביא בזה מלשונות הרמב"ם כתב הרמב"ם בהלכות יסודי התורה פרק ב' הלכה א' הקל הנכבד הזה מצוה לאהבו וליראה ממנו שנאמר ואהבת את ה' אלקיך ונאמר את ה' אלקיך תירא ובהלכה ב' כתב בענין האהבה וז"ל מיד הוא אוהב ומשבח ומפאר ומתאוה תאוה גדולה לידע השם הגדול כמו שאמר דוד צמאה נפשי לאלקים לקל חי עכ"ל

ד. ועיקר דברי הרמב"ם בביאור פרטי ענין האהבה שנצטוינו בה בתורה כתובים בדבריו בהלכות תשובה פרק עשירי [ויש לעיין אמאי כתבם שם ולא בהלכות יסודי התורה הנ"ל ששם כתב את עיקר המצוה] וכתב שם וז"ל העובד מאהבה עוסק בתורה ובמצוות והולך בנתיבות החכמה לא מפני דבר בעולם לא מפני יראת הרעה ולא כדי לירש הטובה אלא עושה האמת מפני שהוא האמת וסוף הטובה לבוא בכלל ומעלה זו היא מעלה גדולה ואין כל חכם זוכה לה והיא מעלת אברהם אבינו שקראו

הקדוש ברוך הוא אוהבי לפי שלא עבד אלא מאהבה והיא המעלה שציונו הקדוש ברוך הוא על ידי משה רבינו שנאמר ואהבת את ה׳ אלקיך בכל לבבך ובכל נפשך ובכל מאודך ובזמן שיאהבה את ה׳ אהבה הראויה מיד יעשה כל המצוות מאהבה

ה. וכיצד היא האהבה הראויה הוא שיאהב את ה׳ אהבה גדולה יתירה רבה עזה עד מאוד עד שתהא נפשו קשורה באהבת ה׳ ונמצא שוגה בה תמיד וכו׳ בין בשבתו בין בקומו בין בשעה שהוא אוכל ושותה יתר מזה תהיה אהבת ה׳ בלב אוהביו שוגים בה תמיד כמו שציונו בכל לבבך ובכל נפשך ובכל מאודך וכו׳ עכ״ל

ו. ובהלכה ו׳ כתב וז״ל דבר ידוע וברור שאין אהבת ה׳ נקשרת בלבו שלאדם עד שישגה בה תמיד כראוי ויעזוב כל שבעולם חוץ ממנה כמו שצוה ואמר בכל לבבך ובכל נפשך וכו׳ עכ״ל

ז. וברמב״ם בספר המצוות מצוות עשה ג׳ כתב וז״ל היא שציונו לאהבו יתעלה וזה שנתבונן ונשכיל מצוותיו ופעולותיו עד שנשיגהו ונתענג בהשגתו תכלית התענוג וזאת היא האהבה המחויבת עכ״ל ומכלל מש״כ שיהיה השגתו תכלית התענוג שצריך שיהיה הקשר הנשמתי של האדם לבוראו התענוג הכי גדול שיש לו בעולם שאם יש לו תענוג יותר מזה כבר לא קיים מש״כ הרמב״ם שהוא תכלית התענוג וכתב הרמב״ם על דבר זה שהוא האהבה המחויבת

ח. ויש לברר מהיכן יצא לרמב״ם דבר זה שענין זה שיהיה זה תכלית התענוג של האדם הוא חיוב במצוות עשה ויש לומר דנפקא ליה מדכתיב ואהבת את ה׳ אלקיך בכל לבבך ובכל נפשך ובכל מאודך ואף שדרשו במשנה וגמרא בברכות פרק תשיעי בכל לבבך בשני יצריך ובכל נפשך אפילו נוטל את נפשך ובכל מאודך בכל ממונך דבר אחר בכל מידה ומידה שודד הוי מודה לו במאוד מאוד והוא דרשה גמורה שהרי מהדרשה דבכל נפשך הנ״ל למדו בגמרא בפסחים כ״ד וסנהדרין ע״ד שאיסור עבודה זרה הוא ביהרג ואל יעבור אך מכל מקום סובר הרמב״ם שאין מקרא יוצא מדי פשוטו שכוונת לשונות אלו בכל לבבך ובכל נפשך

ובכל מאודך מורה על שלימות האהבה המוחלטת ומפרש הרמב״ם דלקיום כל תנאים אלו צריך שיהיה הקשר עם השם יתברך התענוג היותר גדול שיש לאדם

ח. והנה הרמב״ם בהלכות תשובה הנ״ל כתב על ההגדרות החריפות שכתב בביאור הפסוק ואהבת את ה׳ אלקיך בכל לבבך ובכל נפשך ובכל מאודך שיומם ולילה לא מסיח דעת מזה ושאין לו עוד דבר בעולמו וכו׳ שזו האהבה הראויה ואילו בספר המצוות על מה שכתב שהוא תכלית התענוג כתב דהוא האהבה המחויבת ואולי יש לדון דלשונות אלו בדוקא דלהיות זה התענוג היותר גדול שיש לו חייב האדם להגיע אמנם למדרגות שכתב בהלכות תשובה שכתב שאפילו לא כל החכמים זוכים לזה על זה כתב שהיא האהבה הראויה ולא כתב המחויבת

ט. אמנם צ״ב אם נכון לחלק כן שהרי כולהו נפקא מדכתיב בכל לבבך ובכל נפשך ובכל מאודך עיין ברמב״ם בהלכות תשובה פרק י׳ הלכה ו׳

י. וגם שלשון הרמב״ם בספר המצוות שלפנינו הוא תרגום מערבית ואולי באמת התרגום המדויק גם שם הוא האהבה הראויה וצ״ב

יא. ועיין עוד לעיל בסוף פרק ז׳ מה שהובא שם מדברי הרמב״ם בספר המורה בענין חשיבות דביקות המחשבה בהשם יתברך

ענף ג. מו״מ בפרטי מצות עשה הנ״ל של דביקות בתלמידי חכמים

א. ויש לעיין במצוות עשה דאורייתא זו כפי הפירוש הנ״ל שהוא להידבק בחכמים דאם כן החכמים עצמם שהמצוה היא להידבק בהם כדי ללמוד מדרכיהם הם עצמם במה יקיימו את מצוה זו

ב. ואפשר לומר דכל חד בגדול ממנו וכדאשכחן ברמב״ם הנ״ל שכתב שהמצוה להידבק בחכמים ובתלמידיהם והנה להמון העם כשנדבק בתלמיד לומד ממנו עליה בעבודת השם והתלמיד עצמו כשדבק בחכם לומד ממנו עליה בעבודת השם

ג. אמנם עצ"ב בראשי הדור איך יהא אצלהם מצוות עשה זו וצ"ב ואולי יש ליישב דכיון שהאיש הפשוט כשנדבק בחכם ללמוד מדרכים מקיים מצוה זו ממילא גם החכם שמרגיל עצמו בדרכים הראויות מקיים מצוה זו דאף דיש לטעון על זה שבגמ' נראה שאמרו בדוקא על דביקות בחכמים ולא על הליכה בדרכי עבודת השם כדי ליישב לשון הדביקות דקרא שהוא הדביקות בתלמידי חכמים אבל מכל מקום אפשר לומר אולי דאזלינן לפי שורש המצוה וגם באופן אחר מהכתוב בפסוק כיון שמתקיים טעם המצוה מקיים המצוה

ד. אבל יש להעיר על זה דהרמב"ם פירט הרבה אופן קיום מצוה זו גם בספר המצוות וגם בהלכות דעות ולא כתב שבהליכה בדרכי עבודת השם מקיים זה ורק כתב דבהידבקו בתלמידי חכמים שלומד מהם מקיים מצוות עשה זו ומשמע מזה לכאורה שרק באופן זה מקיים את המצוה

ענף ד. מדברי הרמב"ם בענין המצוות עשה של והלכת בדרכיו ואחרי ה' תלכו על פי דברי הגמ' בסוטה י"ד הנ"ל בפרק קודם

א. וברמב"ם בספר המצוות בעשה ח' כתב וז"ל הוא שצונו להדמות בו יתעלה כפי היכולת והוא אמרו והלכת בדרכיו וכבר נכפל זה הציווי ואמר ללכת בכל דרכיו ובא בפירוש [בגמ' במסכת סוטה דף י"ד] מה הקדוש ברוך הוא נקרא חנון אף אתה היה חנון מה הקדוש ברוך הוא נקרא רחום אף את היה רחום מה הקדוש ברוך הוא נקרא חסיד אף אתה היה חסיד וכבר נכפל זה הענין בלשון אחר ואמר אחרי ה' תלכו ובא בפירוש שרצה לומר ההדמות בפעולותיו הטובות והמדות הנכבדות שיתואר בהם הקל יתעלה על צד המשל יתעלה על הכל עילוי רב

ב. וברמב"ם בהלכות דעות פרק א' הלכה ה' וו' כתב וז"ל ומצווין אנו ללכת באלו הדרכים הבינונים והם הדרכים הטובים והישרים שנאמר והלכת בדרכיו כך למדו בפירוש מצוה זו מה הוא נקרא חנון אף אתה היה חנון מה הוא נקרא רחום אף אתה היה רחום מה הוא נקרא קדוש

אף אתה היה קדוש ועל דרך זו קראו הנביאים לקל בכל אותן הכנויים ארך אפים רב חסד צדיק וישר תמים גבור וחזק וכיוצא בהן להודיע שהן דרכים טובים וישרים וחייב אדם להנהיג עצמו בהן ולהדמות אליו כפי כחו עכ״ל [ומש״כ זה על הדרכים הבינוניים אין כוונתו לאפוקי להטיב יותר מהבינוני שהרי כתב בתחילת הלכה ה׳ שהנוהג בחסידות יותר ממידה בינונית הוא חסיד והוא הנקרא העושה לפנים משורת הדין עיי״ש אלא כוונתו לאפוקי שהלך ממידה בינונית לצד הלא טוב]

ג. ובמנין המצוות הכללי שבתחילת היד החזקה כתב וז״ל מצוה ח׳ להדמות בדרכיו הטובים והישרים שנאמר והלכת בדרכיו עכ״ל

ד. ובמנין המצוות שבתחילת הלכות דעות בעשה הראשון כתב להדמות בדרכיו עכ״ל

ה. ועיין היטב בשינויי הלשון שברמב״ם במה שהוסיף בדבריו שבהלכות דעות על דבריו שבספר המצוות גם מה נקרא קדוש אף אתה היה קדוש ובגמ׳ בסוטה דף י״ד עמ׳ א׳ כל הדברים הכתובים שם הם דברים שבין אדם לחברו ויש לפלפל ואכמ״ל בזה

ענף ה. במה שיש לדון בדברי הגמ׳ בכתובות והרמב״ם הנ״ל במהנה לתלמיד חכם ואוכל ושותה עמו׳ וכו׳ מדברי הגמ׳ בסנהדרין נ״ב דדברים אלו משפילים ערך התלמיד חכם אצל עם הארץ

א. הנה כמובא לעיל בפרק קודם בגמ׳ בכתובות דף קי״א ע״ב הביאו הפסוק בפרשת ואתחנן פרק ד׳ פסוק ד׳ דכתיב ואתם הדבקים בה׳ אלקיכם חיים כולכם היום ואמרו על זה וכי אפשר לדבוק בשכינה והכתיב כי ה׳ אלקיך אש אוכלה אלא כל המשיא בתו לתלמיד חכם והעושה פרקמטיא לתלמידי חכמים והמהנה תלמידי חכמים מנכסיו מעלה עליו הכתוב כאלו מדבק בשכינה [גם הפסוק דאש אוכלה הוא בפרשת ואתחנן בהמשך הענין שם בפרק ד׳ פסוק כ״ד]

מדרכי העליה פרק ח

ב. ועוד הביאו בגמ' הפסוק בפרשת נצבים פרק ל' פסוק כ' דכתיב לאהבה את ה' אלקיך [לשמוע בקולו] ולדבקה בו ואמרו גם על זה וכי אפשר לאדם לידבק בשכינה אלא כל המשיא בתו לתלמיד חכם והעושה פרקמטיא לתלמידי חכמים והמהנה תלמידי חכמים מנכסיו מעלה עליו הכתוב כאילו מדבק בשכינה

ג. וכמובא לעיל בפרק זה בענף א' ברמב"ם בספר המצוות בעשין ו' שהוא העשה דלדבקה בו וכתב הרמב"ם בזה וז"ל מצוה ו' היא שציונו להתחבר עם החכמים ולהתיחד עמהם ולהתמיד בישיבתם בכל אופן מאופני העבודה והחברה במאכל ובמשתה והעסק כדי שיגיע לנו להדמות במעשיהם ולהאמין האמתיות מדבריהם והוא אמרו יתעלה ובו תדבק וכבר נכפל זה הציווי גם כן ולדבקה בו ובא בספרי ולדבקה בו הדבק בחכמים ותלמידיהם וכן הביאו ראיה על זה חיוב האדם לישא בת תלמיד חכם ולהאכיל תלמידי חכמים ולתת להם עסק מאמרו ובו תדבק ואמרו וכי אפשר לו לאדם לידבק בשכינה והא כתיב כי ה' אלקיך אש אוכלה הוא אלא כל המשיא בתו לתלמיד חכם והנושא בת תלמיד חכם והמהנה תלמיד חכם מנכסיו מעלה אליו הכתוב כאילו נדבק בשכינה עכ"ל

ד. וברמב"ם בהלכות דעות פרק ו' הלכה ב' כתב וז"ל מצות עשה להידבק בחכמים ותלמידיהם כדי ללמוד ממעשיהם כענין שנאמר ובו תדבק וכי אפשר לאדם להידבק בשכינה אלא כך אמרו חכמים בפירוש מצוה זו הדבק בחכמים ובתלמידיהם לפיכך צריך האדם להשתדל שישא בת תלמיד חכם וישיא בתו לתלמיד חכם ולאכול ולשתות עם תלמידי חכמים ולעשות פרקמטיא לתלמיד חכם ולהתחבר להן בכל מיני חבור שנאמר ולדבקה בו וכן צוו חכמים והוי מתאבק בעפר רגליהם ושותה בצמא את דבריהם עכ"ל

ה. ויש להעיר בזה דבגמ' בסנהדרין דף נ"ב סוע"א ורע"ב איתא אמר רבי אלעזר למה תלמיד חכם דומה לפני עם הארץ בתחילה דומה לקיתון של זהב סיפר הימנו [וברבינו חננאל גורס סיפר עמו] דומה

לקיתון של כסף נהנה ממנו דומה לקיתון של חרש כיוון שנשבר אין לו תקנה ע״כ [ובמהרש״א בחידושי אגדות שם מפרש דסיפר הימנו הכוונה בדברי חולין עיי״ש]

ו. והנה לפי זה יוצא שבשעה שמקיים את המצוה להנות תלמידי חכמים מנכסיו כמפורש בגמ׳ וברמב״ם מוריד בעיניו את ערך התלמיד חכם עד לדרגה של כלי חרס וכן בחיבור המרובה שכותב הרמב״ם באכילה ושתיה וכו׳ לכאורה יש פעמים שרחוק הדבר שלא יגיע לידי מה שאמרו סיפר הימנו שגם כן מוריד בערכו

ז. ויש לעיין אם כן בישוב הדברים אהדדי ולומר דהוא פלוגתא רחוק הדבר כיוון שבשני המקומות בגמ׳ סתמו ועוד שבגמ׳ בכתובות שם עיי״ש היטב מתחילת הסוגיא וכל הענין שמבואר שהוא דברי רבי אלעזר תלמידו של רבי יוחנן וגם בגמ׳ בסנהדרין איתא זה בשם רבי אליעזר והגיהו שם במסורת הש״ס לגרוס רבי אלעזר וכוונתם לכאורה לרבי אלעזר האמורא תלמידו של רבי יוחנן

ח. ולכאורה היה אפשר לומר שאין הכי נמי ויש בזה מחד גיסא תועלת ומאידך גיסא נזק אבל יש לעיין אם יתכן ליישב כן שהרי הרמב״ם מפרש שעיקר התועלת הוא שעל ידי זה ילמד מדרכי התלמידי חכמים ואם כל כך יורד ערכם בעיניו על ידי זה איך ילמד מדרכיהם ואולי מכל מקום הוא תועלת גדולה שכל כך יש הרבה לעם הארץ מה ללמוד מהתלמיד חכם עד שבכל אופן יש בזה צד תועלת ועצ״ב בכל זה

ט. אך יתכן דמשמעות הדברים סותרת דהיינו שבגמ׳ בכתובות קי״א ע״ב וברמב״ם בספר המצוות ובהלכות דעות נראה שזה האופן הרצוי לנהוג להנות את התלמידי חכמים ולאכול ולשתות עמם וכו׳ ובדברי חז״ל שנעשה ככלי חרס הנשברים נראה שאין ראוי לנהוג כן

י. ואולי יש ליישב באופן אחר דדברי הרמב״ם בסתם אדם שאינו תלמיד חכם אך גם אינו בגדר עם הארץ ואילו מה שאמרו שאינו טוב הוא דוקא בעם הארץ ולא עיינתי בכל זה כראוי אך צ״ב אם יתכן ליישב כן שהרי תחילת הסוגיא בכתובות קי״א ע״ב הוא דאמר רבי אלעזר דעמי

ארצות אינם חיים בתחיית המתים וכו' ואמר ליה רבי יוחנן דלא ניחא ליה למרייהו דלימא הכי וכו' וכיוון דחזייה מצטער אמר ליה רבי מצאתי להן תקנה מן התורה ואתם הדבקים וכו' ועל זה קאי על הסוגיא הנ"ל בסעיף א' ואם כן הרי להדיא דעל עמי ארצות קאי ואולי עדיין יש לדחוק שהכוונה לשני סוגים של עמי ארצות שיש עמי ארצות שעליהם אמרו ששונאים תלמידי חכמים טובא כדאיתא בפסחים דף מ"ט ע"ב וסוגיין מיירי בעמי ארצות המתחברים לתלמידי חכמים ודוחק וצ"ב

יא. עוד אולי יש לומר דדברי הגמ' בסנהדרין דף נ"ב ע"ב הנ"ל אינם כלל במוחלט אלא יש אפשרות להיזהר לעשות זה באופן שאין בו השפלת התורה וכוונת הגמ' בסנהדרין הוא לעשות באופן שאין בו השפלת התורה ושאם אינו יודע לעשות כן יזהר מדברים אלו לגמרי וכוונת הגמ' בכתובות הוא באופן שכן נזהר באיזה אופן לעשות את הדברים ועצ"ב

פרק ט. מדברי הרמב״ן בכמה מקומות בענין דביקות המחשבה בהשם יתברך

א. עיין לעיל בפרק ז׳ שהובא מדברי הרמב״ן בפרשת עקב [ובפרשת ואתחנן] בביאור מצוות ולדבקה בו הכתובה בתורה והנה מלבד שיש בדבריו בענין ביאור מצוה זו עוד יש בדבריו אלו דברים חשובים בענין דביקות המחשבה בהשם יתברך שכתב שם וז״ל שתהיה זוכר את השם ואהבתו תמיד לא תפרד מחשבתך ממנו בלכתך בדרך ובשכבך ובקומך עד שיהיו דבריו עם בני אדם בפיו ובלשונו ולבו איננו עמהם אבל הוא לפני ה׳ ויתכן באנשי המעלה הזאת שתהיה נפשם גם בחייהם צרורה בצרור החיים כי הם בעצמם מעון לשכינה ועיי״ש עוד בפרק ז׳ המשך לשונו

ב. ויש להביא בזה עוד מדברי הרמב״ן עה״ת בפרשת אחרי מות פרק י״ח פסוק ד׳ שכתב שם וז״ל ודע כי חיי האדם במצוות כפי הכנתו להם (א) כי העושה המצוות שלא לשמן על מנת לקבל פרס יהיה בהן בעולם הזה ימים רבים בעושר ובנכסים וכבוד ועל זה נאמר [משלי פרק ג׳ פסוק ט״ז] בשמאלה עושר וכבוד ופירשו [בגמ׳ בשבת דף ס״ג ע״א] למשמאילים בה עושר וכבוד (ב) וכן אותם אשר הם מתעסקין במצוות על מנת לזכות בהן לעולם הבא שהם העובדים מיראה זוכים בכוונתם להינצל ממשפטי הרשעים ונפשם בטוב תלין (ג) והעוסקין במצוות מאהבה כדין וכראוי עם עסקי העולם הזה כענין הנזכר בתורה בפרשת אם בחוקתי [פרק כ״ו פסוק ה׳] והשיג לכם דיש את בציר וגו׳ יזכו בעולם הזה לחיים טובים כמנהג העולם ולחיי העולם הבא זכותם שלמה שם (ד) והעוזבים כל עניני העולם הזה ואינם משגיחים עליו כאילו אינם בעלי גוף וכל מחשבתם וכוונתם בבוראם בלבד כענין באליהו בהידבק נפשם בשם הנכבד יחיו לעד בגופם ובנפשם כנראה בכתוב באליהו וכידוע ממנו בקבלה וכמו שבא במדרשים בחנוך ובבני העולם הבא העומדים בתחיית המתים עכ״ל

ג. וברמב"ן על התורה בפרשת וישלח פרק ל"ה פסוק א' במאי דכתיב שם ויאמר אלקים אל יעקב קום עלה בית קל ושב שם ועשה שם מזבח לקל הנראה אליך בברחך מפני עשיו אחיך ע"כ וכתב שם הרמב"ן וז"ל ולא ידעתי מהו ושב שם ויתכן שצווהו לשבת שם תחילה ואחר כן יעשה המזבח להטהר מעבודה זרה וכו' ואולי צוה ושב שם לפנות מחשבתו לדבקה בקל עכ"ל ולפירושו השני היה כאן ציווי מהשם יתברך ליעקב לפנות עצמו משאר עיסוקים ולשבת ולעסוק בדביקות המחשבה בהשם יתברך

ד. עוד יש בזה דברים בדברי אגרת הקודש לרמב"ן עיי"ש [נדפס בספר כתבי רמב"ן] והובאו דבריו בספר שערי קדושה למהרח"ו חלק ד' הנדפס בספר כתבים חדשים ממהר"ח ויטאל וכן הובא כמדומה מזה גם בראשית חכמה ומבואר שם בדבריו בפירוש דשורש ענין עשיית המופתים תלוי בענין דביקות המחשבה בהשם יתברך עיי"ש וביאר שם גם טעם הדבר עיי"ש כל דבריו [אך יש לעיין אם כוונתו לכל המופתים או רק למופתים של ריבוי השפע אך אף אם דבריו שם רק על מופתים של ריבוי השפע מכל מקום במקומות אחרים בספרי הראשונים והמקובלים מבואר זה גם לשאר מופתים]

פרק י.

מדברי האבן עזרא בפירושו לתורה בכמה מקומות בעניני הדביקות בהשם יתברך ובענין שזהו הדבר מביא ניסים ונפלאות לטובה למעלה מדרך הטבע וכמה שיותר שיעור הדביקות כך מתרבה העוצמה של הניסים והנפלאות [מדבריו בפרשיות בראשית שמות וארא כי תשא וחוקת]

ענף א. מדברי האבן עזרא בפרשת בראשית פרק א' פסוק כ"ו וביאורים בדבריו

א. באבן עזרא בפרשת בראשית פרק א' פסוק כ"ו כתב שם וז"ל ובעבור שנשמת האדם העליונה שאיננה מתה נמשלת בחיותה לשם ושאיננה גוף והיא מלאה כולו וגוף האדם כעולם קטן יהי השם מבורך אשר בגדול החל ובקטן כילה וגם אמר הנביא שראה כבוד אלקים כמראה אדם [יחזקאל פרק א' פסוק כ"ח וכמובן שהכל רק משל ואין שום גוף או דמות גוף להשם יתברך] והשם הוא האחד והוא יוצר הכל והוא הכל ולא אוכל לפרש עכ"ל

ג. וביאור דבריו שבפרשת בראשית הנ"ל שנראה בדבריו שמכוין להשוות מבחינה מסוימת את מילוי הנשמה בגוף לזה שהשם יתברך נמצא בכל העולם וממלא את כל העולם

ד. וביאור הדברים הוא על פי המבואר בספר נפש החיים שער ג' באריכות שאין שום מקום בעולם שפנוי מעצמותו יתברך ולא היה צמצום כפשוטו מעולם

ה. ומש"כ עוד בסיום הדברים הנ"ל של האבן עזרא שהשם יתברך הוא הכל הכוונה דהמציאות היחידה המוחלטת הוא רק עצמותו יתברך

דאילו שאר הדברים אין להם כח מציאות עצמי אלא כל רגע הקדוש ברוך הוא מהווה אותם וממילא הקדוש ברוך הוא האחד והוא הכל שהרי אין דבר ממשיי זולתו ועיין מש״כ בזה לעיל בפרק ד׳ באריכות בביאור דברי הנפש החיים ואכמ״ל בענין זה

ו. והנה בדברי האבן עזרא המובאים כאן בענף א׳ לא דיבר בפירוש בענין הדביקות אבל ודאי שידיעת דברים אלו וההתבוננות בהם הוא מביא לדביקות חזקה מאוד ואכמ״ל

ענף ב. מדברי האבן עזרא בפרשת שמות פרק ג׳ פסוק ט״ו בעניני הדביקות ובעניני הכוחות העל טבעיים וששורש הזכיה לכוחות על טבעיים הוא על ידי הדביקות החזקה בהשם יתברך

א. באבן עזרא בפרשת שמות פרק ג׳ פסוק ט״ו בסיום דבריו [יש שם אריכות עצומה מאוד באבן עזרא והדברים דלקמן הם מסיום דבריו] כתב וז״ל והעולם העליון הוא עולם המלאכים הקדושים שאינו גופות ולא בגופות כנשמת האדם ומעלותם נשגבו מדעות הנקלות כנגדם וכל זה העולם כבוד וכולו עומד ואין תנועה בשינוי בערך רק מעמד איננו בעצמו רק בשם הנכבד לבדו

ב. ונשמת האדם ממינם ומקבלת כח עליון כפי מערכת המשרתים וכל המשרת כנגד הצבא הגדול בעת הבראו ואם תחכם הנשמה תעמוד בסוד המלאכים ותוכל לקבל כח גדול מכח עליון שקבל על ידי אור המלאכים אז יהיה דבק בשם הנכבד

ג. וזהו שנדר יעקב והיה ה׳ לי לאלקים [פרשת ויצא פרק כ״ח פסוק כ״א] כי יתבודד כל ימי חייו לדבקה בשם כפי כחו על כן אמר הסירו את אלקי הנכר [פרשת וישלח פרק ל״ה פסוק ב׳] ועד היום לא אמר ככה כי אז יחל לעבוד את ה׳ כפי נדרו

ד. על כן אמר יתרו עתה ידעתי כי גדול ה׳ מכל האלקים [פרשת יתרו פרק י״ח פסוק י״א] וחכם גדול היה והעד וישאלו איש לרעהו [בפרשת יתרו שם בפסוק ז׳] ועוד וישתחו ואין לו פחד ממנו

ה. ובעבור שראה כי אדם ימות הוליד בן להיות המין שמור והנה קיבל כח מעמד על דרך כלל על כן אמרה חוה קניתי איש את ה׳ [פרשת בראשית פרק ד׳ פסוק א׳]

ו. ובני הנביאים היו מתבודדים אולי יקבלו כל אחד כפי כוחו

ז. והנה בשם הזה יתחדשו בעולם אותות ומופתים וכאשר נאמר לו זה השם הנכבד [לכאורה כוונתו על שם הויה ואולי גם על שם אקי״ק על פי מה שמסבירים כמה מפרשים הקשר בין שני שמות אלו עיין באבן עזרא לעיל מזה וברשב״ם בדבריו באתב״ש ואכמ״ל] בקש אותות ומופתים על כן לא תמצאנו בספר קהלת כי ידבר על המעשים אשר עליהם אין להוסיף ומהם אין לגרוע ואין כל חדש כי החכמה העליונה עכ״ל

ענף ג. ביאורים בדברי האבן עזרא בפרשת שמות הנ״ל בענף קודם

א. נראה מדברי האבן עזרא הנ״ל כמה דברים בביאור ענין הדביקות ובביאור הענין שהדביקות נותנת כח לניסים על טבעיים

ב. ושורש הענינים נראה מדבריו שהוא שאנשי העולם הזה מקבלים את שפעם ממקום עליון מסוים והמלאכים שהם גבוהים מאנשי עולם הזה מקבלים את שפעם ממקום יותר גבוה ממנו והמקום שממנו מקבלים אנשי עולם הזה הוא מקום שעליו נתן הבורא יתברך את סדר של כוחות הטבע ואילו המקום שממנו מקבלים המלאכים לא הגבילו הבורא לכללי הטבע

ג. וכשהאדם זוכה לדביקות בדרגה גבוהה מקבל את שפעו ממקום יותר עליון מהמקום של קיבול אנשי עולם הזה שמקבל מהמקום שמקבלים

המלאכים וממילא ההנהגה אתו היא למעלה מהטבע ועל דרך הנהגת המלאכים שהרי אין מקבל שפעו מאותו המקום שהוגבל בכוחות הטבע

ד. ונראה עוד מלשון האבן עזרא שבאמת גם הענין לזכות לדביקות בדרגה גבוהה מאוד תלוי בזה דהיינו שכל עוד שהאדם מקבל שפעו מהמקום שמקבלים אנשי עולם הזה אי אפשר או על כל פנים קשה מאוד לזכות להגיע לדביקות השלמה והתמידית מפני שאופן השפע שנותן מקום זה הוא שפע שאינו רוחניות בלבד אלא מעורב ולכן גם הדביקות מעורבת בזמנים או חלקים של חוסר דביקות ורק אם זוכה האדם לקבל שפעו מהמקום שממנו מקבלים המלאכים אז זוכה להיות דבק תמיד ובשלימות וכמו שזוכים לזה המלאכים

ה. והאופן לזכות לקבל השפע של הדביקות מהמקום הגבוה שממנו מקבלים המלאכים שבזה זוכים לדביקות שלמה הוא על ידי שמתאמץ האדם מאוד עוד לפני שקיבל את מעלה זו לזכות כמה שיותר להשלים עצמו בדביקות בין מצד ריבוי הזמן של הדביקות ובין מצד הכח העצום של הדביקות

ענף ד. מדברי האבן עזרא בפרשת וארא פרק ו׳ פסוק ג׳ בענין הדביקות בהשם יתברך ובענין הכוחות העל טבעיים וששורש כוחות אלו בדביקות

א. עוד עיין באבן עזרא על התורה בפרשת וארא פרק ו׳ פסוק ג׳ שביאר בענין הפסוק וארא אל אברהם אל יצחק ואל יעקב בקל שקי ושמי הויה לא נודעתי להם וביאר שם באריכות בזה ואחר כך כתב וז״ל ידענו כי השם ברא ג׳ עולמות שהזכרתי [הכוונה למש״כ לעיל בפרק ג׳ פסוק ט״ו והובא חלק מדבריו שם לעיל בענפים קודמים] והעולם השפל יקבל מעולם התיכון כל אחד מהפרטים כפי מערכת העליונה

ב. ובעבור כי נשמת האדם גבוהה מן העולם האמצעי אם היתה הנפש חכמה והכירה מעשה השם שהם בלא אמצעי ועל ידי אמצעי והניחה תאות העולם השפל והתבודדה לדבקה בשם הנכבד אם יש במערכת

הכוכבים בעת ההריון רעה שתבוא עליו ביום ידוע השם שדבק בו יסבב סיבות להצילו מרעתו וככה אם יש במערכת שיהיה עקר השם יתקן לו כח תולדתו ויוליד

ג. על כן אמרו חכמינו ז״ל [בגמרא שבת דף קנ״ו ע״א] שהשם אמר לאברהם צא מאיצטגנינות שלך

ד. וקרוב מזה הטעם אין מזל לישראל ועוד אבאר זה בפרשת כי תשא [פרק ל״ג פסוק כ״א]

ה. על כן אמר השם לאברהם קודם וארבה את זרעך אני קל שקי [בראשית פרק י״ז פסוק א׳] שפירושו מנצח המערכות העליונות

ו. לא שהמערכה תשחת רק שידע הדבק בשמו שמחדש לו טוב שלא יהיה במערכתו

ז. על כן אמר יעקב [בפרשת ויחי פרק מ״ח פסוק ט״ז] המלאך הגואל אותי מכל רע שהיה נכון לבוא עלי

ח. וזהו סוד כל התורה כאשר אפרש שם

ט. והנה האבות לא הגיע מעלתם לדבקה בשם כמשה אשר ידעו השם פנים אל פנים על כן היה יכול משה לשנות תולדות עולם השפל ולחדש אותות ומופתים שלא יכלו האבות לחדשם

יא. והנה משה אמר שני דברים האחד למה זה שלחתני והשני והצל לא הצלת את עמך

יב. והשיב [השם יתברך למשה רבינו] על האחרון עתה תראה אשר אעשה לפרעה ועל הראשון ויאמר אליו אני ה׳ והטעם כי על ידי האבות נודע שמי שהוא קל שקי ועל ידך יודע שמי ה׳ הנכבד בעולם כאשר אמר לכן אמור לבני ישראל אני ה׳ והנה שלחתיך להודיע זה השם עכ״ל

ענף ה. ביאורים בדברי האבן עזרא הנ״ל בענף קודם והוספות בדבריו

א. והנה גם בדברים אלו של האבן עזרא בפרשת וארא מפורש מאוד בדברי האבן עזרא שענין המופתים שרשו תלוי בדביקות בהשם

יתברך ולעזוב את תאוות העולם השפל וכפי שיעור הדביקות כך שיעור עשיית המופתים

ב. וכתב על זה האבן עזרא בלשון חריפה מאוד שכתב דזהו סוד כל התורה והנה לכאורה יפלא שיאמר על זה שזה סוד כל התורה והרי חלק גדול בתורה הוא כל תרי״ג מצוות ויתכן שבאמת מכלל הדברים הוא על כל חיבורים להשם יתברך על ידי כל עניני עשיית רצון השם יתברך ולאו דוקא על ידי הדביקות וכל זה מכלל דברי האבן עזרא שהוא סוד כל התורה שעל ידי חיבורים אלו להשם יתברך יוצא מגבולי הטבע לניסים ונפלאות שלמעלה מדרך הטבע והוא אמת ברורה אבל עם כל זה ודאי שבאמת מבואר בלשון האבן עזרא הנ״ל שהדגיש במיוחד בזה את הענין של הדביקות כמש״כ ההתבודדות לדבקה וכו׳ עיין שם ומפני שיש בזה כח מיוחד מאוד לענין זה [ועיין גם ברמב״ם במורה נבוכים בפרקים האחרונים שעשה עיקר גדול מאוד בתורה את עבודת דביקות המחשבה בהשם יתברך עיין שם ואכמ״ל אמנם מה שכתב שם שזה עיקר מטרת המצוות הסכמת שאר הפוסקים אינו כן וכמבואר בכתבי האר״י באריכות שלכל מצוה בכל פרטיה ועניניה יש סודות נוראים בתיקוני עולמות העליונים ובתיקוני הנשמה]

ג. ועיין ברמב״ן על התורה בפרשת וארא שם שהביא מדברי האבן עזרא הנ״ל ופירשם עיי״ש ומכלל דבריו שם שכתב וז״ל וענין הכתוב כי נראה לאבות בשם הזה [קל שקי] שהוא מנצח מערכות שמים ולעשות עמם ניסים גדולים שלא נתבטל מהם מנהג העולם ברעב פדה אותם ממות ובמלחמה מידי חרב ולתת להם עושר וכבוד וכל טובה והם ככל היעודים שבתורה בברכות ובקללות כי לא תבוא על אדם טובה בשכר מצוה או רעה בעונש עבירה רק במעשה הנס ואם יונח האדם לטבעו או למזלו לא יוסיפו בו מע שיו דבר ולא יגרעו ממנו אבל שכר כל התורה וענשה בעולם הזה הכל ניסים והם נסתרים יחשב בהם לרואים שהוא מנהגו של עולם והם באדם עונש וזכר באמת וכו׳ עכ״ל

קצב מדרכי העליה פרק י

ד. עוד שם ברמב״ן בשיטת האבן עזרא וז״ל והנה אמר האלקים למשה נראיתי לאבות בכח ידי אשר אני שודד בו המזלות ועוזר לבחירי אבל בשמי של יו״ד ק״א אשר בו נהיה כל הווה לא נודעתי להם לברוא להם חדשות בשינוי התולדות ולכן אמור לבני ישראל אני ה׳ ותודיע להם פעם אחרת השם הגדול כי בו אני עושה עמהם להפליא וידעו כי אני ה׳ עושה כל עכ״ל

ה. וסיים הרמב״ן בדבריו שם בזה וז״ל וצדקו כל דברי רבי אברהם בענין הזה אלא שהוא כמתנבא ואינו יודע מה עכ״ל

ו. ועיין בספר נפש החיים שער ג׳ מה שהאריך שם בענין הניסים שנעשו לאבות אברהם יצחק ויעקב ובענין הניסים היותר מופלאים שנעשו למשה וביאר שם שורשי ההבדל בענין ונראה לכאורה שהרבה מדבריו שם מיוסדים על דברי האבן עזרא הנ״ל ופירוש הרמב״ן לדברי האבן עזרא אלא שהוסיף הנפש החיים על דבריהם כמה הוספות בביאור שרשי הדברים ומהותם ועיין לעיל בפרק ד׳ שנתבאר שם חלק מדברי הנפש החיים שם בשער ג׳ עיי״ש

ענף ו. בדברי האבן עזרא בפרשת כי תשא פרק ל״ג פסוק כ״א

א. עיין עוד באבן עזרא בפרשת כי תשא פרק ל״ג פסוק כ״א בענינים אלו ובכלל דבריו שם כתב וז״ל והנה משה יכול לדעת ולראות בעין לבו איך הבריאות דבקות ביוצר בראשית וכו׳ עכ״ל

ב. וגם מענין זה מבואר שם בספר נפש החיים באריכות עיי״ש כל דבריו ואכמ״ל

ענף ז. מדברי האבן עזרא בפרשת חוקת פרק כ׳ פסוק ח׳ בענין הדביקות בהשם יתברך ושזה הנותן את הכח של עשיית המופתים

א. באבן עזרא על התורה בפרשת חוקת פרק כ׳ פסוק ח׳ כתב שם וז״ל והפירוש הנכון בעיני אגלנו ברמיזות דע כי כאשר ידע החלק את הכל ידבק בכל ויחדש מופתים בכל וכו׳ עכ״ל

ב. והחלק הכוונה לאדם [ואולי דוקא לאדם מישראל כדכתיב כי חלק ה׳ עמו וכו׳] והכל הכוונה לבורא יתברך וכמבואר בדברי האבן עזרא בפרשת בראשית המובא לקמן

ג. והנה כללות דברי האבן עזרא האלו ענינם שדביקות המחשבה בהשם יתברך הוא הדבר הנותן כח לפעול מופתים למעלה מדרך הטבע

ד. ואף משה רבינו שהיה מי שזכה לפעול יותר מופתים מכל אדם אחר שורש כחו הזה היה על ידי דביקות המחשבה בהשם יתברך שהרי דברי האבן עזרא שם הם על משה רבינו

ענף ח. תוספת ביאור בדברי האבן עזרא בפרשת חוקת הנ״ל

א. אמנם יתכן שלשון האבן עזרא הנ״ל מורה שכלול בכוונתו עומק נוסף בענין סוג הדביקות בהשם יתברך המביא ביותר את המופתים ואת מופתי משה רבינו

ב. ויש להקדים לזה את דברי האבן עזרא בפרשת בראשית פרק א׳ פסוק כ״ו שכתב שם וז״ל ובעבור שנשמת האדם העליונה שאיננה מתה נמשלת בחיותה לשם ושאיננה גוף והיא מלאכה כולו וגוף האדם כעולם קטן וכו׳ והשם הוא האחד והוא יוצר הכל והוא הכל ולא אוכל לפרש עכ״ל וביאור דברי האבן עזרא הנ״ל נתבאר באריכות לעיל בענף א׳ עיי״ש [הכרחי להבנת הדברים דלקמן לראות הדברים הנ״ל בענף א׳ שהם

שורש כל ביאור ענין זה וגם הובא שם יותר בשלימות לשון האבן עזרא בדבריו אלו שבפרשת בראשית]

ג. והשתא ניתי לביאור דברי האבן עזרא בפרשת חוקת הנ״ל בסעיף א׳ דצ״ב מהו שכתב כאשר ידע החלק את הכל והרי הדבר פשוט ידיעת השם וזהו שורש כל אמונת ישראל ועוד צ״ב אמאי נקט הכינוי להשם יתברך דוקא בכינוי של הכל

ד. ועל פי הנ״ל מבואר הדבר דכוונתו דלא מיירי רק בידיעה שיש השם יתברך אלא בידיעה שהשם יתברך הוא נמצא בכל והוא המהוה הכל באופן שהוא המציאות היחידה האמיתי המוחלטת שיש בעולם וידיעה זו גורמת לדביקות עצומה של המחשבה בהשם יתברך וזה סוג מסוים של דביקות שדבוק במחשבה שהשם הוא הכל

ה. ועיין לעיל בפרק ד׳ שנתבאר באריכות בענין סוג דביקות זו והובא שם מדברי הנפש החיים בשער ג׳ בענין זה ובביאור דבריו עיי״ש ואכמ״ל ועל זה הוא שכתב האבן עזרא שזה נותן כח לחדש מופתים בכל וכן ביאר שזהו שורש כחו של משה רבינו בעשיית המופתים וכמפורש כל זה בנפש החיים שם שזה הנותן את הכח העצום לעשיית מופתים ושבכח זה זכה משה רבינו לעשיית המופתים העצומים והרבים שעשה לעם ישראל

ו. ויתכן שיש עוד פרט שמרומז בדברי האבן עזרא והוא דמש״כ ויחדש מופתים בכל מרמז למש״כ בדבריו בפרשת בראשית שהשם יתברך נמצא בכל והיינו שמכלל הכוונה גם לכוין על כחו יתברך הפועל בחפץ או בדבר שבו רוצה לפעול המופת אך אולי בפרט זה בנפש החיים נראה שיותר דרגה גבוהה וכח למופתים אם מסלק במחשבתו כלל היות מציאות של איזה חפץ או דבר בעולם ואכמ״ל אך אולי על פי מש״כ לעיל בפרק ד׳ דאין כוונת הנפש החיים שלא קיים כלל דבר נוסף בעולם כפשוטו ממש יש מקום לשני הכוונות בבת אחת ואכמ״ל בזה

ז. והנה עוד כינוי יש בדברי האבן עזרא הנ״ל והוא שקורא לאדם חלק ולכן בצירוף לזה שקורא להשם יתברך הכל כתב כאשר ידע החלק

את הכל ויתכן שדבריו אלו באים לרמז דלא סגי שיכוין האדם במחשבתו על עצמות יתברך אלא צריך שגם יכוין לחבר עצמו לזה לקשר הנרנח"י שלו בהשם יתברך ולהמשיך השפע הרוחני מהשם יתברך על הנרנח"י שלו ובזה מקבל כח עצום ולכן קרא לזה החלק והכל דהיינו שהחלק נזקק לכל

ענף ט׳. עוד מדברי האבן עזרא בפרשת חוקת פרק כ׳ פסוק ח׳ שביאר על פי זה את ענין המעשה במי מריבה

א. באבן עזרא על התורה בפרשת חוקת פרק כ׳ פסוק ח׳ האריך בביאור ענין חטא מי מריבה והביא כמה פירושים והקשה עליהם ובסיום דבריו כתב שם וז"ל והפירוש הנכון בעיני אגלנו ברמיזות דע כי כאשר ידע החלק את הכל ידבק בכל ויחדש בכל אותות ומופתים ואמת כי השם אמר למשה ולאהרן ודברתם ולא דברו בעבור מריבת העם עם משה והנה החלק חלק והכה הסלע ולא יצאו מים עד שהכהו פעם שנית והנה לא קדשו השם ומעלו ומרו בשגגה וכו׳ עכ"ל [ועיי"ש עוד בהמשך דבריו]

ב. וכוונת דבריו הוא לומר שהכח של משה רבינו לעשות מופתים היה מכח דביקותו בהשם יתברך ובמיוחד דביקות המחשבה בהשם יתברך [וכן כתב גם בספר נפש החיים בביאור הכח של משה רבינו לעשיית מופתים] ושנתחסר באותה שעה משהו בדביקות של משה רבינו [כנראה מכח הויכוח עם בני ישראל] וזה גרם שלא יכל לעשות את המופת באופן הראוי ועל ידי זה נתחסר בקידוש השם [ומה שכתב האבן עזרא בלשונו החלק חלק הכוונה לכאורה להפרדת הדביקות]

ג. ומה היה הפרט שבו לא נעשה המופת באופן הראוי יתכן לכאורה לפרש בכוונתו כפירוש רש"י שהיה צריך להוציא בדיבור ולא במכה אך שינה מפירוש רש"י דרש"י פירש שבאמת אם היה מדבר היה יוצא מים ומשה רבינו על ידי חילוף הסלע כשעסק בסלע הנכון לא דיבר אלא היכה אבל אם היה מדבר באמת היה יוצא מים בדיבור ואילו האבן עזרא מפרש שבאמת לא יכל באותה שעה להוציא בדיבור מפני חסרון

הדביקות ורק להוציא בהכאה שהוא מופת פחות גדול הספיק לזה דרגת דביקותו שבאותה שעה והוציא מים

ד. אבל באור החיים על התורה שם נראה שמפרש בכוונת האבן עזרא דמפני חסרון הדביקות לא יצא בהכאה ראשונה אלא בהכאה שניה וזהו החסרון של הקידוש השם

ה. ויש לעיין לפירושו של האור החיים בכוונת האבן עזרא האם מה שהוציא בהכאה שניה היה מפני שמיד שב לדביקותו ואז יכול להוציא בהכאה או שהביאור הוא שלהוציא בשני הכאות הוא פחות מופת מלהוציא בהכאה אחת ולזה הספיק דביקותו של אותה שעה להוציא בשני הכאות ולשון האור החיים מורה כאופן הראשון שבהכאה השניה כן כיוון כבר דעתו לדביקות הראוי

ו. ובעיקר ענין חטא מריבה שרבו בו הפירושים עיין באור החיים על התורה כאן שאסף בזה עשרה פירושים ועיי"ש מש"כ לטעון עליהם ועיין מש"כ במסקנתו

ז. והנה מדברי האבן עזרא הנ"ל יש ללמוד עד היכן חומר הדין מגיע שהתביעה על משה רבינו בענין חסרון הקידוש השם היה על דבר נס עצום שבאמת לפי דרגתו באותה שעה לא יכל לעשותו אלא שהיה עליו תביעה שהיה צריך לעלות לדרגה יותר גבוהה ואז היה יכול לעשות נס זה ולקדש את השם ואף על פי שכן עשה נס עצום באותה שעה להוציא על ידי הכאה מים מסלע למליוני אנשים ולבהמתם מכל מקום היה התביעה על עשיית נס יותר עצום [ועיין ברש"י על התורה שגם היו עושים עם ישראל קל וחומר על ידי זה לחיובם לשמוע להשם יתברך]

ענף י. תוספת דברים לדברים הנ"ל בענף קודם

א. והנה ודאי דדברי האבן עזרא בדרגות של משה רבינו שעליהם קאי לאו כל מוחא סביל דא ומי הוא שיכול לעשות כמופתי משה אפילו במופת שעליו היה התביעה שלא עשה יותר מזה כהמופת הנורא בהוצאת מים עבור מליונים מסלע אף באופן שבו עשה משה זה בפרשת חוקת

ב. וכבר העיד הפסוק בפרשת וזאת הברכה בענין זה דלא קם נביא בישראל כמשה אשר ידעו ה' פנים אל פנים וכו' ועוד בקראי בסוף פרשת בהעלותך בענין מעלתו על כל שאר הנביאים

ג. אבל מכל מקום מבואר בספר נפש החיים שער ג' באריכות שעיקרי הדברים כל חד לפום שיעורא דיליה שייך בכל דור ודור

ד. וכתב שם שבאמת הוא סגולה נפלאה לפעול ישועות למעלה מדרך הטבע בין בסילוק כל מיני מפריעים ובין לפעולת ישועות באופן חיובי עיי"ש כל דבריו באריכות בזה

ה. ובביאור הגר"א לספרא דצניעותא בפרק ה' דף ל"ד טור א' כתוב שכל הכתוב במשה רבינו נוהג בכל דור ודור ובכל אדם ואדם עיי"ש והיינו בפנימיות הענינים [שלא כל אחד עומד על יד ים סוף וכיו"ב] וכן הכוונה לכל חד כפום שיעורא דיליה

פרק יא. מדברי הגר"א בענין נפלאות בתורה בגלות האחרון ובביאור דבריו

א. בביאור הגר"א לתיקוני זוהר תיקון כ"א דף ס"א טור א' כתב וז"ל דבגלותא בתראה יהון כל הנפלאות בתורה ויתבקע ימא דאורייתא וכן כל הנפלאות והכל דוגמת נפלאות דמצרים וכן הגלות הזה בתורה בחומר ובלבנים ובכל עבודה הכל בתורה כמ"ש בר"מ וכו' עכ"ל ועיי"ש כל הענין [ומה שציין שם הגר"א לדברי התיקוני זוהר בדף נ"ב בדפוס שעם ביאור הגר"א הוא בדף מ"ג עיי"ש]

ב. ויש לברר אם כוונת הגר"א שהנפלאות יהיו להצלחה בתורה בדרך נס או שהכוונה שעל ידי לימוד התורה יזכו לניסים בכל הענינים ולשונו מוכיח להדיא כפירוש הראשון אמנם יש גם בחינה שכיון שזוכה לניסים בהצלחה בתורה הרי שנתחבר לשורש הניסים וזה נותן לו כח בענין של ניסים גם בשאר ענינים יש הרבה להאריך בזה ויש בזה מפתחות גדולים לכמה ענינים ואכמ"ל

פרק יב. דברים מספר מגיד מישרים להבית יוסף בענין הדרכים להשגת כוחות על טבעיים ודברים כלליים בעניני הכוחות העל טבעיים

ענף א.

א. בענין הכוחות העל טבעיים שזכו להם צדיקי עולם יש להקדים תחילה ביאור כללי בענין זה והוא הנשמה הנמצאת בכל יהודי היא אור עליון המגיע מהשם יתברך ונכנס בתוך גופו של האדם הכוחות העצמיים של הנשמה הם חזקים מאוד מאוד אבל כיוון שהנשמה מוגבלת בתוך הגוף הגשמי שגם לגוף הגשמי יש רוחניות מלבד הנשמה ועל ידי זה נעשה הגבלה בכוחות של הנשמה כדי לזכות לכוחות על טבעיים צריך האדם לעשות שני דברים האחד לחזק כמה שיותר את הכוחות של הנשמה יותר מהכח הראשוני שלהם שעל ידי חיזוק זה תוכל הנשמה להתגבר על הגוף והשני לזכך כמה שיותר את הגוף כדי שיפחת מידת ההגבלה שהוא מטיל על הנשמה

ב. שמירת המצוות ולימוד התורה הם הדברים שבכוחם לפעול את שני הדברים הנ"ל הקדוש ברוך הוא שהוא שברא את העולם והוא שנתן את התורה סידר את סדרי הבריאה באופן שעל ידי שמירת המצוות ולימוד התורה מגיע אור רוחני מהשם יתברך ומוסיף כח ועצמה בנשמה ומזכך את הגוף וזה מכלל כוונת הפסוק בפרשת ואתחנן דכתיב ואתם הדבקים בהשם אלקיכם חיים כולכם היום דהיינו שעל ידי החיבור להשם יתברך מתווספת חיות בנשמה

ג. בכל רגע של לימוד תורה או תפילה או קיום מצווה או זהירות מעבירה מגיע אור רוחני מהשם יתברך ומתווסף לאור הראשוני שקיים בנשמה ואם האורות הנוספים האלו מגיעים בריבוי עצום וגם ממשיכים ונשארים באדם בלא להסתלק ממנו על ידי זה זוכה האדם לכוחות על טבעיים

אמנם כדי שבאמת יגיעו אורות אלו בריבוי עצום צריך לעשות כמה וכמה דברים כמפורט להלן

ד. כשמדברים על אורות המביאים כוחות על טבעיים והדרכים להשיג אותם צריך להדגיש שני דברים הראשון שיש הרבה סוגים של כוחות על טבעיים ולא תמיד בידי האדם לקבוע על ידי ריבוי האורות איזה מסוגי הכוחות העל טבעיים הם אלו שיגיעו אליו והדבר השני שיש כמובן דרגות שונות בעוצמות של הכוחות על טבעיים ותלוי הדבר בשיעור שעשה אדם את הדברים המביאים לידי זה לכמה כח כזה יזכה

ה. דוגמא לדבר חז"ל אומרים על דוד המלך שבשעה שברח מרודפיו והגיע לשאול והיה אצלו למד אצלו באותו לילה כמות עצומה של תורה מה שאין תלמיד אפילו חשוב מאוד יכול ללמוד במאה שנים והנה בשנה אחת יש יותר מש"נ ימים שהם זמן של יותר משבע מאות לילות ובמאה שנים זמן של יותר משבעים אלף לילות ונמצא שהיה כח לימודם של שמואל ודוד באותו הלילה כח על טבעי שהרי בדרך הטבע אין שום אפשרות ללמוד בזמן מסוים כמות לימוד הצריכה בדרך הטבע זמן של פי שבעים אלף מזמן זה ונמצא שהיה כאן כח על טבעי עצום מאוד אמנם גם אם יזכה האדם ללמוד בלילה אחד כמות הצריכה בדרך הטבע זמן של חמש מאות לילות גם זה כח על טבעי חזק ואפילו של מאתיים וחמישים ואפילו של מאה ואפילו של חמישים אמנם יש הבדלים בין אופנים אלו בעוצמה של הכח העל טבעי

ענף ב.

א. הדבר הראשון שבו תלוי היכולת להגיע לכוחות על טבעיים אלו הוא על ידי ריבוי לימוד התורה וריבוי תפילה וריבוי קיום המצוות וריבוי הזהירות מעבירות

ב. אמנם מלבד החלק של המצוות שבמעשה ודיבור שזה החלק היותר חמור כמו שרואים בתורה שהעונשים החמורים הם על עבירות שבמעשים כגון חילול שבת וכו' אבל לענין הכוחות העל טבעיים חשוב

והכרחי מאוד העבודת השם בבחינת המחשבה וזה מתחלק לשני חלקים הראשון שיהיה לאדם זמנים של דביקות המחשבה בהשם יתברך בעוצמות גדולות מאוד ובחשק עצום

ג. והדבר השני שגם בכללות הזמנים שישתדל תמיד להיות מחובר במחשבתו כמה שיותר אל השם יתברך

ד. ומכלל זה שישתדל שלא לקשור מחשבתו לדברים גשמיים שאף שמוכרח האדם לעסוק בהרבה מאוד דברים גשמיים בעולם הזה מכל מקום שקיעת מחשבתו תהיה כמה שיותר בדביקות בהשם יתברך ובתורה הקדושה

ענף ג.

א. ודבר זה שענין הכוחות העל טבעיים תלוי הרבה בדביקות המחשבה בהשם יתברך מפורש בכמה מקומות ומהם בספר מגיד מישרים להבית יוסף [ענינו של ספר זה הוא שלרבי יוסף קארו ז״ל מחבר ספרי הבית יוסף והשולחן ערוך היה מלאך שהיה מלמד אותו תורה ומזהיר אותו על הנהגות של חסידות ורבי יוסף קארו ז״ל כתב בספר חלק מדברים אלו של המלאך וזהו ספר מגיד מישרים]

ב. וכתוב שם בפרשת בראשית [בדפוס החדש עמ׳ כ״ו] וז״ל רק כי תדבק בי ולא כאשר אתה עושה פעם בפעם כי אילו היית יודע כמה עולמות אתה בונה וכמה עולמות אתה מפריד בשעה שאתה מפריד מחשבתך [כמובן שהטענות של המגיד מישרים על הבית יוסף אין מדובר כאן בחסרון הדביקות ברמות של אנשי דורנו אלא בזמנים קצרים מאוד מאוד] לא היית מפריד אפילו שעה אחת לכן התחזק לייחד כל מחשבותיך לי ואם כה תעשה אזכך שיעשו ניסים על ידך כמו שנעשה על ידי התנאים וידעו כל העולם כי יש אלקים בישראל ואל תתפתה מן ס״מ וסיעתא דיליה שמכניסים הרהורים בלבך לבטל יחודך וכו׳ עכ״ל

ג. ועוד שם בפרשת ויצא עמ׳ פ״ב רק בי תדבק כי ביראתי ובמשניות תתעלה ותזכה לעשות ניסים על ידך כמו בימי חכמי התלמוד ויתקדש

שם שמים על ידך כי ידעו כי יש אלקים בישראל כי סוד הניסים הנעשים לחכמים הוא על ידי שמחשבתם תמיד בכנסת ישראל דבוקה על ידי שתמיד מהרהרים בתורה וביראת שמים בלי שום הפסק כשהיא מתעלה לבינה כל הדביקים עמה עולים עמה נמצאת נפש המהרהרים תמיד בה עולה עד בינה וכיוון שנפשם דביקה שם יש להם כח להוריד משם כל מה שחפצים עכ״ל

ד. ועוד שם בפרשת מקץ עמ׳ קי״ג וז״ל ואם כה תעשה להדביק מחשבותיך תמיד בי ושלא להפסיק אפילו רגע אזכך לעשות ניסים ונפלאות על ידך כמו בימים קדמונים כי עכשיו אין בני העולם מחשיבים לומדי תורה מפני שאין נעשים ניסים ומופתים על ידם כמו בימים הראשונים והטעם שהיו נעשים ניסים ומופתים מפני שהיתה מחשבתם דביקה בי תמיד ובתורתי וביראתי לא היה נפרד אפילו רגע ועל ידי כן היו מתעלים ודבקים במדות העליונות וכו׳ וכן אעשה לך אם תמיד תדבק בי ומחשבותיך לא תזוז ממני אפילו רגע עכ״ל

ה. ועוד שם בפרשת שמות עמ׳ קל״ט ה׳ עמך רק כי תדבק בי ביראתי באהבתי ולא תפריד מחשבתך אפילו רגע אחד וכו׳ ועתיד ליעשות ניסים על ידך דוגמת חכמי התלמוד למען ידעו בני הדור כי יש אלקים בישראל כי כשם שזכית לדבר עמך פה אל פה כאשר אני מדבר עמך והוא דבר שלא עלה על לבך ודעתך כן אזכך ליעשות ניסים על ידך עכ״ל

ו. והנה מזכיר המגיד מישרים במקומות הנ״ל מהניסים שהיו נעשים לחכמי המשנה וחכמי הגמרא ונזכר מזה הרבה בגמ׳ ובמדרשים בכמה דוכתי והמקום שמוזכר ביותר הרבה ביחד הוא בתלמוד בבלי במסכת תענית עיי״ש ועיין בספר חיי עולם מהקהלות יעקב שאסף חלק מעניני המופתים המבוארים בגמ׳

ז. ועל כל פנים לענייננו מפורש מאוד בדברי המגיד מישרים להבית יוסף שענין הניסים ונפלאות שלמעלה מדרך הטבע תלויים במידה גדולה בעיקר בדביקות המחשבה בהשם יתברך בלא הפסק ועיין גם בספר נפש החיים שער ג׳ מה שכתב שם בענינים אלו ובענין עבודת דביקות

המחשבה של האבות הקדושים ומשה רבינו והניסים שזכו שנעשו להם ולכל עם ישראל על ידי עבודתם זו והנה נושא זה של דביקות המחשבה בהשם יתברך והעצות להגיע לזה ברמה ובעוצמה שיכולה להביא עד לידי כוחות על טבעיים הוא נושא שצריך לימוד עיוני רב ולעיל בחוברת זו בפרקים הקודמים מוסברים הדברים באריכות ומי שילמד חוברת זו בעיון וישתדל לקיים את הדברים האמורים בה יוכל להרגיש איך כוחותיו הרוחניים מקבלים עוצמה חזקה עד מאוד

ענף ד.

א. עוד תנאי נוסף שכתוב בדברי המהרח"ו שנצרך לענין הכוחות העל טבעיים הוא הריחוק ממידת הכעס שכתב בספר שער רוח הקודש דברים נוראים בחומר הדבר

ב. וכתב שם שמי שרגיל במידת הכעס כמעט שלא יתכן שיוכל להגיע לכוחות על טבעיים מפני שלהשיג כוחות על טבעיים צריך לצירוף של הרבה לימוד תורה והרבה תפילות והרבה תשובה והרבה קיום מצוות ועל ידי כעס מבואר בספר הזוהר שעלול ח"ו להתחלף הנשמה של האדם ואם כן אין את צירוף זה של הרבה תורה ומצוות שהרי הנשמה שלמדה אתמול וקיימה מצוות אין זו הנשמה שנמצאת בו אחרי הכעס

ענף ה.

א. הנה אף שעיקר ענין חוברת זו הנקראת מדרכי העליה הוא לבאר דרכים לעליות ברוחניות אבל באמת יש בחוברת זו עוד ענין חשוב מאוד והוא שידוע על הרבה צדיקים שזכו לכוחות על טבעיים בהרבה ענינים והנה הרבה מהכתוב בחוברת זו באמת הם מפתחות עצומים להשגת כוחות על טבעיים והם דברים שבמשך דורות רבים עברו מפה לאוזן בסוד גמור ואף שיש כמה דרכים שונות זו מזו בדרך להשיג זה מכל מקום דברים אלו שבחוברת זו הם דרכים שבהם כמה עמודי עולם מדורות קודמים שהיו מפורסמים מאוד לרבים בכוחותיהם העל טבעיים בדרכים אלו פעלו להשיגם והסיבה שנשמרו דברים אלו בסוד הוא מפני

שלא הכל ראויים אליהם מסיבות מובנות אמנם בימינו לצערינו הרב מרוב חיפוש האנשים אחרי הדרכים להשיג כוחות על טבעיים [ושורש החיפוש הרבה פעמים הוא מכח הקדושה וכמו שכתוב בתרי עשר בספר עמוס הנה ימים באים נאום ה׳ והשלחתי רעב בארץ לא רעב ללחם ולא צמא למים כי אם לשמוע את דבר ה׳ ואמרו על זה בגמרא במסכת שבת דף קל״ח ע״ב דבר ה׳ זו הלכה דבר ה׳ זו נבואה דבר ה׳ זה הקץ] ונסתרה מהם דרך האמת על ידי זה הגיעו לדרכים לא נכונות שגרמו להם נזקים קשים בעבודת השם יתברך וגם רבו הנסיונות בדור האחרון מאוד מכמה סיבות שאכמ״ל ורבים יש שהדברים היחידים שמונעים אותם מירידות רוחניות וגורמים להם להידבק בהשם יתברך ובתורה הקדושה זה דוקא דברים גבוהים מאוד ובפרט מצוי הדבר אצל אלו שיש להם נשמות גבוהות במיוחד [והרבה פעמים אינם יודעים את זה שיש להם נשמות גבוהות במיוחד ושזה שורש הנסיונות שלהם ועל דרך שאמרו בגמרא בסוכה דף נ״ב סוע״א כל הגדול מחברו יצרו גדול הימנו] ולכן אחרי התלבטות רבה במשך תקופה ארוכה מאוד היתה ההחלטה להדפיס את הדברים שבחוברת זו הנקראת מדרכי העליה

ב. והנה אף שמצד אחד נכתבו הדברים בצורה מפורשת מאוד כדי שכל אדם מישראל [אפילו מי שעדיין לא זכה כלל להתקרב לרוחניות ולא למד ולא קיים כמעט כלל מהכתוב בתורה ואפילו מי שעדיין רחוק מאוד מדרך התורה] יוכל להבין היטב את כל או כמעט כל הכתוב בחוברת זו ולהגיע על ידי זה לדרכי אמת ולעוצמה רוחנית וכוחות רוחניים גבוהים מאוד

ג. אבל מצד שני מפני הספקות הרבים שהיו על הדפסת חוברת זו כנ״ל לכן בחלק מהמקומות בחוברת נכתבו הדברים בקצרה מאוד בבחינת מועט המחזיק את המרובה באופן שכדי להבין את הדברים לאמיתתם ולקבל מהדברים את התועלת הרוחנית המבוקשת צריך הלומד לקרוא את הדברים כמה פעמים ולהתבונן היטב בדברים בין לצורך הבנת הדברים ובין לצורך ההתחברות הנשמתית למושגים הכתובים בחוברת

שבכמה מקומות יהיו חדשים מאוד עבורו [וגם למי שרגיל מכל השנים בלימוד התורה וקיום המצוות מכל מקום יש כמה דברים שיתכן שיהיו חדשים מאוד עבורו ויצטרך לקוראם כמה פעמים כדי להרגיל מחשבתו בהם]

ד. וגם בכללות הדברים שבחוברת הרוצה לזכות על ידי זה באמת לשינוי מהותי בעוצמות הרוחניות שלו כדאי שיקרא מפעם לפעם שוב את החוברת או לכל הפחות איזה חלקים מתוכה שמרגיש יותר חיבור נפשי לחלקים אלו

ה. והנה החלקים ההכרחיים יותר בחוברת כדי לזכות לעוצמות רוחניות חזקות מאוד הם מפרק ראשון עד פרק חמישי ולכן בפרקים אלו יותר היה שימת לב לבאר את הדברים היטב באופן שכל אדם יוכל להבינם אבל מי שיכול ללמוד גם מפרק שישי והלאה עד סוף החוברת יכול זה להוסיף לו הרבה בעוצמות הרוחניות

ו. וגם פרק שביעי ושמיני המדברים בענין ביאור הסוגיא בכתובות ודברי הראשונים בענין זה יש להם חשיבות להשגת הכוחות העל טבעיים מצד המבואר בהקדמת המהרח"ו לעץ חיים חשיבות הפלפול בתורה בעיון שמשבר הכוחות הזרים שהם מסך לאור הרוחני ולענין השגת הכוחות העל טבעיים יש חשיבות גדולה בפלפול הסוגיא השייכת לענינים אלו ומכל מקום העיקר הוא מפרק ראשון עד פרק חמישי

ממעלות הקדושה

מפתחות

פרק א.	בגודל התועלת שבזהירות בעניני קדושה להרגיש על ידי זה קרוב להשם יתברך ובנזק לענין זה על ידי הזלזול בקדושה ובגודל התועלת לכל עניני עולם הזה ועולם הבא על ידי הזהירות בקדושה ובנזק לענינים אלו על ידי הזלזול בקדושה	רי
פרק ב.	בענין מהות היצר הרע וענין אותם אלו שטוענים שהיצר הרע שלהם יותר חזק מלאחרים	ריג
פרק ג.	בענין חשיבות הדבר להיזהר היטב שלא לידע כלל מעניני הרע	רטז
פרק ד.	בענין כמה ספיקות שיש לאנשים בענינים אלו	ריח
פרק ה.	מעשה נורא מענין גודל הזהירות בשמירת העיניים ומהמוסר השכל שיש ללמוד ממנו	רכ
פרק ו.	בעניני מעלת הקדושה והצניעות ובתועלת העצומה שיש לכל עם ישראל מהזהירות של כל יחיד בענינים אלו	רכג

פרק א. בגודל התועלת שבזהירות בעניני קדושה להרגיש על ידי זה קרוב להשם יתברך ובנזק לענין זה על ידי הזלזול בקדושה ובגודל התועלת לכל עניני עולם הזה ועולם הבא על ידי הזהירות בקדושה ובנזק לענינים אלו על ידי הזלזול בקדושה

ענף א.

א. הנה כל אדם מישראל רוצה להרגיש חיבור להשם יתברך וכמו שאמר דוד המלך בספר תהילים מזמור מ״ב צמאה נפשי לאלקים לקל חי מתי אבוא ואראה פני אלוקים ודבר זה הוא מצוה עצומה וגם זהו התענוג היותר גדול שיש אמנם כדי להגיע לזה לא מספיק לעשות את הדברים המביאים לידי זה אלא צריך גם להיזהר מהדברים הגורמים להפסיד את זה

ב. והמפסיד היותר גדול שיש בעולם לדבר זה הוא חסרון הצניעות והקדושה וכתוב בפרשת כי תצא פרק כ״ג פסוק ט״ו כי ה׳ אלקיך מתהלך בקרב מחנך להצילך ולתת אויביך לפניך והיה מחניך קדוש ולא יראה בך ערות דבר ושב מאחריך ע״כ והיינו שהפסוק מלמד אותנו שהדבר שבו ביותר תלוי ענין החיבור של השם יתברך ליהודי הוא הזהירות בעניני הקדושה והצניעות והיינו שעל ידי זהירות זו מגיע אור האלקי ושפע רוחני לתוך נשמתו של האדם

ג. ומבואר בגמ׳ במסכת כתובות דף מ״ו ע״א ובמסכת עבודה זרה דף כ׳ ע״ב שמה שכתוב בפסוק זה על הזהירות מחסרון הצניעות הכוונה אפילו לענינים שנראים לכמה בני אדם לא כל כך חמורים כחסרון בשמירת העיניים ובשמירת המחשבה עיין שם בגמ׳ כל הענין שבאמת

ענינים אלו הם חמורים מאוד וגורמים הרחקת אורו של השם יתברך מן האדם

ד. והנה הנ״ל הוא לענין ההפסד הרוחני הנגרם על ידי חסרון הקדושה והצניעות שהאדם פחות מחובר להשם יתברך אבל מלבד זה מבואר בפסוק זה בפירוש שיש בזה גם הפסד גשמי שאם חס וחלילה אין נזהרים בזה כראוי נחסר בשמירה ובהצלחה במלחמה וכתב בחפץ חיים על התורה שאף שבפסוק זה מבואר הדבר לענין מלחמה אבל כך הוא לכל הענינים שבעולם שכל הצלחת האדם תלויה כמה יש השראת שכינה בו ובמעשיו ועיקר השראת השכינה היא תלויה בשמירת האדם את ענייני הקדושה והצניעות וכתב לפי זה החפץ חיים שרוב הצרות שבאות על האדם בעולם הזה הכל נובע מחסרון הקדושה והצניעות עיין שם והאדם היודע דבר זה מבין כמה גדולה חובת הזהירות בדברים אלו ואף כשנראה לו שקשה מאוד להיזהר מכל מקום יבין שהרבה יותר כדאי לו להיזהר מלהיכשל והתוצאות של מעשהו נוגעות לא רק אליו באופן פרטי אלא לכל עם ישראל כולו כמו שמבואר לקמן בפרק ו׳ עיין שם

ה. ולכאורה אפשר לשאול על זה שהרי אנחנו רואים במציאות שיש צדיקים שנזהרים מאוד בדברים אלו וחלקם מצליחים בעניני החיים וחלקם סובלים וכן יש רשעים שמזלזלים מאוד בדברים אלו וחלקם מצליחים בעניני החיים וחלקם סובלים ואיך כתב החפץ חיים שזהו הגורם לצרות בחיים אבל אין זה קושיא כלל שפירש הקהלות יעקב את הענין שעל כל אדם נגזר מתחילת בואו לעולם עיקר ענינו ויש שנגזר עליו יותר טוב ויש שנגזר עליו פחות טוב וזה מסיבות עלומות מאתנו לפי שרשי הנשמות והגלגולים וכו׳ ואחרי גזירה זה שינוי מצבו תלוי בהנהגתו ועיין היטב בגמ׳ בברכות ס״א ע״ב ואכמ״ל ועל זה הוא דברי החפץ חיים הנ״ל שאין דבר שמשנה את מצבו של האדם לרעה ממה שנגזר עליו יותר מאשר חסרון הזהירות בעניני קדושה ובעניני צניעות

ו. וכמו שלענין העונש הוא כנ״ל אותו דבר לצד שני לענין השכר שאין דבר בעולם שמחבר את נשמתו של האדם להשם יתברך כמו ריבוי

ריב ממעלות הקדושה פרק א

הזהירות בעניני קדושה וצניעות וזוכה על ידי זה האדם לדביקות נפלאה בהשם יתברך וכן בעניני עולם הזה השמירה הכי גדולה שיש לאדם מאויבים ומצרות הוא הזהירות בעניני הקדושה והצניעות

ז. וגם לעולם הבא חסרון הזהירות בעניני קדושה וצניעות ענשו חמור ביותר והשכר על ריבוי הזהירות בזה הוא גדול ועצום מאוד

ענף ב.

א. וביותר לענין ההצלחה בלימוד התורה התועלת שיש מהזהירות בקדושה אי אפשר לתארה וזה השורש הגדול לעליית האדם בלימוד התורה

ב. וכן לענין זכירת הלימוד ידוע כבר מה שכתוב בספרים הרמז לזה מסמיכות המקראות בפרשת ציצית שכתוב ולא תתורו אחרי לבבכם ואחרי עיניכם וכתוב אחרי זה למען תזכרו את כל מצוות ה׳ והיינו שהזהירות בשמירת העינים היא כח סגולי גדול לזכירת הלימוד

ג. אבל אין הכוונה חס וחלילה שמי שלא מצליח להיזהר בקדושה ירחיק את עצמו מהעמל בתורה שאדרבה על ידי העמל בתורה יזכה עם הזמן לקדש את עצמו וכמבואר בגמ׳ בסוכה נ״ב ע״ב וקידושין ל׳ ע״ב שלימוד התורה הוא השובר הגדול את יצר הרע כדתנא דבי רבי ישמעאל אם פגע בך מנוול זה דהיינו היצר הרע משכהו לבית המדרש אם ברזל הוא מתפוצץ שנאמר הלא כה דברי כאש נאום ה׳ וכפטיש יפוצץ סלע ואם אבן הוא נימוח דכתיב הוי כל צמא לכו למים

ד. ואז כשיזכה להתקדש יזכה לעלות בתורה במעלות יותר גדולות ממה שהיה לו קודם לפני שזכה למעלת הקדושה

ה. וכן לענין מה שנתבאר לעיל בענף א׳ לענין הדביקות אין הכוונה שמי שלא מצליח לשמור עצמו בקדושה לא ישתדל בעבודת הדביקות אלא אדרבה יתאמץ בכל אופן בכל כוחו בענין הדביקות וזה יסייע בעדו עם הזמן להתחזק גם בענין של הקדושה

פרק ב. בענין מהות היצר הרע וענין אותם אלו שטוענים שהיצר הרע שלהם יותר חזק מלאחרים

א. כדי להצליח יותר במלחמה נגד היצר הרע מהראוי לבאר קצת מענין המהות של היצר הרע הנה בחטא עץ הדעת אנו מוצאים שהמפתה היה חיצוני דהיינו הנחש שאינו מגוף האדם ובזמן הזה נראה לנו שהיצר הרע הוא מתוך האדם אבל כתב בספר נפש החיים שבאמת גם בזמן הזה היצר הרע אינו מעצם האדם אלא כוח רוחני חיצוני שנלחם באדם אלא שמכח החטא של עץ הדעת נתערב הטוב ברע ונדמה לבן אדם שהרע הוא חלק ממנו עצמו ממש אבל זה רק דמיון

ב. ודבר זה שהיצר הרע נדמה לבן אדם כאילו הוא ממנו עצמו הוא נזק גדול מאוד מפני שאם היה האדם יודע את האמת שהיצר הרע זה גורם חיצוני ששונא אותו ורוצה להזיק לו היה הרבה יותר קל לבן אדם להילחם בו מפני שמבין שזה מישהו שנגדו

ג. וכמו במלחמה בעולם הזה שהסכנה היותר גדולה הוא אם האויב מצליח להתחפש כאילו אינו מן האויב שאז לא יודעים להיזהר ממנו

ד. ומה הסיבה שבאמת כוחות הרע כל כך רוצים להכשיל את האדם פירש המהרח״ו בספר שער הגלגולים בשם האר״י ז״ל שהענין הוא שכל אדם יש לו שפע רוחני ששמור לו מהשמים שבו תלוי ההצלחה של האדם בעולם הזה ובעולם הבא וכוחות הרע רוצים לגנוב משפע זה ואם הם מצליחים חס וחלילה להכשיל את האדם בעבירה על ידי זה הם עלולים להצליח לגנוב לו מן השפע ולכן אותיות פשע ושפע הם אותם אותיות בחילוף סדר מפני שהמטרה של כוחות הרע להכשיל בפשע היא כדי לשנות את הסדר של השפע שבמקום שיגיע לאדם יגיע אליהם חס וחלילה

ה. וזה גם מהסיבות למה שאמרו בגמ׳ במסכת סוכה דף נ״ב סוע״א שכל הגדול מחברו יצרו גדול הימנו שהוא מפני שיש לו הרבה שפע אז כוחות הרע עלולים יותר לרצות לגנוב לו מהשפע וכמו בעולם הזה שהגנבים מחפשים יותר לגנוב אצל העשירים הגדולים

ו. ולכן אם אדם רואה שיש לו יצר הרע יותר גדול מלאחרים ידע שאין זה סיבה ליפול ולהכשל ואדרבה להבין שעליו מוטל מהשמים להילחם יותר חזק ועל ידי זה יגיע למדרגות יותר גדולות וכן באותו אדם עצמו אם רואה שיש חס וחלילה תקופה שיש בה יותר נסיונות לא יפול אלא יבין שזה תקופה שבה יכול לקבל כוחות יותר גדולים של קדושה וילחם בכח גדול ועצום לשבור את היצר הרע ויזכה בעזרת השם למדרגות גדולות ועצומות וכן כתב הקהלות יעקב בספר קריינא דאיגרתא לבחור שהתלונן שיש לו הפרעות ללימוד יותר מלשאר חביריו שאם נכון כדבריו שיש לו יותר הפרעות מזה ראיה שהוא מועמד להגיע למדריגות יותר גבוהות

ז. והעיקר הגדול הוא לברוח מהנסיונות שהיצר הרע מחפש תמיד להטעות את הבן אדם להכניס עצמו לנסיונות קשים וחלילה לשמוע לו בזה אלא לברוח בכל כוחו שלא לבוא לידי נסיון וכמו שתקנו לנו חכמים להתפלל בברכות השחר שלא נבוא לידי נסיון כלל ועיקר וכן אמרו בגמ׳ בשבת י״ג ע״א ובעוד הרבה מקומות בגמ׳ סחור סחור אמרינן לנזירא לכרמא לא תקרב פירוש הדברים שלנזיר אסור לאכול ענבים ואם צריך ללכת מעיר לעיר והדרך הרגילה עוברת בתוך כרם ענבים אסור לו לעבור שם וצריך להאריך את הדרך וללכת מסביב אף שהוא טירחא גדולה ואף על פי שהתורה אסרה מעיקר הדין מדאורייתא על הנזיר רק אכילת ענבים ולא כניסה לכרם מכל מקום אסור לו לעבור שם שמא יתפתה ויאכל ענבים ובגמ׳ בהרבה מקומות [עיין בגמ׳ שבת בדף י״ג ע״א ובמה שציין במסורת הש״ס שם] למדו מזה לעוד הרבה ענינים שאדם צריך לעשות לעצמו הרבה הרחקות מן האיסור וכן אמרו במסכת

אבות פרק א' שצריך לעשות סייג לתורה וכתב בחזו"א בספר אמונה ובטחון שגם בדברים שלא מפורש בגמ' לדמות אותו לענין של נזיר הנ"ל יש ללמוד משם שצריך האדם ליזהר מאוד שלא להביא את עצמו בשום ענין לידי נסיון עיי"ש אבל אם חס וחלילה הגיע האדם לידי נסיון מאיזה סיבה שהיא לא יפול אלא ילחם בכל כוחו מלחמה גדולה ועצומה שלא להיכשל ועל ידי זה יזכה למדרגות גדולות ועצומות

פרק ג. בענין חשיבות הדבר להיזהר היטב שלא לידע כלל מעניני הרע

א. יש הטועים לחשוב שאף על פי שאינם רוצים לעשות שום דבר שיש בו חסרון קדושה וצניעות מכל מקום רוצים הם להכיר את הרע שבעולם וחושבים שדבר זה מותר אבל באמת דבר זה הוא טעות גדולה ומרה שמבואר בגמ׳ במסכת כתובות מ״ו ע״א ועבודה זרה כ׳ ע״ב שעצם המחשבה בדברים כאלו הוא איסור חמור

ב. והדבר מבואר יותר בחומרא עצומה בכתבי הגר״א מוילנא בתורת הקבלה שביאר הגר״א בביאורו לספרא דצניעותא פרק ה׳ דף ל״ד טור א׳ שעל כל אדם מישראל עובר בצורה מסוימת כל סיפורי התורה של חמשה חומשי תורה המסופרים על אדם הראשון והאבות ומשה ועם ישראל וכו׳ עיי״ש דבריו וכמובן שאין כוונת הגר״א לומר שצריך האדם להיכשל בחטאים המסופרים שם אלא שיש נסיונות כאלו לאדם

ג. וכיון שכך חובה גדולה עלינו לברר על פי דברי הגר״א הנ״ל מהו מהותו של חטא עץ הדעת שהוא החטא המרכזי המתואר בתורה כדי לדעת להינצל ממנו

ד. ומבואר הדבר בביאור הגר״א לזוהר בפרשת פקודי עמוד לפני ההיכלות שענין חטא זה הוא שעל ידי אכילת הפרי של עץ הדעת נגרם לאדם הראשון ירידה במחשבתו אל הרע ועל זה היה העונש הגדול והעצום שנגזר עליו ששינה את כל המציאות של כל העולם

ה. והנה לפי זה בצירוף לדברי הגר״א הנזכרים לעיל עולה שכל אדם מישראל הנסיון של עץ הדעת עבורו הוא הרצון להכיר את עניני הרע במחשבה בלבד ונראה לבן אדם שזה טוב ומותר כמו שהיה נדמה לאדם הראשון שנכון לאכול מעץ פרי הדעת אבל באמת שזהו השורש הגדול לכל המפלה של האדם בחיים

ו. ולכן יזהר האדם בכל כוחו לשמור את עצמו ומחשבתו מכל ידיעת הרע וישתדל תמיד בכל כוחו להעסיק את מחשבתו אך ורק בדברים

קדושים בלימוד התורה ובמחשבות של דביקות בהשם יתברך שאלו הם המביאים את האדם אל רום המעלות הגדולות והעצומות ומי שכבר נכשל בדבר זה ישתדל מאוד מכאן והלאה לתקן הדבר ולהרחיק את עצמו בכל יכלתו מלהכיר את עניני הרע שבעולם

פרק ד. בענין כמה ספיקות שיש לאנשים בענינים אלו

א. הנה רבים נבוכים בכמה ספיקות מציאותיים בענינים בחיים האם הדבר אסור משום חסרון הקדושה והצניעות שבו או שאין בזה איסור וכגון שמזמינים אותו לשמחה משפחתית וטוענים לו שמצב הצניעות שם הוא ברמה מספקת על פי ההלכה ואילו הוא נראה לו שאין זה מספיק ואינו יודע להכריע מה ההלכה בזה וכן עוד כל מיני ספיקות דומים לזה ושאינם דומים לזה

ב. וצריך לדעת בדברים אלו כלל גדול והוא שיש בענינים אלו שני סוגים של עבירות והם הראשון מעשים שאסרו אותם חז״ל משום חסרון הקדושה וכגון איסורי ראיה ואיסורי שמיעה וכו׳ והשני איסורי מחשבה ואפילו דבר שמצד ההלכות של המעשים הוא מותר לכתחילה וכשר למהדרין אם האדם יודע שאצלו מביא הדבר מחשבות רעות ממילא הדבר אסור באיסור חמור מאוד שהרי אפילו אם ישב האדם בחדר סגור וחושב מחשבות רעות זו עבירה חמורה

ג. ורק במקום שברור לאדם שלא יגיע לו מזה נזק מחשבתי בזה תלוי הדבר בפרטי ההלכות של האיסורים המעשיים ואפילו באופן כזה יזהר מאוד מלשמוע לקולות מכל מיני אנשים מפני שלצערנו הגדול הרבה אנשים טוענים להתיר בזה דברים שהם איסור חמור ומתיימרים לדבר בזה בשם ההלכה בזמן שבהלכה מפורש ההיפך הגמור מהקולות שהם מנסים לשכנע בהם

ד. ובמה שכתבנו שאפילו דבר שהוא מותר לגמרי מצד עצמו אם יודע האדם שזה מביא אותו לידי מחשבות לא טובות ממילא אסור הדבר לפעמים היצר הרע בא להטעות את האדם ולומר לו אם היית אדם מושלם שבשעה שאינך הולך לשם מחשבתך זכה ונקיה אל תלך אבל הרי בלאו הכי אינך במדריגה גבוהה ואתה נכשל בכל מיני דברים וכו׳ וכו׳ ואם כן מה לך להיות צדיק ולהיזהר מזה אבל צריך לדעת שטענה

זו היא רק מהיצר הרע שבאמת אף שהאדם לא מצליח לשמור עצמו בשלימות כרצונו מכל מקום כל פרט ופרט שהוא נזהר חשוב בשמים מאוד מאוד ויתנו לו על זה שכר גדול וסיעתא דשמיא גדולה ועצומה

ה. ויותר מזה שהבדל גדול מאוד בעבירה בין דבר שאדם נכשל בעל כרחו שניסה להיזהר ולא הצליח לבין מכשול שאדם הביא לעצמו על ידי הליכה למקום בעייתי

פרק ה. מעשה נורא מענין גודל הזהירות בשמירת העיניים ומהמוסר השכל שיש ללמוד ממנו

ענף א.

א. בילקוט שמעוני בפרשת ויחי אות קס"א סוף דף נ"א וריש דף נ"ב מובא ממדרש אבכיר וז"ל מעשה ברבי מתיא בן חרש שהיה יושב בבית המדרש ועוסק בתורה והיה זיו פניו דומה לחמה וקלסתר פניו דומה למלאכי השרת שמימיו לא נשא עיניו לאשה בעולם פעם אחת עבר שטן ונתקנא בו אמר אפשר אדם כמו זה לא חטא אמר לפני הקב"ה רבונו של עולם רבי מתיא בן חרש מה הוא לפניך אמר לו צדיק גמור הוא אמר לפניו תן לי רשות ואסיתנו אמר לו אין את יכול לו אף על פי כן אמר לו לך נדמה לו כאשה יפה וכו' עמד לפניו כיון שראה אותו הפך פניו ונתן לאחריו שוב בא ועמד לו על צד שמאלו הפך פניו לצד ימין היה מתהפך לו מכל צד אמר מתירא אני שמא יתגבר עלי יצר הרע ויחטיאני מה עשה אותו צדיק קרא לאותו תלמיד שהיה משרת לפניו אמר לו לך והבא לי אש ומסמר הביא לו מסמרין ונתנם בעיניו כיון שראה השטן כך נזדעזע ונפל לאחוריו באותה שעה קרא הקב"ה לרפאל אמר לו לך לרפא את רבי מתיא בן חרש בא ועמד לפניו אמר לו מי אתה אמר לו אני הוא רפאל ששלחני הקב"ה לרפאות את עיניך אמר לו הניחני מה שהיה היה חזר לפני הקב"ה אמר לפניו רבונו של עולם כך וכך אמר לי מתיא אמר לו לך ואמור לו אני ערב שלא ישלוט בו יצר הרע מיד רפא אותו ע"כ.

ב. והובא מעשה זה מהמדרש אבכיר וילקוט שמעוני הנ"ל גם בראשית חכמה שער הקדושה פרק ח' אות ל"ט עמ' רכ"א ובספר סדר הדורות במערכת תנאים ואמוראים אות מ' בערך רבי מתיא בן חרש דף קל"ט ע"א ובבן איש חי בשנה ראשונה פרשת ואתחנן בדרשה ששם לפני

ההלכות ובטהרת הקודש בפרק ג׳ סימן י״ט ועיין במגיה לראשית חכמה במהדורה החדשה שהביא כמה מראי מקומות לדברי חז״ל במעשה זה

ג. וראיתי מובא שמעשה זה מובא גם בפירוש הרשב״ץ [הוא מהראשונים בזמן הריב״ש] למסכת אבות ושנמצא עוד מעשה זה גם במדרש עשרת הדברות בדברה השביעית ונדפס מדרש זה בספר בית המדרש חלק א׳ דף ע״ט ואין ספרים אלו אצלי עתה

ד. ומדרש אבכיר עצמו כמדומה שלא נדפס עד היום והמהדורה שראיתי מודפס מדרש אבכיר מפורש בהקדמה שלא הגיע לידי המו״ל המדרש עצמו ורק אסף מהילקוט שמעוני את המקומות שהעתיק ממדרש זה וחיברם יחד בדפוס

ענף ב.

א. ורואים מזה את גודל מסירות נפשו של רבי מתיא בן חרש עבור שמירת העיניים ומזה צריך האדם ללמוד מוסר השכל והנה אין כוונת הדברים כאן להורות חס וחלילה לבן אדם לעוור את עיניו עבור שמירת העיניים ורק אותו תנא בעוצם מדרגתו הגדולה ידע שעבורו זה מה שנכון מן השמים אבל מכל מקום ודאי שיש לנו הרבה מה ללמוד מזה ויש אנשים שטועים שעבור לעשות קניות במקום יותר זול ועוד שיקולים דומים לזה מדרדרים את כל דרגתם הרוחנית אל השאול ולא מבינים שכל ההפסדים שנראה לאדם שיש לו מלשמור את עיניו הם כאין וכאפס מההפסד הגדול והעצום שיש על ידי זלזול בשמירת העיניים וכן הרבה פעמים שבני אדם הולכים לאיזה אירוע שיש בו חסרון צניעות מפני אי נעימות מאיזה אדם שמבקש להם ללכת לשם או מאיזה סיבה אחרת ודבר זה טעות חמורה מפני שהנזק הנגרם לאדם על ידי חסרון שמירת העינים הוא פי מליארדים מאשר ענין האי נעימות ושאר שיקולים הנ״ל

ב. ובבן איש חי שנה ראשונה פרשת ואתחנן כתב שצריך האדם ליזהר בעולם הזה בפגם המגיע לעיניו יותר מכל האיברים יען כי כל אבר שחוטא הגוף בו הנג הוא פוגם כנגדו באבר של נשמתו ומאחר שעיקר

הזכיה של עולם הבא הוא ליהנות מזיו השכינה וזה תלוי הרבה בעינים הרוחניות ומי שהעינים הרוחניות שלו נפגמו זה מקלקל לו הרבה באפשרות לקבלת השכר

ג. ועל ידי ריבוי שמירת העינים האדם זוכה למעלה גדולה מאוד ומתרבה הצלחתו בתורה בצורה למעלה מדרך הטבע

ד. וגם זה סגולה גדולה לזכרון בתורה וכמו שדרשו בספרים מסמיכות המקראות דכתיב ולא תתורו אחרי לבבכם ואחרי עיניכם וכו' וכתיב למען תזכרו

ה. ומפורסם בשם השפת אמת שאמרו לו על הזכרון הנורא שיש להג"ר יוסף רוזין מחבר ספרי צפנת פענח בתורה [שהיה זכרון פלאי מאוד גם בערך דורות הקודמים] ואמר על זה שכנראה שמעולם לא היה לו מחשבה רעה בראשו וכמדומה שהובאו דברים אלו מהשפת אמת בשמו בספר של נכדו לב שמחה [וידיעת השפת אמת על דרגותיהם של אחרים היתה פלאית מאוד כידוע מהקדמת ספר לב אליהו מה שסיפר הגר"א לופיאן עצמו על ידיעתו עליו מענין גילוי אליהו והגר"א לופיאן עצמו ידוע הפלגת זהירותו מאוד בעניני שמירת העינים ותוכחתו לבחורים על זה בחריפות רבה]

פרק ו. בעניני מעלת הקדושה והצניעות ובתועלת העצומה שיש לכל עם ישראל מהזהירות של כל יחיד בענינים אלו

[חלק א׳]

א. הנה בעניני קדושה וצניעות בכל פרטי הלכותיהן כבר מבואר בזה באריכות בספרי ההלכה וספרי המוסר בגודל החיוב להיזהר מכל מכשול באיסור בענינים אלו וגודל הזכות והשכר לנזהר בזה ורח״ל לאידך גיסא ועיין מש״כ בזה לעיל בפרקים קודמים באריכות אבל כאן בפרק זה יבואר בענין התועלת שיש לכלל ישראל כולו מהזהירות של כל יחיד בענינים אלו

ב. הנה כתיב בתהילים על קריעת ים סוף בלשון הים ראה וינוס ודרשו חז״ל במדרש רבה בפרשת וישב על זה מה ראה הים ונס ראה ארונו של יוסף והיינו דדרשו גזירה שוה מלשון ניסה האמור ביוסף כשברח מהעבירה ללשון וינס האמור כאן ומבואר מזה שהזכות שמכחה היה קריעת ים סוף היה הזכות שיוסף מנע עצמו מהעבירה ויותר מבואר הדבר בתיקוני זוהר בפירוש שאם לא היה עומד בנסיון היה עם ישראל טובע בים סוף [ויש לעיין מההבטחה שהובטח אברהם אבינו ויש ליישב בכמה אופנים ואכמ״ל ועיין מש״כ בענין דרשה זו עוד בביאורים לתורה בפרשת וישב]

ג. והנה זכות זו של יוסף היינו מניעה מעבירה בענינים אלו ואף על פי שהיה בנסיון גדול שהיה נער שנגנב מבית הוריו ואין לו מכיר וגואל ומבואר כמדומה בחז״ל שאיימה עליו שאם לא יכשל תכניסנו לבית הסוהר לכל ימי חייו וכמו שבאמת היה שהכניסתו לבית הסוהר והיה שם שתים עשרה שנים שזה כבר סבל גדול אלא שיתירה מזו שבדרך הטבע לא היה לו שום סיכוי לצאת משם לעולם ובדרך הטבע על ידי מניעתו מעבירה היה אמור להישאר כל ימיו בודד וגלמוד ולמות בודד בבית

רכד ממעלות הקדושה פרק ו

הסוהר בלי משפחה ואם היה נכשל בדרך הטבע היה נראה שלא ידע מזה לעולם שום אדם חוץ משניהם והוא ימשיך בחיים מוצלחים של ממונה ראשי על בית שר גדול ויכול להתקדם בכל הצלחות החיים ועל ידי שאף על פי כן מפחד השם יתברך מנע עצמו מעבירה מכח זה כל עם ישראל ניצלו בקריעת ים סוף

ד. והנה בסופו של דבר בדרך נס אדרבה זכה למלוכה ועל ידי זה גם לחזור לחיות עם אביו וכו׳ וכו׳ ואדרבה היה זה דוקא דרך מניעתו מעבירה שעל ידי זה פגש את שר המשקים ופתר חלומו והוא הודיע עליו לפרעה הרי שאדרבה מניעתו מעבירה היא שהביאתו להצלחה עצומה אלא שבתקופה הראשונה לעין הפשוטה שאינה רואה את העתיד היה נראה להיפך מזה

ה. והנה מבואר כאן שבזכות זהירות של יחיד מעבירה ניצלו כל עם ישראל וכאן המדובר לענין זהירות מעבירה גמורה אבל גם לענין הנהגה קטנה בעניני קדושה וצניעות מצינו שמיוחד הכח של זה להשפיע לכל עם ישראל שפע ברכה כמבואר במש״כ לקמן בחלק ב׳ בענין קמחית

ו. והנה כאן בענינו של יוסף גילו לנו חז״ל דבר זה שבזכותו ניצלו כולם ודרשו זה בפסוקים וכנ״ל אבל לכאורה לפי זה יש לנו ללמוד שהרבה זהירויות שנזהרו יהודים בעם ישראל בענינים אלו בכל הדורות פעלו הצלה וישועות להמונים מעם ישראל

ז. ועיין מש״כ בחלק ג׳ לדון בביאור הדבר בכח המיוחד שיש לעניני קדושה וצניעות להשפיע ברכה וישועה לכל כללות עם ישראל

[חלק ב׳]

א. ומצינו בדומה לזה עוד בדברי חז״ל לענין קמחית שזהירות אשה אחת בעניני צניעות היה מכח זה שפע לכל עם ישראל דהנה בגמ׳ ביומא מ״ז ע״א כתוב שבעה בנים היו לה לקמחית וכולן שמשו בכהונה גדולה אמרו לה חכמים מה עשית שזכית לכך אמרה להם מימי לא ראו קורות ביתי קלעי שערי אמרו לה רבים עשו כן ולא הועילו ע״כ אמנם יש ראיה לאידך גיסא שכן קבלו חז״ל את דבריה

ב. שהנה בירושלמי בכמה מקומות ביומא פ״א ה״א [דף ה׳ ע״א] ובמגילה פ״א ה״י ובהוריות פ״ג ה״ב מבואר דלא כהבבלי אלא שחכמים כן קיבלו את דבריה שעל ידי זהירות זו זכתה לזה וסייעו דבריה מפסוק שאמרו על זה עיי״ש

ג. ויתכן שאף הבבלי אינו חולק על הירושלמי ולעולם הסכימו חכמים שזכות זו היתה המכרעת בענין לזכותה לזכות זו אלא שכוונת הבבלי שלא מספיק זכות זו והיה לו עוד איזה זכות פרטית או מזכות אבות שסייעה לזה אבל לעולם זו הזכות העיקרית שגרמה ואולי נכון להכריע כהסבר זה בכוונת הבבלי כדי למעט במחלוקת ובפרט שאם נימא דהוי מחלוקת לכאורה הוא מחלוקת במציאות [ועיין ברש״ש לסוגיא מה שציין שם מענינים אחרים שנזכר בהם רבים עשו ולא עלתה בידם ובענינים ההם גם כן ודאי שאותם הדברים הם כן דברים שמועילים אלא שכוונת הגמ׳ להוסיף עוד סיבות לזכות עיי״ש היטב] ואף אם היינו אומרים שהוא ממש מחלוקת מכל מקום יתכן שמזה שהביאו כלל דבריה בגמ׳ ובצורה שהובא זה כמשא ומתן ונדחה רק מצד ראיה מאחרים שעשו ולא זכו משמע שיש מקום בסברא לדבריה ועל כל פנים הירושלמי ודאי סבירא ליה שקבלו חכמים את דבריה

ד. והנה הדבר צריך בירור מה הענין הגדול בהא שלא ראו קורות ביתה שערות ראשה ואם הכוונה שלא גילתה ראשה בפני גברים הרי זהו ההלכה וודאי שכך עשו כולם ולא היתה אומרת שבזכות זה זכתה אלא הכוונה שלא גילתה ראשה מעולם אף שלא בנוכחות שום אדם שזה דבר שאף אם אפשר ליזהר בו בדרך כלל אבל להיזהר שתמיד לא יקרה כן הוא דבר קשה מאוד ולכן תלתה שבזכות מסירות קשה זו לצניעות זכתה לזכות גדולה זו ואין זה פירוש מחודש בכוונת הגמ׳ שהרי הדבר כמעט מפורש בלשון הגמ׳ במה שאמרה מעולם לא ראו קורות ביתי שערות ראשי

ה. והנה גודל הזכות לזכות לבן כהן גדול ובפרט לשבעה בנים כהנים גדולים אי אפשר לתאר שהרי הכהן גדול תפקידו מיוחד לפעול עבור

כל עם ישראל כפרת יום הכפורים והוא היחידי שרשותו ומצוותו להיכנס למקום הכי קדוש בעולם ביום הכי קדוש ולפעול שם עבור כל כללות עם ישראל וכמדומה שגם בשאר ימות השנה על פי תורת הקבלה הוא פועל במיוחד עבור כל עם ישראל ואכמ״ל בזה הרי שזכתה על ידי מעשיה לזכויות כלליות עבור כל עם ישראל

ו. והנה מסתבר שאף שנזכר בגמ׳ הנהגה מסוימת של צניעות שבה זכתה מכל מקום מה שיש ללמוד מזה לגודל חשיבות הצניעות הוא בנוגע לכל הלכות ועניני קדושה וצניעות בין בגברים ובין בנשים [ובאמת בירושלמי שם נזכר עוד הנהגה נוספת וגם מהפסוק שהביאו שם בירושלמי משמע שהוא ענין כללי בצניעות עיי״ש]

ז. והנה בהאי עובדא דקמחית היה זה דבר הנראה לעין שדרכה היה זכות לעם ישראל כולו שראו שבניה הם שהיו כהנים גדולים ובחז״ל נתבאר הקשר בין זה להנהגתה בענינים אלו אבל באמת לפי זה לכאורה יש לנו ללמוד שהרבה זהירויות שעשו במשך כל הדורות נשים מעם ישראל בעניני צניעות פעלו ישועות והצלה עבור המונים בעם ישראל

[חלק ג׳]

א. והנה מתבאר מהאמור לעיל בחלק א׳ ובחלק ב׳ שיש כח בזהירות של יחיד בעניני קדושה וצניעות לפעול שפע ישועה והצלה לכל עם ישראל ויש לברר מהו הסיבה שכח זה מיוחד ביותר לעניני קדושה וצניעות והנה באמת נתבאר לעיל באריכות ובעיקר בפרק ד׳ שבאמת כל מצוה וזהירות מעבירה שעושה יהודי פועלת לישועה לכל עם ישראל כיון שמרבה השפע היורד לטובה מעולמות העליונים אמנם מהאמור לעיל בחלק א׳ וב׳ עד היכן הדברים מגיעים נראה לכאורה שבענינים אלו של קדושה וצניעות ההשפעה של כל הנהגה אפילו של יחיד על כל עם ישראל היא יותר גדולה וצ״ב מהו הענין בזה

ב. ויש לבאר בזה על פי סודן של דברים בכמה פנים וקשה להאריך בדברים הקשורים לסודות התורה אבל יבואר כאן בעזהשי״ת מכיוון

אחד מה שיש לכאורה לבאר בזה על פי יסוד גדול המבואר בספרי הקבלה בכמה מקומות אבל יובא כאן בעיקר על פי האמור בזה בספר אדיר במרום לרמח״ל במאמר יחוד הגן מפני שבאופן יחסי הלשון שם יותר קל ומובן [ודע שיש מכתב מהגרא״ש מאמציסלאוו תלמיד הגר״ח מוואלוז׳ין (והוא עצמו הגרא״ש היה מגדולי עולם והובא מדבריו בספר משנה ברורה) שמעיד בשם הגר״ח בשם הגר״א מוילנא על גדלות עצומה של הרמח״ל בקבלה ועוד כתוב שם במכתב שהגרא״ש אמר לגר״ח על ספר אדיר במרום לרמח״ל שכולו גילויים נוראים מעולמות העליונים ובפרט מאמר יחוד הגן אשר אין קץ לנוראות נפלאות הענין והשיב לו הגר״ח שודאי שכך הוא עיי״ש ועניננו דלקמן מבואר בספר ומאמר הנ״ל]

ג. והוא שכבר נתבאר לעיל שהסדר שקבע הבורא בעולמות הוא שעל ידי מצוות ומעשים טובים שעושים עם ישראל בעולם הזה נתקנים עולמות עליונים רבים ומכח זה יורד שפע טוב ברוחניות ובגשמיות לעם ישראל בעולם הזה אמנם יש בעיה בענין זה שצריך שמירה שהשפע הזה יגיע רק לטובה ולא יקחו אותו או ממנו כוחות עליונים טמאים ומבואר ברמח״ל שזו באמת בעיה גדולה מאוד ושמסיבת בעיה זו באמת יורד לעולם הזה רק חלק מהשפע אבל הרבה מאוד מהשפע נשאר בעולמות עליונים כדי שיהיה שמור ושמור הוא לעם ישראל לעתיד לבוא כי אין דרך אחרת לשומרו עיי״ש ברמח״ל ומבואר שם ברמח״ל שאם עושים איזה עצה לשמירת השפע הרי זו זכות עצומה שעל ידה יכול לבוא שפע עצום ברוחניות ובגשמיות לעם ישראל בעולם הזה [ואין זה כלל מחסר מהשפע לעתיד לבוא ואדרבה על ידי שפע נוסף זה שיורד יסייע זה מאוד להרבות עוד הרבה מאוד זכויות עיי״ש היטב בכל דבריו שכן עולה מדבריו]

ד. והנה מעתה ראוי לנו לברר האם יש בידינו עצה איך להרבות שמירה שעל ידי זה יוכל לירד שפע מרובה לעם ישראל והמעיין היטב בתורת הקבלה יראה שיש לזה תשובה ברורה והוא שעל ידי ההקפדה לשמור את הלכות הקדושה והצניעות נוצרת מאוד שמירה זו בין על ידי שמירת

הבנים בשייך להם ובין על ידי שמירת הבנות בשייך להם וכל סוג זהירות בזה יש לו כח יחודי עצום ונורא ליצירת השמירה והטעם שדוקא במצוות הצניעות במיוחד מתווספת שמירה זו קשה להיכנס כאן בפרטים מפני שהענין מורכב וארוך אך יבואר כאן בקצרה ומי שמתמצא בעניני קבלה אקוה שיבין הדברים הנה עיקר השמירה תלויה בשמירת ספירות מסוימות בספירות העליונות מכל שייכות עם הכח הנקרא נחש הקדמוני וכל הדומה לו וזה ודאי תלוי בפרט בענין זה של הצניעות

ה. ובזה יובן אמאי שייכים זהירויות אלו לתועלת לכללות עם ישראל שהנה הרי בכללות עם ישראל יש הרבה מאוד לימוד תורה וקיום מצוות שבין אדם למקום ושבין אדם לחברו וזהירות מעבירות שבין אדם למקום ושבין אדם לחברו ותפילות רבות וכל עניני עבודת השם ונפעל מזה שפע עצום שבכוחו לפעול ישועות עצומות לכל עם ישראל בכל הענינים ממש אלא שחלק מכל שפע זה מעוכב מלירד ולהשפיע הטובה לעם ישראל בעולם הזה מפחד הנ״ל מכוחות הרע ונשמר שפע זה לעתיד ועל ידי הזהירות בעניני קדושה וצניעות הרי פועל שמירה ועל ידי השמירה הרי שפע שכבר הוכן על ידי כל עניני עבודת השם של כללות עם ישראל נעשה שמור ויורד לעולם הזה וקל הדבר שאינו צריך לפעול שפע זה לכל עם ישראל שהשפע כבר נעשה ורק צריך לתת אפשרות להביאו לעם ישראל על ידי שמירתו

ו. וזהו הענין שהיה נצרך זכויות מסוג זה לקריעת ים סוף ולהצלחת עבודתם של כהנים גדולים שכיון שאלו דברים של ישועה לכל עם ישראל היה צריך השימוש בזכויותיהם של כל עם ישראל והשמירות הנ״ל ואפילו שמכח יחידים מועילים שהכח שבא מזכויות של כל עם ישראל יוכל להשפיע שפעו בעולם הזה לעם ישראל לטובה ולברכה ברוחניות ובגשמיות

[חלק ד׳]

א. ומכל האמור צריך האדם ליתן התעוררות לעצמו להיזהר מאוד בענינים אלו של קדושה וצניעות בין מצד גודל המצוה וח״ו לצד

שני שיש בזה לעצמו [ובכל מצוה או ח״ו לצד שני יש בזה השפעה לכל עם ישראל כנ״ל בפרק ד׳]

ב. ובין מצד שכח גדול במיוחד בענינים אלו של קדושה וצניעות להביא שפע ישועה לכל עם ישראל וזה צריך להוסיף התעוררות לאדם בין מצד לעשות נחת רוח ליוצרו שודאי נחת רוח עצום להקב״ה כשעוזר אדם לכל עם ישראל ברוחניות ובגשמיות ובין מצד מדת הרחמנות על כל עם ישראל בין בישועות כלליות ובין בישועות פרטיות שרבים מצפים להם וגם פשוט הדבר שכשזוכה האדם להועיל תועלת עצומה לכלל שכרו על זה מן השמים גדול ועצום לאין קץ

ג. והנה מבואר כמדומה ברש״י במסכת עבודה זרה לענין כללות הזהירות מעבירות שיש שני סוגי זהירות האחד בשעת מעשה כשנזדמן נסיון לשמור עצמו שלא להיכשל חס וחלילה והשני להיזהר מלכתחילה לסדר מצבו באופן שינצל כמה שיותר מלהגיע לידי נסיון והנה אף שבכל הענינים כן הוא אבל ביותר נכון הדבר לעניני קדושה וצניעות שהמציאות היא שלא מספיק שיחזק אדם את עצמו להישאר קדוש וטהור בשלימות אלא צריך שיתכנן מעשיו ועניניו באופן שלא יבוא לידי נסיון של איזה שמץ פגם וחסרון בקדושתו וטהרתו דהיינו לסדר עניניו באופן שלא יגיע למקומות הגורמים לו מכשול ולמצבים הגורמים לו מכשול וקשה להיכנס בפרטים בענין זה בחיבור זה אבל מה שבאופן כללי אפשר לומר שנכון אצל רוב בני האדם שהעצה הגדולה היא שישתדל כמה שיותר מזמנו להימצא בבתי כנסיות ובתי מדרשות שהם המקומות היותר שמורים מענינים גרועים ושם יעסוק בתורה הקדושה שהיא השמירה הגדולה מענינים גרועים

ד. ובפרט כשיש ספיקות לאדם לא רק לגבי שעות מסוימות היכן להימצא אלא בקביעת עתידו בחיים ודאי שצריך ענין הזהירות בקדושה וצניעות להיות קובע גדול כגון לענין תפקידו בחיים יראה לסדר מצבו כפי יכלתו שיהיה כמה שיותר זמן בבתי כנסיות ובתי מדרשות ועוסק שם בתורה

ממעלות הקדושה פרק ו

ה. והנה יש מקומות שבהם אם רוצה האדם ליזהר בעניני קדושה וצניעות ככל פרטי ההלכות יש לועגים עליו על זה וצריך האדם שלא לבוש מן המלעיגים עליו וכמבואר בשו"ע בתחילת או"ח וידע שהאמת אתו שאין לנו אלא דעת תורתינו הקדושה ולעתיד לבוא עתידים כל הלועגים עליו להכיר בצדקת דרכו ששמר התורה וליתן לו תודה על שזהירותו בזה הגינה ושמרה הרבה מאוד עליהם וכנזכר לעיל שהזהירות בדברים אלו מועילה מאוד לכללות עם ישראל

ו. ופעמים במקרים כאלו שלועגים לו במקומו או בקבוצתו על קיימו ההלכות הטוב עבורו הוא להחליף את האזור או הקבוצה שבהם נמצא אם לועגים עליו בזה כדי שלא יבוא לידי נסיון ומעוד סיבות אמנם קשה ליתן בזה כללים שיש פעמים שיש סיבות אחרות שלא טוב לו המעבר והיינו בתנאי שאין לעגם גורם לו להיכנע ולהתדרדר במצבו בקדושה ובצניעות וקשה ליתן בנידון שבסעיף זה באופן כללי בלי להכיר פרטי הענין והמצב

הרבה נתלבטתי אם להדפיס מכתב זה מכמה סיבות אבל מכיון שכמה שסבלו בענינים אלו אמרו שהיה להם תועלת מהדברים להנצל מזה נדפס כאן

[חלק א]

לכבוד וכו׳ בתחילת דברי אלו הנני לומר שקשה לי לכתוב מפני ריבוי רשעותי בכלל ובענינים דקדושה בפרט והלואי שאזכה לחזור בתשובה

א. על דבר שאלתו לבאר לו דברי חז״ל בתלמוד בבלי מסכת נדה דף י״ג ע״א וע״ב שכתבו שם דברים נוראים בחומר איסור הוצאת זרע לבטלה וכן בשו״ע באהע״ז סי׳ כ״ג מבואר דברים נוראים בחומר איסור זה ושואל להבין מהו הטעם לחומר איסור זה

ב. ועוד רוצה להבין מהו שהגדירו חז״ל איסור זה כרציחה והוקשה לו מהו הדמיון בין זה לזה

ג. הנה תחילה אומר שמכתלי מכתבו ניכר שכהוגן שאלתו שבין אם יבין ובין אם לא יבין בכל אופן מאמין הוא באמונה שלימה בדברי חז״ל הנ״ל אלא שכדרכה של תורה רוצה להבין הדבר יותר וגם שמקוה שעל ידי שיבין ביאור הדבר יתעורר יותר לזהירות בענין זה ובתשובה לשאלתו הנה בעזהשי״ת בהמשך הדברים יוסבר בביאור דברי חז״ל אך הנני להקדים שכל ההסבר דלקמן הוא רק חלק מן ההסבר ויש בזה עוד טעמים והסברים שאין כאן מקום לפורטם

ד. והסבר הדבר מבואר בתורת הקבלה בספר שער הכוונות דרושי קריאת שמע שעל המיטה דרוש ז׳ [דף נ״ו טור ב׳ בדפוס הרגיל] וספר זה הוא מתורת האר״י זצ״ל וכתבו תלמידו רבי חיים ויטאל זצ״ל ואכתוב בעזהשי״ת הדברים בתוספת ביאור והוא דהצורה שברא הקב״ה את העולם הוא שכל פעולה שעושה האדם בעולם הזה פועלת תוצאות בעולמות העליונים [וכמבואר באריכות בכמה מקומות בחז״ל והאריך

בזה בספר נפש החיים בשער א' בפרקים הראשונים] והנה בפעולה של יציאת זרע מגוף האדם אחת מהתוצאות שנעשות בעולמות העליונים הוא שיוצאת נשמה מאוצר הנשמות והנה אם יציאת הזרע הוא בזיווג כראוי שנוצר ממנו גוף נכנסת נשמה זו בתוך הגוף הנוצר וזהו בן אדם חי [ואין כאן המקום לבאר מה נעשה בזיווג שלא נולד ממנו בן אדם] אבל אבל אם יציאת הזרע נעשית בעבירה של הוצאת זרע לבטלה גם בזה יוצאת נשמה מאוצר הנשמות אך במקום להינתן בגוף של בן אדם יוצאת הנשמה מאוצר הנשמות אל הקליפות ומתחבר בה כח רוחני מזיק ונעשה לה כגוף ולכן נחשב זה כענין רציחה מפני שהאסון שנעשה לנשמה להינתן בתוך מזיק ולהיות נשמתו הוא אסון עצום כרציחה וגם במהותו הוא כענין רציחה שהוא נוטל את הנשמה מהמקום שהיתה בו ונותנו במצב אחר ומצב אחר זה הוא קשה ומר לנשמה בצורה שלא ניתן לתאר במילים עכ"ד ספר שער הכוונות בקצת תוספת ביאור

ה. ודע עוד שמבואר בספרים הקדושים שכל עניני הצלחת האדם בעולם הזה בין ברוחניות ובין בגשמיות תלויים בשפע רוחני שמושפע אליו מן השמים ולכל אדם יש בכל זמן שיעור מסוים כמה שפע יושפע אליו ותלוי זה בהרבה גורמים כמה שפע יושפע ועל כל פנים משפע זה שמושפע אם נכשל האדם בהוצאת זרע לבטלה ולא עשה תשובה הרבה פעמים המזיקים הנ"ל שנשמתם באה על ידו לוקחים מהשפע הרוחני ועל ידי זה נחסר לאדם השפע והרבה מאוד סבל נגרם על ידי זה רחמנא ליצלן

ו. ועיין עוד בחומר איסור זה בזוהר בפרשת וישב דף קפ"ח ע"א ובזוהר בפרשת ויחי דף רי"ט ע"ב והובא מזה בבית יוסף באהע"ז בסי' כ"ג דף מ"ה ע"ב ובחדש עמ' רכ"א ובבית יוסף באהע"ז בסי' כ"ה בבדק הבית דף מ"ו ע"א ובחדש עמ' רכ"ד [ובטור החדש שם בעמ' רכ"א בהגהות והערות אות ו' העתיקו לשונות הזוהר הנ"ל עיי"ש]

[חלק ב]

א. ובהיות שעכשיו אנו בימי השובבי״ם שכפי שמקובלנו מרבותינו עיקר מה שצריך התעוררות בהם הם שני ענינים והם הענין הנ״ל ואיסור נידה מהראוי לכתוב כאן איזה דברים בענין איסור נידה וצריך לדעת שאיסור נידה הוא בין בבחורה ובין בנשואה וכל הבחורות נידות וכתב החפץ חיים במאמרו בענין איסור נידה ידוע לכל איש אשר עוון נידה אינו רק לאו כמו אכילת חזיר וכדומה אלא הוא עוון כרת והוא על האיש והאשה יחד שלא ישלימו שנותיהן חס וחלילה ואפילו אם זכויותיהן יתרבו שיתלו להם להאריך ימיהם אבל נפשם נכרתת מצרור החיים שהוא אבדן נצחי להנפש ועל זה נאמר הכרת תכרת הנפש ההיא מלפני והיינו כיון שהקב״ה מלא כל העולם שוב אין מקום להנפש הזה [אם לא כשיעשה תשובה] ומה נורא העונש הזה רע הוא אלף פעמים אף מעונש מוות שהוא רק מיתת חיי הזמן וזה מיתת חיי עולם וכל זה הוא אחר שיקבלו עונש הגהינם הנורא שיורדים קודם לשאול ונידונים שם ביסורים מרים על כל פעם ופעם שעברו עכ״ד ועוד האריך שם על הסכנה שיש באיסור זה לילדים של הנכשלים ועיי״ש עוד דברים חמורים

ב. עוד כתב החפץ חיים שם שעוד על האנשים לדעת דבר הידוע לכל בן תורה כי איסור נידה הוא בכלל איסורי עריות שהוא מהדברים שנאמר עליהם יהרג ואל יעבור והיינו שהאיסור כל כך חמור עד שהוא ביהרג ואל יעבור ומחויב כל איש ישראל למסור נפשו להריגה ולשריפה שלא לעבור על זה והוסיף החפץ חיים וביאר יסוד גדול שכשציותה התורה על איסור נידה יהרג ואל יעבור זה לא רק ציווי שכך חייב לעשות אף במחיר חייו אלא מלבד הציווי יש בזה גם עצה והוא שהפגם מאיסור נידה הוא כל כך גדול שכדאי ועדיף לו למות מאשר לעבור על זה עכ״ד החפץ חיים

ג. ולהבין דבריו נמשיל משל שני אנשים נסעו ברכב מעיר לעיר ואירעה תאונה והראשון נהרג והשני יצא שלם והגיע לעיר האחרת ושם נכשל

באיסור נידה השני הזה ניזוק והפסיד הרבה יותר מאשר ניזוק והפסיד זה שנהרג

ד. ומהראוי פה לעורר דבר שיש טועים בו והוא שאף על פי שהכרת שבאיסור נדה הוא רק על איסור ביאה אבל ההלכה של יהרג ואל יעבור מבואר בחפץ חיים בספר גדר עולם במאמר חתימת הספר שהוא אפילו על חיבוק או נישוק בלבד של נידה אפילו על זה לבד יש החומר שצריך ליהרג ולא לעבור עכ"ד וכפי שהובא לעיל ההסבר מהחפץ חיים והמשל להסביר דבריו גם בזה שניים שנסעו והראשון נהרג והשני נשאר שלם ונכשל אחר כך בחיבוק בלבד של נידה או נישוק בלבד אף בזה ניזוק השני יותר מהראשון שנפגמה נפשו על ידי חיבוק או נישוק זה יותר מאשר על ידי מיתה

ה. והנה דבר פשוט וברור שלא רק בימי נדתה האשה נדה אלא גם אחר כך כל זמן שלא טבלה במקוה כראוי אחרי סיום נידתה בזמן הראוי כפי ההלכה לטהרה מנידתה ויש בה כל חומרות הנ"ל והאדם המשכיל יתן את כל הדברים הנ"ל על ליבו לדעת להסיר עצמו מדרכי מוות וללכת בדרכי החיים [מה שכתב החפץ חיים כדבר פשוט שאיסור נידה גם הוא ביהרג ואל יעבור כשאר עריות עיין בספר תורת היחוד פרק א' הערה ב' מעמ' י' עד עמ' י"ג שהאריך בראיות לזה והביא כן מהרבה מאוד פוסקים קדמונים ואחרונים] וכל אשר נכשל באיזה מהדברים הנ"ל ימהר לשוב בתשובה על מעשיו ויסלח לו

[חלק ג']

א. והנה אחר שנתבאר באריכות לעיל בענין איסור הוצאת זרע לבטלה מהראוי לבאר בדבר שאילת רבים כיצד עושים תשובה על איסור זה מפני שהדברים ידועים מהזוהר הקדוש והובאו דבריו בפוסקים שקשה לעשות תשובה על דבר זה ותחילה צריך להביא מה שכתב בספר ראשית חכמה בשער הקדושה דחלילה לחשוב שאי אפשר כלל לעשות תשובה על חטא זה שודאי אפשר ורק שצריך יותר תשובה לזה מכמה סיבות

ב. והנה עיקרי התשובה ידועים בפוסקים שהם חרטה ווידוי והזהירות לעתיד בזה וצריך לידע מה שכתב בספר שערי תשובה לרבינו יונה שלכל תשובה תימצא סליחה אלא שיש הרבה דרגות של סליחה וכפי העוצמה של התשובה כך העוצמה של הסליחה והיינו דיש חרטה קטנה בצער קטן ויש חרטה בצער עצום וכמובן שחרטה בצער גדול יותר מכפרת וכן יש וידוי פשוט ויש וידוי מעומק הלב וכן יש קבלה לעתיד קלושה ויש החלטה חזקה ותמיד יש סליחה אבל עוצמתה תלוי בעוצמת התשובה ומפורש ברבינו ניסים גאון שאף אם אחר התשובה חזר ונכשל הועילה התשובה [ומה שברמב״ם בהל׳ תשובה כתב בזה עד שיעיד עליו יודע תעלומות אין כאן מקום להאריך בדבריו אבל המקובל מרבותינו בזה הוא כדברי הרבינו יונה שלכל תשובה תימצא סליחה ושיעור הסליחה הוא בעוצמת התשובה ואפשר ליישב זה עם דברי הרמב״ם ואכמ״ל]

ג. עוד מקובלנו מרבותינו שהתיקון הגדול לחטא זה הוא ההתחזקות בלימוד התורה ויש לזה הרבה ראיות והסיבה שזה התיקון הוא מכמה טעמים הראשון מפני שכנזכר לעיל מענין התשובה הוא הזהירות לעתיד והנה לימוד התורה עוזר מאוד לאדם להיזהר בענין זה בין מהצד המציאותי שהוא שקוע בהתחברות להשם שזה מרחיק מדברים רעים ויותר מזה מצד האור הרוחני העצום שבא לנשמה מלימוד התורה וטעם נוסף שלימוד התורה מתקן הוא מפני שבין הסיבות לחומרת העוון הנ״ל הוא שמצוי שהחוטא בזה ראשו ומחשבתו שקועים מאוד בעבירות אלו ולכן לימוד התורה שבו משקיע היטב האדם ראשו ומחשבתו מועיל לטהר הראש והמחשבה מהפגמים הנ״ל וטעם נוסף מפני שאור התורה גדול מאוד לנקות את הנפש מפגמי העוונות החמורים שנהיו בה על ידי חטא זה וטעם נוסף מפני שכח התורה גדול מאוד לתקן הפגם שנעשה בעולמות העליונים על ידי עוון זה

ד. עוד תיקון גדול לזה מבואר בספר שער הכוונות [הנזכר לעיל בתחילת הענין] והוא קריאת שמע שעל המיטה שיש בזה כח להרוג את

המזיקים שנעשו על ידי פגם זה ולהחזיר את הנשמות שנכנסו בהם לזכותם לחזור לאוצר הנשמות וכמה שקורא הקריאת שמע יותר בכוונה ויותר בהתלהבות יותר פועל לתקן על ידי זה פגם הנ״ל

ה. עוד תיקון גדול מאוד לענין זה הוא להשתדל שיהיה לימודו וכן תפילתו וקיום המצוות וכל עניני עבודת השם כמה שיותר מעומק הנפש ובחיות ובמידת האפשר בהתלהבות והוא מפני שיש הרבה שכבות לנפש האדם וכשאדם עושה מעשה או מדבר או חושב לא כל הענינים שוים שפעמים זה יותר בעומק הנפש ופעמים פחות והנה העוון הנ״ל מצוי מאוד שהוא או הגורמים אליו נעשים מאוד מעומק הנפש ולכן אם זוכה שגם עבודת השם שלו תהיה בעומק הנפש מועיל זה מאוד מאוד לתקן הפגם ואם זוכה שעשיית התשובה שלו לחטא זה הוא בעצמה מאוד מעומק הנפש ובהתלהבות הוא תיקון גדול מאוד

ו. עוד תיקון גדול ביותר לזה הוא הזהירות בשמירת העיניים והנה זה כשלעצמו חשוב ביותר אך גם הוא תיקון גדול לנ״ל והנה נכתב זה כאן בסיום התיקוני תשובה מפני שהנכון הוא שהוא העיקר הגדול ביותר לשמירת הקדושה לשמור את עיניו ויש בזה שני ענינים הראשון שעצם שמירת העינים מקדש את הנפש בקדושה נוראה והשני שהוא מונעו ממכשולים רבים וגם השמירה נחלקת לשנים הראשון להשתדל בכל כוחו שלא להימצא במקומות המסוכנים לשמירת העיניים והשני שאם חס וחלילה קרה שנזדמן לשם ישמור עיניו בכל יכולתו וכן על דרך זה הזהירות בכל יכלתו מכל קשר עם נשים ובנות

[חלק ד]

א. והנה כיון שהזכרנו מענין התיקון של לימוד התורה מהראוי לכתוב קצת מענין תיקון גדול זה שבאמת הוא עמוד הגדול שעליו עומד כל בנין עם ישראל ויובא כאן בעזהשי״ת קצת מהמובא בחז״ל ובמפרשים בענין זה

ב. כתב החפץ חיים בספרו שם עולם שער החזקת תורה פרק ט׳ וז״ל [בקצת שינוי] הנה ידוע דעצם לימוד התורה הוא מצוות עשה

דאורייתא דכתיב ולמדתם אותם ושמרתם לעשותם ובריאתו של האדם היה העיקר רק כדי שייגע עצמו בתורה כמו שדרשו בגמ׳ בסנהדרין בפרק חלק דף צ״ט אדם לעמל נברא שנאמר אדם לעמל יולד והוא לעמל תורה שנאמר לא ימוש ספר התורה הזה מפיך עיי״ש וכו׳ עכ״ד

ג. ובספר שנות אליהו מהגר״א [הוא פירוש למשניות ונדפס בחלק ממהדורות המשניות בסוף הספר במסכת פאה פ״א מ״א כתב וז״ל וצריך האדם מאוד מאוד לחבב את התורה דבכל תיבה ותיבה שלמד בה הוא מצוה בפני עצמה וכו׳ אם כן כשלומד למשל דף אחד מקיים כמה מאות מצוות עכ״ל והובאו דבריו בחפץ חיים בספרו שם עולם שער החזקת התורה פרק ט׳

ד. וכתב שם עוד החפץ חיים על פי זה שבכל מילה ומילה שלומד נברא מלאך שמליץ יושר עליו

ה. ובספר נפש החיים שער ד׳ מפרק י״א עד פרק ל״ד האריך הרבה בענין גודל המעלות שזוכה האדם על ידי לימוד התורה עיי״ש דברים נשגבים איך שמתקן המון עולמות עליונים וממשיך אורות עליונים על נשמתו וזוכה להשפיע ברכה וישועה לכל עם ישראל וזוכה שמתווסף על נשמתו תוספת נשמה קדושה מאוד שמעלה את העוצמה והיכולת הרוחנית שלו בהרבה מאוד ומלווה אותו עזר שמים עצום בכל ענייניו

[חלק ה]

א. וצריך לידע שעל ידי שנזהר האדם מאיסור הוצאת זרע לבטלה וכן על ידי שנזהר האדם מאיסור נידה זוכה לאורות עצומים מאוד על נשמתו ולהבאת שפע גדול בכל הענינים לכל עם ישראל. ב. וכתוב בחז״ל שקריעת ים סוף היתה בזכות עמידתו של יוסף הצדיק בנסיון שלא נכשל באיסורי עריות והרי שבזכות יוסף ניצלו כל עם ישראל ממיתה ואכמ״ל בפרטי ענין זה אבל רואים מזה גודל הזכות של זהירות אדם יחידי בענין זה כמה מועיל לכל עם ישראל

ג. וכן בגמ׳ יומא מ״ז ע״א מבואר בענין קמחית שעל ידי זהירותה בצניעות זכתה שכל שבעת בניה שמשו בכהונה גדולה [יותר מבואר

הדבר בירושלמי ביומא פ״א ה״א דף ה׳ ע״א ומגילה פ״א ה״י והוריות פ״ג ה״ב ואכמ״ל בביאור דברי הבבלי שלא יסתרו לירושלמי] והנה כהונה גדולה הוא ענין שמועיל הכהן גדול לכל עם ישראל ורואים גם בזה שהזהירות של יחידים בעניני קדושה וצניעות מועיל לכל ישראל תועלת עצומה

ד. והנה באמת בכל דבר בלימוד התורה וקיום התורה יש תועלת גדולה לכל עם ישראל וכמבואר בדברי חז״ל והאריך בזה בספר נפש החיים אבל מכל מקום נראה מהנ״ל שבעניני קדושה וצניעות יש כח מיוחד שיותר ויותר מועיל כל פרט תועלת עצומה לכל כלל ישראל ויש לזה הסבר ארוך על פי הקבלה ונתבאר בזה בחיבור זה לעיל בפרק א׳ עיי״ש

ה. ומבואר בספר שער מאמרי רשב״י [הוא מתורת האר״י זצ״ל ונכתב על ידי רבי חיים ויטאל זצ״ל] בדף כ׳ טור ב׳ [בדפוס הישן] שכל אדם ואדם לפי דרגתו כל איזה זהירות שיזהר בעניני קדושה וצניעות תמיד גורם על ידי זה שפע עצום ונשגב לכל ישראל והוסיף עוד שממילא פשוט הוא שהוא עצמו הנזהר זוכה ליטול חלק בראש בשפע זה ומקבל שפע עצום עיי״ש דבריו וכמובן שכמה שירבה יותר זהירות מתרבה השפע ובפרט אם צריך להתאמץ לקיים הזהירות מתרבה ביותר השפע

איך מביאים את האור לנשמה

[מכאן והלאה יש פרקים בודדים
שנכתבו בעיקר עבור קירוב רחוקים]

איך מביאים את האור לנשמה

מפתחות

פרק א.	מהות הנשמה	רמב
פרק ב.	הצורך לנשמה באור רוחני	רמד
פרק ג.	הדרכים להביא את האור לנשמה	רמה
פרק ד.	הדרך להרגיש במציאות את האור בנשמה	רמו
פרק ה.	הדרך השניה איך להרגיש במציאות את האור בנשמה	רמח
פרק ו.	מצוות השבת	רמט
פרק ז.	קדושת החיים	רנא

פרק א. מהות הנשמה

א. מטרת חוברת זו היא להבהיר לכל אדם את העומק שבנשמתו כל אדם מרגיש ולפעמים גם מבין שיש בנשמתו עומק הרבה יותר גדול מאשר התפיסה הרווחת אבל אינו יודע להסביר את הדבר וממילא גם אינו יודע להתחבר אל הדבר וכשאינו מחובר לעומק שבנשמתו ממילא עומק זה מתבזבז ואת מקומו תופסת הרגשת ריקנות וחדלון שבשום אופן אי אפשר להימלט ממנה

ב. העצה היחידה להימלט מהרגשת ריקנות וחידלון זו הוא להבין יותר את העומק שבנשמה ולהתחבר לעומק זה ואז הנשמה תפעל בכוחה האמיתי והאדם ימצא את מקומו בתוך המערכת של עצמו הדברים שבחוברת זו כולם מיוסדים על דברים שבספרים השורשיים של הקבלה ספר הזוהר וכתבי האר"י והרש"ש והגר"א והרמח"ל הדברים שנבחרו מתוך דבריהם הם הדברים היותר שורשיים בהבנת מהות הנשמה של האדם והצורה שבה אפשר להאיר לנשמתו של האדם בעולם הזה אור גדול ועצום

ג. האדם מורכב מגוף ונשמה מהו הגוף כל אדם רואה ומבין אך מהי הנשמה היא חידה גדולה וכדי להבין זה צריך להקדים במשל מהשמש וקרני השמש אם אדם מניח קרש באמצע קרני השמש אחרי הקרש לא קיימים קרני השמש [עכ"פ אותם החלקים בקרניים הנראים לעין פשוטה] והסיבה לזה הוא מפני שכל המציאות של קרני השמש זה רק היניקה וההימשכות שיש להם מן השמש וכיוון שהקרש אינו נותן להם לקבל מהשמש ממילא אינם קיימים

ד. מסביר הרמח"ל בספר אדיר במרום שזה גם המהות של הנשמה שהיא שפע רוחני שנמשך מהשם יתברך וכל המציאות של הנשמה זה רק השפע שהיא מקבלת מהשם יתברך ואין עוד דבר מלבד זה בנשמה ולכן הנשמה היא כל כך רוחית בלא תפיסה גשמית כלל

ה. ולכאורה קשה על שאם כך איך יתכן שיהיה לנשמה נטיות לרע והרי שפע רוחני מהשם יתברך צריך להיות טוב לגמרי התשובה על זה

שבאמת כח הרע של האדם אינו מהנשמה עצמה אלא מכוחות רוחניים המתלוים אל הנשמה ועלולים חס וחלילה לפתות את הנשמה לרע אבל הנשמה בעצמהאין בה צד של רע כלל ועיקר [ועיין בתוספות ביאור בזה בכרך זה לעיל בחוברת התקרבות להשם פרק א׳ ענף ב׳]

פרק ב. הצורך לנשמה באור רוחני

א. בעולם קיימים שני סוגי דברים הסוג הראשון כמו ברזלים ואבנים שלקיומם אין צריך מזון והסוג השני כמו צמחים ובעלי חיים שלקיומם צריך מזון אם נניח כבש בלא מזון במשך תקופה מסוימת ימות הכבש מפני שנפשו תצא ממנו ואחרי כן גם גופו ירקב

ב. האדם כמובן גם הוא מסוג השני הצריך מזון אמנם לא רק גופו של האדם צריך מזון אלא גם נשמתו של האדם צריכה מזון אבל המזון של הנשמה איננו מזון גשמי אלא מזון רוחני ובלא מזון זה הנשמה נמצאת בתחושת רעב ואם נמשך מצב זה של חוסר מזון לנשמה תחושת הרעב של הנשמה מתגברת עד למצוקה נפשית

ג. האדם יכול להסתיר מעיני הבריות את המצוקה הנפשית הזו אבל בתוך לבו הוא מודע היטב למצוקה זו כך שנוצר מצב שאצל רוב האנשים בעולם יש לכל אדם שני תפקידים בחיים בראשון הוא מצליח ובשני הוא כמעט תמיד נכשל התפקיד הראשון שבו לפעמים הוא מצליח הוא לשכנע את הסובבים אותו שנשמתו נמצאת במצב שמחה ואושר והתפקיד השני שבו כמעט תמיד הוא נכשל הוא לשכנע את עצמו שנשמתו נמצאת במצב של שמחה ואושר

ד. הדרך היחידה לפתור באמת את הבעיה הזו הוא לתת לנשמה את המזון שלה אלא שלצורך זה כמובן צריך לברר מהו המזון של הנשמה

ה. ואת התשובה לזה כתב דוד המלך בספר תהילים מזמור מ"ב שכתוב שם כאיל תערוג על אפיקי מים כן נפשי תערוג אליך אלקים צמאה נפשי לאלקים לקל חי מתי אבוא ואראה פני אלקים פירוש הדברים שמסביר דוד המלך שהמזון שצריכה הנשמה ושאליו צמאה הנשמה הוא לקבל אור רוחני מאת השם יתברך וכל זמן שחסר זה לנשמה מרגישה הנשמה כמו איל צמא שמסתובב במדבר ומחפש מעין של מים זכים לשתות מהם

פרק ג. הדרכים להביא את האור לנשמה

א. וכאן מגיעים לשאלה המרכזית איך באמת משיגים את האור הרוחני הזה מהשם יתברך וכמבואר לעיל אור זה הוא המזון של הנשמה התשובה לזה מתחלקת לשני חלקים שבעצם משלימים זה את זה

ב. האחד הוא הקשר הנפשי עם השם יתברך המתבטא בדיבור אתו וכמו לדוגמא ספר תהילים שכתב דוד המלך הכולל בקשות להשם יתברך והודאה להקדוש ברוך בלשונות רבים ומגוונים המלאים בהשתפכות הנפש להשם יתברך [ועיין בשו"ת נודע ביהודה בדבריו שם למי שחיפש ריבוי תחנונים ותשבחות להשם יתברך והשיבו שאין יותר טוב בזה מספר תהילים]

ג. והשני הוא הקשר עם התורה שנתן השם יתברך לעם ישראל וענין הקשר עם התורה שצריך לידע שהתורה אינה רק ספר חכמה בלבד אלא גנוז אור רוחני מהשם יתברך בתורה שעל ידי שאדם מתקשר עם התורה ממילא הוא מקבל מאור זה

ד. והקשר עם התורה מורכב גם כן משני חלקים המשלימים זה את זה והוא לימוד התורה וקיום התורה בכל רגע שאדם לומד את התורה הוא מביא אור רוחני מהשם יתברך על נשמתו ובכל רגע שאדם מקיים מצוה של התורה בין מצוות שבין אדם למקום ובין מצוות שבין אדם לחברו בין מצוות שבעשיה כגון הנחת תפילין או עזרה לזולת ובין מצוות שבחוסר עשיה כגון הימנעות מאכילת חזיר והימנעות מפגיעה בזולת באותה שעה מביא האדם אור רוחני מהשם יתברך על נשמתו

פרק ד. הדרך להרגיש במציאות את האור בנשמה

א. ונשאלת השאלה אם כך הם פני הדברים אם כן מדוע הרבה בני אדם טוענים שהם ניסו ללמוד תורה או לקיים דברים מהתורה ולא הרגישו את האור הזה או בניסוח אחר של השאלה מהי דרך לימוד התורה וקיום התורה שבה כן ניתן להבטיח את הרגשת האור העליון הזה

ב. התשובה לענין הנ״ל שורשה הוא שעיקר אור זה מאיר אל הנשמה והנשמה בעולם הזה נמצאת בתוך מסך של הגוף שבמידה חלקית מונע מן הנשמה את הרגשת האור הזה

ג. משל למה הדבר דומה לאדם שעבר ניתח עם הרדמה מקומית וביקש ממנו המנתח לחתוך חמש ס״מ נוספים יותר ממה שצריך לרפואתו ורוצה זה המנתח למטרה אחרת אם האדם הוא כסיל יסכים לזה מפני שטוען שבלאו הכי מכח ההרדמה המקומית אינו מרגיש מאומה אבל אם האדם הוא חכם אינו מסכים לזה מפני שמבין שאחרי שעה כשיתעורר מההרדמה כל ס״מ נוסף שחתוך גורם כאב קשה מאוד

ד. וכך גם הנשמה כאן בעולם הזה נמצאת במסך הגוף שהוא כאילו מרדים אותה ולכן אין את הרגשת האור במילואה ורק אחרי הפטירה שאז נפרדים הגוף והנשמה זה מזה אז כל מצוה שאדם עשה בחיים ויצרה המצוה אור עליון מלוה אור זה את הנשמה ולצד שני כל עבירה שאדם עשה פצעה את הנשמה ואז מרגיש את זה האדם היטב

ה. אבל הנידון שלנו כאן הוא לא לעולם הבא אלא בעולם הזה האם יש דרך להרגיש את האור העליון הבא מלימוד התורה וקיום התורה ומהקשר הנפשי במחשבה ובדיבור עם השם יתברך והתשובה לזה הוא שכן אפשרי הדבר ומשום שאף על פי שהמסך של הגוף מאפיל על הנשמה מלהרגיש את האור במילואו אבל חלקים מהאור ניתן להרגיש גם בעולם הזה אלא שהם מועטים וכדי שיוכל האדם להרבותם ולהרגיש באופן מרובה ובעוצמה חזקה מאוד את האור יש שני עצות

ו. הדרך האחת הוא שאם מרבה האדם מאוד בלימוד התורה ובקיום המצוות בזה אף על פי שהאור הבא מכל לימוד ומכל מצוה רק מעט

איך מביאים את האור לנשמה פרק ד   רמז

ממנו מורגש בעולם הזה אבל על ידי הצטברות של האורות נעשה הדבר מורגש בצורה חזקה

פרק ה. הדרך השניה איך להרגיש במציאות את האור בנשמה

א. והדרך השניה להרגיש היטב את האור העליון הזה היא יותר קצרה בהרבה אך היא צריכה שימת לב היטב ולהבין אותה צריך להקדים הקדמה שכמו שבדברים הגשמיים פעולות מעשיות פועלות דברים כגון אדם לוקח קרש ושובר אותו נעשה מקרש גדול שני קרשים קטנים או לצד שני אדם לוקח שני קרשים קטנים ומחבר אותם על ידי פטיש ומסמרים נעשה משניהם קרש יחידי גדול כך ממש באורות הרוחניים הבאים מהשם יתברך אל הנשמה יש כח למחשבתו של האדם ובפרט למחשבה מרוכזת לפעול פעולות באורות אלו

ב. ולענייננו בשעה שאדם לומד תורה או מקיים מצוה אם יתרכז האדם במחשבתו באותה שעה ויתבונן קודם בעוצמתו הגדולה של השם יתברך שהוא בורא כל העולם ומהוה הכל ויכוין האדם במחשבתו שלימוד זה שלומד עכשיו או מצוה זו שמקיים עכשיו תהיה צינור רוחני שדרכו תתחבר נשמתו להשם יתברך ודרכו יבוא שפע רוחני ואור עליון מהשם יתברך לנשמתו יש כח למחשבה זו לפעול באמת את הפעולות הרוחניות האלו ובלימוד תורה ובקיום מצוות באופן זה בזמן מועט יכול האדם להרגיש באמת את האור העליון

ג. והנה דברים אלו יש להאריך בהם הרבה ואי אפשר את הכל בחוברת קטנה זו לכלול אבל יש בדברים הנ״ל פתחים גדולים מאוד שדרכם יוכל האדם להגיע אל האור האמיתי ולהתענג בעולם הזה על הקשר הנפשי עם השם יתברך

ד. וכמובן שאם האדם ישתמש בשני הדרכים הנ״ל בפרק ד׳ ובפרק ה׳ להרגשת האור גם ריבוי לימוד התורה וקיום המצוות וגם הכוונה המבוארת כאן בפרק ה׳ יתרבה הרגשת האור בעוצמה גדולה מאוד הרבה יותר מאשר אם יפעל רק בדרך אחת משני הדרכים

פרק ו. מצוות השבת

א. אחת המצוות הבסיסיות בתורה היא מצוות השבת וצריך לידע שלכל מצוה בתורה יש טעמים רבים חלקם מתורת הנגלה וחלקם מתורת הקבלה וכאן אי אפשר להאריך בטעמים רבים לזה ורק יתבאר כאן טעם יחידי על פי תורה הקבלה למצוות השבת והוא לכל יום משבעת ימי השבוע יש אור רוחני בעולמות העליונים שתפקידו של האדם באותו היום הוא לתקן את אותו האור ועל ידי שמתקן את אותו האור מאיר אור זה על נשמתו של אותו אדם

ב. וששה ימי השבוע יש להם ששה סוגי אורות שונים שכל יום נתקן סוג יחידי ועל ידי ששה הסוגים ביחד נתקנה קומה שלימה של אורות המורכבת מששה סוגים [כמובן שהביטוי קומה משמש כמשל מפני שהאורות הם דברים רוחניים מאוד שאי אפשר להגדיר בהם הגדרות גשמיות כמו קומה וכיו"ב]

ג. ויום השבת יש לו שני בחינות של אורות הבחינה האחת היא באותה הקומה של אורות שבשאר השבוע שבבחינה זו ביום השבת יש בחינת אור כללי הכולל את כל ששה סוגי האורות של ימי החול

ד. ומלבד זה יש ליום השבת עוד בחינה של אורות מקומה יותר עליונה של אורות שעוצמת אורות אלו גדולה יותר משל כל ימי החול ובקומה זו הגבוהה כל ששה סוגי האורות ועוד הסוג השביעי הכולל מכל ששה הסוגים כולם נתקנים ביום השבת

ה. כתוצאה מדבר זה כל ששת ימי החול שאחרי השבת מתברכים מכח יום השבת שקדם להם מפני שכמבואר לעיל ביום השבת יש אור כללי הכולל את כל ששה סוגי האורות וגם שמלבד זה יש ביום השבת קומת אורות יותר גבוהה שגם כן כוללת את כל ששה סוגי האורות ולכן יש כח רוחני באור של שבת להאיר לכל ששת הימים

ו. אמנם כיון שהאורות של יום השבת הם יותר גבוהים ויותר כוללים מאשר האורות של יום חול לכן לצורך זה צריך האדם ביום השבת

לעשות תיקונים מסוג אחר מאשר בשאר ימי השבוע ומכלל התיקון הזה הוא השביתה מאותם המלאכות שאסרה תורה לעשות בשבת שעל ידי שביתה זו נותן כח לנשמתו להתחבר אל האורות הגבוהים האלו ועל ידי זה נעשים שני דברים הראשון שבאורות העליונים נעשה תיקון וחיזוק עוצמת האור על ידי חיבור נשמתו אל האורות והני שנשמתו של האדם מקבלת אור גדול ועצום וממילא עוצמה גדולה מכח האורות העליונים שמתחברים לנשמה

ז. והשבת כוללת שני חלקים ליל שבת ואחריו יום השבת שכדי לתקן ולהביא את האורות הנ״ל צריך בשני חלקי השבת גם בלילה שהוא תחילת השבת וגם ביום שהוא המשך השבת לשבות מהמלאכות שאסרה התורה וזה מביא את השלימות האורות והנה הבסיס המרכזי לקבלת האורות הוא השביתה ממלאכה אמנם כמובן שלהביא את שלימות האורות חשוב מאוד להשתדל מלבד זה גם באופן חיובי להרבות רוחניות בשבת בהתחברות רוחנית להשם יתברך ומסייעים לזה המצוות המיוחדות לשבת קידוש ותפילות השבת שאף על פי שיש בכל יום מצוות התפילה אבל הכח של התפילה בשבת הוא יותר גדול בהרבה מפני שהנשמה עולה למקום יותר גבוה ששם יש לנשמה כח פעולה יותר גדול

פרק ז. קדושת החיים

א. מצוה נוספת שהיא מהמרכזיות שבתורה הם המצוות הקשורות לכל הענין של חיי הנישואין אי אפשר במסגרת זו לפרט את כל המצוות הכלולות בזה וצריך ללמוד את הפרטים של זה אך באופן כללי הענין כך מצוה ראשונה שיש בזה הוא מצוות טהרת המשפחה פירושו של דבר שכל אשה בזמן שמקבלת את המחזור של הדם נאסרת לקיים יחסים למשך זמן של בערך שנים עשר ימים בשבעה הימים האחרונים של שנים עשר הימים הנ״ל היא צריכה לבדוק את טהרתה ובסוף השנים עשר יום צריכה לטבול במקוה טהרה קיום יחסים לפני התהליך הנ״ל הוא מהאיסורים החמורים ביותר בתורה ואיסור זה הוא בין אם המדובר במסגרת נישואין ובין אם מדובר שלא במסגרת הנישואין בכל אופן יש איסור זה בכל חומרתו

ב. כמובן שכל קיום שלא במסגרת נישואין הוא דבר שאסרה תורה באופן מוחלט אבל האיסור הנ״ל של חסרון הטהרה הוא מחמיר את הדבר הרבה יותר

ג. ומיותר לומר שכל קשר עם אשה שנשואה למישהו אחר אסרה התורה באופן חמור ביותר

ד. כל האיסורים הנ״ל שאסרה התורה אין כוונת איסורים אלו שום זלזול בערכו של איזה אדם אלא השורש של האיסורים הוא שענין קיום היחסים הוא דבר מאוד רוחני של חיבור בנשמות וחיבור זה יכול להיות לתועלת לנשמות ויכול להיות חורבן לנשמות והשם יתברך שהוא זה שברא את הנשמות והוא זה שמפעיל את הנשמות הוא לימד אותנו בתורה שקיום יחסים באופנים האסורים הנ״ל הוא גורם נזק גדול מאוד לנשמות של אותם אנשים אם יקיימו יחסים באופן זה ולצד שני קיום היחסים בצורה הנכונה על פי התורה הוא דבר קדוש

ה. מלבד איסורים בקיום יחסים באופנים שהתורה אסרה עוד גם בענין אופן ההתנהגות והלבוש לימדה אותנו התורה שצריך להיזהר להיות

הכל באון צנוע וקדוש והנה הסיבה לדבר שחייבה אותנו התורה לקדושה וצניעות בזה בתורת הנגלה ההסבר לזה הוא כדי למנוע מכשולים בין במעשה ובין במחשבה שכמובן ענין השמירה מהמכשולים בזה הוא דבר חשוב ביותר

ו. אבל בתורת הקבלה מבואר עוד טעם נוסף לזה והוא שלכל אדם מלבד נשמתו שכאן בעולם הזה יש גם שורש נשמה שנמצא בעולמות העליונים ומצבו של האדם בעולם הזה מושפע מאוד מהמצב של שורש נשמתו בעולמות העליונים ולצד שני מצבה של שורש הנשמה של האדם בעולמות העליונים מושפע הרבה מהמצב של מעשי האדם כאן בעולם הזה והנה כמו שבעולם הזה יש אנשים יותר טובים ויש אנשים פחות טובים גם בעולמות העליונים יש מלאכים טובים שהתפקיד שנשלחים מלאכים אלו מהשם יתברך הוא להטיב לשורשי הנשמות ואל הבריות ויש מלאכים רעים הנקראים מלאכי חבלה שצריך זהירות גדולה לשורש הנשמה שלא להיתפס חס וחלילה על ידם ואם נתפס שורש הנשמה חס וחלילה על ידם יכול להיגרם לאדם כאן בעולם הזה נזקים חמורים מאוד על ידי זה ובשעה שאדם מתנהג בהתנהגות של חסרון צניעות וקדושה וכן אם אדם מתלבש בלבוש של חסרון צניעות וקדושה זה גורם גם בעולמות העליונים לשורש הנשמה חשיפה אל כוחות הרע הנ"ל ויש בזה סכנה גדולה מאוד לאדם כאן בעולם הזה

ז. וכמה שיותר מרבה האדם כאן בעולם הזה שמירות על עצמו מקיום יחסים בצורה האסורה ומדברים שהם היפוך הקדושה והצניעות כך מתרבה השמירה על שורש נשמתו מכוחות הרע ומתחבר שורש נשמתו אל האור העליון וזה משפיע לטובה על האדם כאן בעולם הזה בכל הענינים

מכתב בעניני האמונה בהשם יתברך
ובתורה הקדושה

מכתב בעניני האמונה בהשם יתברך ובתורה הקדושה

אף שהאמונה בהשם יתברך ובתורה הקדושה הם דברים פשוטים וברורים ומכיר אני אותך שברורה לך תמיד האמונה מאוד מאוד מכל מקום כפי שסכמנו הנני להעלות על הכתב כמה דברים בענין זה שיוכלו להועיל לכמה ידידים שלך שצריכים חיזוק בדבר זה כמובן שהדברים שכתובים כאן במכתב הם מאוד חלקיים מפני שרציתי לקצר כמה שיותר והדברים בשלימותם הם ארוכים מדי בשביל מכתב זה

פרק א.

א. ראיות האמונה הבסיסיות של הדת מתחלקים לשנים החלק הראשון הראיה שיש בוא לעולם והחלק השני הראיה שתורת ישראל ניתנה על ידי הבורא

ב. הראיות לחלק הראשון דהיינו למציאות הבורא עדיין אינם מהוות ראיה לחלק השני דהיינו לתורה אבל הראיות לחלק השני מלבד היותם ראיה על תורת ישראל יכולות להוות ראיה גם על החלק הראשון

פרק ב.

א. הראיה הפשוטה למציאות הבורא הוא שלא יתכן בריאה ובפרט כל כך פלאית בלא שיהיה בורא ולדוגמא אדם מצא ברחוב ארנק מלא בכסף וחפצי ערך ולקחו לעצמו עצרוהו השלטונות בתביעה של גניבה שלא השיב את האבידה אם יטען להגנתו שלדעתו הארנק וכל תכולתו נעשו מעצמם ודאי שלא תתקבל טענתו [משל זה ראיתי באיזה ספר] על אחת כמה וכמה שעולם כזה פלאי לא יכול להיווצר לבד

ב. ודוגמא קטנה ביותר לפלאיות הבריאה כיום יודעים שכוס מים אינה סתם כוס מים אלא המים שבכוס מורכבים ממליארדי מולקולות של מים שכל אחת מהם מורכבת מכמה אטומים ומערכת זו מורכבת מניוטרונים ופרוטונים ואלקטרונים ויש בזה חלקים שעומדים וחלקים שמסתובבים במהירות עצומה ואפשר לפרק את הנ״ל לעוד חלקים וכוחות שאין כאן המקום לפרטם ונמצא שבתוך כוס מים פועל בית חרושת יותר משוכלל מבתי חרושת המשוכללים ביותר בעולם

ג. על אחת כמה וכמה דברים יותר מורכבים מכוס מים כמו מוח האדם כל מי שמבין בידע החדיש בענין מוח האדם ומבין במחשבים יודע בענין היחס בין המחשב הכי משוכלל שיש בעולם לבין מוח האדם הכי פרימטיבי שיש בעולם שההפרש לטובת מוח האדם הוא הרבה יותר גדול מההפרש בין מנוע של מכוניס סוסיתא הישנה ביותר לבין המנוע של מטוס קונקורד המשוכלל ביותר ואם על המחשב הכי פשוט לא מוכן שום אדם לקבל הנחה שנעשה מאליו איך יוכל לקבל כזה דבר על מוח האדם

ד. ראיה זו היא כל כך פשוטה עד שקשה להבין איך הרבה בני אדם לא חושבים עליה כלל ואם חושבים עליה דוחים אותה בדחיות של שיבוש והתשובה לזה כתובה בתורה בפרשת שופטים שכתוב שם כי השוחד יעוור עיני חכמים ויסלף דברי צדיקים ושואלים המפרשים למה כפלה התורה את הדבר בשני לשונות הראשון יעוור עיני חכמים והשני ויסלף דברי צדיקים ומתרצים המפרשים שהוא מפני שכאשר הדיין לוקח

שוחד שני טעויות קורות לו גם את המציאות הוא לא רואה נכון וגם את ההלכות השייכות למציאות הוא לא רואה נכון וכך בעניננו רוב בני אדם כשבאים לדון על האמונה הם משוחדים לצד של הכפירה מפני שהם יודעים שאם יחליטו על נכונות האמונה יש דברים בחיים שלהם שהם יצטרכו לשנות ולפעמים קשה להם השינוי ולכן הם מעקמים את שכלם מלראות את האמת והעצה לזה היא שהבן אדם יפריד בדעתו את הדברים ויחליט שעכשיו הוא רוצה תחילה לדון באופן מופשט האם יש בורא לעולם בלי להתחשב במה שאם תהיה ההכרעה שיש בורא לעולם הוא צריך לשנות דברים שקשה לו לשנותם וכשאדם יחשוב בצורה כזו הוא יגיע מהר מאוד למסקנה האמיתית שיש בורא לעולם

ה. דברתי פעם עם אדם בעניני אמונה והוא התווכח נגד האמונה בצורה תקיפה ביותר אמרתי לו תהיה אמיתי עם עצמך אם כל מה שהתורה היתה דורשת ממך היה שני דברים קלים הראשון כל שבת בבוקר להתפלל חמש דקות והשני כל שבת בצהרים למשך חמש דקות לא להדליק אש וזהו מה אז היית אומר על הראיות לאמונה שדברנו עליהם האם הם מוכרחות לחלוטין הוא התבונן כמה דקות ואמר אתה צודק

ו. וכללות ראיה זו כתובה בחז״ל בלשון קצרה שאמר רבי עקיבא לתלמידיו כשם שהבגד מעיד על אורגו כן העולם מעיד על בוראו [מדרש תמורה השלם פרק ה׳ נדפס בספר בתי מדרשות חלק ב׳]

פרק ג.

א. ומה שבשנים האחרונות יש משתבשים לחשוב כאילו הרעיון של המפץ הגדול יכול לפתור את הבעיה הזו הוא חוסר הבנה מוחלט במהות של התאוריה של המפץ הגדול [ואין כוונת הדברים כאן להכריע בשאלה של נכונות התאוריה של המפץ הגדול אלא רק כוונת הדברים לומר שגם אם נקבל את התאוריה הזו כאמיתית אין זה מהוה שום חולשה לראיה המוכרעת שיש בורא לעולם וכמובן שכל מה שנכתב כאן כצד לדון בדבר הוא רק באופן שיוסבר בדרך המתאימה לפסוקים שבתחילת פרשת בראשית ועיין ברמב"ן על התורה שם מש"כ בענין כח היולי]

ב. ויש להביא כאן לצורך זה קצת הסבר על המפץ הגדול [וכמובן שההסבר הוא חלקי ביותר מחוסר מקום] העולם מחולק לשני סוגי דברים כוח הנקרא אנרגיה וחומר הנקרא מסה התאוריה של המפץ הגדול מבוססת על הנחה שכמות עצומה של אנרגיה הופכת למסה ושכך היתה ההיווצרות של העולם שהיתה התפרצות עצומה של אנרגיה ומכח זה נעשה כל המסה של היקום כולו

ג. כשנתבונן בדברים נראה שדבר זה לא רק שלא מקטין את הראיה המוכרחת שיש בורא לעולם אלא מגדיל את הראיה הזו ובהקדם משל לדבר עשו פעם התחרות בעלת פרסים למי שייצר את המחשב הכי משוכלל שיש בעולם הגיעו שני מדענים אל סיום ההתחרות שהם יצרו כל מדען מהם לבדו מחשב שהוא המשוכלל ביותר שיש בעולם והמחשבים של שניהם הם באותה רמה בערך ורק שהיה הבדל משמעותי באופן עשייתם שהראשון הביא מחשב גמור שבנאו באומנות עצומה ואילו השני הביא גוש אבן שזורק אותו בקרקע ועל ידי המכה שמקבל גוש האבן נוצרות בו בשרשרת כמה פעולות עד שזה הופך להיות מחשב משוכלל באותה רמה של המחשב שעשה המדען הראשון ברור שהעוצמה של המדען השני היא יותר גדולה מהראשון כיון שאין ולא יתכן מושג כזה שאבן תתהפך בדרכים טבעיות על ידי מכה להיחשב משוכלל ביותר אלא ודאי שהוא בנה את האבן הזו בצורה מיוחדת

ומתוחכמת עם כוחות חשמליים וכיו"ב שעל ידי נתינת מכה נעשים מליוני פעולות בזו אחר זו בשרשרת עד שנעשה המחשב המשוכלל שמביא

ד. וכך גם בענין של בריאת העולם כבר הוסבר לעיל שהמציאות של העולם וביותר הפלאיות העצומה שבו מכריחה שיש בורא לעולם ואם נאמר שהאופן שבו נעשית הבריאה אינו באופן ישיר אלא שהיא תוצאה של התפרצות עצומה של אנרגיה שמכוחה נעשה כל החומר שביקום צריכים אנו לשאול את עצמנו שאלה פשוטה אם כך איך נבראו מליארדי סוגים של נבראים בצורה מתוחכמת ביותר כמו מספר עצום של סוגי צמחים ומספר עצום של סוגי דגים וכן הלאה ושבכל סוג יש כל כך הרבה דברים פלאיים והרי היה צריך מהתפרצות זו של האנרגיה להיברא דבר אחיד פשוט כמו להיות הכל אדמה וכיוצא בזה והתשובה לשאלה זו שאנרגיה כללית זו שהתפרצה היתה מורכבת ממליארדי סוגים פרטיים של אנרגיה המסודרים בצורה מתוחכמת ביותר להיות ביחד אנרגיה כללית המתפרצת ואחרי התפרצותה כשנעשית האנרגיה לחומר גם כן מתפרט החומר למליארדים רבים של פרטים וכיוון שכך הרי ברור שזה רק מגדיל את הראיה שמוכרח להיות בורא לכל ענין נפלא זה

פרק ד.

א. ויש להתייחס כאן גם לשאלה שכתובה בענין זה בכמה ספרים בענין האמונה והיא כתובה גם בספר חזון איש אמונה ובטחון וכתוב שם את התשובה לשאלה זו אבל במהדורה הרגילה של הספר לא נדפס הסעיף הזה ונמצא זה רק במהדורה שנדפסה בספרי חזון איש על הש״ס בסוף הכרך של טהרות בפרק ראשון אות ט׳ ובמהדורה שלפני הוא בדף ש׳ טור ב׳ [ודע שבמכוון השמיטו זה בדפוס הרגיל של חזון איש אמונה ובטחון כי יש הרבה אנשים שיותר טוב עבורם שלא להיכנס בענין זה כלל אבל בהיות שאני מניח שבאיזור שבו אתה נמצא לצערנו בין פורקי עול רבים בודאי דברו אתך כמה פעמים על שאלה זו לכן העתקתי לך את התשובה המדויקת על שאלה זו מהחזון איש בסדר טהרות]

ב. ואני מעתיק לך את דבריו כתב שם וז״ל ויש מבעלי דמיון השואלים מה נרויח אם נסכים שיש להעולם ממציא אחרי שהננו מוכרחים להסכים שבורא עולם נמצא ואין עת להתחלתו ומציאותו נצחית והרי הדרא קושיא לדוכתה איך אפשר לנמצא בלא הוהי אבל אין לדמיון בינה כי כל נמצא שיש לו מדה וקצב אורך ושטח אנו מציירים בדעתנו העדרו וכל הנמצאים בסוג הזה בהכרח שיש עת למציאותם ויש להם התחלה וכל שיש לו התחלה יש לו הויה וכל שיש לו הויה יש לו מהוה אבל יש נמצאים שאין להם לא מדה ולא שטח והם נמצאים בחיוב ולא יצויר בהם העדר והם המושכלות כמו ב׳ פעמים ב׳ הם ד׳ וכמו המושכל שהאלכסון עודף על האורך וכיוצא בהן מן המושכלות שאין למושכל מושגים ממושגי הגוף ואין עת למציאותן ולא נולדו מעולם ולא ימותו לעולם ואין מציאותן נרגשות רק בנשמה שניתן לאדם להבין ולהשכיל ונמצא כזה הוא ממציא כל הנמצאים אך אין ליצור שום מושג ממהותו כי הוא יתברך בעל כח ובעל בחירה יודע כל יצוריו ויודע מעשיהם ויודע צורכם וכל המתרחש עמהם ומהוה את כל הנעשה בכל העולמות ברצונו יתברך כי כל הנעשה ברצונו יתברך קשורה ואין כל פעולה זולתו יתברך עכ״ל

מכתב בעניני האמונה בהשם יתברך פרק ד. רסא

ג. ויש פרט בדבר שצריך להסביר את כוונתו לקורא כדי שלא יבוא לידי טעות והוא שאין כוונת דבריו ח״ו להשוות את מציאות הבורא למציאויות שהם רק השכלה שהזכיר בדוגמא כמו שהאלכסון יותר מן האורך שהרי בפירוש כתב באריכות בסיום דבריו שמציאות הבורא היא מציאות ממשיית ורק מכוין להביא דוגמא לענין הפרטים שעליהם דיבר בתירוצו לשאלה

ד. והנה מלבד התשובה על השאלה הכתובה בדבריו כתובים בדבריו עוד כמה דברים חשובים בענין הקשר של השם יתברך לבריאה והמתבונן היטב בדבריו יבינם

פרק ה.

א. הראיה לאמיתות של מתן תורה הוא שבתורה כתוב סיפור העובדה של מתן תורה עם כל האירועים העל טבעיים שכתובים עליו בתורה [וגם שאר הדברים היוצאים מדרך הטבע בצורה חריפה שאירעו בתקופת יציאת מצרים ובהיותם במדבר דהיינו קריעת ים סוף וירידת המן והליכת באר המים אתם ועוד הרבה מאוד דברים פלאיים המבוארים בתורה] כדבר שנעשה בפני מליוני אנשים דהיינו כשש מאות אלף גברים למעלה מגיל עשרים כשנוסיף על זה את הנשים הרי זה בערך מליון ומאתיים אלף וכשנוסיף על זה את הצעירים למטה מגיל עשרים ואת הערב רב שעלו אמם הרי זה יותר משני מליון בני אדם

ב. לא ניתן במציאות להמציא סיפור שכאילו נעשה בפני מליונים מפני שכל השומע ישאל אם כן איך לא שמעתי את זה משאר המליונים ובפרט שהתורה אינה סתם סיפור דברים אלא סיפור דברים המחייב בהרבה מאוד הוראות לאדם ואדם לא יקבל את זה אם הסיפור היה מכחיש את עצמו וכולם יודעים שהתורה עם סיפר זה נמצאים בעם ישראל שנים רבות מאוד בשנים הרבה יותר קרובות מהיום לזמן שעליו מסופר סיפור זה כך שלא ניתן בשום אופן להמציא סיפור כזה

ג. בדתות האחרות סיפורי הפלאות המסופרים הם סיפורים על דברים שנעשו בפני אנשים בודדים או שאדם סיפר על עצמו שזה דברים שניתן להמציא

ד. וזו כנראה הסיבה ששניים מהדתות הידועות היום בנו את שורש דתם על השורש של עם ישראל עם מתן תורה ורק את המשך הדרך סילפו ושקרו כדי שהקומה הראשונה של הדת שלהם יהיה דבר מבוסס אבל את ההמשך הם ממשיכים בצורה ממש מצחיקה וזו הסיבה ששני דתות אלו באמת מלאות במשך שנים רבות שנאה איומה לעם ישראל לרבות הריגות המוניות של יהודים מפני שהיות עם ישראל שהוא שבו היתה קומה ראשונה זו ושבעם ישראל גם ההמשך הכל אמיתי והגיוני הרי זה מטיח בפני דתות אלו את השקר שבדתות אלו

ה. וגם על ראיה זו צריך האדם לחשוב באופן הגיוני בלא שוחד כמו שנתבאר לעיל בסוף פרק שני וכל המתבונן יבין את ההכרח שבדבר ויש עוד הרבה להאריך בענין של פרק זה אבל כיון שכבר נתארכו הדברים בפרקים הקודמים הוצרכתי לקצר כאן מאוד מאוד ואקוה שבהזדמנות אחרת אוכל להאריך יותר ותעיין בספר שנתתי לך ששמו התקרבות להשם מה שכתוב שם בפרק חמישי וזה שייך לדברים שכאן [הדברים נמצאים בספר זה לעיל בחוברת התקרבות להשם פרק ה׳ עיי״ש הוספות חשובות מאוד בעניני מתן תורה]

ובסיום הדברים ברצוני להעתיק לך קטע מדברי החזון איש בענין רגשות האדם בשעה שזוכה לאמונה השלימה כתב בזה בספר חזון איש אמונה ובטחון פרק א׳ וז״ל כאשר זכה שכל האדם לראות אמיתת מציאתו יתברך מיד נכנס בו שמחת גיל אין קץ ונשמתו נעימה עליו לחזות בנועם השם וכל תענוגי בשרים חמקו עברו ונפשו העדינה מתעטפת בקדושה וכאילו פירשה מהגוף העכור ומשוטטת בשמי שמים ובהעלות האדם בערכי קודש אלו נגלה לפניו עולם חדש כי אפשר לאדם בעולם הזה להיות כמלאך לרגעים וליהנות מזיו הקודש וכל תענוגי עולם הזה כאפס נגד עונג של דביקות האדם ליוצרו יתברך

ויהי רצון שנזכה כולנו תמיד לאור האמיתי של האמונה ושנזכה שהאור הרוחני שנמצא בתורה יאיר לתוך הנשמה ואז הנשמה תקבל את העוצמה האמיתית שרצון השם יתברך שיהיה לנשמה וכשאדם זוכה לזה נדבקת נשמתו בהשם יתברך לא רק בעולם הבא אלא גם בעולם הזה וזהו התענוג היותר גדול ששייך בעולם וזהו שאמר דוד המלך עליו השלום בתהילים במזמור מ״ב כאיל תערוג על אפיקי מים כן נפשי תערוג אליך אלקים צמאה נפשי לאלקים לקל חי מתי אבוא ואראה פני אלקים ובכלל הייתי מציע לך שכדאי מאוד שתשתדל בלי נדר כל יום לקרוא את פרק זה דהיינו את פרק מ״ב מספר תהילים שזה יעורר בך את רגשות הצמאון של הנשמה להשם יתברך

עצות לאנשים שנשבר מצבם הכללי

הדברים דלקמן נכתבו כתשובה לשאלת קבוצת אנשים שאיזה אנשים לחמו בהם עד שנושלו מתפקידם הרוחני וגם ממצבם הגשמי באופן קשה ביותר ושאלתם היתה שזה גורם להם שברון נפשי קשה וכתוצאה מהשברון הנפשי יש להם נזק קשה מאוד בעניני עבודת השם יתברך ובקשו להביא להם דברי חיזוק מדברי חז״ל בתוספת הסברים בביאור דברי חז״ל ובהיות שהדברים נוגעים לכמה סוגי בעיות של אנשים כדאי להביא כאן הדברים [ויש הרבה מהדברים שנכתבו כאן שכבר כתובים בספר זה במקומות אחרים ומכל מקום הועתק כאן המכתב בלא להשמיטם]

תשובה

הנה נוכחתי בעצמי מכמה מהסובלים בסבלכם שנפגשתי אתם וגם שמעתי מאחרים בקשיים העצומים שאתה וחבריך עומדים בהם ואני מוכרח לומר שאף על פי שאני מתכוין לכתוב תשובות לשאלות שאתה שואל אבל באמת אחרי הכל המצב מאוד כואב מהרבה בחינות אבל אף על פי כן הכרח גמור לכתוב תשובות לשאלותיך כדי שתוכל להתחזק ברוחך ולפעול במצב הנוכחי את הדברים שהם התפקיד שלך בשעה קשה זו וכיון שהדברים קצת ארוכים כתובים הם כאן בחלוקה לפרקים ומאוד אבקש ממך להתבונן היטב בדברים הכתובים כאן מפני שכשתתבונן תראה שיש כאן הרבה מאוד דברים בסיסיים בעניני עבודת השם ובתפקיד האדם בעולם וכל דבר כולל בתוכו הרבה דברים שיוכלו לעזור לך לא רק על השאלות הנ״ל אלא על עוד הרבה שאלות בחיים

פרק א.

א. כל יהודי צריך לדעת שכולנו כל זמן היותנו כאן בעולם הזה אנחנו בשליחות שענינה הוא לחבר את נשמותינו להשם יתברך ולהביא אור רוחני מהשם יתברך על נשמותינו המסילת ישרים בפרק ראשון מגדיר את הדברים האלו בנוסח זה כי רק הדביקות בהשם זהו הטוב וכל זולת זה שיחשבוהו בני האדם לטוב אינו אלא הבל ושוא נתעה ולכן כל דבר שאדם יודע שמחבר אותו להשם יתברך צריך לרדוף אחריו בכל כוחו להשיג אותו וכל דבר שאדם יודע שמרחיק אותו מהשם יתברך צריך לברוח ממנו כבורח מפני האש עכ"ד

ב. הדברים האלו נכונים לכל אדם בתפקידו הפרטי בחיים וגם לכל אדם לגבי ההשפעה שלו על אחרים שעיקר הדבר הוא לחבר את נשמות כללות ישראל להשם יתברך ולהביא אור רוחני מהשם יתברך על נשמות כללות ישראל גם אדם שאינו מסוגל בשום אופן להשפיע על אחרים מכל מקום הרי לפחות בתפילות בנוסח שקבעו חז"ל לתפילת שמונה עשרה מתפלל על כל עם ישראל לדברים אלו

ג. הדברים שמחברים אותנו להשם יתברך ושמביאים את האור הרוחני מהשם יתברך לנשמה הם כל עניני עבודת השם יתברך לימוד התורה וקיום המצוות ותפילה וזהירות מעבירות ועזרה לזולת

ד. והנה בדברים אלו שהם תכלית החיים לכל אדם יש התפקיד שמיועד לו מהשמים ולא כל התפקידים שוים ולדוגמא אפילו בלימוד התורה עצמו יש אדם שנמשך ללימוד הבקיאות ויש אדם שנמשך ללימוד העיון יש אדם שנמשך לפלפולים בסוגיות ויש אדם שנמשך ללימוד הלכות וכן הלאה

פרק ב.

א. יש פעמים שאדם בטוח בעצמו שהתפקיד שנועד לו בענין זה הוא תפקיד מסוים אבל מהשמים מובילים את הדברים בכיוון אחר מפני שבשמים יודעים שבאמת שייך לו תפקיד אחר בענין הזה אבל ודאי שגם התפקיד שמיעדים לו מן השמים ענינו הוא החיבור של הנשמה להשם יתברך והבאת האור הרוחני מהשם יתברך לנשמה

ב. וגם יש פעמים שאדם יש לו תפקיד מסוים בענין הזה ולאחר זמן מהשמים מעונינים לשנות את תפקידו ואין הכוונה שחס וחלילה מבטלים בשמים את השליחות שלו להתחבר להשם יתברך ולהביא אור רוחני מהשם יתברך לנשמה אלא רק משנים את התפקיד באיזה צורה לעשות את הדבר הזה וגם כמובן שאין הכוונה שמזלזלים בשמים בתפקיד החשוב שעשה עד עכשיו שודאי מה שעשה היה חשוב מאוד אבל מכל מקום מסיבות שאינם ידועות לנו צריך עכשיו לשנות את פרטי תפקידו

ג. וכתוב בספרי המקובלים שבכל מקום בעולם בכלל ובארץ ישראל בפרט יש במקום אורות רוחניים שצריכים תיקון ועל ידי שיהודים גרים באותו המקום ועובדים שם את השם יתברך נעשה תיקון לאותם האורות הרוחניים והם נתקנים ובלשון המקובלים נקרא זה שמבררים את הבירורים השייכים לאותו מקום

ד. ויש גם סוגי בירורים שמשתנים מזמן לזמן שיש בירורים שזמן תיקונם במקום זה הוא בזמן מסוים ויש בירורים שזמן תיקונם הוא בזמן אחר

פרק ג.

א. והנה אתה וחבריך שגרתם במשך שנים במקומות מסוימים והשתדלתם שם כפי כוחכם לעבוד את השם יתברך ודאי שתקנתם הרבה מאוד מהאורות הרוחניים השייכים לאותם המקומות ושמור לכם על זה שכר עצום בשמים

ב. ועכשיו שמהשמים גלגלו שהוכרחתם לעזוב את אותם המקומות מוכרח הדבר שמהשמים רוצים לתת לכם תפקיד אחר של תיקון אורות במקומות אחרים ואולי גם מסוגים אחרים של אורות

ג. והנה אם אדם מחליט בעצמו מסיבות אישיות של כדאיות לעזוב את מקומו ואת תפקידו ולחפש מקום ותפקיד אחר אין הכרח שבאמת רוצים ממנו מהשמים את השינוי הזה מפני שאולי באמת הוא טועה בהחלטתו

ד. אבל במצבכם שאתם השתדלתם מאוד שלא להגיע לידי שינוי זה והכריחו אותכם על זה ודאי שהסבר הדבר הוא שמהשמים רוצים ממכם תפקיד אחר

פרק ד.

א. ואף על פי שלפי ראות העין השטחית השינוי הזה נעשה על ידי החלטה של בני אדם שלא רצו להתחשב בכם וכו׳ אבל צריך לדעת שבאמת הכל מהשם יתברך וכל מה שעושה הקדוש ברוך הוא הכל לטובה ואף במקרים שהאדם מצווה להשתדל למנוע את השינוי מכל מקום עם עשה את ההשתדלות למנוע את השינוי ולא עלה הדבר בידו בהכרח שמהשמים רוצים ממנו את השינוי הזה והכל לטובתו לפי הנצרך לתיקון האורות השייכים לנשמה שלו וממילא לתיקון הנשמה שלו

ב. ובגמרא במסכת ברכות דף ס׳ עמ׳ ב׳ כתוב אמר רב משום רבי מאיר וכן תנא משמיה דרבי עקיבא לעולם יהא אדם רגיל לומר כל מה שעושה הקדוש ברוך הוא הכל לטובה

ג. ומובא שם בגמרא בברכות המעשה ברבי עקיבא שהלך עם תלמידיו בדרך והגיע הלילה והיו צריכים לישון ופנו לעירה שהיתה שם ובקשו מהאנשים שגרו בעירה שם לתת להם מקום לישון ולא רצו אנשי המקום לתת להם אמר רבי עקיבא כל מה שעושה הקדוש ברוך הוא הכל לטובה והלכו הוא ותלמידיו וישנו במדבר והיה אתם תרנגול להעיר אותם בבוקר וחמור לרכב עליו ונר להאיר להם בלילה ובאה רוח וכיבתה את הנר ובא חתול ואכל את התרנגול ובא אריה ואכל את החמור ואמר רבי עקיבא גם על דברים אלו כל מה שעושה הקדוש ברוך הוא הכל לטובה והסוף היה שבאותו לילה הגיעו שודדים לאותה עירה ולקחו בשבי את כל בני העירה למוכרם לעבדים ואמר רבי עקיבא לתלמידיו הרי רואים אתם שכל הדברים שהיו נראים רעים באמת הם טובים שאילו ישנו בעירה היו לוקחים אותם בשבי וכן אם היה התרנגול משמיע קולו או החמור נוער או הנר מאיר היו מזהים אותם השודדים על ידי זה והיו לוקחים אותם לשבי

ד. ודבר זה נפסק להלכה ברי״ף ובראי״ש בברכות שם ובטור ובשו״ע באורח חיים סימן ר״ל שאדם צריך לומר על כל דבר שקורה שכל מה שעושה הקדוש ברוך הוא הכל לטובה

ה. והנה ודאי שאף על פי כן אם מגיע לאדם דבר שלפי ראות העין הוא דבר שנראה רע צריך ומחויב האדם להתפלל להקדוש ברוך הוא שיטיב את מצבו אבל אם התפלל האדם ובכל אופן נשאר מצב זה צריך לדעת שדבר זה הוא לטובה אפילו אם אין מובן לאדם לעת עתה מהו הטוב שיש בדבר זה

פרק ה.

א. ויש בזה עוד דבר נוסף שחשוב מאוד להדגיש אותו והוא שהנה כמו שכתבת בשאלתך במשך השנים שגרת במקום הקודם השקעת כוחות נפשיים רבים להתגבר על הבעיות שהיו כדי להמשיך לגור שם ונמצא אם כן שגנוזים בתוכך כוחות נפשיים חזקים מאוד

ב. ועכשיו שמהשמים כיוונו אותך לתפקיד חדש ואינני נכנס לפרטים איזהו התפקיד החדש אבל בכל מקרה ודאי שכללות התפקיד הוא לחבר כמה שיותר את הנשמה להשם יתברך ולהביא כמה שיותר אור רוחני מהשם יתברך על הנשמה ובכללות גם לפני השינוי שנעשה זה היה התפקיד שלך ורק שעכשיו אתה צריך לעשות את זה בצורה אחרת ומוטל עליך עתה בתפקיד החדש לראות איך באמת לנצל את הכוחות האלו הגנוזים בך במלוא עוצמתם

ג. ויתירה מזו מבואר בגמרא במסכת בבא מציעא דף פ"ד עמ' א' על רבי יוחנן וריש לקיש מחכמי הגמרא שרבי יוחנן היה כל הזמן מחכמי הגמרא אבל ריש לקיש היה תקופה שהיה שייך לחבורת שודדים ורבי יוחנן ראה שיש לו כוחות עצומים מאוד ואמר לו רבי יוחנן שמהשמים נתנו לו את הכוחות האלו בשביל ללמוד תורה בעוצמה גדולה וריש לקיש קיבל את דבריו והתמסר ללימוד התורה עד שנעשה מראשי חכמי הגמרא בדורו

ד. ורואים מזה שאפילו כח מרובה שמשתמש לדברים של חול כשהוא אצל יהודי באמת הוא כח שניתן לו מהשם יתברך לצורך עבודת השם יתברך אלא שקורה שהכח הזה נמצא בשבי של כוחות הרע ומשתמש לדברים שליליים או דברים בטלים ובידי האדם לעשות שינוי בכיוון של השימוש בכח ולהשתמש בו רק לדברים קדושים של עבודת השם

עצות לאנשים שנשבר מצבם הכללי פרק ה

ה. ועל אחת כמה וכמה שכשיש לאדם כח מרובה ועוצמה נפשית לסוג מסוים של עבודת השם שאם מהשמים כיוונו את הדברים שמוטל על האדם לשנות את סוג עבודת השם שלו שודאי שיכול האדם לקחת את הכוחות והעוצמה שהיה לו בסוג הראשון של עבודת השם ועל ידי שינוי מסוים בפרטי המציאות להשתמש בכוחות האלו לסוג החדש של עבודת השם

פרק ו.

א. והנה כמו שפירטת בשאלתך יש כאן עוד בעיה גדולה שהמצב המציאותי שלכם עכשיו מבחינת דיור ופרנסה הוא קשה מאוד וזה גם גורם הפרעה גדולה בעניני עבודת השם

ב. והנה באמת ודאי שכך הדבר שכאשר המצב הגשמי של האדם בבעיות גדולות באופן טבעי זה גורם הפרעות גם בעניני עבודת השם

ג. אבל בכל אופן בידי האדם על ידי מאמצים להתגבר על זה והדבר שבעיקר נותן את הכח להתגבר על זה ולהתחזק אף על פי כן בעבודת השם יתברך הוא ידיעה אחת בשרשי ההפרעות

ד. והוא שבגמרא במסכת סוכה דף נ"ב סוף עמ' א' כתוב שההוא סבא אמר לאביי כלל גדול שכל הגדול מחברו יצרו גדול הימנו [ויש אומרים שההוא סבא שאמר את זה לאביי הוא אליהו הנביא עיין בזה בתוספות בחולין פרק ראשון ואכמ"ל] ופירוש הדברים הוא שאם יש שני אנשים שלאחד יש נשמה יותר גבוהה וקדושה ולשני יש נשמה פחות גבוהה וקדושה לאדם שיש לו את הנשמה היותר חשובה יש גם יצר הרע יותר גדול ולכן הוא צריך לשמור את עצמו ביותר זהירות וזה ההיפך ממה שבני אדם חושבים שאם הנשמה יותר קדושה צריך פחות להיזהר

ה. והסיבה של הכלל הזה שכל הגדול מחברו יצרו גדול הימנו בדרך הפשט מסבירים המפרשים שהוא מפני שצריך שיהיה מלחמה שקולה ואם יהיה לאדם נשמה מאוד קדושה ויצר הרע קטן אם כן אין לו בכלל נסיון אמנם יש עוד הסבר לענין על פי הקבלה והוא שעיקר ענין היצר הרע אינו מהנשמה עצמה אלא כח רוחני זר שמסית את הנשמה אבל הנשמה עצמה של כל יהודי ללא יוצא מן הכלל היא קדושה מאוד ואין בה כלל צד רע והסיבה שהיצר הרע מנסה להסית את הנשמה לרע הוא מפני שלכל יהודי יש בשמים שפע רוחני שבו תלוי הצלחת האדם בעולם הזה ובעולם הבא וכוחות הרע רוצים לגנוב מהשפע הזה והיכולת שלהם לגנוב מזה הוא אם הם מצליחים חס וחלילה להכשיל את האדם וכיון

שכך אם רואים כוחות הרע אדם אם נשמה גדולה מנסים עליו ביותר לנצחו מפני שהאורות ששמורים לו בשמים הם אורות הרבה יותר מרובים ומזה כוחות הרע יותר רוצים לגנוב וכמו שבעולם הזה הגנבים יותר מנסים לגנוב אצל העשירים

ו. וכתוב בביאור הגר"א לתיקוני זוהר שכמו שבשני בני אדם כל הגדול מחברו יצרו גדול הימנו גם באותו אדם עצמו כשיש תקופה שבה מקבל האדם אורות רוחניים יותר גדולים בזה היצר הרע יותר מנסה להפריע לו

ז. ונמצא לפי זה שהרבה פעמים כשעובר על האדם תקופה קשה בחיים שיש בתקופה זו הרבה נסיונות שורש הדבר הוא מפני שדוקא בתקופה זו מאיזה סיבה בשמים נותנים לבן אדם זה כח יותר גדול בנשמה ועוצמה רוחנית יותר גדולה וכיון שכך כוחות הרע נאבקים לגנוב מהאורות האלו על ידי שמזמנים לבן אדם כל מיני נסיונות של הפרעות מעבודת השם

ח. ולענינינו נמצא שדוקא בתקופה זו שעוברים עליך ועל חבריך נסיונות קשים זה סימן שבזמן זה קיבלתם וביכולתכם לקבל עוד אורות רוחניים גבוהים יותר מבזמנים הרגילים ודוקא לכן כוחות הרע מתנכלים להפריע לכם בעבודת השם ואם תתאמצו אדרבה להתגבר בזמן זה ביותר בעניני עבודת השם תצליחו בזמנים אלו עוד יותר מאשר בזמנים הרגילים

פרק ז.

א. אחרי כל הדברים הנ"ל השאלה המרכזית היא מהו באמת עכשיו התפקיד שלך שרוצים מהשמים שאותו תעשה והנה לצערי על זה באמת אינני יכול לענות לך בשום אופן כי אינני מכיר אותך כלל באופן אישי ואינני יודע את תכונותיך וכישוריך וגם אינני יודע את מצבך מבחינת צרכי הפרנסה ותנאי החיים באופן מפורט ובזה תהיה מוכרח להחליט או לבד או בהתיעצות עם רב שמכיר אותך באופן אישי או שיפגוש אותך וישמע באופן אישי ממך בפרטות את פרטי מצבך

ב. אבל אף שכנ"ל בפרטות אינני יכול לענות לך אבל בכללות ודאי שאפשר לומר שאתה צריך לחפש איך להתקרב כמה שיותר להשם יתברך

ג. דהיינו לראות לפי יכלתך להרבות במידת האפשר בלימוד התורה ולהקפיד מאוד להתפלל את כל התפילות באופן הראוי וכמה שיותר בשפיכת הלב להשם יתברך ולהקפיד מאוד בקיום המצוות המעשיות ולהיזהר מאוד מכל דברים האסורים ולהשתדל כמה שיותר לעזור לאחרים בין בעזרה גשמים ובין בעניני עבודת השם ויותר מהכל להתחזק מאוד בשמירת כל עניני הקדושה והצניעות וכל עניני טהרת המשפחה שאלו השרשים המרכזיים של קירבת השם וגם מאוד מאוד להקפיד בפרט בתקופה זו כמה שיותר בכל עניני חינוך הילדים שמטבע הדברים כשהמצב לא ברור ויש כל מיני שינויים במצב עלול להיות רפיון בכמה ענינים בעניני חינוך הילדים וחשוב לדעת שכל רגע של לימוד התורה של הילדים הוא זכות עצומה שצריך להיזהר מלהפסיד אותה וכל זהירות על המצב הרוחני של הילדים ובפרט בעניני קדושה וצניעות הוא זכות עצומה שצריך לעשות הכל כדי לשמור עליה

ד. ומי שבידו גם להשפיע בדרכים נכונות על אחרים לטובה בענינים הנ"ל ודאי שהוא זכות עצומה מאוד

פרק ח.

א. והנה בהיות שנזכר הרבה בפרקים הקודמים מזה שהתפקיד שלנו הוא להוסיף בחיבור של נשמותינו להשם יתברך ולהביא אור רוחני מהשם יתברך על נשמותינו יש להוסיף קצת תוספת ביאור בדברים הרמח״ל בספר אדיר במרום וכן הנפש החיים בשער ד׳ פרק י״א ועוד הרבה ספרים הביאו מאמר מספר הזוהר קודשא בריך הוא ואורייתא וישראל חד הוא דהיינו שהשם יתברך והתורה ועם ישראל הם דבר אחד [וכבר העירו שלא מצאו לשון זה ממש בספר הזוהר וכנראה שכוונתם לפרש כך לשון דומה הכתוב בספר הזוהר ואכמ״ל]

ב. והדברים צריכים ביאור מאוד איך יתכן לומר כן שהרי הקב״ה אין לו גוף ולא דמות הגוף וממלא כל העולמות וסובב כל העולמות והתורה היא ספר תורה הקדושה וישראל הם בני אדם ואיך נאמר שהכל דבר אחד

ג. וצריך להקדים לביאור הדבר שהנה האדם מורכב מגוף ונשמה והגוף ידוע ומורגש לכולם מהו אבל הנשמה אף על פי שכל אדם יודע שהיא קיימת בו ומרגיש את זה היטב והרי ההבדל בין חי למת ברור אף על פי כן להגדיר מהות הנשמה עד סוף ענינה הוא דבר קשה מאוד ומהקצת שבידינו להבין בזה יש ליתן בו משל לקרני השמש הנמשכות מן השמש שכל מהות ומציאות קרני השמש הוא יניקתם והימשכותם מן השמש ואם ישים אדם קרש להפסיק בין קרני השמש לשמש אין מאחורי הקרש כלל קרני שמש [עכ״פ אותם חלקים שלא יכולים לעבור דרך קרש ונכללים בהם כל החלקים הנראים לעין] וכעין זה הוא ענין נשמת היהודי שהיא נמשכת מהבורא יתברך וכל מהותה ומציאותה הוא יניקתה והימשכותה מהבורא יתברך [וודאי שרחוק מאוד המשל מהנמשל שהרי המרחק המהותי בין ענין הנשמה לענין הבורא הוא ללא שיעור וללא דמיון כלל למרחק המהותי שבין השמש לקרני השמש שהוא פחות ממנו וכוונת המשל רק לענין הפרט שכל המהות הוא היניקה וההימשכות משורשו] והנה באמת כל מה שיש בעולם הוא יונק ונמשך מהבורא יתברך ואכמ״ל בביאור הענין אבל בנשמה של יהודי זה באופן יותר ישיר ויותר מורגש

עצות לאנשים שנשבר מצבם הכללי פרק ח רעט

ד. ונחזור לענייננו לביאור המאמר שהקב״ה ועם ישראל הם דבר אחד כוונת מאמר זה הוא שהנשמות של ישראל הם שפע הארה רוחנית [בלשון ספרי הקבלה לשפע רוחני טוב משתמשים בלשון הארה או אור ואחת הסיבות לשימוש לשון זה הוא מפני שבמציאויות הגשמיות הדבר הכי רוחני הוא אור והוא דבר טוב ויש כמדומני עוד סיבות יותר עמוקות לשימוש לשון זה ואכמ״ל] שנמשך שפע זה מהבורא יתברך שהוא השורש של הארה זו וזה הכוונה במה שאמרו שהשם יתברך ועם ישראל הם דבר אחד שזה שורש השפע וזה השפע הנשפע

ה. ומה שאמרו עוד שגם התורה הקדושה היא אחד עם הבורא ועם ישראל לבאר דבר זה צריך להקדים יסוד גדול שמבואר בהרבה מקומות בחז״ל ומהם בגמ׳ בסנהדרין צ״ט שעל הפסוק נפש עמל עמלה לו דרשו חז״ל [כדי לבאר כפילות הלשון בפסוק שנזכר פעמיים עמל] הוא עמל במקום זה והתורה עומלת לו במקום אחר ופירש רש״י שכשהאדם עמל בתורה התורה מבקשת להשם יתברך שיעזור לו להבין התורה עכת״ד ומבואר מזה שהתורה אינה רק ספר התורה שיש לנו בעולם הזה אלא שיש מציאות רוחנית של תורה בעולמות העליונים שיכולה לבקש בקשות מהשם יתברך [ומשל לדבר הידוע לכולם שיש מציאות רוחנית של מלאכים]

ו. ועל פי זה מובן מה שאמרו במאמר הנ״ל שגם התורה היא אחד עם השם יתברך ועם ישראל הכוונה היא שסידר הקב״ה את סדר הבריאה ששפע זה שבא ממנו לנשמות ישראל הוא מושפע דרך המציאות הרוחנית של התורה שיצירת השפע שבו נוצרות נשמותיהם של ישראל נעשה ועובר דרך השפע של התורה הקדושה שגם הוא סוג שפע מאתו יתברך [כן מבואר בכוונת הדברים ברמח״ל בספר אדיר במרום ואולי באיזה פרטים לא דייקתי אבל באופן כללי כן מבואר שם הכוונה עיי״ש]

ז. ועוד דבר נוסף יש בזה שהנה התשוקה הפנימית החזקה ביותר שיש לנפש האדם הוא להתקשר יותר לשרשה ולקבל יותר שפע וחיזוק לעצם הנשמה והדרך לזכות לדבר זה על פי האמור הוא על ידי תוספת

בתורה דהיינו הוספה בלימוד התורה והוספה בקיום התורה [ובכלל הוספה בקיום התורה נכללים כל עניני עבודת השם המבוארים בתורה דהיינו קיום המצוות והזהירות מעבירות בין בענינים שבין אדם למקום ובין בענינים שבין אדם לחברו וכן ענין התפילה כל אלו נכללים בכלל תורה לענינינו להמשכת תוספת השפע הנ"ל] שעל ידיהם מתעורר השפע העליון להיות מושפע עליו דרך אורות התורה

ח. והנה כשיתבונן האדם בכל הדברים האלו צריך דבר זה לעורר בלבו חשק גדול ללימוד התורה ולשאר כל עניני עשיית רצון הבורא יתברך בהבינו שעל ידי זה מתקשרת נשמתו בשורשה ונוסף הארה על הנשמה מאותו סוג של הנשמה שלזה באמת הוא התשוקה הפנימית של הנשמה יותר מלכל שאר תשוקות של עניני עולם הזה וכמו שכתב במסילת ישרים בפרק א' שכיון שהנשמה היא מלמעלה תענוגה האמיתי הוא רק באור פני השם יתברך

פרק ט.

א. והנה בכל מצוה שיהודי עושה בכל צורה שהוא יעשה אותה נפעלים שני התוצאות הנ״ל שמתווסף בחיבור של הנשמה להשם יתברך ושבא אור רוחני מהשם יתברך ונכנס לתוך הנשמה

ב. אמנם מבואר בב״ח באורח חיים סימן מ״ז ובספר שער רוח הקודש בדף י״א ע״א שאם האדם ירגיל את עצמו בשעה שלומד תורה או מקיים מצוה או מתפלל או נזהר מעבירה וכל עניני עבודת השם לכוין בפירוש בדעתו את שני הכוונות האלו שרוצה שעל ידי לימוד זה או מצוה זו לחבר את נשמתו להשם יתברך [תמיד הנשמה מחוברת להשם יתברך אלא שמתווסף בחיבור] ולהביא אור רוחני מהשם יתברך על נשמתו אז על ידי זה יהיה האור שנכנס לנשמתו בעוצמה הרבה יותר מרובה

ג. וכשיהיה האור יותר מרובה מלבד התועלת שבריבוי גם נגרם על ידי זה שהאדם זוכה [יש כאלו שתמיד ויש כאלו שבחלק מהפעמים או עם ריבוי הפעמים או ריבוי הזמן של כוונות אלו] להרגיש היטב בנפשו את האור הרוחני ועל ידי זה נכנס לאדם חשק עצום ללימוד התורה וקיום המצוות

ד. ודבר זה להרגיל את עצמו בשני כוונות אלו אינו כל כך קשה ואפילו אם אינו יכול תמיד מכל מקום יכול מפעם לפעם או פעם ביום או כמה פעמים ביום

ה. והמעיין בדברי האר״י בספר מבוא שערים ובדברי הגר״א בביאורו לזוהר בפרשת פקודי דף ט״ז יראה שענין כוונות אלו הם משרשי כל תורת הקבלה ומשרשי כל עניני ההצלחה המרובה בעבודת השם יתברך

פרק י.

א. והנה יש כאלו שחושבים שאף על פי שדברים אלו הם נכונים מכל מקום זה שייך רק לאנשים בעלי דרגה גבוהה במיוחד בעלי נשמות מיוחדות אבל על עצמם חושבים אותם אנשים שהם אנשים פשוטים שאין להם שייכות לדברים כאלו גבוהים ומרוממים אבל באמת דברים אלו הם טעות מוחלטת ולכל יהודי יש נשמה מאוד מאוד גבוהה ובאמת בכל יהודי קיים רצון פנימי עמוק מאוד להתקרב להשם יתברך יש בני אדם שמרגישים את זה בזמנים רבים ויש בני אדם שמרגישים את זה בזמנים מעטים אבל השורש הפנימי קיים אצל כל יהודי

ב. ובמדרש רבה בסוף פרשת תולדות מספרים חז״ל שבשעה שנחרב בית המקדש רצו הגויים שהראשון שיכנס לגנוב מבית המקדש יהיה יהודי [כנראה כדי להשפיל יותר את היהודים] ויהודי בשם יוסף משיתא לקח על עצמו תפקיד זה ונכנס לבית המקדש והוציא משם מנורה בקשו ממנו הגוים להיכנס פעם נוספת ולהוציא חפץ אחר ולא הסכים וכך אמר לא די שהכעסתי את בוראי פעם אחת שאכעיסנו פעם נוספת ניסו הגויים לפתותו בכסף רב ובתפקיד חשוב ובאיומים ליסורים ולמיתה ובשום אופן לא הסכים וסופו של דבר היה שהרגוהו במיתה קשה שניסרוהו במסור שמנסר קרשים ומת ובשעה שנסרוהו היה צועק אבל לא על היסורים צעק אלא צעק אוי לי שהכעסתי את בוראי אוי לי שהכעסתי את בוראי

ג. נשאלת השאלה מהיכן לקח אותו יהודי כח למהפכה כזו ברגע שהרי ברגע הקודם הסכים להיכנס לבית המקדש ולגנוב הגם שהיה זה מעשה גרוע מאוד בשעה כזו קשה לעם ישראל שעת החורבן שביהמ״ק נחרב ורבים נהרגו ורבים נשבו רבים נפצעו רבים רעבו ורבים סבלו ובשעה כזו לבגוד ולהיכנס למקום המקודש לעם ישראל ולגנוב וברגע אחר כך נתהפך והגיע למדריגה הגבוהה ביותר של ליהרג על קידוש השם ועוד שבשעה של מיתה לא צעק על הריגתו אלא על שהכעיס את בוראו

ד. והתשובה לזה היא שבכל יהודי קיימת נשמה קדושה שרצונה הבלעדי הוא לעשות רצון השם יתברך בכל הכוחות אלא שכשהקדוש ברוך

הוא שולח את הנשמה לעולם הוא שולח אתה שני מלווים רוחניים היצר הטוב והיצר הרע והיצר הרע מנסה לפתות את הנשמה לדברים לא טובים ויש מקרים שחס וחלילה הוא לוקח את הנשמה בשבי והנשמה עובדת בשירות האויב אבל הנשמה עצמה באמת נשארת תמיד קדושה מאוד ולכן אף יהודי זה שנכשל בכניסה לגנוב מבית המקדש מכל מקום יכל ברגע אחד לעשות מהפכה כזו מפני שבאמיתות נשמתו היה נשמה קדושה מאוד שרצונה לעבוד את השם יתברך בכל מחיר

ה. ועבודתו של כל יהודי הוא לפעול בעצמו שהחלק הקדוש הזה שבתוכו הוא זה שיפעיל את מעשיו וכל הנהגותיו כדי שילך תמיד בדרך עבודת השם

ו. והנה כמה דרכים יש לאדם איך לפעול דבר זה ומהדרכים העיקריים לזה הוא על ידי שני דברים האחד על ידי שידע האדם את גודל הטוב אשר גנוז בתוכו והכח הגדול שיש בתוכו להגיע למדריגות גבוהות בעבודת השם יתברך והשני על ידי שידע האדם את הפעולות הגדולות שנפעלות מכח כל מעשה או דיבור או כוונה או מחשבה או רצון שלו לצד הטוב

ז. וצריך כל יהודי לידע שהדבר ברור שאם היה מודע לשני כוחות הגדולים הנזכרים עד סופם אין ספק שעל ידי ידיעה זו בלבד כבר היה מקבל כח אדיר לעמוד בכל הנסיונות ולעבוד את בוראו בכל כוחו יומם ולילה ויתכן שלא היה שייך בכלל ענין של מכשול בעולם אלא שבדרך כלל אין ביכלתנו לידע כוחות הנ״ל עד סופם ומכל מקום כמה שידע האדם יותר מכוחות אלו וחוזקם ממילא יתווסף לו רצון וכח לעבודת בוראו

פרק יא.

א. ועל דבר השאלה שכל כך הרבה אנשים התפללו תפילות רבות שלא יקרה מהלך זה ולבסוף נעשה הדבר במילואו ולהיכן הלכו כל אותם תפילות

ב. הנה כלל גדול הוא שאין שום תפילה שאינה נענית אלא שבשמים יודעים יותר טוב מהאדם למה באמת היותר מועיל שתתקבל תפילתו ואין שום ספק שכל תפילה שהתפלל אדם בענין זה לא הלכה לאיבוד ותעזור התפילה לאדם הרבה בעולם הזה ובעולם הבא

ג. ובפרשת ואתחנן כתוב על התפילות שהתפלל משה רבינו להיכנס לארץ ישראל ולא זכה להיכנס וחז"ל פירשו שהתפלל תפילות כמנין הגימטריא של תיבת ואתחנן שזה חמש מאות וחמש עשרה תפילות ואם כן מקל וחומר שעל זה יש להקשות להיכן הלכו כל אותם תפילות והתשובה היא כנ"ל

ד. ובאמת שהגמרא במסכת ברכות ל"ב ע"ב אומרת שדוקא מענין זה של פרשת ואתחנן רואים את מעלת התפילה שמשה שרבינו עם כל מעשיו העצומים הוצרך לתפילה ועל ידי זה זכה למה שאמר לו הקדוש ברוך הוא [בפרשת ואתחנן פרק ג' פסוק כ"ז] עלה ראש הפסגה ושא עיניך וימה וצפונה ותימנה ומזרחה וראה בעיניך ע"כ

ה. אלא שצריך ביאור מה הזכות החשובה שיש בזה לעלות להר ולראות את הארץ אבל הענין הוא שעיקר הכח של מצוות ישוב ארץ ישראל הוא שעל ידי זה מתחבר האור הרוחני שבנשמה של היהודי עם האור הרוחני שיש בארץ ישראל שהנשמה של כל יהודי היא אור רוחני שבא מהשם יתברך כמבואר לעיל בפרק ח' בביאור מאמר חז"ל דקודשא בריך הוא ואורייתא וישראל חד הוא וגם בארץ ישראל יש אור רוחני מיוחד וזה מכלל כוונת הפסוק בפרשת עקב פרק פסוק י"ב ארץ אשר ה' אלקיך דורש אותה תמיד עיני ה' אלקיך בה וכו' וכשיהודי גר בארץ ישראל באופן של קיום מצוות ישוב ארץ ישראל מתחברים שני אורות אלו זה

בזה ועל ידי זה שני האורות האלו מתחזקים והקדוש ברוך הוא נתן למשה רבינו כח ועוצמה רוחנית חזקים שבשעה שהסתכל על הארץ כבר נעשה חיבור רוחני זה ונתחזק האור הרוחני של משה רבינו ונתחזק האור הרוחני של הארץ

ו. ובאמת שכל ענין זה של הסתכלות משה רבינו על הארץ היה ענין רוחני למעלה מדרך הטבע שבדרך הטבע אי אפשר לראות מראש הר בעבר הירדן את כל ארץ ישראל וביותר שמביא רש"י בפרשת ואתחנן שם שקיום הבטחה זו של עלה ראש הפסגה ושא עיניך וכו' זה הדברים האמורים בסוף חומש דברים בפרק ל"ד שכתוב שם ויעל משה מערבות מואב אל הר נבו ראש הפסגה אשר על פני ירחו ויראהו ה' את כל הארץ את הגלעד עד דן ואת כל נפתלי ואת ארץ אפרים ומנשה ואת כל ארץ יהודה עד הים האחרון ואת הנגב ואת הככר בקעת ירחו עיר התמרים עד צוער ע"כ ואת כל זה ודאי שאי אפשר בדרך הטבע לראות מראש ההר בעבר הירדן אלא שהיה זה על ידי כוחות רוחניים על טבעיים

ז. ועוד שברש"י על התורה שם בסוף חומש דברים מפרש שהקדוש ברוך הוא הראה אז למשה לא רק את כל המקומות שבארץ ישראל אלא גם את כל מה שעתיד לקרות שם ואת כל מה שעתיד לקרות לעם ישראל בכל הדורות עד תחיית המתים וזה ודאי כל ראיה רוחני על טבעי

ח. והענין שבשבילו הראה הקדוש ברוך הוא למשה את כל זה הוא מפני שלמשה רבינו היה עצמות רוחניות חזקות מאוד ועל ידי זה כל דבר שהראה לו אז הקדוש ברוך הוא נעשה חיבור בין האורות הרוחניים של משה לבין אותם הדברים ונתעלו ונתקדשו אותם הדברים הרבה באופן שעד היום יש לנו תועלת עצומה מאותה הראיה של משה רבינו שראה את הארץ ואת עם ישראל לדורותיו

ט. ועל דרך זה כתוב שם בסוף חומש דברים בפרק ל"ד פסוק ט' ויהושע בן נון מלא רוח חכמה כי סמך משה את ידיו עליו ע"כ והנה כשכתוב בתורה על יהושע שהוא מלא רוח חכמה ודאי שמדובר על עצמות של רוח חכמה בדרגה נוראה שלמעלה מאפשרות השגתנו והתורה מעידה

שזה נעשה על ידי שמשה רבינו סמך את ידיו עליו [כמו שכתוב בפרשת פנחס שהקדוש ברוך הוא ציוה למשה לסמוך את ידו על ראש יהושע והוא סמך ידיו עליו ועיין שם ברש״י שהוא עשה בעין יפה שהקדוש ברוך הוא אמר לו ביד אחת לסמוך והוא סמך בשני ידים] ורואים מכאן את העצמות הרוחניות החזקות שהיה למשה שעל ידי נתינת ידיו על יהושע בציווי השם נתמלא יהושע ברוח חכמה בדרגה נשגבה מאוד

י. ועכ״פ לעניננו כל אותם ענינים נוראיים שנעשו על ידי ראיית משה את ארץ ישראל ועם ישראל לדורותיו כנזכר לעיל זכה לזה משה רבינו על ידי תפילותיו להיכנס לארץ שאף על פי שלא נתקבלו תפילותיו באופן הפשוט להיכנס ממש לארץ מכל מקום היה מכח התפילות האלה דברים שהם תועלת עצומה למשה רבינו ולכל ישראל לדורותיהם וגם יש להוסיף בזה שרש״י על התורה בפרשת ואתחנן שם על הפסוק רב לך בפירושו השני מפרש שאמר השם יתברך למשה על בקשתו להיכנס לארץ שמוכן לו למשה דברים בחשיבות יותר מזה עיי״ש דבריו ויתכן שהרבה מדבר חשוב זה נעשה על ידי תפילות אלו של משה והנה בכמה מהדברים הנזכרים בפרקים הקודמים היה ראוי להאריך יותר ולבאר הדברים אבל כבר נתארכו הדברים יותר מדי ותוכל לעיין בספר התקרבות להשם ששם מבוארים כמה מהדברים הנ״ל יותר באריכות

יא. וכיון שנתבאר כאן בענין התפילה חשוב מאוד להדגיש שעכשיו במצבכם הקשה מהרבה בחינות מאוד חשוב הדבר שתתפללו על מצבכם הנוכחי לזכות להצלחה מהשם יתברך בין מבחינה גשמית של דיור ופרנסה וכל המסתעף והקשור לזה ובין מבחינת המצב הרוחני וחשוב מאוד לדעת שיש אנשים שטועים לחשוב שעיקר מה שצריך להתפלל זה רק על רוחניות אבל בעניני הגשמיות יהיה מה שיהיה ואין להתפלל על זה אבל דבר זה הוא טעות חמורה מאוד מפני שכל דבר שאדם לפי ענינו מרגיש שהוא צריך אותו צריך האדם להתפלל עליו וחז״ל תקנו לנו אפילו בתפילת שמונה עשרה שהיא תפילה חשובה ביותר כמה וכמה בקשות על עניני הגשמיות וצריך לידע שכל הדברים בין

הכלליים ובין הפרטיים הכל תלוי רק בהשם יתברך והקדוש ברוך הוא שומע תפילות וצריך לבקש לו על כל דבר וכמה שהבקשה יותר מעומק הלב ובשפיכת הנפש הבקשה יותר מתקבלת וכן כפי ששמעתי יש במצבכם כמה הפרעות מכמה סיבות בעניני חינוך הילדים וגם על זה צריך להתפלל מעומק הלב ובשפיכת הנפש להשם יתברך שיעלו הילדים בתורה ובמצוות כמה שיותר בכל הזמנים

פרק יב.

א. והטענה שכתבת שבתפקיד הקודם היה זה תפקיד עבור כללות עם ישראל ואילו בדברים אחרים התפקיד שלך הוא פרטי ונמצא שאתה דואג רק עבור עצמך

ב. התשובה לזה הוא שבאמת בכל דבר שאדם עושה בעבודת השם יתברך הוא מסייע עבור כל כלל ישראל שמבואר בספר נפש החיים שהצורה שבה הקדוש ברוך הוא ברא את העולם הוא שמלבד העולם שלנו יש עוד עולמות עליונים רבים מאוד וכשיהודי עושה בעולם הזה את רצון השם יתברך הוא גורם שפע של אור בעולמות העליונים וכתוצאה מזה מביא ברכה והצלחה לכל עם ישראל ולאידך גיסא ח״ו אם נכשל יהודי גורם זה פגם בעולמות העליונים ועל ידי זה יש הפסד גדול לכל עם ישראל

ג. ויש שני דברים שבהם באופן מיוחד השפע שפועל היהודי הוא לכל עם ישראל הראשון הוא בלימוד התורה כמבואר באריכות בספר נפש החיים בשער ד׳ מפרק י״א והלאה עיין שם שכך סידר הקדוש ברוך הוא את הבריאה שעיקר השפע והאור שיש לעם ישראל תלוי מאוד בריבוי לימוד התורה של כל יהודי ויהודי וכדאי שתעיין שם בספר נפש החיים בשער ד׳ מפרק י״א והלאה ותראה את הדברים בעצמך [ויש שם הרבה קטעים מספר הזוהר בלשון שאולי קשה לך אבל ברוב המהדורות המצויות היום של הנפש החיים יש תרגום של דברי הזוהר ותוכל להבין היטב]

ד. והדבר השני שכוחו מיוחד לפעול ברכה לכל עם ישראל הוא ריבוי הזהירות בעניני הצניעות והקדושה כמבואר במדרש רבה בפרשת וישב על הזהירות של יוסף מלהיכשל בזה שבזכות זה היה קריעת ים סוף והגר״א מביא מדברי התיקוני זוהר שכוונת הדברים הוא שאילו ח״ו יוסף לא היה מצליח לשמור את עצמו כל עם ישראל היה טובע בים סוף ורואים בזה איך ששמירה של אדם יחידי פעלה ישועה עבור כל כלל

עצות לאנשים שנשבר מצבם הכללי פרק יב רפט

ישראל וכן מבואר עוד בחז״ל ובעיקר נמצא זה בתלמוד ירושלמי על אשה בשם קמחית שהיתה זהירה מאוד בעניני צניעות ובזכות זה זכתה ששבעה בניה היו כהנים גדולים והנה מכלל הענין של כהן גדול הוא שהכפרה של עם ישראל ביום הכפורים נעשית על ידו הרי שזה ענין של השפעה לכל עם ישראל ונעשה זה באותו דור על ידי הזכות של זהירות בעניני צניעות של אשה אחת וחשוב מאוד לדעת שכלול בדברים שבסעיף זה גם ריבוי הזהירות בכל ההלכות של טהרת המשפחה והסיבה שבזהירות בענינים אלו הנזכרים בסעיף זה של אדם יחיד כל כך משפיע על כל עם ישראל עיין בזה בספר התקרבות להשם פרק י״ז

ה. ונמצא לפי זה שאם תוסיף כמה שביכלתך בעניני עבודת השם יתברך ובפרט בשני ענינים הנ״ל של לימוד התורה והזהירות בעניני קדושה וצניעות הרי אתה מביא בזה שפע של ברכה והצלחה בכל הענינים לכל עם ישראל וביותר אם אתה אדם שיכול גם להשפיע וללמד לרבים להתחזק יותר בעבודת השם יתברך ובפרט בשני ענינים הנ״ל הרי ביותר אתה משפיע עבור כל עם ישראל

פרק יג.

א. וצריך לדעת שכל עניני עבודת השם יתברך מלבד התועלת העצומה לכללות ישראל והשכר העצום שיש לאדם על זה בעולם הבא גם הם המזון האמיתי של הנפש אף בעולם הזה והנפש מוכרחה את זה

ב. וכתוב בתהילים בפרק מ"ב כאיל תערוג על אפיקי מים כן נפשי תערוג אליך אלקים צמאה נפשי לאלקים לקל חי מתי אבוא ואראה פני אלקים ע"כ כוונת הפסוקים האלו היא שהקדוש ברוך הוא ברא את העולם בשני סוגים של בריאה יש דברים כמו ברזלים ואבנים שכמו שהם כך הם ואין הם צריכים תוספת מזון אבל יש סוג שני והוא צמחים ובעלי חיים שצריכים מזון והוא הכרחי עבורם והאדם הוא גם מסוג הדברים הצריכים מזון ואומר דוד המלך בפסוקים הנ"ל שהנה האדם מורכב מגוף ונשמה וגוף האדם כולם יודעים מהו מזונו אבל מלבד זה יש גם נשמה והנשמה גם זקוקה למזון והמזון של הנשמה הוא אור עליון שבא מהשם יתברך ונכנס לתוך האדם וזהו כוונת הפסוקים הנ"ל שכמו שאיל שהוא בעל חי המסתובב במדבר ומחפש מעין מים מפני שכך הטבע שבו נברא שהוא מוכרח את זה כן הנפש צמאה לאלקים וזהו הטבע שלה

ג. ואם האדם לא נותן לנשמה את הקשר עם השם יתברך אפילו אם יהיה לאדם את כל הדברים הטובים שבעולם שהוא רוצה אותם הנשמה מרגישה רעב וסבל שאי אפשר לתארו

ד. ורק אם האדם באמת מתקרב להשם יתברך שעל ידי זה מגיע האור הרוחני מהשם יתברך לנשמה אז הנשמה מגיעה אל הסיפוק שלה ומקבלת את העוצמה שלה וכדי לקבל את האור הזה צריך האדם להתקרב להשם יתברך בלימוד התורה ובתפילות להשם יתברך ובקיום המצוות ובזהירות מעבירות שאלו הדברים שעל ידיהם נכנס אור זה לנשמה ואז האדם מגיע אל המטרה האמיתית שעבורה נברא האדם בעולם הזה

פרק יד.

א. ולסיום הדברים יש להביא מדברי חז"ל בילקוט שמעוני במגילת איכה רמז תתקצ"ז שכתוב שם שבשעה שנחרב בית המקדש ויצאו ישראל לגלות בבל אמר הקדוש ברוך הוא לירמיהו ללכת לומר הדבר למשה רבינו שקבור בהר נבו והלך ירמיהו לשם ואמר לו משה רבינו שרוצה ללכת לראות את הגולים ואמר לו ירמיהו שאי אפשר ללכת מפני שמלאה הדרך בהרוגים ואמר לו משה רבינו שבכל אופן ילכו והלכו עד שהגיעו ופגשו את הגולים שהיו על יד נהר פרת וכשהגיעו ראו אותם עם ישראל והכירו וידעו שזה שעם ירמיהו הוא משה רבינו [וזה דבר פלאי מאוד שזכו כל הגולים להתגלות בהקיץ של משה רבינו עליו השלום] ושמחו שחשבו שבא לגואלם וכמו שגאל את ישראל ממצרים ויצאה בת קול מהשמים והכריזה שאי אפשר עכשיו עדיין לבטל הגלות ואמר להם משה רבינו שלחזור עכשיו ממש אי אפשר שכבר נגזרה גזירה אלא שמברכם שהקדוש ברוך הוא יחזירם במהרה וכששמעו כך בכו כולם בכי גדול עד שעלתה בכייתם למרום ועל זה נאמר הפסוק בתהילים פרק קל"ז על נהרות בבל שם ישבנו גם בכינו

ב. והנה יש להאריך הרבה דברים בענין מדרש זה ואין כאן מקום לזה אבל מעט צריך לבאר והוא שענין זה שזכו כולם לראות בהקיץ את משה רבינו הוא זכות עצומה ואין ספק שזה פעל פעולה רוחנית על נשמותיהם בעצמה מאוד עזה וצריך להבין באיזה כח זכו לדבר זה

ג. והתשובה לזה הוא שכיון שהקדוש ברוך הוא הביאם למצב קשה מאוד של חורבן בית המקדש והגלות לכן כנגד זה נתן להם עצמות רוחניות גדולות מאוד

ד. ומה שכתוב שמיד אחרי זה בכו בכיה גדולה מאוד עד שעלתה בכייתם למרום הענין הוא שמכח הפגישה עם משה רבינו והברכה שקיבלו ממנו קיבלו על ידי זה כח עצום של תפילה שהרי משה רבינו היה עמוד התפילה כמבואר בהרבה מקומות ומהם שעמד בתפילה על ישראל

ארבעים יום וארבעים לילה רצופים שהם תשע מאות ושישים שעות וגם שכחו לפעול בתפילה היה עצום שהציל את עם ישראל מכליה על ידי תפילתו וכשקבלו כח ממשה רבינו מיד התפללו בבכיה עצומה ועלתה תפילתם עד למרום היינו שהיה כח בתפילתם לעלות למקומות גבוהים בעולמות העליונים הרבה יותר מהכח שהיה לתפילותיהם שלפני זה לפני שקבלו את הכח ממשה

ה. ולענינינו הנה ודאי שאין שייך להשוות שום דבר בעולם לענין חורבן בית המקדש והגלות הכללית של עם ישראל אבל כתוב בביאור הגר״א לספרא דצניעותא פרק ה׳ דף ל״ד טור א׳ שכל הדברים שכתובים בחמשה חומשי תורה על עם ישראל בפנימיות הדברים שייך זה בכל יהודי בכל דור עיי״ש כל דבריו ואכמ״ל ומזה יש ללמוד שכל הדברים שעוברים על כל יהודי בחיים אין זה דבר פשוט כלל ועיקר והכל יש בזה ענינים גבוהים מאוד ולכן ראוי לנו ללמוד משם גם לצרה פרטית של יהודי או של ציבור של יהודים שהפסידו את מקום מגוריהם ופרנסתם שצריכים לדעת שבשעה שהקדוש ברוך הוא עושה כן יחד עם זה באותה שעה הוא נותן לאותו אדם עוצמות רוחניות שלפני כן לא היו לו אותם וכן בדומה לזה הוא הענין המבואר בגמרא במסכת שבת דף י״ב עמ׳ ב׳ ששכינה למראשותיו של חולה וכן מבואר בפוסקים ביורה דעה בסימן של״ה סעיף ה׳ עיי״ש בשו״ע ובט״ז ובש״ך אלא שלפעמים עלול להיות שהאדם לא שם לבו כלל לעוצמות קדושות אלו שקיבל ושם לב רק לצרה שקרתה לו ועל ידי זה נכנס בשברון ויאוש ולכן צריך האדם לשים אל לבו דבר זה שבשעה שקרתה לו צרה ודאי שהקדוש ברוך הוא מוסיף לו כנגד זה כוחות ועוצמות רוחניות חדשים וצריך להשתמש בהם להתקרב בכל כחו להשם יתברך ואם בידו הדבר באופן הראוי גם לקרב אחרים להשם יתברך באופן שתקופה זו תהיה לו לעליה רוחנית ולא לירידה רוחנית

מסורת החינוך

מסורת החינוך

מפתחות

הקדמה	רצו
פרק א — בגודל החשיבות העצומה שיש ללימוד שמלמד את הילדים ובצורך להתמסר לזה מאוד	רצז
פרק ב. — בענין שהתלמידים נקראים בתורה בנים בטעמי הדבר ובמה שיש ללמוד מזה לריבוי ההתמסרות שצריך המלמד להתמסר לטובת הילד	שב
פרק ג. — בענין שכל תלמיד יכול להגיע להישגים גבוהים מאוד ואפילו תלמידים שכלפי חוץ נראה שאינם יכולים להגיע להישגים אם מפני התנהגות שהיא מאוד גרועה ואם מפני כשרונות שהם מאוד חלשים מכל מקום יכולים להגיע להישגים גבוהים מאוד וצריך להשקיע כוחות רבים להביאם לזה	שה
פרק ד. — בענין התלמידים בעלי הכשרונות שזה מתנה משמים שיכולים על ידי זה להגיע להישגים גבוהים מאוד ושחובה על המלמדים להשתדל מאוד בהצלחתם	שט
פרק ה. — בענין ריבוי הזהירות שצריך המלמד להיזהר שלא להעליב את התלמיד מכמה טעמים	שיג
פרק ו. — בדברי הגמרא בעירובין נ״ד ע״ב בענין רבי פרידא ובענין חשיבות הדבר שיהיה למלמד סבלנות מרובה להסביר שוב ושוב לתלמידים שלא הבינו	שטו
פרק ז. — בענין האחריות הנוראה שיש למלמד על עתידם הרוחני של התלמידים	שיז

הקדמה

א. הלימוד של הרב לתלמידים כולל הרבה צורות יש לימוד לילדים ויש לנערים ויש לבחורים ויש לאברכים והדברים דלקמן בחוברת זו חלקם שייכים לכל הסוגים הנ"ל וחלקם שייכים רק לחלק מהסוגים והדברים מובנים מתוך הענין כל דבר לאיזה מהסוגים הוא שייך והרבה מאוד מהדברים הכתובים בחוברת וכמעט כולם שייכים לא רק לרב המלמד תלמידים אלא גם להורים לענין חינוך ילדיהם

ב. כל הדברים שבחוברת כולם הם מדברי חז"ל והמפרשים בדרך המקובלת מדורי דורות ואין בהם שום דברים מכיוונים אחרים ח"ו

פרק א.

בגודל החשיבות העצומה שיש ללימוד שמלמד את הילדים ובצורך להתמסר לזה מאוד

ענף א. בדברי הגמרא במסכת בבא בתרא דף ח' על הפסוק בדניאל פרק י"ב בזה

א. כתוב בספר דניאל פרק י"ב והמשכילים יזהירו כזוהר הרקיע ומצדיקי הרבים ככוכבים לעולם ועד ע"כ

ב. ובגמ' במסכת בבא בתרא דף ח' עמ' ב' פירשו את הפסוק שמצדיקי הרבים ככוכבים לעולם ועד הכוונה למלמדי ילדים

ג. ובביאור כוונת הדרשה פירשו שהנה הכוכבים שמאירים מהשמים כאן לארץ נראים כאן בארץ קטנים מאוד אבל באמת הם גדולים מאוד ורק מפני המרחק העצום שבין כדור הארץ לבין הכוכבים נראה הדבר למסתכל כאילו הכוכבים קטנים

ד. ועל דרך זה גם המלמד את הילדים באמת פועל בזה דברים גדולים ועצומים מאוד בנשמתם שמשפיעים עליהם אחר כך לכל החיים וזה בשני כוחות הכח הראשון טבעי שהחינוך בילדות נחרט מאוד עמוק בתוך שכלו של הילד ומשפיע עליו לכל החיים והכח השני רוחני שיש כח מיוחד ברוחניות של הלימוד עם הילד בגיל הצעיר להשפיע על נשמתו השפעה עצומה שיכולה לסייע לו לכל החיים להתעלות מאוד בדרגתו הרוחנית ובכל מעשיו

ה. אלא שמפני המרחק הגדול בזמן בין זמן הלימוד עם הילד לבין הזמן שאחר כך בגדלותו כל חייו מבוססים על לימוד זה נראה הדבר לאנשים כאילו הלימוד עם הילדים הוא דבר לא כל כך חשוב ודבר קטן ולהוציא מטעות זו מרמז הפסוק בדניאל ומפורש יותר בדברי הגמרא הנ"ל שהלימוד עם הילדים באמת הוא חשוב מאוד

ו. ועוד יש בזה דבר נוסף שהנה העומד כאן ומסתכל על הכוכבים הרי הוא עומד בכדור הארץ ומלבד שהכוכבים הרבה יותר גדולים ממה שנראה לו מכאן יתירה מזו שהרבה מאוד מהכוכבים כל כוכב הוא יותר גדול בהרבה מכל כדור הארץ וכך לעניננו שפעמים רבות רואים אדם גדול מאוד בתורה ובעבודת השם ומחשיבים מאוד את דרגתו ותולים את זה בהרבה תורה שלמד והרבה מאמצים שעשה בעבודת השם אבל לפעמים באמת רוב כחו נובע מהרוחניות שהשקיע בו איזה מלמד ילדים בקטנותו שפעל בזה על נשמתו פעולות עצומות לקרבו להשם יתברך וזה בנה את השורש לכל מה שאחר כך נעשה בגדלותו ונמצא שמה שנתן בו המלמד בילדותו הוא יותר מכל מה שרואים ויודעים עליו בגדלותו ואם זכה המלמד לעשות כך בילד באמת עתיד לקבל המלמד שכר עצום ונורא על כל הגדלות העצומה שהגיע אחר כך בגיל המבוגר

ענף ב. בדברי הגמרא בבבא בתרא שם על ההתמסרות העצומה של רב שמואל בר שילת לתלמידיו

א. ובגמרא במסכת בבא בתרא שם על מה שאמרו כנ״ל דמצדיקי הרבים ככוכבים הכוונה למלמדי ילדים אמרו שם דהדוגמא לזה למלמד ילדים שאפשר לומר עליו בשלימות את השבח החשוב הזה הוא רב שמואל בר שילת שמסופר עליו שפעם אחת רב שהיה רבו של רב שמואל בר שילת ראה אותו עומד בגינת הבית של רב שמואל בר שילת ושאל אותו רב וכי עזבת את אמונתך שאני זוכר אותך תמיד מלמד את הילדים בלי הפסקה כלל ואיך יש לך זמן עכשיו לעמוד בגינה והשיבו רב שמואל בר שילת שכבר י״ג שנים שלא ראה בכלל את הגינה וגם עכשיו שעומד בגינה הוא בדרך אליהם ומחשבתו היא עליהם הנה מתואר כאן בסיפור זה שבגמרא מסירות נפש עצומה של רב לתלמידים שכל כך הרבה שנים לא היה לו רגע פנוי לעמוד בגינה

ב. ומכלל כוונת דברי הגמרא הנ״ל הוא שהנה הרבה פעמים קורה שמלמד ילדים אין לו כח כל כך להתמסר כל כולו ולהתאמץ בכל

כוחו עבור התלמידים ומלמדת הגמרא אותנו שהרבה פעמים דבר זה נובע מפני שאינו יודע מספיק את הערך העצום של הלימוד עם התלמידים ולכן קשה לו להתמסר לזה ובפרט שבהרבה מאוד מהמקרים יש הרבה קושי בלימוד עם הילדים שחלק מתעצלים מלהקשיב וחלק תכונתם להשתולל וכיוצא בזה ואם אין המלמד יודע את הערך העצום של הלימוד עם הילדים זה גורם לו להתעצל מלהתמסר בכל כוחו ללימוד עם הילדים ועל זה מפרשת הגמרא שרב שמואל בר שילת כיון שידע את הערך העצום של הלימוד עם הילדים כמבואר בענף הקודם במשל לכוכבים זה נתן לו כוחות נפש עצומים להתמסר בכל כוחו ללמד את הילדים

ענף ג. בדברי הגמרא בשבת דף קי״ט שהעולם עומד על לימוד התורה של תשב״ר

א. ובענין החשיבות של הלימוד של הילדים יש להביא בזה את דברי הגמרא במסכת שבת דף קי״ט עמ׳ ב׳ שכתוב שם אמר ריש לקיש משום רבי יהודה נשיאה אין העולם מתקיים אלא בשביל הבל פיהם של תינוקות של בית רבן בלימודם בתורה אמר ליה רב פפא לאביי וכי הלימוד שלנו חכמי הגמרא אינו בדרגא זו והשיבו אביי אינו דומה הבל שיש בו חטא להבל שאין בו חטא [וכמובן שחטא האמור אצל האמוראים הכוונה לדברים דקים מאוד שבכלל לא במושגים שלנו ובכל אופן כשהלימוד נקי אפילו מזה כחו יותר גדול]

ב. ועוד שם בגמרא אמר ריש לקיש משום רבי יהודה נשיאה אין מבטלין תינוקות של בית רבן אפילו לבנין בית המקדש

ענף ד. עוד בטעם הדבר שכל כך חשוב הלימוד של ילדים

א. ובטעם הדבר של החשיבות העצומה של הלימוד עם הילדים יש בזה שני סיבות הסיבה האחת כמפורש בדברי הגמרא במסכת שבת הנ״ל בענף קודם וביתר ביאור בכוונת הגמרא שמבואר בחז״ל בכמה מקומות

ש מסורת החינוך פרק א

שכל הקיום של העולם כולו הוא מכח לימוד התורה של עם ישראל ועיין בזה בגמרא בשבת פ"ח עמ' א' ובספר נפש החיים שער ד' באריכות רבה ובזה מפרשת הגמרא שהחלק היותר חזק של הלימוד הזה הוא הלימוד של הילדים מפני שעדיין נשמתם נקיה לגמרי מחטאים

ב. ודבר שני יש בזה והוא מש"כ הרמח"ל שהנה הנשמה של האדם היא אור רוחני שמושפע מהשם יתברך והקדוש ברוך הוא שולח שני מלוים רוחניים לאור הרוחני הזה שהם היצר הטוב והיצר הרע [ושניהם הם לא מעצם הנשמה אלא רק מלוים של הנשמה כמבואר בספר עץ חיים שער כ"ו ואכמ"ל] ובכל רגע שהאדם לומד תורה על ידי זה הוא מביא אור רוחני על נשמתו ואור זה מסייע לנשמה להתגבר בעבודת השם יתברך ולהינצל מן היצר הרע והנה הטבע שברא הקדוש ברוך הוא את האדם הוא שיצרים הרעים היותר קשים ומסוכנים שיש באדם מגיעים רק בגיל יותר מבוגר ובגיל היותר צעיר עדיין לא קיימים יצרים אלו וכשהילד לומד ונכנס האור שבא על ידי לימוד התורה לנשמתו כיון שהאור הזה קדם ליצר הרע החזק יש כח מיוחד לאור זה לשמור את הילד כל חייו מיצר הרע

ג. והנה רבים חושבים בטעות שעיקר החשיבות של הלימוד של ילד קטן הוא רק כדי להרגיל אותו ללמוד תורה כשיגדל ורק הלימוד של ימי גדלותו שהוא יותר בעל הבנה הוא הלימוד החשוב ודבר זה טעות גמורה שהרי בכל רגע שלומד אף בקטנותו מקיים מצווה עצומה של לימוד תורה ומביא אור לנשמתו לכל החיים

ד. אמנם על פי דברי הרמח"ל הנ"ל הדבר עוד הרבה יותר חריף שהרי הכוח הרוחני שלו בגדלותו תלוי הרבה בילדותו שכמה שיותר ירבה בלימוד התורה בילדותו זה יתן לו את הכח הרוחני כשיתבגר מפני שהאורות הרוחניים של הלימוד בימי הילדות נשארים עם הילד לכל החיים ונותנים לו כח על טבעי של התגברות על היצר הרע בכל החיים [ועיין גם בביאור הגר"א לזוהר בפרשת לך לך דף ע"ט עמ' א' ובדה"ס

מסורת החינוך פרק א

דף כ"ו טור ג' כן לענין המעשים טובים שעושה האדם קודם גיל י"ג שבסיעתא דילהון כפיף לסטרא בישא ומתקן לגוף אחר י"ג שנים]

ה. ואמנם גם מי שלא זכה ללמוד תורה בילדותו לא יבוא חלילה לידי יאוש וודאי שהקדוש ברוך הוא מסייע לכל אחד ואמרו בגמרא בברכות דף ל"ד עמ' ב' במקום שבעלי תשובה עומדים אפילו צדיקים גמורים אינם יכולים לעמוד וכתב הרבינו יונה בספר שערי תשובה בתחילת הספר שהקדוש ברוך הוא עוזר לחוזרים בתשובה עזרה למעלה מדרך הטבע להתגבר על היצר הרע אבל מכל מקום כשבידינו ללמד את הילד תורה חשוב לנו לדעת את החשיבות העצומה של הלימוד אתו שזה נותן לו אור רוחני שעתיד ללוות אותו בכל החיים

ענף ה. יבאר שמכלל חובת לימוד התורה לתלמידים הוא ליטוע בתוכם אהבה וחשיבות ללימוד התורה ולקיום המצוות

א. ומכלל חובת לימוד התורה לתלמידים הוא לא רק ללמדם תורה אלא גם ליטוע בתוכם אהבה עצומה ללימוד התורה ולקיום המצוות וצריך הרבה שימת לב על הדבר הזה

ב. וכן ליטוע בתוכם חשיבות עצומה ללימוד התורה ולקיום המצוות שיהיה מושרש היטב בתוך ליבותיהם שזהו העיקר הגדול של החיים וכמו שכתב במסילת ישרים בפרק ראשון כי רק הדביקות בהשם זהו הטוב וכל זולת זה שיחשבוהו בני האדם לטוב אינו אלא הבל ושוא נתעה ולכן כל דבר שיודע האדם שמקרב אותו להשם יתברך ירוץ אחריו בכל כחו וכל דבר שיודע האדם שמרחיק אותו מהשם יתברך יברח ממנו כבורח מפני האש

פרק ב. בענין שהתלמידים נקראים בתורה בנים בטעמי הדבר ובמה שיש ללמוד מזה לריבוי ההתמסרות שצריך המלמד להתמסר לטובת הילד

ענף א.

א. כתוב בתורה בפרשת ואתחנן בקריאת שמע ושננתם לבניך וכן כתוב בתורה בפרשת עקב בוהיה אם שמוע ולמדתם אותם את בניכם ומכאן למדו שמצוה על כל אב ללמד את התורה לבניו

ב. ובספרי בדברים פיסקא ל״ד וברמב״ם בהלכות תלמוד תורה פרק א׳ ובטור ביורה דעה בסימן רמ״ה ובשולחן ערוך שם כתבו שמכלל מצוה זו הוא ללמד לא רק את בניו שלו אלא מצוה על כל חכם מישראל ללמד תלמידים שגם התלמידים נקראים בנים ורק שמצוה להקדים בניו לילדים אחרים עכ״ד

ג. והנה מבואר מזה שאת כל הציווי ללמד לתלמידים כתבה התורה בלשון ולמדתם אותם את בניכם ולא כתבה בפירוש את המילה תלמידים אלא כתבה בנים וכללה התורה בזה גם את התלמידים ויש לברר טעם הדבר שכך כתבה התורה מצוה זו ולא כתבה התורה בפירוש בנפרד את המצוה ללמד את התלמידים

ד. ופירשו המפרשים שבאמת להעמיד תלמיד בצורה הראויה שיצליח לעלות מעלה מעלה בתורה הקדושה וביראת השם הוא דבר שצריך מאוד התמסרות מצד המלמד ורק אם באמת יהיה שאיפת המלמד להצלחת כל תלמיד ותלמיד כשאיפתו להצלחת בניו אז יוכל באמת לעשות את ההשתדלות הראויה כדי שבאמת יצליח כל תלמיד

ה. וכל אדם יודע כמה מתאמץ בדרך כלל אדם על ילדיו שלו שיצליחו בלימוד התורה ובעבודת השם וכמה אכפת לו הענין וכך צריך להיות אכפת לאדם גם על תלמידיו ולהשתדל בכל כוחו ובכל המאמצים לקדם אותם בלימוד התורה וביראת השם

ו. וידוע על הג"ר נתן צבי פינקל זצוק"ל המכונה הסבא מסלבודקה שזכה להעמיד הרבה תלמידים גדולי עולם והיה דרכו הרבה פעמים כשהיה רואה תלמיד שלא כל כך מצליח לעשות תעניות רבות כדי לעורר רחמי שמים עליו שיצליח והנה כמובן שלא כל מלמד יכול להגיע לדרגה כזו וגם לא כל מלמד מותר לו מצד הבריאות דבר כזה אבל בכל אופן יש ללמוד מהנהגתו כמה מסירות נפש צריך האדם להרבות כדי שיצליחו תלמידיו ואם לא בצומות אז בדרכים אחרות של השתדלות מרובה שיתמידו בתורה ושיבינו את התורה וכן להרבות עליהם בתחנונים להשם יתברך שיזכו להצליח בלימוד התורה וביראת השם

ענף ב.

א. הובא לעיל בענף א' שהתורה קראה לתלמידים בנים וכתוב שם הסבר בדרך הפשט לדבר ויש להביא בזה עוד שבביאור הגר"א לספר יצירה ובביאור הגר"א לתיקוני זוהר כתב בזה עוד דבר נורא מאוד והוא שכאשר הרב מלמד את התלמידים מלבד העברת הידע שמעביר להם עוד עושה בזה דבר נוסף שיחד עם התורה שמביא אליהם גם מביא מהשמים אליהם עוד חלקי נשמה שלא היו לתלמידים קודם

ב. ולכן החשיבה התורה את התלמידים כבנים שלו מפני שכמו שהאבא הביא את עיקר נשמתו של הילד לעולם כך הרב הביא לילד עוד חלקים של נשמה

ג. והמשמעות המעשית של זה היא גדולה מאוד מפני שבדבר זה שמביא הרב לילד עוד חלקים של נשמה יש הרבה סוגים של חלקים שאפשר להביא וכמה שהרב ילמד יותר מתוך יראת השם ומתוך כוונה טהורה וקדושה החלקים של הנשמות שמביא לילדים יהיה חלקים הרבה יותר מעולים ועל ידי זה יצליחו התלמידים הרבה יותר בלימודם ובעבודת השם כל החיים

ד. ולא זו בלבד אלא שאף התנהגותו של המלמד בשאר הזמנים שאינו נמצא עם הילדים כמה שיחיה המלמד יותר בעבודת השם ובקדושה

ממילא הכח שלו להביא חלקי נשמה לילדים יהיה כח להביא נשמות הרבה יותר עליונות ויותר קדושות

ה. ובספר מלאכי בפרק ב' כתוב כי שפתי כהן ישמרו דעת ותורה יבקשו מפיהו כי מלאך ה' צבקות הוא ובגמרא במסכת חגיגה דף ט"ו עמ' ב' אמר על זה רבה בר בר חנה בשם רבי יוחנן שכוונת הפסוק שאם הרב הוא צדיק ודומה למלאך ה' צבקות יש ללמוד אצלו תורה ואם הרב אינו צדיק שדומה למלאך ה' צבקות אין ללמוד תורה אצלו ובדרך הפשט כוונת הדברים מפני שאם הרב הוא לא צדיק מספיק עלול התלמיד ללמוד ממנו הנהגות פסולות וגם אולי הרב לא ידייק כראוי בלימודו מחוסר יראת השם אמנם מלבד זה לפי דברי הגר"א יש בזה עוד סיבה מפני שהרב על ידי לימוד התורה ממשיך תוספת עוד חלקי נשמה לתלמיד וכמה שהרב יותר צדיק החלקים שהוא מביא הם חלקים יותר גבוהים וקדושים ולכן יש ללכת ללמוד רק אצל רב צדיק

ו. והנה הגמרא הנ"ל מדברת אל התלמיד שילך ללמוד דוקא אצל רב צדיק אמנם מכלל זה יש ללמוד גם לרב שכמה שהוא יהיה יותר צדיק ממילא הכח שישפיע על התלמידים יהיה הרבה יותר קדוש ועליון וכביאור הנ"ל על פי דברי הגר"א ולכן מאוד חשוב שהרב ישתדל מאוד בכל כוחו גם בזמן שאינו עם התלמידים לראות כמה שיותר להתאמץ להתעלות בעבודת השם לא רק מפני החיוב שמוטל על כל אדם להתאמץ כן אלא גם בשביל הצלחת התלמידים שלו

פרק ג. בענין שכל תלמיד יכול להגיע להישגים גבוהים מאוד ואפילו תלמידים שכלפי חוץ נראה שאינם יכולים להגיע להישגים אם מפני התנהגות שהיא מאוד גרועה ואם מפני כשרונות שהם מאוד חלשים מכל מקום יכולים להגיע להישגים גבוהים מאוד וצריך להשקיע כוחות רבים להביאם לזה

ענף א.

א. בגמרא במסכת בבא מציעא דף פ"ה עמ' א' מסופר על רבי אלעזר בנו של רבי שמעון בר יוחאי שנפטר והשאיר בן צעיר והבן הלך בדרך לא טובה והיה עושה דברים מאוד לא טובים ואפילו דברים חמורים ונראה שם בגמרא שזה היה דבר מפורסם באותו מקום שאותו הבן הוא בדרך מאוד לא טובה

ב. ונזדמן רבי [היינו רבי יהודה הנשיא מחבר המשנה הנקרא רבינו הקדוש] למקום שבו היה גר קודם רבי אלעזר ברבי שמעון ושאל אם נשאר בן לרבי אלעזר בן רבי שמעון ואמרו לו שכן יש כאן בן שלו אבל הוא התנהגותו היא בדרך מאוד לא טובה

ג. קרא לו רבי לאותו הבן וקירב אותו מאוד וכיבד אותו בכבוד גדול אף על פי שהיה עדיין במצב רוחני גרוע מאוד וכבר נתן לו מעמד חשוב בציבור וקבע לו לרב את רבי שמעון בן רבי איסי בן לקוניא שילמד אתו אבל עדיין הדבר לא עזר מפני שהבן כל הזמן היה רוצה ללכת לדרכו הראשונה הלא טובה בחזרה

ד. ואז אמר לו [לא מפורש בגמרא אם רבי או רבי שמעון בן איסי בן לקוניא] שיראה איזה כבוד גדול עשו לו ואיזה מעמד חשוב נתנו לו ואיך אחרי כל זה הוא רוצה לחזור לדרכו הלא טובה ואז חזר בו הבן וקיבל עליו קבלה חזקה לא לחזור לדרכו הלא טובה שהיה בה בעבר

ה. ואומרת הגמרא שאותו הבן נעשה צדיק גדול ומחשובי התנאים ושמו היה רבי יוסי בן רבי אלעזר בן רבי שמעון וכל כך היה גדול שבשעת פטירתו רצו לקבור אותו באותה המערה שבה היו קבורים אביו רבי אלעזר ברבי שמעון וסבו רבי שמעון בר יוחאי ובא נחש והקיף את המערה שלא יוכלו להכניס אותו ואמרו לנחש שלא יפריע כדי שיוכלו להכניס את הבן אצל אביו ולא הסתלק הנחש וסברו העם לומר שהוא מפני שרבי יוסי לא בדרגא גבוהה כמו אביו רבי אלעזר יצתה בת קול מהשמים ואמרה לא כך שהסיבה שלא נותנים מהשמים שיכנס למערה היא לא שרבי אלעזר יותר גדול מרבי יוסי אלא מפני שרבי אלעזר היה בצער מערה כמבואר בגמרא במסכת שבת דף ל״ג עמ׳ ב׳ ולמד תורה מתוך סבל נוראי שנים רבות ואילו בנו רבי יוסי לא היה בצער מערה

ענף ב.

א. והנה שורש דברי הגמרא הנ״ל הוא כלל עצום מאוד שהוא מהכללים החשובים ביותר בחינוך והוא שהצלחת התלמיד בין בלימוד התורה ובין בהתנהגות הראויה תלויה הרבה מאוד בעידוד שנותנים לו להאמין שיכול באמת להגיע להשגים גבוהים מאוד בתורה ובצדקות

ב. והוא מפני שכל יהודי בתוככי לבו רוצה באמת להיות כמה שיותר גדול בתורה וכמה שיותר צדיק גדול שהרי מבין את המעלה הגדולה שיש בזה לעומת ההיפך מזה אלא שיש לכל אדם נסיונות המעכבים אותו מזה וכדי להתגבר על הנסיונות הרבה פעמים צריך מאמצים קשים מכל מיני סוגים

ג. ומהדברים שביותר נותנים כח של התגברות על הנסיונות הוא הידיעה הברורה שיודע האדם שאם יתאמץ באמת יגיע להישגים גבוהים שלצורך זה מוכן ומסכים האדם להשקיע אף מאמצים גבוהים

ד. אבל אם חושב האדם שאף אם יתאמץ הסיכוי שלו להגיע להישגים גבוהים הוא סיכוי חלש ממילא זה מחליש אצלו מאוד את הרצון להתאמץ ולהתגבר על הנסיונות

ה. ופעמים רבות שאפילו אם רק מסופק האדם אם יוכל להגיע להישגים גבוהים כבר מחליש אצלו זה את הכח להתמודד עם הנסיונות ורק כשבטוח האדם בדבר שאם יתאמץ יגיע להצלחה הגדולה זה נותן לו את הכח הנפשי להרבות במאמצים כדי להגיע אל המטרה שאליה שואף

ו. וזהו ביאור הסיפור הנ"ל בענף א' מהגמרא שרבי יוסי בן רבי אלעזר היה לו נסיונות קשים מאוד ורבינו הקדוש ידע שהדרך היחידה שבה יוכל להתמודד אם נסיונות אלו הוא כשיראה את הערך העצמי החשוב שיש לו ושברור לרבינו הקדוש שאם יתאמץ באמת יהיה מחשובי החכמים זה יתן לו את הכח הנפשי להתאמץ ולהגיע באמת אל המדריגות הגבוהות ביותר

ענף ג.

א. והנה כל תלמיד ותלמיד אם יתאמץ יוכל להגיע בלימוד התורה ובעבודת השם להישגים גבוהים מאוד ואף שבעניני חכמות חיצוניות שלא בחכמת התורה יש גבולות מאוד חזקים לדבר והיינו שאם אדם הוא לא כל כך מוכשר היכולת שלו להצליח היא מוגבלת מאוד מכל מקום בתורה אינו כך מפני שענין ההצלחה בתורה הוא דבר על טבעי

ב. ויש לדבר זה שבתורה כולם יכולים להצליח בצורה מאוד חזקה כמה סיבות האחת מהם הוא מה שכתוב בגמרא במסכת סנהדרין דף צ"ט וברש"י שם על הפסוק נפש עמל עמלה לו ומבארת הגמרא את כפל הלשון שנזכר פעמיים עמל בפסוק שהכוונה ללמדנו שבשעה שהאדם עמל כאן בעולם הזה בלימוד התורה האורות הרוחניים של התורה בעולמות העליונים מבקשים ומתחננים להקדוש ברוך הוא שיתן לו הצלחה בלימוד התורה להבין היטב ולדעת היטב את הדברים עיי"ש ומכח בקשות ותחנונים אלו של התורה להשם יתברך יכול האדם לזכות לדברים שהם הרבה מאוד למעלה מכחו הטבעי

ג. ועוד דבר נוסף שמבואר בספר שער הגלגולים ובביאור הגר"א לזוהר בפרשת פקודי שהאדם על ידי שמתאמץ בלימוד התורה ובעבודת

השם זוכה שמלבד הנשמה שהיתה לו מתחילה נכנסים בתוכו עוד חלקים של נשמה הרבה יותר גבוהים מהנשמה שהיה לו בתחילה

ד. והנה שיעור זכייתו של האדם בלימוד התורה ובעבודת השם תלוי מאוד בסוג הנשמה שיש לו ולכן בשעה שיתווסף לו עוד חלקי נשמה יתרבה מאוד כחו בלימוד התורה ובכל ענייני עבודת השם

ה. וההחזון איש אמר שכל תלמיד שמתאמץ בתורה יש לו את האפשרות להיעשות מגדולי ישראל ואין יוצא מן הכלל בזה

ו. וגם ידוע שכמה מגדולי ישראל המפורסמים היה בצעירותם בעלי כשרון חלש במיוחד ואף על פי כן על ידי המאמצים העצומים שהשקיעו בתורה זכו להגיע למדריגות גבוהות מאוד בתורה

ענף ד.

א. ומכח כל הדברים הנ״ל בענפים הקודמים חובה מוטלת על כל מלמד לתלמידים להשתדל בכל כוחו שכל תלמיד ותלמיד יאמין בכח של עצמו להגיע להישגים גבוהים בלימוד התורה ובעבודת השם ועל ידי אמונה זו שתהא בהם בכוחם יתרבה מאוד הכח שלהם להתאמץ בעבודת השם

ב. וחובה מוטלת על המלמד לומר בפירוש את הדברים האלה לתלמידים ולשנן להם את זה הרבה פעמים מפני שאם לא יאמר להם זה מהיכן ידעו את זה

ג. ואדרבה יש הרבה תלמידים שיש להם כל מיני סיבות לחשוב על עצמם שאין להם שום סיכוי להצליח בתורה ובעבודת השם חלקם מפני שיש להם כשרון חלש וחלקם מפני שיש להם תכונות קשות שקשה להם להתמיד וכיוצא בזה ורק על ידי שמרבים להסביר להם שביכולתם להגיע להישגים גבוהים יש סיכוי שישתכנעו בזה

ד. ופעמים רבות שחובה על המלמד מלבד שאומר את זה לכללות התלמידים ביחד גם לומר את זה לכמה וכמה מהתלמידים באופן פרטי כשרואה שאצל אותם התלמידים במיוחד צריך להדגיש להם את מפני כל מיני סיבות שיש להם לחשוב על עצמם את ההיפך מזה

פרק ד. בענין התלמידים בעלי הכשרונות שזה מתנה משמים שיכולים על ידי זה להגיע להישגים גבוהים מאוד ושחובה על המלמדים להשתדל מאוד בהצלחתם

ענף א.

א. הנה נתבאר לעיל בפרק הקודם שכל תלמיד אף אם יש לו כשרון חלש יכול להגיע להישגים גבוהים בלימוד התורה ובעבודת השם עיי"ש באריכות אמנם צריך לדעת שאותם אלה שיש להם כשרונות חזקים אם הם יתאמצו הם יכולים להגיע להישגים פלאיים מאוד והעיד לי אדם נאמן מוכשר מאוד שבצעירותו אמר לו הקהלות יעקב דע העיקר תלוי בעמל אבל מי שמוכשר ובנוסף לזה הוא גם עמל הוא זוכה להיות גאון עולם וכן יודע אני בבירור גמור מהגרש"ז אויערבאך שמצד אחד מאוד היה טורח לקדם בלימוד גם את אלו שאינם מוכשרים כל כך ונקט שיכולים להגיע להישגים גבוהים בלימוד והצטער כשראה שיש מלמדים שמזניחים את האינם מוכשרים מלהשקיע בהם אך מצד שני כשהיה רואה תלמיד מופלג בכשרון נדיר מאוד היה משקיע בו כוחות עצומים מאוד מפני שהבין שיכול להגיע תלמיד זה להישגים גבוהים ועצומים מאוד בתורה

ב. ולצערנו הרבה מאוד ממלמדי התלמידים מזלזלים מאוד בענין זה וטורחים להכניס בליבות התלמידים ששום דבר לא תלוי בכשרון ורק תלוי ביגיעה ויש שיותר מזה שמנסים להכניס בדעתם כאילו הכשרון זה חסרון ושיותר הצלחה יש לאותם שאינם מוכשרים במיוחד מפני שהם יותר יגעים וכו' וכו' וצריך לדעת ששיטה זו ודרך זו שחדרה לצערנו מאוד בזמן האחרון בהרבה מאוד ממקומות החינוך התורניים היא ממש עקירת התורה והיפך הדרך המסורה לנו מרבותינו מדורי דורות וגורמים בזה להחליש את כוח המסירות נפש לתורה אצל בעלי הכשרון [ומי שבקי בתולדות של גדולי ישראל יודע שאף שודאי היה הרבה מגדולי ישראל המפורסמים שבצעירותם היו בעלי כשרון חלש מאוד אבל רוב

המיוחדים שבגדולי ישראל היו בצעירותם מופלגים בכשרון ועיין מש"כ עוד בענין זה בביאורי אגדות לנדרים דף ח׳]

ג. ודבר נורא כתוב בזה בחפץ חיים בספרו שם עולם חלק ב׳ פרק ו׳ והוא שבעל הכשרון היותר גדול ענינו הוא שיש לו נשמה יותר גבוהה ומחובתו בעולם הזה להגיע להישגים יותר גבוהים בעבודת השם יתברך ואם יגיע רק להישגים שנחשבים אצל השאר לגבוהים יהיה לו על זה הרבה צער בעולם הבא עיי"ש כל דבריו ופשוט הדבר לפי דבריו שגם הרב אם היה בידו להביא את התלמיד המוכשר להישגים גבוהים מן השאר מכח כשרונותיו וזלזל הרב בזה מפני שאינו רואה ערך חשוב בכשרונות והביא את התלמיד אמנם לדרגא גבוהה וטובה אך רק כפי הדרגה של השאר עתיד להתחסר הרבה מאוד ממתן שכרו של הרב בעולם הבא ומי יודע אם לא יותר מזה שעתיד להיתבע על זה בתביעה קשה בעולם הבא

ד. ולכן דבר זה מחובתם של מלמדי הילד לשים לב לכשרונו המיוחד ולראות שהוא ינצל את זה ויגיע להישגים גבוהים במיוחד ואם חס וחלילה יזניחו דבר זה הרי ההפסד הוא באשמתם וצריך לדעת שלפעמים זה הפסד לא רק לעצמו אלא גם לרבים שיכל להיות מופלג בתורה המלמד לרבים והם גרמו להפסיד זה

ה. ואותם מלמדים שמשננים לילדים בעלי הכשרון שאין שום מעלה בכשרונותיהם ושאדרבה זה חסרון צריכים לדעת שדבר זה הוא עוון גדול ועצום מאוד מאוד וגורמים להחליש את רצון הילד ללמוד ואם מכוחם נגרם הדבר הרי יש להם בזה אשמה עצומה והרבה פעמים הם עושים את זה בשגגה מפני שהרבה פעמים אם המלמד עצמו אינו מוכשר או עכ"פ אינו גאון אין כל כך בכוחו להבין את גודל החשיבות והמעלה של הכשרונות והגאונות ולכן באמת מאמין שאין בזה שום ענין חשוב אבל באמת חובה עליו לבטל דעתו והבנתו השגויה הזו בפני דעתם של גדולי הדורות כמובא חלק מהדברים לעיל בסעיפים קודמים ועוד דברים

רבים מהם שלא הובאו בזה ולחנך את התלמיד באופן שיגיע באמת ליכלתו האמיתית

ו. ומה שנדפס בכמה מקומות התבטאויות בשם גדולי ישראל בנוסח שונה מהנ"ל הכוונה הוא שיש לענין כמה צדדים והיינו כנאמר לעיל שגם מי שאינו מוכשר יכול על ידי עמל לזכות להצלחה עצומה בתורה וגם המוכשר מוכרח גם לעמול בתורה אבל לא שחס וחלילה כוונתם כהשיבוש של מקצת מהמלמדים הנ"ל ואמנם פעמים שצריך הדבר זהירות ביחס אל המוכשרים לראות מאוד שלא יפגעו מזה אלו שפחות מוכשרים שודאי צריך ליזהר מאוד בכבודם אבל לא מפני זה יהיה הדרך להוליך לאיבוד את כשרונם של המוכשרים

ז. וביותר צריך לדעת שבחלק מהמקרים אצל המוכשרים ביותר המצב הוא שאם ינסו שיגיעו להישגים כמו הרגילים ולא לפי כוחם אינם יכולים להחזיק מעמד בזה ועלולים חס וחלילה להיות עוד פחות מהאחרים ולפעמים אף להתדרדר ורק כשהם מנסים להגיע לדרגות גבוהות כפי כוחם בזה הם מחזיקים מעמד והדברים מבוארים כמדומה בקצרה בביאור הגר"א לאגדות הש"ס למסכת בכורות פרק ראשון ואכמ"ל וכל מי שיש לו נסיון רב בחינוך יכול לראות את זה ולכן חובה מאוד מרובה להשתדל מאוד שכן יגיע המוכשרים במיוחד להישגים גבוהים במיוחד אמנם כמובן שצריך זהירות גם לצד שני שלא להביאם לנסות דברים שהרבה למעלה מכוחם באופן שישברו חס וחלילה מזה ועל הכל צריך סיעתא דשמיא גדולה לדעת לפלס הדברים בשיעור הראוי

ענף ב.

א. והנה פעמים הרבה שדוקא על אותם הבעלי כשרונות המיוחדים יש כמה סוגי הפרעות לעלייתם בתורה פעמים מפני תכונות של שובבות או עצלות שבהם ופעמים מכל מיני סיבות אחרות

ב. אבל צריך לדעת שכל זה הוא מכלל מה שאמרו חכמים בגמרא במסכת סוכה דף נ"ב ע"א כל הגדול מחברו יצרו גדול הימנו שכמה

שהכח בנשמה של האדם הוא יותר גדול עלול להיות שכוחות הרע משקיעים יותר כוחות לעצור את עלייתו מפני שאם יעלה יהא כוחו עצום ורב לעבודת השם יתברך לעצמו ולאחרים וכבר מבואר הדבר במכתב מהחזון איש הנדפס בספר קובץ אגרות חזון איש וכן במכתב מהקהלות יעקב הנדפס בספר קריינא דאיגרתא עיי"ש ואכמ"ל בזה

ג. ולכן צריכים המלמדים לשים לב הרבה לראות איך לעזור לתלמידים להתגבר על נסיונות אלו

ד. והיו כמה מעשים בענינים אלו אצל כמה מגדולי ישראל שבצעירותם היו מוכשרים מאוד ועברו נסיונות מאוד קשים מסוגים שונים ורבותיהם שהיו גם כן מגדולי ישראל מסרו נפש ממש כדי לעזור להם להינצל מכל הנסיונות וזכו על ידי זה רבותיהם להעמיד תלמידים שהיו מגדולי ישראל ממש

השלמה

א. במה שהובא בענף א' מדברי החפץ חיים בספרו שם עולם חלק ב' פרק ו' דמי שיש לו כשרון יותר גדול הוא נשמה יותר גדולה עיי"ש עוד שכתב שכל אדם מישראל קיבל במתן תורה חלק בתורה והבעלי כשרון קבלו שם חלק יותר גדול ועיין עוד בחפץ חיים בספרו הנ"ל בפרק הנ"ל כל דבריו בענינים אלו

ב. ועוד עיין מש"כ בביאורי אגדות לבכורות דף ח' ע"ב בענף ב' דמבואר בהגר"א דפעמים שאין אדם מצליח מפני שהולך גבוה מדי מהראוי לו אך פעמים לאידך גיסא שאינו מצליח מפני שהולך בדרך שמדי נמוכה עבורו ועיי"ש מש"כ בזה ועיין עוד בביאורי אגדות למסכת נדרים דף ח' בענינים אלו וגם הובא שם דברים בענין זה מספר דרש משה בחומש שמות על הפסוק הוא משה ואהרן הוא אהרן ומשה ובביאור דברי הגמרא בפסחים דף נ' ע"א ובבא בתרא דף י' ע"ב דעולם הפוך וכו' עיין שם כל דבריו

פרק ה. בענין ריבוי הזהירות שצריך המלמד להיזהר שלא להעליב את התלמיד מכמה טעמים

א. הנה בכמה מקומות בחז״ל הפליגו מאוד באיסור של הלבנת פני חברו ברבים ואמרו מוטב לאדם שיפיל עצמו לכבשן האש ולא ילבין פני חברו ברבים ועוד אמרו המלבין פני חברו ברבים אין לו חלק לעולם הבא

ב. וכמה מלמדים שואלים בזה שלצורך חינוך התלמידים הרבה פעמים הם צריכים לבייש את התלמיד בפני התלמידים ואיך יעשו כשכל כך חמור הענין והנה אין בכוונתי לענות על שאלה זו כאן וכל מלמד ישאל לרבו לענין מעשה כשיש ניגוד בין שני ענינים אלו [וצריך הרב העונה על השאלה לדעת שכאשר מלמד מעליב ילד הפגיעה הנפשית שיש לילד היא עצומה מאוד מאוד שאי אפשר לתארה מפני שהסמכות של המלמד בכיתה היא מאוד גדולה וגם זה בפני חברים רבים וכמובן שזה מרבה את חומר האיסור מאוד מאוד]

ג. אבל מה שכן יש לכתוב בזה כאן הוא שבאמת ברובא דרובא של המקרים השאלה היא טעות גמורה מפני שהאמת היא שלבייש את הילד בפני חביריו ברוב הגמור של המקרים לא רק שזה לא עוזר לחינוכו אלא אין דבר יותר גרוע מזה לחינוכו מפני שעל ידי זה נקבעת שנאה עזה בלב התלמיד אל המלמד ומכאן והלאה קשה לו לקבל ממנו שום דבר ואף אם לזמן קצר אחרי הביוש מפחד להתבייש שוב יתנהג הילד כראוי אבל לטווח ארוך הנזק מרובה על התועלת

ה. ויותר מזה שהמציאות היא שאצל הילדים הרבה פעמים המלמד נראה בעיניהם כנציג של השם יתברך שהוא המעביר להם את דרך השם וכשמשניא המלמד את עצמו על הילד משניא יחד עם זה על הילד את כל התורה כולה ואת כל עבודת השם

ו. ומלבד זה גם על ידי זה נקבע בלב תלמיד זה ובלב כל התלמידים מידת האכזריות והיא מידה קשה מאוד וכשנכנסת מידה זו לתוך לבו

של התלמיד פעמים רבות שקשה מאוד הדבר שאי פעם תצא ממנו מידה זו

ז. ובאמת שבהרבה מהמקרים אותם המלמדים שמתנהגים הרבה בשיטה זו לבייש הילד לפני התלמידים באמת זה מתחיל אצלהם לא מסיבות חינוכיות אלא ממידות רעות והם יכולים לבדוק בעצמם ולראות שגם בהזדמנויות שלא קשורות לחינוך הם נכשלים בזה ואף אם בביתם וכן עם חבריהם אינם נכשלים בזה פעמים הוא רק מפני שעל משפחתם יש להם רחמנות ועם חבריהם הם מפחדים לקלקל את היחסים אבל עם הילדים שיודע שאינם יכולים להתנגד לו שם בא לידי ביטוי המידות הרעות

ח. ובנוסף לזה המציאות מלמדת כמאה עדים שאת כל המטרות שרוצה המלמד להשיג על ידי שמעליב את הילד יכול להשיג אותם פי מאה על ידי שיכבד את הילד ויעודד אותו וכל שיטת החינוך על ידי ביזוי הילדים היא שיטה שההפסד שבה מרובה על השכר בצורה שאי אפשר כלל לתאר וידוע לנו מעדויות נאמנות על כמה וכמה בחורים שיצאו לתרבות רעה ופרקו עול תורה ומצוות והכל התחיל על ידי שאיזה ממחנכיהם בחדר או בישיבה פגעו בכבודם וכן בענין עונשים של מכות כמה פעמים המציאות הראתה שזה גרם להרחיק את לב התלמיד מן הרב ועל ידי זה התדרדר התלמיד ברוחניות מאוד מאוד

מסורת החינוך פרק ו

פרק ו. בדברי הגמרא בעירובין נ"ד ע"ב בענין רבי פרידא ובענין חשיבות הדבר שיהיה למלמד סבלנות מרובה להסביר שוב ושוב לתלמידים שלא הבינו

ענף א.

א. בגמרא במסכת עירובין דף נ"ד עמ' ב' מסופר על רבי פרידא שהיה לו תלמיד שהיה קשה לו להבין אלא אם כן מסבירים לו הרבה מאוד פעמים ורבי פרידא היה מסביר לו כל דבר ארבע מאות פעם ואז היה מבין

ב. פעם אחת כשרבי פרידא היה לומד אתו באו אנשים ובקשו לרבי פרידא ללכת אתם לאיזה צורך של מצוה ורבי פרידא קודם השלים ללמד את התלמיד ארבע מאות פעמים את הלימוד של אותו היום לפני שהלך וכשהשלים אמר לו התלמיד שהיום אף על פי שלמדו ארבע מאות פעמים לא הבין ושאל אותו רבי פרידא מה הסיבה ומאיזה טעם שונה יום זה משאר ימים והשיב לו התלמיד שכיוון שבאו ובקשו לרבי פרידא ללכת היה קשה לו לתלמיד להתרכז ולהבין מפני שכל הזמן היה חושב אולי עכשיו ילך רבי פרידא אמר לו רבי פרידא עכשיו תתרכז ואני יחזור לך שוב וכך עשו וחזר רבי פרידא שוב פעם ארבע מאות פעם לתלמיד זה על אותו לימוד

ג. ויצאה בת קול מהשמים ואמרו בבת קול לרבי פרידא שבזכות המסירות העצומה הזו מגיע לו שכר גדול ויש לו הברירה לבחור בין שני סוגי שכר הראשון שיוסיפו לו לחייו ארבע מאות שנים והשני שיכנסו הוא ודורו לעולם הבא והשיב רבי פרידא שרוצה בדבר השני שיזכו הוא ודורו לחיי עולם הבא

ד. ואמר הקדוש ברוך הוא שיתנו לו את שני הדברים גם הוספת ארבע מאות שנה וגם שיזכו הוא ודורו לעולם הבא

ענף ב.

א. והנה המציאות היא שהרבה פעמים אצל המלמד יש בין השאר תלמידים חלשים שקשה להם להבין את הדברים והרבה פעמים קושי וטורח הוא על המלמד לחזור ולהסביר שוב עבורם עד שיבינו אמנם מדברי חז״ל בגמ׳ בעירובין הנ״ל מבואר גודל המעלה העצומה שבהתמסרות לתלמידים כאלו והשכר העצום על זה וגם מבואר בגמרא עד היכן הדברים מגיעים שרבי פרידא ראה לנכון לחזור אפילו ארבע מאות פעם כל דבר ובמקרה מיוחד כפול מזה

ב. ואמנם צריך שיקול בדבר מפני שיש באותו קבוצה של תלמידים בדרך כלל גם מוכשרים שלהם בחזרה עלול לשעמם וממילא עלולים להפסיק להקשיב וצריך לעשות בחכמה איך לצאת ידי כולם שכולם יתענינו בלימוד וכולם ישמחו בלימוד

פרק ז. בענין האחריות הנוראה שיש למלמד על עתידם הרוחני של התלמידים

א. כתב בביאור הגר"א לספר משלי שאם האדם מתקן את חברו מדרך לא טובה לדרך טובה כל מצוה שיעשה החבר מכח תיקון זה שנתקן מלבד שנרשם בשמים מצוה לעושה המצוה גם נרשם מצוה לאותו שתיקן את דרכו ולא זו בלבד אלא כאשר אחר כך יחנך אותו שניתקן את צאצאיו בדרך הטוב וכן הלאה לדורי דורות כל מצוה שנעשית מגרמתו של המתקן הראשון נרשם גם אצלו מצוה עכ"ד והנה על דרך זה הוא גם כן ח"ו באדם שדרדר את מצבו של חברו מדרך טובה לדרך לא טובה חמור מאוד הענין בכל עבירה שיעשה החוטא

ב. ובגמרא בראש השנה ט"ז ע"ב כתוב שבראש השנה ספרי חיים וספרי מתים נפתחים ויש כמה פירושים ספרי מתים למאי נפתחים והחפץ חיים אמר בזה פירוש שלפעמים אדם עשה כאן בעולם הזה מצוה לזכות אחרים באופן שגם אחרי פטירתו יש תוצאות למעשה הטוב שעשה שאנשים ממשיכים מכחו ללכת בדרך הטוב ואם כן בראש השנה צריך לפתוח ספרו כדי ליתן לו שכר על זה וכן לאידך גיסא ח"ו אם עשה דברים שגורמים אפילו אחרי פטירתו עבירות לאנשים

ג. והנה המציאות ברורה שמלמד המלמד את תלמידיו הרבה מעתידם הרוחני תלוי בדרך שבה ידריכם שכמה שיותר ישכיל ליטע בלבם אהבת תורה ויראת שמים הרי גורם להם ללכת כל ימיהם בדרך טובה ולא רק הם אלא עתידים אחר כך לחנך את צאצאיהם אחריהם בדרך הטובה

ד. ואם חס וחלילה גורם ההיפך להרחיקם מדרך הטוב על ידי שגורם להם לשנוא את הדרך הנכונה עלול להיות מצבים שעליהם אחריותו לדורי דורות היא עצומה

ה. וכששוקל המלמד להתייאש ח"ו מתלמיד ולתת לו להתדרדר יעשה חשבון בעצמו אם היה יודע בבירור שבזה תלוי אצלו לקבל על זה

מאות אלפים של יהלומים כגון שהיה אדם עשיר גדול שהבטיח לו בתמורה להצלחה באותו תלמיד סכום בזה האם גם כן היה נותן לתלמיד להתדרדר ובדרך כלל התשובה שודאי שעבור סכום כזה היה מוסיף עוד הרבה השתדלויות עד שהיה מגיע אל התכלית הרצויה שיצליח התלמיד מאוד וצריך לדעת שהזכות שיש בשמים לרב בהצלחתו של התלמיד שוויה הוא הרבה יותר ממאות אלפי יהלומים

בעניני התפילה עבור בנין בית המקדש

בעניני התפילה עבור בנין בית המקדש שכא

מפתחות

פרק א בענין ההכרח לבקש מהשם יתברך על בנין המקדש וחזרת גילוי מלכות שמים בעולם ושהגאולה תלויה בבקשות על זה ובביאור מהות התפילות על זה ובענין התועלת העצומה שהיה לעם ישראל על ידי המקדש והשראת השכינה שבתוכו וההפסד העצום שבחורבנו ויבאר בקשר של נשמתו של כל יהודי להשם יתברך שכב

פרק ב. בענין הצער הגדול והבכיות שבוכה כביכול הקדוש ברוך הוא על חורבן המקדש ועל גלותם של ישראל שכט

פרק ג. המבואר בגמרא בראש השנה ובגמרא במגילה בענין גלות השכינה וביאור ענין זה שלא

פרק ד. יביא מתיקוני זוהר בגודל החיוב להיות האדם מיצר על צער שמים שיש מגלות השכינה ולחזור בתשובה לצורך תיקון דבר זה וכן להתפלל על תיקון דבר זה ושיהיה מטרתו כבוד שמים ועשיית נחת רוח להשם יתברך שלז

פרק ה. בדרכים שעל ידם יוכל להשיג האדם הרגשה בצער שיש כביכול בשמים על החורבן והגלות ועל ידי זה יוכל לקיים הדברים הנ״ל בענף קודם ומעט ביאורים בתהילים פרק קל״ז המדבר על החורבן והגלות ועצות היוצאות מזה לעניני עבודת השם שלח

פרק ו. יבאר שעל ידי שהאדם בתפילתו מבקש ומכוין עבור כבוד שמים וצער השכינה שבגלות מועיל הדבר מאוד שתתקבל תפילתו לקרב הגאולה ושגם בתפילות על צרכיו הפרטיים טוב לכוין עבור הנחת רוח להשם יתברך שבענין ויביא מכמה מקומות על הכח העצום של תפילה לשנות את כל המצב לטובה לכלל ולפרט שמג

פרק ז. ליקוטים בענינים הנ״ל בפרקים קודמים שמח

בעניני התפילה עבור בנין בית המקדש פרק א

פרק א. בענין ההכרח לבקש מהשם יתברך על בנין המקדש וחזרת גילוי מלכות שמים בעולם ושהגאולה תלויה בבקשות על זה ובביאור מהות התפילות על זה ובענין התועלת העצומה שהיה לעם ישראל על ידי המקדש והשראת השכינה שבתוכו וההפסד העצום שבחורבנו ויבאר בקשר של נשמתו של כל יהודי להשם יתברך

ענף א.

א. ברש"י בהושע פרק ג' פסוק ה' הביא מחז"ל דאין ישראל רואין סימן טוב עד שיבקשו חזרת מלכות שמים ומלכות בית דוד ובית המקדש ויש להביא את דברי חז"ל אלו והפסוקים שעליהם דרשו כן

ב. בספר שמואל א' פרק ח' כתוב על בקשת עם ישראל משמואל למנות להם מלך ושם בפסוק ז' כתיב ויאמר ה' אל שמואל שמע בקול העם לכל אשר יאמר אליך כי לא אותך מאסו כי אותי מאסו ממלוך עליהם ע"כ

ג. ובספר מלכים א' פרק י"ב פסוק ט"ז כתיב וירא כל ישראל כי לא שמע המלך אליהם וישיבו העם את המלך דבר לאמר מה לנו חלק בדוד ולא נחלה בבן ישי לאהליך ישראל עתה ראה ביתך דוד וילך ישראל לאהליו ע"כ

ד. ובהושע פרק ג' פסוק ה' כתיב אחר ישובו ישראל ובקשו את ה' אלקיהם ואת דוד מלכם ופחדו אל ה' ואל טובו באחרית הימים

ה. ובמדרש שמואל פרשה י"ג על הפסוק בשמואל הנ"ל דרש רבי שמעון בר יוחאי שלשונות מאסו הנזכרים שם בפסוק מלמדים שאמר לו השם יתברך לשמואל שעתידים ישראל למאוס בג' דברים בימי רחבעם ואלו הם מלכות שמים ומלכות בית דוד ובית המקדש ודורש שם כל זה מהפסוק הנ"ל בספר מלכים ועוד שם במדרש שמואל אמר רבי שמעון

בעניני התפילה עבור בנין בית המקדש פרק א   שכג

בן מנסיא אין ישראל רואין סימן ברכה לעולם עד שיחזרו ויבקשו את ג' דברים אלו ודורש זה מהפסוק בהושע הנ"ל דמאי דכתיב אחר ישובו ישראל ובקשו את ה' אלקיהם זו מלכות שמים ואת דוד מלכם זו מלכות בית דוד ופחדו אל ה' ואל טובו באחרית הימים זה בית המקדש

ו. והובאו דברי המדרש הנ"ל (א) בילקוט שמעוני בשמואל סימן ק"ו (ב) וברש"י בהושע פרק ג' פסוק ה' (ג) ובמנחת שי במלכים א' פרק י"ב פסוק ט"ז (ד) ובשבלי הלקט בסימן קנ"ז (ה) ובבית יוסף באו"ח בסימן קפ"ח בסוף עמוד רמ"ה (ו) ובפרישה שם בס"ק ד' [ובחידושי הגהות לטור שם ציין שהובא מדרש זה ברש"י בהושע הנ"ל]

ז. ובגמרא במגילה דף י"ז סוע"ב ודף י"ח רע"א על הא דתקנו אנשי כנסת הגדולה בתפילת שמונה עשרה את ברכת את צמח דוד אחרי ברכת בנין ירושלים סמכו זה בגמרא על הפסוק בהושע הנ"ל

ח. ועל כל פנים מבואר בדברי המדרש הנ"ל והובא בהרבה מאוד מפרשים ופוסקים כנ"ל שגאולתן של ישראל תלויה בדבר זה שיבקשו להשם יתברך על מלכות שמים ועל מלכות בית דוד ועל בית המקדש

ט. ובאמת חז"ל תקנו לנו תפילות רבות על ענינים אלו בתפילת שמונה עשרה שבכל יום בכמה וכמה ברכות וגם בתפילת העמידה של שבתות ומועדים שחסרים כמה מברכות אלו מכל מקום בברכת רצה יש מבקשות אלו וכן בתפילת המוספין של שבתות יש בקשה על זה ובפרט במוספין של ראש חודש וחגים וראש השנה ויום הכפורים יש בקשות באריכות רבה על זה וידוע על גדולי עולם שהיו שופכים כמים לבם בתפילות אלו

י. ובשולחן ערוך באורח חיים בסימן א' סעיף ג' כתב וז"ל ראוי לכל ירא שמים שיהא מיצר ודואג על חורבן בית המקדש ובספר מעשה רב מהגר"א מוילנא בסעיף הראשון כתוב לקום בחצות ולומר תיקון חצות עכ"ד והנוסח של תיקון חצות חלקו הגדול הוא תחנונים על ענין החורבן ואף מי שאינו נוהג באמירת תיקון חצות מכל מקום ילמד מדברי

המעשה רב ההכרח למצוא הזמן להתחנן על זה מעומק לבו להשם יתברך אם בתפילות הקבועות מחז"ל או בזמן אחר

יא. ובגמרא בבבא בתרא דף ס' ע"ב תנו רבנן כשחרב הבית בשניה רבו פרושין בישראל שלא לאכול בשר ושלא לשתות יין נטפל להן רבי יהושע אמר להן בני מפני מה אי אתם אוכלין בשר ואי אתן שותין יין אמרו לו נאכל [בתמיה] בשר שממנו מקריבין על גבי מזבח ועכשיו בטל נשתה יין שמנסכין על גבי מזבח ועכשיו בטל אמר להם אם כן לחם לא נאכל שכבר בטלו מנחות אפשר בפירות פירות לא נאכל שכבר בטלו בכורים אפשר בפירות אחרים מים לא נשתה שכבר בטל ניסוך המים שתקו אמר להן בני בואו ואומר לכם שלא להתאבל כל עיקר אי אפשר שכבר נגזרה גזירה ולהתאבל יותר מדאי אי אפשר שאין גוזרין על הצבור גזירה אלא אם כן רוב ציבור יכולין לעמוד בה וכו' ועיי"ש כל הסוגיא והעירו שנראה מהסוגיא שם שאלמלי הענין שאין הצבור יכולין לעמוד בזה באמת היה הנהגה זו ראויה שלא לאכול בשר ולא לשתות יין כלל מפני חורבן בית המקדש ורואים מזה עד כמה היא חובת ההתייחסות לחורבן בית המקדש ולקבוע הנהגתו בחיים על פי זה

יב. ובשולחן ערוך באו"ח סימן תק"פ כתב וז"ל יש מי שאומר שגזרו שיהיו מתענין כל שני וחמישי על חורבן הבית ועל התורה שנשרפה ועל חלול השם ולעתיד לבוא יהפכם השם לששון ולשמחה עכ"ל וכתב המשנ"ב שם בס"ק ט"ז שמי שאינו יכול על כל פנים יתפלל בימים אלו על דברים הללו עכ"ל והנה בימינו כפי המקובל מרבותינו רובא דרובא של הציבור הם בגדר אינו יכול שהזכיר המשנה ברורה מפני שאם ירבו בצומות הוא מפריע מאוד לעבודת השם אך מכל מקום חזינן מזה עד כמה צריך להיות מרובה הצער על ענינים אלו שהיה ראוי לצום על זה בכל שני וחמישי ואף שאין צמים הרי כתב המשנ"ב דעל כל פנים יש להתפלל בימים אלו על הדברים שהזכיר השולחן ערוך ואם הוא תפילה שבאה במקום צום ודאי שראוי שתהיה תפילה מעומק הלב ובהתעוררות

רבה

ענף ב.

א. והנה התפילה והבקשה לבנין בית המקדש כוללת שני דברים האחד הוא קיום מצוות רבות מתרי"ג מצוות שקיומם תלוי בבית המקדש ומכללם עיקר מצוות ועשו לי מקדש ושכנתי בתוכם ומצוות הקרבנות תמידין כסדרן ומוספין כהלכתן וכל סדר עבודת יום הכפורים של כהן גדול והכפרה העצומה לעם ישראל הנעשית על ידי זה והשפע הרב הבא על ידי זה לכל ישראל

ב. והדבר השני שבבית המקדש היתה השראת שכינה עצומה וכמו שכתוב בפסוק בפרשת תרומה ועשו לי מקדש ושכנתי בתוכם ופירשו המפרשים שלא כתוב ושכנתי בתוכו אלא בתוכם ללמד שעל ידי השראת השכינה שיש במקדש עצמו נכנסת שכינה גם בתוך גופו נשמתו של כל אחד ואחד מעם ישראל ומשרה בתוכו קדושה עצומה והארה אלוקית גבוהה מאוד והשראת שכינה זו שהיתה בבית המקדש היא חלק מרכזי מאוד בענין המקדש עד כדי שברש"י על התורה בפרשת שמיני כתב שלפני שנתגלתה שכינה במשכן אמרו עם ישראל למשה רבינו כל טורח זה שטרחנו בעשיית המשכן למה עיי"ש [ולכאורה יש להקשות איך יכלו לומר כזה דבר הטורח למה והרי קיימו מצוות השם ויש לומר דפירשו עם ישראל דמאי דכתיב ועשו לי מקדש ושכנתי בתוכם הושכנתי בתוכם הוא לא רק הבטחה אלא חלק ותנאי מרכזי במצוה ואם כן טענו שעדיין לא קיימו המצוה כראוי]

ג. וכתב הגר"א [בליקוטים שבסוף ביאור הגר"א לספרא דצניעותא דף ל"ח טור א'] דבשעה שנחרב בית המקדש והיה על ידי זה סילוק שכינה מבית המקדש [ואף שמבואר בגמרא בראש השנה דף ל' ע"א שכבר לפני החורבן היה סילוק שכינה עיין מש"כ בזה לקמן שגם אחרי זה עדיין חלק גדול מההשראת שכינה נשאר שם וחלק מהנשאר נסתלק בחורבן] על ידי זה גם נסתלקה שכינה במידה מסוימת מתוך נשמתו של כל יהודי ויהודי וודאי שעדיין נשאר השראת שכינה בתוך כל יהודי אבל הרבה פחות ממה שהיה בשעה שהיה בית המקדש קיים שאז היה יותר

השראת שכינה ופירש הגר״א דההבדל בין המצב של נשמתו של יהודי לפני החורבן לבין נשמתו אחרי החורבן הוא עצום מאוד והוא כעין ההבדל בין אדם חי לבין אדם מת שענין אדם חי הוא נשמה בתוך גוף והנשמה היא המחיה את הגוף והיא המפעילה את הגוף ואילו אדם מת הוא גוף בלא נשמה וממילא אין בכח הגוף לפעול את פעולותיו וגם בענינינו השראת השכינה שהיתה בתוך נשמתו של כל יהודי מכח ההשראת שכינה שהיתה בבית המקדש היתה מחיה ומפעילה את נשמתו של היהודי וסילוק השראת השכינה שמכח המקדש מתוך הנשמה הוא כסילוק הנשמה מתוך הגוף ועל ידי זה נחלשו מאוד כוחות הנשמה עכת״ד ועיי״ש עוד כל דבריו בזה

ד. וביאור כוונתו הוא שמהות הנשמה של יהודי פירש הרמח״ל בספר אדיר במרום שהוא אור אלקי הבא מהשם יתברך [משל רחוק לדבר קרני השמש הבאים מהשמש שאין להם מציאות מצד עצמם רק מה שמקבלים מהשמש] ועיקר מהות ועצמות הנשמה הוא הקשר שלה להשם יתברך ולכן זו תשוקת הנשמה בכל עת כמו שאמר דוד המלך בתהילים בפרק מ״ב כאיל תערוג על אפיקי מים כן נפשי תערוג אליך אלקים צמאה נפשי לאלקים לקל חי מתי אבוא ואראה פני אלקים וכמה שיותר מחוברת הנשמה להשם יתברך וכמה שיותר מרגיש האדם את החיבור על ידי זה מתרבה החיות והעוצמה של הנשמה כמו שכתוב בפרשת ואתחנן ואתם הדבקים בהשם אלקיכם חיים כולכם היום

ה. ובתוך נשמתו של כל יהודי יש השראת שכינה וזה בכל הזמנים והמצבים אמנם בזמן שיש בית המקדש השראת שכינה זו שבתוך נשמתו של כל יהודי הרבה יותר חזקה והשראת שכינה זו מוסיפה עוד עוצמה וחיות בנשמת היהודי וממילא גם נוסף בתשוקה העזה של היהודי להשם יתברך ועל ידי סילוק חלק השכינה הבא מכח בית המקדש מהנשמה של יהודי ממילא נחלש כח הנשמה וגם נחלש הרגשת הקשר של הנשמה להשם יתברך והמשיכה להשם יתברך

וזהו בבחינת מיתה לנשמה שכמו שפרידת נשמה מתוך גוף הוא מיתת הגוף כך פרידת חלק מהשראת השכינה מתוך הנשמה הוא בחינה מסוימת של מיתה לנשמה

ו. ואף על פי שנחסר הדבר על ידי החורבן מכל מקום כמובן כמה שישתדל האדם להתקרב להשם יתברך ירגיש יותר את חיות זו וכמו שהדגיש הפסוק הנ"ל בסיומו כולכם היום לומר שהוא בכל אדם ובכל זמן אבל הסיוע שיש לזה על ידי בית המקדש הוא סיוע עצום

ז. ובשעה שמצטער האדם על החורבן ומתפלל עליו על ידי זה מתקשרת נפשו לבחינת הארת בית המקדש ומקבל הארה מסוג זה של בית המקדש שמסייעת הארה זו ליתן חיות זו בנשמתו ואף שאין זה ההארה בשלימותה כמו בזמן שיש בית המקדש אבל גם החלק הזה הנעשה על ידי תפילה זו הוא רב מאוד

ח. והתחנונים שלנו להשם יתברך על בניית המקדש צריכים לכלול את שני דברים הנזכרים לעיל גם רצון חזק ביותר לזכות לכל המצוות העצומות החסרות לנו כשאין בית המקדש כנ"ל בסעיף א׳ וגם רצון לזכות להשראת השכינה בתוכנו על ידי בניית בית המקדש כמבואר לעיל מסעיף ב׳ והלאה ובכלל הדבר השני נכלל גם תפילה לעת עתה לבינתיים לזכות לחיבור יותר חזק של הנשמה להשם יתברך ולקונן ולהצטער על זה שאין החיבור של נשמתנו להשם יתברך בעוצמה הראויה שהיה צריך לפי בריאת הנשמה ולפי תכונותיה להיות החיבור הרבה יותר חזק ממה שהוא בפועל

ט. ובברכות ההפטרה כתוב רחם על ציון כי היא בית חיינו וביאור הענין הוא על פי המבואר בדברי הגר"א הנ"ל דכמו שהנשמה היא אור רוחני שמחיה את הגוף כך השראת השכינה היא אור רוחני שמחיה את הנשמה ומקום השראת השכינה הוא בית המקדש [ואף על פי שחרב ונסתלקה בבחינה מסוימת שכינה ממנו מכל מקום ודאי שנשאר הרבה מהשראת שכינה בו שלכן אסור להיכנס בו בטומאה וכדקיימא לן דהקדושה קידשה לשעתה וקידשה לעתיד לבוא כמבואר ברמב"ם

בהלכות בית הבחירה ובמגן אברהם ומשנה ברורה באו״ח סימן תקס״א] ואם כן בית המקדש הוא הבית של החיים שלנו דהיינו של הנשמה שהיא חיינו וצריך האדם לעורר בלבו את הרגשת דבר זה שבית המקדש הוא באמת בית חיינו

י. הנה לצורך הסברת ענין השראת השכינה בבית המקדש נתבאר כאן בפרק זה מעט מענין חיבור הנשמה להשם יתברך ויש להוסיף בדבר זה שמחויב כל יהודי לדעת שחיבור זה של הנשמה להשם יתברך והרגשת חיבור זה הוא מהיסודות של כל דרגת האדם וכל גדולי הדורות שזכו למדרגות עצומות בלימוד התורה ובעבודת השם יתברך כולם היו במדרגות גבוהות של חיבור הנשמה להשם יתברך ולכן צריך כל אדם למצוא לעצמו את הדרכים איך להגיע לחיזוק חיבור זה כל חד כפום שיעורא דיליה וכפי תכונות נפשו יש שעל ידי תפילה בשפיכת הלב ויש שעל ידי לימוד תורה בריכוז רב ויש שעל ידי לימוד תורה זמן רב ויש שעל ידי אמירת תהילים וכו׳ כל חד כפי ענינו אבל חלילה מלהעלות על הדעת להזניח את ענין חיזוק חיבור זה ועל ידי חיבור זה של הנשמה להשם יתברך עולה דרגתו של האדם ומתגברים הכוחות הרוחניים שלו להצלחה בלימוד התורה ובכל עניני עבודת השם מאוד מאוד

פרק ב. בענין הצער הגדול והבכיות שבוכה כביכול הקדוש ברוך הוא על חורבן המקדש ועל גלותם של ישראל

א. בספר ירמיהו פרק י"ג פסוק י"ז כתוב ואם לא תשמעוה במסתרים תבכה נפשי מפני גוה ודמוע תדמע ותרד עיני דמעה כי נשבה עדר ה'

ב. ובגמרא במסכת חגיגה דף ה' ע"ב הביאו פסוק זה ופירשו בכוונת פסוק זה אמר רב שמואל בר איניא משמיה דרב מקום יש להקדוש ברוך הוא ומסתרים שמו שבו בוכה

ג. ועל מה שכתוב בפסוק שהבכיה הוא מפני גוה פירשו בגמרא שם מאי מפני גוה אמר רב שמואל בר יצחק מפני גאוותן של ישראל שניטלה מהן וניתנה לעובדי כוכבים רבי שמואל בר נחמני אמר מפני גאוותה של מלכות שמים [ועיי"ש עוד בהמשך הסוגיא כל הענין]

ד. ועוד בגמרא שם על מאי דכתיב בפסוק הנ"ל ודמוע תדמע ותרד עיני דמעה שנזכר בפסוק זה ג' פעמים לשון דמע פירשו הענין בגמרא דאמר על זה רבי אלעזר ג' דמעות הללו למה אחת על מקדש ראשון ואחת על מקדש שני ואחת על ישראל שגלו ממקומן ואיכא דאמרי אחת על ביטול תורה בשלמא למאן דאמר על ישראל שגלו היינו דכתיב כי נשבה עדר ה' אלא למאן דאמר על ביטול תורה אמאי כתוב כי נשבה עדר ה' ותירצו על זה דכיוון שגלו ישראל לבין האומות אין לך ביטול תורה גדול מזה

ה. והנה כמובן שענין דמעות הנזכר אצל הקדוש ברוך הוא אין הדברים כפשטן מפני שאין להקדוש ברוך הוא לא גוף ולא דמות הגוף וכן מה שנזכר מקום הנקרא מסתרים הרי הקדוש ברוך הוא נמצא בכל מקום בעולם בלא שום שינוי וענינים אלו בפרטיהן הם סודות נשגבים אבל בכללותן הכוונה הוא שיש בשמים צער גדול מאוד על ענין חורבן בית

המקדש ועל ענין המצב של עם ישראל בין על המצב הרוחני הנגרם מהחורבן והגלות ובין על המצב הגשמי הנגרם מהם

ו. ובגמרא בברכות דף ג׳ ע״א תניא אמר רבי יוסי פעם אחת הייתי מהלך בדרך ונכנסתי לחורבה אחת מחורבות ירושלים להתפלל בא אליהו זכור לטוב ושמר לי על הפתח והמתין לי עד שסיימתי להתפלל לאחר שסיימתי תפילתי אמר לי [בתחילה אמר לו שלא היה לו להיכנס לחורבה עיי״ש הטעם] בני מה קול שמעת בחורבה זו ואמרתי לו שמעתי בת קול שמנהמת כיונה ואומרת אוי לבנים שבעוונותיהם החרבתי את ביתי ושרפתי את היכלי והגליתים לבין האומות ואמר לי חייך וחיי ראשך לא שעה זו בלבד אומרת כך אלא בכל יום ויום ג׳ פעמים אומרת כך ולא זו בלבד אלא בשעה שישראל נכנסין לבתי כנסיות ולבתי מדרשות ועונין יהא שמיה הגדול מבורך הקב״ה אומר אשרי המלך שמקלסין אותו בביתו כך מה לו לאב שהגלה את בניו ואוי להם לבנים שגלו מעל שולחן אביהם ע״כ [ומעשה זה שבגמרא הוא המקום הראשון בש״ס שנזכר בו גילוי אליהו ונזכר זה ברבי יוסי והעירוני שבגמרא בסוף מסכת סנהדרין מבואר שאליהו הנביא היה רגיל לבוא לרבי יוסי]

ז. ובמדרש רבה למגילת איכה בפתיחה באות כ״ד כתוב שם דברים נוראים מצערו של השם יתברך על החורבן עיין שם באריכות

פרק ג. המבואר בגמרא בראש השנה ובגמרא במגילה בענין גלות השכינה וביאור ענין זה

ענף א.

א. בגמרא במסכת ראש השנה דף ל׳ ע״א אמר רב יהודה בר אידי אמר רבי יוחנן עשר מסעות נסעה שכינה [פירש רש״י להסתלק מעל ישראל כשחטאו] ואלו הם (א) מכפורת [שעל ארון העדות בקודש הקדשים] לכרוב [שגם כן על ארון העדות] (ב) ומכרוב למפתן (ג) וממפתן לחצר (ד) ומחצר למזבח (ה) וממזבח לגג (ו) ומגג לחומה (ז) ומחומה לעיר (ח) ומעיר להר (ט) ומהר למדבר (י) וממדבר עלתה וישבה במקומה ודרשו שם בגמרא דברים אלו מפסוקים עיי״ש

ב. ויש שם עוד גירסאות אחרות (א) שהגר״א גורס גג לפני חצר ולא אחרי מזבח (ב) בגמרא לפנינו נוסף גלות מכרוב לכרוב עיי״ש אבל בהגהות הב״ח מחקו ובמסורת הש״ס הביא מהעין יעקב כהב״ח וראיית המסורת הש״ס דאם לא כן הוי ליה י״א מסעות ולנוסחא בגמרא לפנינו יש לומר דהעליה למקומה אינה מכלל העשר וענין הגלות מכרוב לכרוב מה תוכן גלות זו יש לפרש שאחד מהם ימני ואחד מהם שמאלי ופחות חשוב ועוד יש לפרש על פי המבואר כמדומה בקבלה למה מרמזים שני כרובים אלו ואכמ״ל

ג. ובגמרא במסכת מגילה דף כ״ט ע״א תניא רבי שמעון בן יוחאי אומר בוא וראה כמה חביבין ישראל לפני הקדוש ברוך הוא שבכל מקום שגלו שכינה עמהן גלו למצרים שכינה עמהן שנאמר [בשמואל א׳ פרק ב׳ פסוק כ״ז] הנגלה נגליתי לבית אביך בהיותם במצרים וגו׳ גלו לבבל שכינה עמהן שנאמר [בישעיהו פרק מ״ג פסוק י״ד ועיין במנחת שי שם] למענכם שלחתי בבלה ואף כשהן עתידין להיגאל שכינה עמהן שנאמר [בפרשת נצבים פרק ל׳ פסוק ג׳] ושב ה׳ אלקיך את שבותך והשיב לא נאמר אלא ושב מלמד שהקדוש ברוך הוא שב עמהן מבין הגליות

בעניני התפילה עבור בנין בית המקדש פרק ג

ד. ולכאורה שני סוגיות אלו סותרות זו לזו שבגמרא בראש השנה אמרו שחזרה השכינה ועלתה למקומה ואילו בגמרא במגילה אמרו שגלתה השכינה עם ישראל לבבל וצריך לומר בישוב הדבר דיש כמה בחינות ומדרגות בענין השראת השכינה ויש חלק של השראת שכינה שגלה עמהן לבבל ויש חלק של השראת שכינה שעלה למקומו

ה. ובמדרש רבה למגילת איכה בפתיחה באות כ"ד כתוב שסילוק השכינה למרום היה בשעה שנשרף בית המקדש עיין שם ועל פי הנ"ל הכוונה לחלק מהשראת שכינה

ו. והנה עיקר קדושת בית המקדש הוא על ידי השכינה שהיתה שם ולכאורה פשוט דנשאר שם השראת שכינה ואפשר דיש ללמוד זה מהא דיש קדושת בית המקדש למקום המקדש כמבואר ברמב"ם בהלכות בית הבחירה וכן פסקו המגן אברהם והמשנ"ב באו"ח סימן תקס"א דהנכנס בזמן הזה למקום המקדש חייב מפני שהקדושה נשארה ויתכן דמכל זה יש ללמוד שנשארה שכינה וגם כתוב שמעולם לא זזה שכינה מכותל המערבי ולכאורה יש לשאול על זה מהגמרא בראש השנה הנ"ל ומהגמרא במגילה הנ"ל שמבואר שגלתה השכינה משם אמנם הישוב לזה הוא על דרך הנ"ל בסוף ענף א' דיש כמה חלקים של השראת שכינה ובשעת גלות השכינה מהמקדש היה הבדל בין החלקים מה נעשה בכל חלק

ז. ויש להבין מהו ענין השראת שכינה זו שהרי השם יתברך נמצא בכל המקומות שבכל העולמות ומחוץ לעולמות בשוה וכמבואר בלשון הזוהר [מובא בספר נפש החיים] שהקדוש ברוך הוא סובב כל עלמין וממלא כל עלמין וגם אין שום הבדל במציאותו יתברך בין זמן לזמן וביאור הענין הוא שיש הארה אלוקית הפועלת לחבר את נשמותיהם של עם ישראל להשם יתברך והארה זו היא הנקראת בהרבה מקומות שכינה ועל הגדרה זו נאמרו הדברים הנ"ל שיש לה מקומות מסוימים וששייך בה גלויות לכמה מקומות כנזכר לעיל

ח. אמנם הגדרת הארה אלקית זו הוא דבר עמוק מאוד ואי אפשר כאן להסבירו והרוצה להבין מענין זה יעיין ברמב״ן על התורה בפרשת ויגש פרק מ״ו פסוק א׳ עיין שם מה שהביא בשם הרמב״ם במורה נבוכים חלק א׳ פרק כ״ז בזה ומש״כ הרמב״ן שם לחלוק עליו [ויש מקום אולי לקרב קצת שני השיטות זו לזו על פי המושג הכתוב בכמה ספרים מענין אור אין סוף המתלבש בספירות ואכמ״ל]

ט. ועיין עוד מענין גלות השכינה בתיקוני זוהר בהקדמה בדפוס שעם ביאור הגר״א בדף ב׳ ע״א ובתיקון ו׳ דף כ״ב ע״ב ועיין בביאור הגר״א לתיקון ו׳ שם ובמש״כ בשמו בספר לשם שבו ואחלמה כרך הכללים חלק א׳ דף ט״ז טור ב׳ בהגה״ה ועיין בספר קבלת הגר״א כרך א׳ בביאור הקצר לביאור הגר״א לתיקוני זוהר שם מש״כ בזה

י. ועל חזרת השכינה למקומה במקדש מזכירים בתפילת שמונה עשרה בברכת בונה ירושלים ויותר מפורש בלשון שכינה בזה הוא בחתימת ברכת רצה שאומרים בא״י המחזיר שכינתו לציון ובספר פאת השדה מהגרח״ש דוויק בתולדות חייו שבתחילת הספר מסופר שהיה בתיבות אלו של חתימת ברכת רצה מכוין מאוד ופעם אחת מרוב הכוונה והתחנונים והכסופים והצער שהיה לו שם נתעלף באמירת תיבות אלו ועיקר הענין דמקום השכינה העיקרי הוא בבית המקדש הוא מבואר בפסוק בפרשת תרומה פרק כ״ה פסוק ח׳ דכתיב ועשו לי מקדש ושכנתי בתוכם דעל ידי המקדש יש השראת שכינה [ועיין לעיל בפרק א׳ ענף ב׳ מש״כ באריכות על פסוק זה]

ענף ב.

א. בספר ירמיהו פרק ב׳ פסוק ח׳ כתיב הכהנים לא אמרו איה ה׳ ותופסי התורה לא ידעוני ע״כ והיינו שמתלונן ירמיהו הנביא על דורו את דברים אלו ויש לעיין מהי תלונה זו דהיכן כתוב בתורה ציווי על כל איש ישראל או על הכהנים לומר איה השם ומה החסרון שלא אמרו כן

ב. ופירש כמדומה הגרי״ז מבריסק כוונת הפסוק דקאי על דברי הגמרא בראש השנה דף ל׳ ע״א הנ״ל בענף א׳ שמבואר שכבר לפני החורבן

היה תקופה שגלתה השכינה מבית המקדש והכהנים שבאותו דור היו בעלי דרגה שהרגישו בדבר זה

ג. ועל זה תובע אותם ירמיהו הנביא שכאשר ראו סילוק שכינה מבית המקדש היו צריכים לזעוק על זה להשם יתברך שתחזור השכינה ולהשתדל בתיקון המעשים כדי שתחזור מיד השכינה לבית המקדש

ד. ויש להוסיף בביאור כוונתו דבגמרא בתענית בדף כ"ט ע"א איתא תנו רבנן משחרב בית המקדש בראשונה נתקבצו כיתות כיתות של פרחי כהונה ומפתחות ההיכל בידן ועלו לגג ההיכל ואמרו לפניו רבונו של עולם הואיל ולא זכינו להיות גזברין נאמנים יהיו מפתחות מסורות לך וזרקום כלפי מעלה ויצתה כעין פיסת יד וקיבלתן מהן והם קפצו ונפלו לתוך האש [ויש בזה קושיא איך הותר להם לעשות כן שהרי איסור חמור ביותר לאדם להרוג את עצמו ואכמ"ל בתירוץ לקושיא זו] ועליהן קונן ישעיהו הנביא משא גיא חזיון מה לך כי עלית כולך לגגות תשואות מלאה עיר הומיה קריה עליזה חלליך לא חללי חרב ולא מתי מלחמה אף בהקדוש ברוך הוא נאמר מקרקר קיר ושוע אל ההר ע"כ

ה. וזהו שטוען ירמיהו הנביא הכהנים לא אמרו איה ה' שכיוון שהם בדרגא רוחנית כל כך גבוהה להבין שאם אין בית המקדש קיים אין להם בשביל מה להמשיך לחיות הם היו צריכים להבין שאת הצער הנורא הזה של שעת החורבן היה צריך להיות להם עוד קודם בשעה שגלתה השכינה מבית המקדש כנזכר בגמרא בראש השנה הנ"ל בענף א' דכיוון שעיקר עשיית המקדש הוא לצורך השראת השכינה שבתוכו וכמו שכתוב בפרשת תרומה פרק כ"ה פסוק ח' ועשו לי מקדש ושכנתי בתוכם וברש"י בפרשת שמיני פרק ט' פסוק כ"ג כתב שלפני ששרתה שכינה במשכן אמרו ישראל למשה כל טורח זה שטרחנו למה אם לא שרתה שכינה שזה עיקר הענין ואם כן בשעת סילוק שכינה היו צריכים להיות בדרגת צער כזו כמו בשעה שהשליכו עצמם לאש ואם אז היה להם צער כזה לא היו צריכים להשליך עצמם לאש אלא היו צריכים לבכות על חזרת השכינה

ולתקן המעשים של העם באופן שתחזור השכינה מיד לבית המקדש ולא היה נחרב בית המקדש

ו. ואגב הנ"ל יש לבאר גם המשך הפסוק הנ"ל בירמיהו פרק ב' פסוק ח' שאחרי שאומר הכהנים לא אמרו איה ה' אומר ותופסי התורה לא ידעוני והכוונה שלומדים את התורה אבל לא מתוך כוונת התקשרות להשם יתברך ועיין בב"ח על הטור באורח חיים סימן מ"ז שהאריך הרבה בביאור החיוב לכוין בלימוד התורה לקשר הנשמה להשם יתברך ולהביא מהשם יתברך את השפע על הנשמה ושחסרון דבר זה הוא עיקר סיבת גלות ישראל מארצם עכ"ד ויש לפרש דלכן אומר ירמיהו ותופסי התורה ולא ולומדי התורה משום דמעיקר מצוות לימוד תורה הוא שהנשמה של כל יהודי היא אור רוחני ובתורה יש אור רוחני וכשלומד האדם את התורה מתחברים שני אורות אלו זה לזה ומקבלים עוצמה חזקה מאוד אבל כשלומדים בלא כוונת התקשרות להשם יתברך נעשה חיבור אורות זה בצורה יותר חלשה ולכן מכונים תופסי התורה שהם והתורה לא חשובים כשני דברים המתמזגים ומתחברים אלא כדבר התופס דבר שהאדם תופס את התורה כמו משוי התפוס ביד שאינו חלק מהיד ולכן תקנו בנוסח של ברכות התורה [והנוסח הוא מאנשי כנסת הגדולה כמבואר בגמרא בברכות דף ל"ג ע"א ועיקר הברכה להרבה פוסקים הוא מדאורייתא עיין במשנ"ב בסימן מ"ז] שנהיה יודעי שמך ולומדי תורתך לשמה הוסיפו ענין ידיעת השם ואף הקדימו ללימוד התורה אף שזה ברכות התורה מפני אזהרת ירמיהו הנביא בפסוק זה שלא יהיה הלימוד בבחינת ותופסי התורה לא ידעוני

ז. ובגמרא בברכות דף ח' ע"א דמיום שחרב בית המקדש אין לו להקדוש ברוך הוא בעולמו אלא ד' אמות של הלכה וצ"ב אמאי נקטו לשון ד' אמות והישוב לזה הוא מפני שמה שאמרו אין לו להקדוש ברוך הוא בעולמו עיקר הכוונה הוא לענין הפסוק ועשו לי מקדש ושכנתי בתוכם שהמקדש הוא מקום השראת שכינה ועל ידי לימוד התורה יש השראת שכינה וכיוון שהמדובר הוא על מקום להשראת שכינה השתמשו בהגדרת

ד׳ אמות של הלכה שהוא ענין של מקום ומה שיש ללמוד מזה למעשה הוא שכמו שבמקדש השראת שכינה הוא חלק עיקרי ביותר כנ״ל גם בלימוד התורה כך הוא ובפרט בלימוד התורה שאחרי חורבן הבית שזה המשלים במידה מסוימת את השראת השכינה במקום בבית המקדש

פרק ד. יביא מתיקוני זוהר בגודל החיוב להיות האדם מיצר על צער שמים שיש מגלות השכינה ולחזור בתשובה לצורך תיקון דבר זה וכן להתפלל על תיקון דבר זה ושיהיה מטרתו כבוד שמים ועשיית נחת רוח להשם יתברך

א. ובתיקוני זוהר תיקון ו׳ איתא ווי לון לבני נשא דקודשא בריך הוא אסור עמהון ושכינתא אסירת עמהון ואתמר בה אין חבוש מתיר עצמו מבית האסורים ופורקנא דיליה דאיהי תשובה אימא עלאה איהי תליא בידיהון דחמשין תרעין דחירו עמה לקבל חמשין זמנין דאדכר יציאת מצרים באורייתא דא הוא ויפן כ״ה וכ״ה באלין חמשין אתוון דמיחדין ליה בכל יומא פעמים שמע ישראל דאית בהון כ״ה כ״ה אתוון וירא כי אין איש דאתער לה בגווייהו וכו׳ ולית לון בושת אנפין דלא אית מאן דקרא ליה בתיובתא דיחזור שכינתיה לקדוש ברוך הוא דאיהי מרחקא מינהי למהדר לגביה וכו׳ דכל חסד דעבדין לגרמייהו הוא דעבדין ע״כ ועיי״ש עוד באריכות כל הענין

ב. ותוכן הדברים [תוכן הדברים הכתוב כאן כולל גם חלקים מהכתוב שם שלא מועתקים בסעיף קודם] שמקונן ומיצר על זה שהבריות אין להם צער על צער שמים שיש מזה שהשכינה שהיא ההארה האלקית השוכנת בתוך עם ישראל אינה מחוברת כראוי להשם יתברך וזה צער גדול כביכול כלפי מעלה וחובה מוטלת על ישראל להשתדל בכל כוחם לתקן פגם זה על ידי חזרה בתשובה ותורה ותפילה בציצית ותפילין ועל ידי קריאת שמע

ג. וגם מתלונן על זה שעסוקים הבריות כל אחד בעניניו ולא עוסקין בתיקון צער שמים שיש על גלות השכינה

ד. וגם מקונן על זה שגם כאשר עושין באמת דברים טובין ומצוות כוונתם הוא לצורך עצמן ולא לצורך גבוה לתקן את הפגם העליון וכן כאשר מתפללין התפילה היא על צורך עצמן ולא על צורך גבוה

פרק ה. בדרכים שעל ידם יוכל להשיג האדם הרגשה בצער שיש כביכול בשמים על החורבן והגלות ועל ידי זה יוכל לקיים הדברים הנ"ל בענף קודם

ענף א.

א. והנה עם כל המבואר לעיל בפרקים קודמים על גודל הצער שיש למעלה מהחורבן והגלות ועל חשיבות הדבר להתפלל על זה לצורך גבוה אבל יש הרבה אנשים מהרוצים לזכות לזה שטוענים שאף על פי שניסו לעשות כן מכל מקום אינם מצליחים לעורר בעצמם צער עמוק אמיתי על חסרון כבוד שמים וגלות השכינה [דהיינו לא מצד התועלת הפרטית שיהיה להם מבנין בית המקדש] ועל אחת כמה וכמה שרחוקים הם מלהגיע לבכיה בדמעות מצד כבוד שמים

ב. ויש כמה דרכים שבהם יכול האדם להגיע להרגשת צער השכינה ולתחנונים על זה ויבואר כאן שניים מהדרכים העיקריות לדבר זה

ג. האחת הוא הענין הכללי בכל עבודת השם יתברך מה מטרתו של האדם וכמו שהאריך בזה הרמב"ם בהלכות תשובה פרק י' שהדרך הראויה היא להיות עבודתו עבור נחת רוח להשם יתברך והאריך שם הרמב"ם בדרכים לזכות לזה וכיוון שמבואר שם ברמב"ם הדברים באריכות יש לקצר בזה כאן ויש לעיין היטב בדברי הרמב"ם שם בענין זה

ד. ודרך שניה לזכות להגיע לענין זה היא שבביאור הגר"א לספר יצירה פרק א' משנה ו' דף ט' טור ד' מבואר שההארה האלקית הנקראת שכינה יש לה משיכה אל השם יתברך בעוצמה נוראה מאוד מאוד שזה בדרגות משיכה עליונות שהן הרבה למעלה מדרך הטבע והם גם הרבה למעלה מכוחות הטבע [ומפני שכוחן של עולמות העליונים הוא רב בהרבה מכח העולם שלנו והשכינה שייכת לעולמות העליונים] ושכינה זו שורה בתוך נשמותיהן של עם ישראל ועל ידי זה יש משיכה עצומה

לעם ישראל להשם יתברך אלא שתלוי הדבר בכל אדם ובכל זמן לפי שיעור ההתקשרות של נשמתו בשכינה השורה בתוכו

ה. ועיין היטב גם באור החיים בפרשת אחרי מות מה שכתב דברים כיו״ב ועיין עוד גם באור החיים בפרשת בחוקותי ואכמ״ל

ו. והעולה מהנ״ל שיש בתוך נשמתו של כל יהודי השראת שכינה ופעמים שיש יותר התקשרות של שכינה זו לנשמתו של היהודי ועל ידי זה מקבלת הנשמה מהכוחות של השכינה שזה כח משיכה נוראי אל השם יתברך

ז. והנה על ידי קשר זה של הנשמה אל השכינה הגורם לנשמה להרגיש ולקבל מתכונות השכינה על ידי זה גם מתעורר באדם להשתתף בצער של השכינה על ריחוקה כביכול מהשם יתברך והיותה בגלות יחד עם עם ישראל ואם כן כמה שיחזק יותר האדם את קשר נשמתו על השכינה השורה בתוכו על ידי זה יוכל יותר להרגיש את ענין צער השכינה והדרכים לחזק התקשרות זו רבים הם שכל חיזוק בתורה ותפילה ועשיית מצוות וזהירות מעבירות פועל בזה הרבה אמנם בשעה שיש התלהבות לאדם אל השם יתברך יש כח מיוחד בהתלהבות זו ליצור חיבור זה לאותה שעה של התלהבותו אל השם יתברך [ונשאר מזה רושם גם לזמנים שאחר כך] ויש אנשים שעיקר יכולתם להגיע לרגשות של צער השכינה הוא רק ברגעים של התלהבות הנשמה אל השם יתברך שאז על ידי זה נפעלים הדברים הנ״ל המבוארים בפרק זה

ענף ב.

א. ואגב אורחא של הדברים הנ״ל המדברים על החיבור החזק של הנשמה להשם יתברך ועל ענין חיבור עם ישראל להשם יתברך על ידי המקדש יש להביא בזה דבספר תהילים מזמור קל״ז על נהרות בבל שם ישבנו גם בכינו בזכרנו את ציון על ערבית בתוכה תלינו כנורותינו כי שם שאלונו שובנו דברי שיר ותוללנו שמחה שירו לנו משיר ציון איך נשיר את שיר ה׳ על אדמת נכר אם אשכחך ירושלים תשכח ימיני תדבק

לשוני לחכי אם לא אזכרכי אם לא אעלה את ירושלים על ראש שמחתי ע"כ

ב. והנה בכל דבר בתורה יש פשט רמז דרש סוד ומכלל הסוד דכוונת פסוקים הנ"ל הוא שאצל כל יהודי ללא יוצא מן הכלל במקום הכי עמוק של הנפש נפשו מחוברת להשם יתברך בחיבור עז מאוד וסוג חיבור זה הוא הכח היותר עמוק שיש בכלל בנפש ויתירה מזו שהוא הכח היותר חזק שקיים כלל בעולם [ועיין לעיל בענף א' סעיף ד']

ג. ומה שלצערנו יש יהודים שרואים את עצמם לא כל כך מחוברים להשם יתברך הוא מפני שאין הם מגיעים כלל אל העומק הפנימי ביותר של נשמתם ועיסוקם הוא בשכבות חיצוניות של הנשמה ובכוחות שליליים שמקיפים להם את הנשמה

ד. וענין השירה אצל הרבה בני אדם הוא פעמים רבות ממקומות עמוקים שבנפש ואמנם בדרך כלל לא מהמקומות הכי עמוקים שבנפש אבל ממקומות יותר עמוקים מאשר העומק הרגיל שבו האדם חי ושיר ציון האמור בפרק זה שבקשו האויבים מהיהודים לשיר היינו דשיר ציון הוא שירים של חיבור עם ישראל להשם יתברך שאלו שירים שהיו מגיעים עד לעומק הכי עמוק של הנפש והגויים בקשום לשיר שירים בעומק כזה של הנפש לא להשם יתברך אלא לענינים של חול

ה. ועל זה השיבום היהודים איך נשיר את שיר ה' על אדמת נכר דהיינו שבשום אופן אינם מוכנים להשתמש בעומק הזה של הנפש לעניני חול ורק לקשר עם השם יתברך

ו. ובהמשך הפרק אם לא אעלה את ירושלים על ראש שמחתי פירוש הדברים שבתורת הקבלה מחלקים את האדם ואת הבחינות העליונות המכוונות כנגדו בשני סוגי חלוקה האחת מלמעלה למטה ולפי חשיבות החלקים והחלק היותר גבוה שבזה הוא בראש שבספירות הוא מכונה כתר חכמה בינה ודעת שהם המוחין והקשור אליהם וחלוקה שניה לפי חלקי הנשמה מבחוץ לבפנים בסדר נפש ויותר פנימי רוח ויותר פנימי נשמה ויותר פנימי חיה ויותר פנימי יחידה [ובראשי תיבות נקרא כל זה

נרנח"י] ומבואר בספר נהר שלום מהרש"ש שהדברים שעושה האדם בהתלהבות פנימית הם פועלים בבחינה הפנימית ביותר הנקראת יחידה וזה שאמר הכתוב אם לא אעלה את ירושלים על ראש שמחתי שאת ירושלים שהיא העיר שבה החיבור של הנשמה להשם יתברך שם על ראש שמחתי דהיינו במקומות הכי גבוהים שבאדם שהם המוחין ובחלק הכי עמוק שבזה שזה היחידה שזה פועל על ידי שמחה [ומה שאמר על ראש שמחתי ולא כתוב בראש שמחתי הוא מפני שמבואר בכתבי האר"י שיש בחינה יותר גבוהה של מוחין שחופפת מעל הגולגולת ואכמ"ל]

ז. והנה יש מכל הדברים האלה עוד נפקא מינה למעשה שאם ח"ו רואה האדם שיש לו בעומק מחשבתו ורצונו רצונות שליליים ידע שבחינה זו ענינה הוא בחינת לשיר את שיר ה' על אדמת נכר פירוש הדברים שבאמת כח החיבור החזק הזה הוא כח קדוש שבא לעולם בשביל לחבר את הנשמה להשם יתברך אלא שהוא נלקח בשבי כמו שנלקחו היהודים באותו דור לשבי של בבל כך נלקח כח זה בשבי על ידי כוחות הרע להשתמש בו לדברים שליליים וידע האדם שאם קיים בו כח כזה סימן הדבר שיש לו בשורשו כח אדיר להתחבר להשם יתברך וכל חיבורו לדברים שליליים הוא בבחינת מה שאמרו בגמרא בסוכה דף נ"ב סוע"א כל הגדול מחברו יצרו גדול הימנו ואם יתאמץ להתחבר בכל כוחו ובמשיכה הפנימית שלו להשם יתברך ולהרחק מחיבורו לדברים הרעים יגיע על ידי זה למדרגות עצומות מאוד מאוד וכמבואר בספר נפש החיים בשער ג' וביותר באבן עזרא על התורה בכמה מקומות שעל ידי דביקות המחשבה בהשם יתברך מקבל האדם כוחות אדירים ועוצמה רוחנית למעלה מדרך הטבע [עיין באבן עזרא בפרשת שמות פרק ג' פסוק ט"ו ובפרשת וארא פרק ו' פסוק ג' ובפרשת כי תשא פרק ל"ג פסוק כ"א ובפרשת חוקת פרק כ' פסוק ח' ובביאור דבריו עיין מש"כ בספר דברי יעקב כרך ענינים בש"ס בסופו בחוברת מדרכי העליה פרק י' ואכמ"ל] והוא עצה עצומה לאדם לצאת מבעיית שקיעת המחשבה בדברים רעים והימשכות לדברים רעים להפעיל את כח משיכת הנשמה אל חיבורה

הטבעי שהוא להשם יתברך בשפיכת הנפש לשורשה העליון אליו יתברך וזה הנותן את החיות והעוצמה לנשמה כמו שכתוב בפרשת ואתחנן ואתם הדבקים בה׳ אלקיכם חיים כולכם היום

פרק ו. יבאר שעל ידי שהאדם בתפילתו מבקש ומכוין עבור כבוד שמים וצער השכינה שבגלות מועיל הדבר מאוד שתתקבל תפילתו לקרב הגאולה ושגם בתפילות על צרכיו הפרטיים טוב לכוין עבור הנחת רוח להשם יתברך שבענין ויביא מכמה מקומות על הכח העצום של תפילה לשנות את כל המצב לטובה לכלל ולפרט

ענף א.

א. בדרשת מהר״ח מוואלוז׳ין לימי התשובה [נדפסת בחלק ממהדורות ספר נפש החיים בסוף הספר] קרוב לסוף הדרשה כתב וז״ל ואם היינו מכוונים בכל התפילות ובקשות רק על צער השכינה כביכול בודאי היינו זוכים להיות נענים על ענין בקשתנו ולהגאל גאולה שלמה אבל אשמים אנחנו שאין אנו משימים על לבנו כלל צער השכינה כביכול ואין אנו מבקשים רק על צערנו ודאגת פרנסתנו לכן אין אנו נושעים רק מעט הנוגע לפרנסתנו להחיות את גויתנו ואנחנו קרוצי חומר אין אנו משיגים כלל התענוג הרוחני שיהיה לעתיד לבוא והשכינה כביכול צריכה להתלבש בהשר של אותה אומה שישראל כפופים להם כדי שיתקימו ויהיה להם פליטה מעט בין העובדי כוכבים עכ״ל ועיי״ש עוד כל דבריו

ב. ובספר נפש החיים שער ב׳ פרק י״א וי״ב האריך לבאר בגודל המעלה שהאדם בתפילתו יהיה בקשתו וכוונתו עבור כבוד שמים עיין שם כל דבריו והביא שם ממה שחז״ל תקנו לנו בנוסח התפילות של ימים נוראים שרוב התפילות הם עבור גילוי כבוד השם בעולם כמו מלוך על כל העולם כולו בכבודך והנשא על כל הארץ ביקרך וכו׳ והנה ימים אלו הם הימים הקובעים ביותר בשנה את מצב הכלל והפרט ומזה שקבעו חז״ל בימים אלו להרבות כמה שיותר בתפילות על ענינים אלו יש ללמוד שאלו הם התפילות היותר חשובות והיותר מועילות

ג. והנה ודאי שצריך האדם להתפלל גם על צרכי עצמו ומבואר ברמב״ם בהלכות תפילה פרק א׳ שהוא מכלל המצוות עשה דאורייתא של

תפילה ואם האדם מרוב רצונו לכבוד שמים לא יתפלל על צרכי עצמו ודאי שהוא חסרון גדול

ד. ומעשה שהיה אצל החזון איש שאמר לאדם מסוים שאם אינו מבקש להשם יתברך שיתן לו נעליים הרי זה אצלו חסרון גדול בעבודת השם והתפלא אותו אדם על דברים אלו ושאל אותו אדם מפני מה והשיבו החזון איש שאם היה דרגתו גבוהה שאין אכפת לו כלל ועיקר אם יש לו נעליים או אין לו נעליים היה מקום לפוטרו מתפילה על זה אבל כיוון שאינו כך אלא חשוב לו שיהיה לו נעליים וטורח להשיג כסף לקנותם ולדאוג שיהיו באופן המועיל עבורו אם כן חייב לידע שהכתובת שאליה צריך להפנות רצונו זה הוא השם יתברך

ה. ומכל מקום כתב בספר נפש החיים בשער ב׳ פרק י״א שגם היחיד המתפלל על צערו אפילו בדבר שאין בו חילול שם שמים מכל מקום יש בזה דרגה גבוהה לכוין בזה עבור נחת רוח להשם יתברך ומפני שאמרו במשנה בסנהדרין בדף מ״ו ע״א שכשיש צער לאדם מישראל יש כביכול צער למעלה עיי״ש ויכול להתפלל על צער זה ושם בפרק י״ב פירש בזה את דברי הגמרא בברכות דף ס״ג ע״א שאמרו כל המשתף שם שמים בצערו כופלין לו פרנסתו ופירש שעל ידי שמכוין בבקשתו על צרכיו הפרטיים כדי שלא יהיה צער בשמים מקבל ישועתו הפרטית בכפליים

ו. ועם כל הדברים הנ״ל חשוב להדגיש שחייב האדם מאוד לידע את דרגתו ואם מרגיש התעוררות ביותר לבכיה בבקשתו הפרטית על עניניו הפרטיים מפני הסבל שיש לו עצמו ודאי שצריך להרבות בתפילות גם באופן זה ואם לא יעשה כן מחסיר הרבה מדרגתו מפני שכמה שהתפילה יותר מעומק הלב היא עולה למקומות יותר גבוהים ואם את עומק לבו יכול להשיג בתפילה דוקא על ידי תפילה על צערו הפרטי שזה באמת יותר נוגע לו לפעמים תפילה כזו יכולה להעלות את דרגתו יותר מאשר תפילה על ענינים גבוהים שאצלו אינה כל כך מעומק הלב

ז. וביותר שבאמת הרבה מהבעיות שיש לאדם חייב האדם לפותרם ובפרט בעיות רוחניות או אפילו בעיות גשמיות הגורמות בעיות רוחניות והרבה פעמים שכל הפתרון תלוי להתפלל על זה מעומק הלב ואם הדרך היחידה אצלו להתפלל על זה מעומק הלב הוא דוקא על ידי הרגשת צער עצמו בזה אם כן אם ידלג זה ונשאר בבעייתו הרי הפסדו עצום

ענף ב.

א. ויש להביא כאן דברים לראות עד כמה מגיע הכח של תפילה לפעול ישועה בין בצרות של כלל ישראל ובין בצרות הפרט מצינו בזה בהרבה דורות שזכו להפיכת כל המצב מרע לטוב על ידי תפילה וכמו ביציאת מצרים בפרשת שמות פרק ב׳ פסוקים כ״ג וכ״ד כתיב ויזעקו ותעל שועתם אל האלקים מן העבודה וישמע אלקים את נאקתם ויזכור אלקים את בריתו את אברהם את יצחק ואת יעקב ובפרק ג׳ פסוק ז׳ כתיב ואת צעקתם שמעתי מפני נוגשיו ובפרשת וארא פרק ו׳ פסוק ה׳ כתיב וגם אני שמעתי את נאקת בני ישראל אשר מצרים מעבידים אותם ואזכור את בריתי ובפרשת כי תבוא בפרק כ״ו פסוק ז׳ כתיב ונצעק אל ה׳ אלקי אבותינו וישמע ה׳ את קולנו וירא את ענינו ואת עמלנו ואת לחצנו ע״כ ובספר שמואל א׳ פרק י״ב פסוק ח׳ כתיב כאשר בא יעקב מצרים ויזעקו בני ישראל אל ה׳ וישלח ה׳ את משה ואת אהרן ויוציאו את אבותיכם ממצרים ויושיבום במקום הזה וכל פסוקים אלו מלמדים שמכח התפילות של עם ישראל להשם יתברך זכו ליציאת מצרים [וחלק מפסוקים הנ״ל מוזכרים במוסף של ראש השנה בזכרונות] ואף שהיה כבר הבטחה על זה לאברהם אבינו שיצאו מהגלות מכל מקום על ידי תפילתם זכו להקדים בהרבה את הקץ שהיתה גזירה על ארבע מאות שנה ועל ידי תפילתם נחשב הארבע מאות שנה מזמן לידת יצחק אבינו והיו במצרים רק מאתיים ועשר שנים עיין ברש״י בפרשת בא בפרק י״ב פסוק מ׳

ב. וכן בקריעת ים סוף בפרק י״ד פסוק י׳ ופרעה הקריב וישאו בני ישראל את עיניהם והנה מצרים נוסע אחריהם ויראו ישראל מאוד

ויצעקו בני ישראל אל ה׳ והנה היו אז בסכנת חיים גמורה שהים לפניהם והמצריים לאחריהם ועל ידי תפילתם זכו לניסים ונפלאות עצומים בקריעת ים סוף

ג. ובספר שמואל א׳ פרק י״ב פסוק ח׳ מבואר שהיה יציאת מצרים בזכות התפילות ונכנסו לארץ ישראל וכמועתק לעיל בסעיף א׳ ואחרי כן בפסוק ט׳ והלאה כתיב וישכחו את ה׳ אלקיהם וימכור אותם ביד סיסרא שר צבא חצור וביד פלשתים וביד מלך מואב וילחמו בם ויזעקו אל ה׳ ויאמרו חטאנו כי עזבנו את ה׳ ונעבוד את הבעלים ואת העשתרות ועתה הצילנו מיד אויבינו ונעבדך וישלח ה׳ את ירובעל [הוא גדעון] ואת בדן [הוא שמשון] ואת יפתח ואת שמואל ויצל אתכם מיד אויביכם מסביב ותשבו בטח ותראו וכו׳ ע״כ

ד. ומבואר בפסוקים אלו שהנפלאות הגדולות שהיו לכללות עם ישראל במלחמות הכתובות בספר שופטים ובתחילת ספר שמואל כל נפלאות אלו זכו בהם על ידי תפילותיהם של עם ישראל [וגם שיחד עם תפילתם קבלו עליהם לחזור בתשובה כמו שכתוב בפסוק המובא לעיל בסעיף הקודם חטאנו וכו׳ ועתה הצילנו מיד אובינו ונעבדך]

ה. וכן בעניני הפרט בהרבה מקומות בתנ״ך מבואר ישועות עצומות על ידי תפילה וכגון בתפילת חנה הנביאה אם שמואל הנביא שזכתה על ידי תפילתה לשמואל הנביא ומלבד שזכתה בבן גם היה זה נביא ולא רק שהיה נביא אלא נקרא רבן של נביאים [מלבד משה רבינו עליו השלום שהיה למעלה מכולם] ועיין בכתבי האר״י בשער רוח הקודש דף א׳ ע״ב ובשער הגלגולים הקדמה ל״ג דף ל״ו ע״א ובשער הפסוקים בריש ספר שמואל שמבואר בדבריו שמלבד משה רבינו היה שמואל הנביא היותר גדול שהיה בעולם במדרגת הנבואה ושכל הנביאים שהיו אחרי שמואל הנביא נבואתם היא מכחו של שמואל הנביא שהיה עכובים בשמים על אורות הנבואה מלהיות הנבואה מצויה ושמואל בדרגתו העצומה ביטל את זה ועל ידי זה נתרבו הנביאים עיין שם וכל זה זכתה על ידי תפילתה

ו. ואמנם אופן התפילה מבואר בספר שמואל פרק א׳ פסוק ט״ו שאמרה על תפילתה לעלי הכהן ואשפוך את נפשי לפני ה׳ והיינו שהיתה התפילה בשפיכת הלב מעומק הנפש וביאור הדברים הוא שהנשמה באמת מגיעה ממקומות עליונים מאוד על יד כסא הכבוד אלא שעל ידי שנמצאת הנשמה בעולם הזה ובתוך הגוף אף שודאי שמחוברת הנשמה להשם יתברך אבל החיבור נחלש ביחס לעצמות הנשמה לפני ביאתה לעולם הזה ובשעת התפילה מלבד שמדברים עם השם יתברך גם מחברים את הנשמה להשם יתברך וזה בבחינת שפיכת הנפש אל שורשה העליון להשם יתברך

ז. ובספר מעשה איש תולדות של החזון איש [ועיי״ש בהקדמה שהגר״ח קניבסקי עבר על כל דבר שם לפני שנדפס] בכרך שביעי עמוד י״ט כתוב על החזון איש כח הבטחון שלו והאמונה שרק בתפילה בכוונה יכולים להעביר כל גזרה וצרה היו שגורים בפיו ורוב פעמים השיב על ענינים כאלה נו הקדוש ברוך הוא רוצה שתתפללו עכ״ד [ואף שיש פעמים שחייבים לעשות איזה השתדלות מכל מקום צריך את מבטחו לשים על השם יתברך ולהתפלל אליו]

ח. ובקובץ אגרות חזון איש כתוב על התפילה שהיא מטה עוז בידי האדם לשנות את כל דרכו בחיים [ואין הספר אצלי עתה להעתיק הלשון] והוא דבר שנוגע מאוד למעשה שהרבה פעמים אדם מרגיש שהבעיה אצלו היא לא רק באיזה פרט אלא כל הדרך מסובכת ומלאה הפרעות וידע שאף לשנות את כל הדרך בידו על ידו בקשות ותחנונים להשם יתברך ומה שכתב החזון איש בלשון מטה עוז אולי כוונתו לרמז על קריעת ים סוף שנעשתה מכח תפילה כמבואר לעיל ונעשתה על ידי מטה כדכתיב בפרשת בשלח פרק י״ד פסוק ט״ז ואתה הרם את מטך ונטה את ידך על הים ובקעהו ובפסוק י״ט ויט משה את ידו על הים וכו׳ ובפסוק כ״ו בחזרת המים על המצריים כתיב ויאמר ה׳ אל משה נטה את ידך על הים וישובו המים ובפסוק כ״ז ויט משה את ידו וכו׳ [ויש להאריך באמור בסעיף זה בענין קריעת ים סוף וחזרת המים ואכמ״ל]

ט. ואגב אורחא יש להביא עוד מספר מעשה איש בעמודים הסמוכים לנ"ל דברים על החזון איש שיש להם שייכות מאוד לענינים הנ"ל של ריבוי הקשר להשם יתברך שם בעמוד י"ד כתוב וז"ל עודו בדירה הנ"ל בקרתי אותו והיה תחילת הלילה והוא ישב בחצר שם והיה שקוע בהבטה לכוכבי לילה ומצאתיו במצב של התפעלות ודביקות והיו עיניו יורדות דמעות הרבה ולא הרגיש כלל שאנחנו עומדים אצלו עד זמן מה עכ"ל

י. ושם בעמוד ט"ו כתוב וז"ל ורגיל היה לומר לי כשהיה איזה דבר מוקשה בהלכה נו ערים כל הלילה [דהיינו ללמוד תורה ביגיעה והתמדה כל הלילה את הסוגיא השייכת לזה עד שיתברר היטב כל הענין] כי איך אעלה על ערש יצועי עד אמצא מקום בינה בתורת ה' השלימה ודבר זה שמעתי ממנו פעמים הרבה עכ"ל

יא. ועיי"ש עוד כמה הנהגות מופלאות ואכמ"ל

פרק ז. ליקוטים בענינים הנ"ל בפרקים קודמים

ענף א. מפסוקי תהילים

א. בתהילים פרק קל"ב שיר המעלות זכור ה' לדוד את כל ענותו אשר נשבע לה' נדר לאביר יעקב אם אבוא באהל ביתי אם אעלה על ערש יצועי אם אתן שנת לעיני לעפעפי תנומה עד אמצא מקום לה' משכנות לאביר יעקב

ב. והנה בגמרא בברכות דף ג' ע"ב ביארו שדוד המלך היה נמנע משינה בצורה נוראה עיין שם כל הענין ויש מפרשים שהענין המבואר בדברי הגמרא שם בזה והאמור בפסוק הנ"ל בסעיף א' הם אותו ענין והיינו שהסיבה שמנע מאוד דוד את עצמו משינה ושלא היה ישן שינת קבע כלל ועיקר הוא מפני שבועתו שכל זמן שלא יבנה בית המקדש לא ישן והרי לא נבנה המקדש בימיו

ג. אמנם מכלל השבועה שבפסוק גם שלא יבוא באהל ביתו והרי לכאורה כן בא ולכן פירש רש"י דהשבועה עד אמצא היינו שיתברר לו המקום

ולא על הבניה קאי אבל במלבי"ם מבואר דמכלל השבועה הוא עד שיבנה בית המקדש ועל השאלה אם כן איך בא באהל ביתו עיי"ש מש"כ ליישב]

ד. ובתהילים בפרק פ"ד פסוק ג' כתיב נכספה וגם כלתה נפשי לחצרות ה' לבי ובשרי ירננו אל קל חי ופירש רש"י שם נכספה נחמדה כלתה נתאותה לחצרות ה' כי חרבו ועל הגלות אמרה לבי ובשרי ירננו יתפללו על זאת עכ"ל

ענף ב. מדברי כמה ספרים מעמודי עולם בזה [ראיתי ממה שאספו במחברי זמנינו]

א. המגיד שהיה לבית יוסף אמר לו [ומובא בשל"ה] אילו הייתם משערים אחד מאלף אלפי אלפים וריבי רבבות מהצער שיש לשכינה לא היתה שמחה בלבבכם ולא שוק בפיכם בזוכרכם זה עיי"ש כל דבריו

ב. מוהר"ר יעקב עמדין ז"ל בסידור בית יעקב דיני תשעה באב חלק ו' אות ט"ז בענין החיוב להתאבל על חורבן בית המקדש כתב וז"ל והיא בעיני הסיבה היותר גלויה וחזקה לכל השמדות המופלגות הגדולות הנוראות והמבהילות אשר מצאנו בגלות בכל מקומות פזורינו על צוארינו נרדפנו ולא הונח לנו וכו' לפי שיצא האבל הזה מלבנו וכו' עכ"ל

ג. בספר יערות דבש למהר"י אייבשיץ בדבריו לחודש אלול כתב על ברכות בנין ירושלים וצמח דוד שבברכות אלו יש לבכות בלי הפוגות כי היא תכלית חיינו עיין שם כל לשונו דברים נוראים

ד. בפיוט מהאלשיך לתיקון חצות כתב בבית ישראל ראיתי שערוריה אין איש שם על לב וכו' עיי"ש כל לשונו

א. ולסיום כל הדברים הנזכרים בענינים אלו יש להביא בזה את דברי חז"ל בגמרא במסכת תענית דף ל' ע"ב ובמסכת בבא בתרא דף ס' ע"ב שאמרו שם כל המתאבל על ירושלים זוכה ורואה בשמחתה שנאמר שמחו את ירושלים וגילו בה כל אוהביה שישו אתה משוש כל המתאבלים עליה [פסוק זה הוא בישעיהו פרק ס"ו פסוק י' והוא בהפטרת

בעניני התפילה עבור בנין בית המקדש פרק ז

ראש חודש ובתרגום ירושלמי לפרק זה נראה שאמר ישעיהו נבואה זו ביומו האחרון לפני שנהרג כמבואר במסכת יבמות דף מ"ט ע"ב והובא חלק מדברי התרגום ברש"י בתענית דף כ"ו ע"ב ועיין בספר דברי יעקב ביאורי אגדות לתענית שם מש"כ בזה ואכמ"ל]

ב. ועל פי סוד יש בזה עוד ענין שעל ידי הצער על החורבן והתחנונים לבנין בית המקדש זוכה גם בזמן שבינתיים לקבל הארה מבחינת ההארה של בית המקדש והארה זו היא הארה עצומה כמבואר לעיל בפרק א' מענין השראת השכינה שהיתה בבית המקדש ושפעלה השראת שכינה זו גם השראת שכינה בתוך נשמתו של כל יהודי ופעלה משיכה עצומה לעם ישראל להשם יתברך ואף שדבר זה בשלימות הוא רק בהיות בית המקדש בנוי אבל גם החלק מזה שזוכה לו לבינתיים המצטער על החורבן והמתפלל על המקדש הוא מדריגה חשובה מאוד וכפי ריבוי התחנונים על זה וכפי השיעור שהדבר הוא מעומק פנימיות לב האדם כך זוכה יותר לזה